国家儒学研究（第十七辑）

（海峡两岸儒学交流研讨会文集）

国家儒学联合会　编

单　纯　主编

九州出版社

图书在版编目(CIP)数据

国际儒学研究. 第17辑/单纯主编；国际儒学联合会编.
—北京:九州出版社,2010.1
ISBN 978-7-5108-0263-8

Ⅰ.①国…　Ⅱ.①单…　②国…　Ⅲ.①儒家—研究—文集
Ⅳ.①B222.05-53

中国版本图书馆 CIP 数据核字(2009)第228944号

国际儒学研究. 第17辑

作　　者	单纯　主编　国际儒学联合会　编
出版发行	九州出版社
出 版 人	徐尚定
地　　址	北京市西城区阜外大街甲35号(100037)
发行电话	(010)68992190/2/3/5/6
网　　址	www.jiuzhoupress.com
电子信箱	jiuzhou@jiuzhoupress.com
印　　刷	北京东海印刷有限公司
开　　本	880×1230毫米　32开
印　　张	17.25
字　　数	414千字
版　　次	2010年1月第1版
印　　次	2010年1月第1次印刷
书　　号	ISBN 978-7-5108-0263-8
定　　价	60.00元

目　录

在海峡两岸儒学交流研讨会上的致辞 …………………… 杨　波　1
儒家文化的人文精神 ………………………………………… 陈　来　5
孔孟安身立命之道——行乎中庸 ………………………… 蔡信發　9
儒家人文精神及其宗教意涵 ……………………………… 郭齐勇　28
《論語》“知（智）”論與後代“才、學、識”說
——由思維（意象）系統切入作探討 ………… 陳满銘　51
孔子君子论的多重理论内涵 ……………………………… 陈卫平　76
儒學與中華人文精神
歐洲儒學研究之現況 ……………………………… 杜筑生　93
儒家经典诠释学的起源 …………………………………… 王中江　112
訂定孔子釋奠典禮儀節芻議 ……………………………… 董金裕　138
朱熹的《孝经》学论析 …………………………………… 舒大刚　150
由訓詁到義理
——論《公羊傳》解經之方式 ……………………… 王初慶　170
孔子与中国哲学“思想范式” ………………………… 李存山　194
《上博六·孔子見季桓子》譯釋 ………………………… 季旭昇　220
玄学、理学对《论语》学的拓展 ………………………… 朱汉民　237

儒學人文思想與教育輔導學 …………………………… 張植珊 255
从多元文化视角看儒学的人文价值 ………………… 刘宗贤 264
《尚書·堯典》禪讓禮制意涵淺釋 ………………… 许锬辉 281
超凡入圣：孟子的自我道德修养及理想人格塑造 …… 王　杰 305
孔子的人生“時化”聖教 ………………………… 趙玲玲 315
简论国学的内涵及其学术定位 …………………… 吴　光 345
論語中的老年生活哲學
——心理學觀點的闡釋 ………………………… 郭為藩 352
修身为本：《论语》的核心精神 …………………… 钱　逊 364
孔子人文教育思想的現代意義 …………………… 朱榮智 381
書院再興與中華文化復興 ………………………… 王殿卿 403
出土文獻中之孔門弟子形象瑣記 ………………… 許學仁 416
和谐共处与“优胜劣汰” ………………………… 周桂钿 437
陶淵明的儒者襟抱與獨立精神 …………………… 齊益壽 440
从《易传》、《礼记》看儒家的人文精神 ………… 张　践 479
儒家古典詩學的新思維 …………………………… 邱燮友 494
王夫之对明代严刑峻法的批判
——以《尚书引义·舜典》为中心 ……………… 张学智 504
论“新理学”体系中的法哲学思想 ………………… 单　纯 524

在海峡两岸儒学交流研讨会上的致辞

国际儒学联合会常务副会长　杨波

（2009 年 4 月 26 日）

尊敬的各位专家学者，女士们、先生们：

由国际儒学联合会和中华孔孟学会共同主办的海峡两岸儒学交流研讨会今天顺利召开。我谨代表国际儒学联合会，代表叶选平会长对远道而来的台湾朋友，对出席今天会议的各位专家学者和来宾表示热烈的欢迎！

今年是中国古代伟大的思想家、教育家、儒家文化的创始人孔子诞辰 2560 周年。在此具有历史意义的时刻，我们召开这次以“儒学与中华人文精神”为主题的学术讨论会，以表达我们对这位先师的思念，无疑具有特殊的意义。

以儒学为骨干的中华传统文化源远流长，瑰丽灿烂，是两岸同胞共同的宝贵财富，是维系两岸同胞民族感情的重要纽带。近年来，大陆和台湾儒学学者之间的交流不断加强，在儒学研究领域产生了丰硕的成果。这些研究成果又通过普及的方式转化为大众的精神食粮，使儒学从书斋、博物馆、学院走向社会，参与现代化，逐步形成具有相当影响的文化思潮。由于双方的互动和努力，推动了儒学在全世界的传播，对促进两岸关系的和平发展乃至世界的和平发展都产生了积极影响。毫无疑问，这是值得充分肯定的。

在这次交流研讨会召开之际，我想对于儒学的研究问题，就自己的学习心得，谈几点看法，只当作引玉之砖，就教于大家。

一、宣传孔子在历史上的贡献

应当看到，出生在2560年以前的孔子，是一个博学多才的重要人物。他一生的贡献是多方面的。概括起来，至少做了这么几件值得称道的事情。一是创立了以“仁”为中心、有着深刻内涵和广泛外延、颇具人本主义色彩的儒家学派。二是整理编录古代典籍，集他那个时代之前中国夏、商、周三代之大成。三是创办私学，突破了在此之前“学在王官”的状况，扩大了知识传授，号称弟子三千，贤者七十有二。这些都在历史上起过不容忽视的作用，在某种意义上可以说是中华文明的象征之一，在世界文化发展史上也占有一席之地。作为中华民族的子孙，有理由引以自豪，决不能数典忘祖。今年是伟大的五四运动九十周年。五四运动中曾经批评尊孔读经，这在当时来说是完全必要的，因为中国历代的封建统治者别有用心地把孔子抬到了吓人的高度，不是继承儒家学说中反映了客观真理的精华，而是竭力宣扬其中维护封建统治的糟粕。不破不立，不塞不流，不止不行，当时不批评尊孔读经，就不能使中华民族演进到现代社会，自立于世界民族之林。但是，那时的许多领军人物，在思想方法上也存在片面性。所谓坏就是绝对的坏，一切皆坏；所谓好就是绝对的好，一切皆好。这是不足的方面。今天我们纪念五四运动，就要充分肯定其成绩，同时指出其不足的方面，使我们现在的事情做得更好。其实，即使是当年批评尊孔读经，在实践中也没有真正把洗澡水和孩子一齐泼掉，这已经为如今许多研究近现代史的专家学者所证实。今天时代不同了，我们完全有条件比五四时期做得更好。从孔夫子到孙中山，我们都要认真研究，加以总结，这是发展民族新文化、提高民族自信心的必要条件。

二、要科学地广泛深入地研究孔子

国际儒学联合会名誉会长谷牧先生曾经多次提出，研究孔子要多层次展开。第一个层次是孔子本人的思想和社会实践；第二个层次是孔子创立的儒学及其后世的演变；第三个层次是以儒家学派为骨干的中国传统文化；第四个层次是以中国传统文化为辐射源的东方文化；第五个层次是东西方文化比较研究。我觉得，这样的研究体现了由浅入深，自内向外，层层扩展，步步深入，是科学的，系统的，我们如能集中人力物力，开展分工合作，集思广益，假以时日，定能有所成就。我完全赞同这个意见。我个人理解，儒家在传统文化中占据重要位置，但中国的传统文化不限于儒学。自古以来，儒学也不是铁板一块，孔孟之学，特别是荀子之学，其中合理的成分比较多；到了“罢黜百家，独尊儒术”的董钟舒，封建糟粕就多一些。后来的儒学中，也并不都是程（程颐、程颢）朱（朱熹）的理学和陆（陆九渊）王（王守仁）的心学，还有王充、张载、王夫之、颜元等人的学说也值得重视。总之，既要广泛涉猎，又要有所分析。分析好，大有益。

三、研究儒学要古为今用

儒学中有不少论断反映了客观事物的本质，具有真理性，因而可以拿来为今天的现代化建设事业和世界的和平发展事业服务。例如，孟子指出：“不违农时，谷不可胜食也；数罟不入污池，鱼鳖不可胜食也；斧斤以时入山林，材木不可胜用也。”这实际上是告诉了我们在发展经济中，必须保持生态平衡，防止环境破坏的道理，很值得重视。孔子说："富与贵，是人之所欲也，不以其道而得之，不处也。贫与贱，是人之所恶也，不以其道而去之，不去也。"荀子说："先义而后利者荣，先利而后义者辱。"儒家的义利之辨对于我们今天防止和消除拜金主义、享乐主义、个人主义的社会弊端，无疑是有好处的。《论语》说："君子和而不同，小人同而不和。"现在看来，这也是很有道理的。社会上人与人之间，一种社会力量和另一种社会力量之间总是存在着差异和矛盾的，不可能完全一样。如果强求一律，必然强加于人，那就是"同而不和"，属于必须反对之列。同样，否定矛盾的存在或者无原则地调和社会矛盾也是不现实的，问题在于要采取合理妥善的方式方法去解决社会矛盾，使社会达到和谐。在这方面，儒家的同和之辨是值得我们重视的。胡锦涛主席指出："要全面认识祖国传统文化，取其精华，去其糟粕，使之与当代社会相适应，与现代文化相协调，保持民族性，体现时代性。"这个意见极其中肯。我们在包括儒学在内的民族传统文化的研究和宣传中，要有取有舍，做到古为今用；同时在外来文化的研究和宣传中，也要有取有舍，做到洋为中用。这样，我们就能达到推动中华人文精神大弘扬、大发展的目的。

尊敬的各位专家学者，女士们，先生们：这次儒学交流研讨会是海峡两岸在儒学研究领域良好合作的开始，我期待着我们今后加强和扩大彼此之间的合作，为共同继承和弘扬中华文化，提高民族自觉，凝聚奋进意志，促进海峡两岸的和平发展和中华民族的伟大复兴做出贡献。

最后，祝愿各位代表身体健康，在北京过得愉快，预祝会议圆满成功！

儒家文化的人文精神

中国哲学史学会会长
清华大学国学研究院院长　陈　来

1. 崇德尚义

儒家文化自古以来重视人的德性品格，重视德性的培养和人格的提升，历来高度推崇那些有精神追求的人、具有高尚道德品格的人士，孔子说“朝闻道，夕死可矣”，把对真理和道德的追求看得比生死更重要；孔子又说“杀身以成仁”，孟子说“舍生而取义”，都是认为道德信念的信守和道德理想的坚持不受物质条件所影响，在一定的条件下比生命还重要。儒家的这种思想在社会上造成了崇德尚义的气氛。在这种精神追求下，通过古代的精神文明规范体系“礼”，而形成了中华“礼义之邦”的社会面貌。孟子还说过“富贵不能淫，贫贱不能移，威武不能屈”，鼓舞人们追求坚定独立的人格尊严，不被任何财富所腐化，不受任何外力所威胁，也为那些为捍卫正义和美好生活的人们进行不屈不挠和艰苦卓绝的斗争提供了精神的激励和支持。在这样的精神影响下，中国文化一贯强调明辨义利，主张明理节欲，在价值评价上对坚持道德理想追求的人高度褒扬，对追求个人私欲的满足的人加以贬斥，人的“美德”和修养始终受到重视。在中华文化的长期发展中形成了以重视礼义廉耻，奉行仁孝忠公诚信为核心的传统美德体系，深入人心。中国文化重视人的价值和尊严，重视自觉的道德修养和意志锻炼，重视完美人格的培育与成就，同时在政治上强调“道之以德，齐之以礼”，注重用道德礼俗实现对社会秩序的维护，反对以刑罚暴力管理社会；对外强调“以德服人”，反对“以力服人”，这些都成为中华文化特别重视道德文明的特色。

2. **群体优先**

在中国的人本主义文化中，重视人，但不是强调个人，而是重视人伦，中国文化总是把人作为一定的伦理关系中的人，在一定的伦理关系中负有伦理责任的人，从而个人的德性和价值实现紧密联结于他和他人的关系。君臣父子夫妇兄弟朋友五伦所代表的政治关系、家庭关系、社会关系，和忠孝仁爱信义的道德德性，相互配合与对应。人活着不是为了自己，而是为了人伦关系的美满。同时，中国文化重视处理群己关系，强调群体的利益高于个体的利益。群体的利益是公，个人的利益是私，于是在中国文化中群体、国家往往成为个人的终极关怀。尤其应当指出的是，关心国事大事天下事成了中国人发自内心的责任，也成了人们一种不可遏止的情感，体现为忧国忧民的情怀。孟子说君子要“自任以天下之重”，就是要把天下大事作为自己的责任，又说“乐以天下，忧以天下”，汉代以后的士大夫始终强调“以天下为己任”，“以天下之风教是非为己任”。在实践上，汉代的士大夫“每朝会进见，及与公卿言国家事，未尝不噫呜流泣”，北宋范仲淹自颂其志说“先天下之忧而忧，后天下之乐而乐”，感论国家大事，时至泣下。明代东林党人“家事国事天下事事事关心”，清初的顾炎武说“天下兴亡，匹夫有责”，这种“天下”的观念是中国士大夫传统能超越家族主义、地方主义，而始终把国家整体事务作为己任的文化思想的根源。历史上的爱国志士，为国捐躯，为人民所传诵和敬仰，这样的例子举不胜举。在这种思想文化里，不仅个人对他人对群体的责任意识始终被置于首位，也凸现了以小我成就大我，以牺牲个人和局部利益维护整体和全局利益，以国家和民族利益为上的价值取向。

3. **刚健有为**

刚健有为的精神不仅在我们民族兴旺发达的时期起过巨大的积极作用，在我们民族危难之际，更成为激励人们的强大精神力量，在历史上无数志士仁人身上体现出来，如杜甫的诗“剑外忽传收蓟北，初闻泣泪满衣裳”，“出师未捷身先死，长使英雄泪满襟”，陆游的诗“王师北定中原日，家祭无忘告乃翁”，文天祥诗“人生自古谁无死，留取丹心照汗青”，这些读来回肠荡气的诗句，具有强烈的感召力量，无不体现了自强不息的精神，也发挥了爱国主义的激励功能，培育了中华民族反抗压迫、维护民族文化生命的精神。

我们的文化从夏商周以来传承连续，从未中断，在民族的融合中国家的政治统一是历史的主流。所以中华民族不仅几千年来文化传承连续不断，而且中华民族赖以生存的政治实体在不断扩大的同时保持了稳定统一，这就远不是犹太民族所能相比的了。在抗战的时候，哲学家冯友兰曾说“当世列强，有今而无古；希腊罗马，有古而无今”，英国文化的历史不过1000多年，美国的历史只有300多年，而文明古国有的夭折，有的转移；“惟我中国，有古有今”，所以他总是引用《诗经》的“周虽旧邦，其命惟新”，说明中国是文明古国，但始终在与时俱进的发展，并在这种发展中保持了文化的连续性。近代历史学家就中国历史文化的三大特征问三个问题：第一，地域辽阔，人口繁盛，先民何以开拓至此？第二，民族同化，世界少有，何以融合至此？第三，历史长久，连绵不断，何以延续至此？历史学家说，从这三个特征来看，中华民族的历史发展，必然有一伟大的力量寓于其中。这个力量是什么？就是我们的文化和我们的民族精神，它是给了我们中华民族伟大生命力和凝聚力的内在的东西。其中最核心的就是中华文化中的一套价值观和民族精神。我们今天的一个重要任务，就是去发掘它、维护它，承担起发展中华民族生命的重大责任。

4. **文化自觉**

传统文化的优秀部分还可以举出很多，比如中国文化重文重教的文化意识，中国文化阴阳互补平衡的辩证思维，中国文化重视和谐中庸的价值取向，那么，中国优秀文化是如何传承的呢？传统文化的连续传承要归功于儒家的文化自觉，2500 年前孔子整理了三代以来的文化，确立了中国最早的经典文本，建立了中国文化的经典意识，建立起了文化传承的使命感。而后孔子所开创的儒家学派努力传承六经，代代传经释经；后又形成了一种道统的意识，使得后来儒家以传承发扬中国文化的经典和维护华夏文化的生命为神圣的使命。其次，中国自古以来有一个注重历史的传统，很早以来历史的记述不断，而且受到珍视，历史的记述起着承载民族历史记忆、建构民族文化认同的重要作用。儒家在这方面起了重要作用。最后，很重要的是，中国传统文化的士大夫在政治实践、地方教化和文化活动中，始终自觉传播、提倡、强调这些价值观念，强化这些价值观念，使得这些价值渗透在一切文化层次和文化形式之中，从而影响到全体人民大众的文化心理。

孔孟安身立命之道——行乎中庸

臺灣銘傳大學應用中文系教授　蔡信發

提要：孔孟學說的精神，實本於“中庸”。中庸之道，簡言之：不偏不倚，得性情之中正，更進一層來說，乃性命的內外一體。《中庸》說：“唯天下至誠，為能盡其性；能盡其性，則能盡人之性；能盡人之性，則能盡物之性；能盡物之性，則可以贊天地之化育；可以贊天地之化育，則可以與天地參矣。”人能以至誠之心，方能成己成物，成己乃仁之道；成物乃知之方。復觀孔子嘗言“己所不欲，勿施於人”。凡事以恕為宗，求之於己，而不苛求他人。孟子進言“彊恕而行，求仁莫近焉”。與孔子之言相互印證。由此可見，中庸之道，即在克己復禮，非禮則勿聽、勿視、勿言、勿動，此即克己，能如是，則復歸於禮。因此，孔孟安身立命之道無他，行乎中庸，合於忠恕，力行克己，復還於禮。吾人若能常思中庸之道，自能“不為已甚，不趨極端”，然若要達到中庸之道，必踐履“反身而誠”，人能反身而誠，方能成己、成物，內外合一，成就圓滿的德行。本文針對孔孟之仁、恕，探討其行中庸之道在於誠，論述儒者克己復禮，方能安身立命，進退得宜。

關鍵字：孔孟學說、中庸之道、克己復禮

壹、孔孟學說的精神

孔子（551B. C. —479B. C.）思想以仁為中心。孔子說：“夫仁者，己欲立而立人，己欲達而達人。”① 君子必須是一位仁者，方能成己成物，博施濟眾。在孔子看來，“行孝”是仁的本務。因此，門生有子闡述師說而強調“孝弟也者，其為仁之本與”②！透過行孝，而後能講究人倫道德，不犯上作亂。孟子掌握此一精神，提出：“人之有道也，飽食煖衣，逸居而無教，則近於禽獸。聖人有憂之，使契為司徒，教以人倫。父子有親，君臣有義，夫婦有別，長幼有序，朋友有信。”③ 將人倫予以定位，如此一來，行事準則，一以為式。孔孟學說的精神，實是統攝人類德性之學，而一個人有倫理觀，乃能戒慎恐懼，舉止行事不逾矩。

孟子（372B. C. —289B. C.）提出人倫，《中庸》一書明言此即五倫的關係。《中庸》說：“君臣也，父子也，夫婦也，昆弟也，朋友之交也。五者，天下之達道也；知、仁、勇三者，天下之達德也，所以行之者一也。”④ 五倫既為天下之達道，要如何做到呢？以知、

---

① 魏何晏集解、宋邢昺疏：《論語・雍也第六》（臺北：藝文印書館。《十三經注疏》。1965年6月三版。下同），頁55。

② 《論語・學而第一》：“有子曰：‘其為人也孝弟，而好犯上者鮮矣！不好犯上，而好作亂者，未之有也。君子務本，本立而道生，孝弟也者，其為仁之本與!’”，頁5。

③ 漢趙岐註、宋孫奭疏：《孟子・滕文公章句上》（臺北：藝文印書館。《十三經注疏》。1965年6月三版。下同），頁98。

④ 宋朱熹註《四書章句集註・中庸第二十章》（臺北：大安出版社。2006年8月第一版第六刷），頁37。

仁、勇三者去力行，即能體現五倫的精神，而又如何做起呢？《中庸》歸之於“誠”。

仁的具體實現，在孔子是行“忠恕”之道[①]。《論語·衛靈公》載：“子貢問曰：‘有一言而可以終身行之者乎？’子曰：‘其恕乎！己所不欲，勿施於人。’”[②] 朱子將忠恕解釋為“盡己之謂忠，推己之謂恕”[③]，引發出“誠”的義涵，然孟子前此已有闡述。孟子說：“居下位而不獲乎上，民不可得而治也。獲於上有道，不信於友，弗獲於上矣；信於友有道，事親弗悅，弗信於友矣；悅親有道，反身不誠，不悅於親矣；誠身有道，不明乎善，不誠其身矣！是故誠者，天之道也；思誠者，人之道也。至誠而不動者，未之有也；不誠，未有能動者也！”[④] 在此，具體的指出“誠”是行仁的根本之道。

孟子提出“行仁在誠”，與《中庸》說法一致。《中庸》說：“在下位不獲乎上，民不可得而治矣；獲乎上有道，不信乎朋友，不獲乎上矣；信乎朋友有道，不順乎親，不信乎朋友矣；順乎親有道，反諸身不誠，不順乎親矣；誠身有道，不明乎善，不誠乎身矣！誠者，天之道也；誠之者，人之道也。誠者，不勉而中，不思而得，從容中道，聖人也；誠之者，擇善而固執之者也！”[⑤] 在此，《中庸》提出“固守善道”，是致誠的不二法門。

自孔子提出“仁”的德性之學，以至《中庸》提出的五倫，孟

---

① 《論語·里仁第四》：“子曰：‘參乎！吾道一以貫之。’曾子曰：‘唯！’子出，門人問曰：‘何謂也？’曾子曰：‘夫子之道，忠恕而已矣！’”，頁 37。

② 頁 140。

③ 《四書章句集註·論語卷二·里仁第四》，頁 97。

④ 《孟子·離婁章句上》，頁 133。

⑤ 《四書章句集註·中庸第二十章》，頁 38。

子具體指出人倫，已經標識出“人”的定位。身而為人，必須固守“人倫”，力行“三達德”，反身而誠，方能開物成務，幾千年來，孔孟學說深植於人心，也為人類指出了一條安身立命之道。

貳、“中庸”的要義

《中庸》說：“唯天下至誠，為能盡其性；能盡其性，則能盡人之性；能盡人之性，則能盡物之性；能盡物之性，則可以贊天地之化育；可以贊天地之化育，則可以與天地參矣！”[①] 中庸是由內而外、由淺而深、由近而遠的成德過程。若能循此修治，則是一位“仁者”，進而成為孔子所說的“博施於民，而能濟眾”的“聖人”。

孔子屢次提及“中庸”，認為中庸之道，是人類成聖的必經途徑，而很少人達到此一理想的境地[②]。究竟中庸的意義是什麼？《大學》裡的一段話，適足以說明。《大學》說：“所惡於上，毋以使下；所惡於下，毋以事上；所惡於前，毋以先後；所惡於後，毋以從前；所惡於右，毋以交於左；所惡於左，毋以交於右，此之謂絜矩之道。”[③] 上下、前後、左右乃相對之詞，也代表人與人之間的倫理關係。凡事能反求諸己，就能體察別人的好惡，然後做最適切的反應。這個說法，《論語》說得比較簡單：“子貢曰：‘我不欲人之加諸我也，吾亦欲無加諸人。’”[④] 換言之，如果自已都覺得這件事厭惡，就不可能得到別人的欣然同意；反之，能再三反思，體察人情，也就

---

① 《四書章句集註·中庸第二十二章》，頁 43。

② 《論語·雍也第六》，頁 55。原文作：“子曰：‘中庸之為德也，其至矣乎，民鮮久矣！’”

③ 《四書章句集註·大學傳之十章·釋治國平天下》，頁 13。

④ 《論語·公冶長第五》，頁 43。

能做到“中庸”了。

提到“反思”，孔子在實踐“中庸之道”，有許多體驗。孔子說：“見賢思齊焉，見不賢而內自省也。”[①] 又說：“德之不修，學之不講，聞義不能徙，不善無能改，是吾憂也。”[②] 一個人能反躬自省，見善則從，見不善則改，則能步上“道德”的生活。錢穆（賓四，1895—1990）在《人生十論》裡曾提到：“中國人的人生觀，乃非個人，非全體；亦個人，亦全體，而為一種群己融洽之人生。由中國古來習用語說之，此乃一種道德人生，亦即倫理人生也。倫理人生亦稱人倫，東方人於人倫中見仁、見善、見中庸、見道德。”[③] 他認為人生一切真理，莫要於先使自己做成一好人，這個“好”字，即是孔子所謂的“仁”、《中庸》的“中庸”、孟子的“善”。

從這個軸線而發展，我們只要探求孔子所說的“仁”，以及孟子所說的“善”，就可以探得“中庸”的底蘊。孔子說：“不仁者，不可以久處約，不可以長處樂。”[④] 一個人若本性不善，很難有福同享，有難同當。又說：“惟仁者能好人，能惡人。”[⑤] 根據何晏（195—249）《集解》，亦即“能審人之所好惡”。仁者，能深悟他人的好惡，方能舉措得宜。因此，孔子也說：“富與貴，是人之所欲也，不以其道得之，不處也；貧與賤，是人之所惡也，不以其道得之，不去也。君子去仁，惡乎成名？君子無終食之間違仁，造次必於是，顛沛必

① 《論語・里仁第四》，頁 37。
② 《論語・述而第七》，頁 60。
③ 錢穆：《人生十論》（臺北：正文印刷公司，1969 年 6 月初版），頁 52。
④ 《論語・里仁第四》，頁 36。
⑤ 《論語・里仁第四》，頁 36。

於是。”[1] 一個君子，必須以仁為本，念茲在茲，無論外在形勢如何險惡，都不能離開“仁德”，所以把持人的本心，力行“倫理道德”是很重要的。

孟子對“中庸”的體認，則是強調“性善”。孟子說：“水性無分於東西，無分於上下乎！人性之善也，猶水之就下也。人無有不善，水無有不下。”[2] 人之性善，猶水之就下，乃出於本能。孟子又說：“惻隱之心，人皆有之；羞惡之心，人皆有之；恭敬之心，人皆有之；是非之心，人皆有之。惻隱之心，仁也；羞惡之心，義也；恭敬之心，禮也；是非之心，智也。仁義禮智，非由外鑠我也，我固有之也，弗思耳矣！”[3] 人性本善，只要擴充仁義禮智四端，則人莫能禦之。倘若行此四端，卻有不得，孟子認為必須“反求諸己”。孟子說：“愛人不親反其仁，治人不治反其智，禮人不答反其敬，行有不得者，皆反求諸己，其身正而天下歸之。詩云：‘永言配命，自求多福。’”[4] 人若本於善心，仁之未至，智之不足，敬而未恭，則人尚未服其德，而若能反身而誠，則人莫不服其德。

何以反身而誠，得以服人呢？若待人以仁，人卻待之以橫逆，此又何以故？孟子對此也有一番辯證：“君子所以異於人者，以其存心也。君子以仁存心，以禮存心。仁者愛人，有禮者敬人。愛人者，人常愛之；敬人者，人常敬之。有人於此，其待我以橫逆，則君子必自反也：我必不仁也，必無禮也，此物奚宜至哉？其自反而仁矣，

---

① 《論語・里仁第四》，頁 36。
② 《孟子・告子章句上》，頁 192。
③ 《孟子・告子章句上》，頁 195。
④ 《孟子・離婁章句上》，頁 126。

自反而有禮矣，其橫逆由是也。君子必自反也，我必不忠，自反而忠矣，其橫逆由是也，君子曰：‘此亦妄人也已矣！’如此，則與禽獸奚擇哉？於禽獸有何難焉！”[①] 由此可見，孟子認為“反身而誠”，人必答之；若反思而無過，人卻橫逆之，則問心無愧，不足為患。

孔子贊美顏回“一簞食，一瓢飲，在陋巷，人不堪其憂，回也不改其樂”。又說：“回也，其心三月不違仁，其餘則日月至焉而已矣！”[②] 可見行仁之不易，亦即“道德生活”之不易。孟子因此“養浩然之氣”[③]，使“仁義禮智根於心，其生色也，睟然見於面，盎於背，施於四體，四體不言而喻”[④]。日日存養善性，俾能符合中庸之道，不至於茅塞其心。

《中庸》是孔門傳授的心法，子思擔心時間一久，有所差錯，所以整理出來並筆之成書，傳授給孟子。其內涵可代表孔子、子思以至孟子一脈由戰國到秦、漢的思潮趨勢，也可以說是儒家學說的精華[⑤]。它的重要處，在於綰合孔子“仁”與孟子“善”的概念，更提出了“調適”的觀念。

《中庸》在孔孟學說基礎上，提出了“時中”的概念。《中庸》說：“君子之中庸也，君子而時中。”[⑥] 君子除了重視倫理道德生活、

---

① 《孟子・離婁章句下》，頁 153。

② 《論語・雍也第六》，頁 52。

③ 《孟子・公孫丑章句上》，頁 54。原文作：“我知言，我善養吾浩然之氣。”

④ 《孟子・盡心章句上》，頁 233。

⑤ 參見《新學識活葉文選比析》析文 001，介析《中庸》（臺北：新學識文教出版中心，1991 年 9 月）。

⑥ 《四書章句集註・中庸第二章》，頁 24。

善於存養仁義禮智之外，還必須"隨時處中"。張橫渠針對"時中"，有一番見解："'時中'之義甚大，須精義入神，始得'觀其會通，以行其典禮'，此方真是義理也。行其典禮而不達會通，則有時而不中者矣！君子要'多識前言往行，以蓄其德'者，以其看前言往行熟，則自能見得時中，此是窮理致知功夫。"① 時而不中，出處去就難免失準，以致落人口實，貽人笑柄，此君子所以戒慎恐懼也。

孟子曾贊美孔子是"聖之時者也"，"可以速而速，可以久而久，可以處而處，可以仕而仕"②，速、久是"時"的概念；處、仕是"中"的意涵。孔子也曾說："危邦不入，亂邦不居。天下有道則見，無道則隱。"③ 有道則見，無道則隱，是"時"的概念；危邦不入，亂邦不居是"中"的意涵。君子無論出處去就，都要做到"時中"，亦即隨時變化，得其中道，這是不容易的事，無怪乎張橫渠要說"時中之義甚大"，而勉人"多識於前言往行"了！

《中庸》言："喜怒哀樂之未發，謂之中；發而皆中節，謂之和。中也者，天下之大本也；和也者，天下之達道也。"④ 中庸就本體而言，即是道德的主體，也就是孔子所說的"仁"、孟子所說的"性善"。人能有"不忍人之心"⑤，即無有作好作惡之意，此即"中和"。孔子說："君子之於天下也，無適也，無莫也，義之與比。"、"君子

---

① 宋黎靖德：《朱子語類》（臺北：文津出版社，1986 年 12 月出版），卷六十三、〈中庸二・第二章〉，頁 1521。

② 《孟子・萬章章句下》，頁 176。

③ 《論語・泰伯第八》，頁 72。

④ 《四書章句集註・中庸第一章》，頁 22。

⑤ 《孟子・公孫丑章句上》，頁 65。

喻於義，小人喻於利”[①]。仁人君子的行事準則，就在於義利之辨，行事以“義”[②]，又能“時中”，則近“中庸”之要義。

參、孔孟安身立命之道

人生天地間，只此一世，如何完成自我，自是重要課題。吾人既知仁人君子以“義”為行事準則，又知“時中”精義，則近乎“行中庸”。《中庸》說：“君子尊德性而道問學，致廣大而盡精微，極高明而道中庸。溫故而知新，敦厚以崇禮。”[③] 已標識出自我完成的途徑。

“尊德性而道問學”是孔子的中心思想，《論語》中提及：“弟子入則孝，出則弟，謹而信，泛愛眾，而親仁。行有餘力，則以學文。”[④] 強調孝弟為先，謹信為要，以德為歸，行有餘力，必也力學。〈述而〉也曰：“德之不脩，學之不講，聞義不能徙，不善不能改，是吾憂也。”[⑤] 修德、講學是行仁的根本。孟子曰：“以善服人者，未有能服人者也；以善養人，然後能服天下。天下不心服而王者，未之有也。”[⑥] 擴而言之，德性是政事的根本。孟子又說：“君子深造之以道，欲其自得之也。自得之，則居之安；居之安，則資之深；資

① 《論語・里仁第四》，頁 37。

② 《論語・衛靈公第十五》，頁 138。原文作：“可與言，而不與言，失人；不可以與言，而與之言，失言。知者不失人，亦不失言。”此亦“義”之精神也。

③ 《四書章句集註・中庸第二十七章》，頁 47。

④ 《論語・里仁第四》，頁 38。原文作：“德不孤，必有鄰。”

⑤ 《論語・述而第七》，頁 60。

⑥ 《孟子・離婁章句下》，頁 144。

之深，則取之左右逢其原。故君子欲其自得之也。"[①] 無論德性、學問都須真積力久，乃能深入。在此即點出志士仁人若欲安身立命，捨自強不息而莫由。

人之自強，在《中庸》而言，是有次第的。君子要能"博學、審問、慎思、明辨、篤行"，此所謂"道問學"，人能"尊德性"，進而"道問學"，且"自強不息"，深造以道，方能"致廣大而盡精微"。

《中庸》同時揭櫫了唯有"明誠"，方有以致之。《中庸》說："自誠明謂之性，自明誠謂之教。誠則，明矣；明則，誠矣。"[②] 自本體而論，即是自性誠明；自應用而言，即是明誠而教。又《中庸》強調人須以至誠為出發點[③]，"盡心知性以知天"[④]，方能達到"尊德性而道問學，致廣大而盡精微"，此理甚明。

論及"極高明而道中庸"，則又勉人"登高必自卑，行遠必自邇"[⑤]。尹焞（1061—1132）說："聖人處己為人，其心一致，無不盡其誠故也。"范祖禹（1041—1098）說："聖人不侮鰥寡，不虐無告，可見於此。推之天下，無一物不得其所也。"[⑥] 人能高明，莫不是由

① 《孟子·離婁章句下》，頁 144。

② 《四書章句集註·中庸第二十一章》，頁 42。

③ 《四書章句集註·中庸第二十二章》，頁 43。原文作："唯天下至誠，為能盡其性；能盡其性，則能盡人之性；能盡人之性，則能盡物之性；能盡物之性，則可以贊天地之化育；可以贊天地之化育，則可以與天地參矣！"

④ 《孟子·盡心章句上》，頁 228。原文作："盡其心者，知其性也；知其性，則知天矣。"

⑤ 《四書章句集註·中庸第十五章》，頁 32。原文作："君子之道，辟如行遠，必自邇；辟如登高，必自卑。"

⑥ 《四書章句集注·論語卷八·衛靈公第十五》，頁 237。

極細微的道理入手。這細微的道理，就是“溫故知新”、“崇德厚禮”。孔子既已提出“仁”，即說明君子必須以仁為出發點。《論語》說：“士不可以不弘毅，任重而道遠。仁以為己任，不亦重乎？死而後已，不亦遠乎？”① “仁”是君子一生必須奉行的事，何況持續為仁，不是一件容易的事②，所以才會有“溫故知新”的說法。孔子也極重視“禮”。他曾揭示禮的條目，而提出“非禮勿視，非禮勿聽，非禮勿言，非禮勿動”③。孔子認為一個人能“克己復禮”，就是仁德的展現，所以他說“一日克己復禮，天下歸仁焉”④。人人都能約束自己，使行為復歸於禮，就能實踐仁的精神，也就是說，“崇德厚禮”是君子必須有的修為。

禮的重要，在《論語》中屢次提及，但孔子常將它和“孝”並論。《論語》中載：“孟懿子問孝。子曰：‘無違。’樊遲御。子告之曰：‘孟孫問孝於我，對曰：無違。’樊遲曰：‘何謂也？’子曰：‘生，事之於禮；死，葬之以禮，祭之以禮。’”⑤ 孔子認為孝順父母，必須做到無違父母之志，且以禮敬事父母，那是因為孟懿子是魯國的大夫，若能以禮侍奉父母，自然不會做出悖禮之事。但孔子對孟武伯問孝，卻回答他：“父母唯其疾之憂。”⑥ 那是因為孟武伯是孟懿子的兒子，因此，勸勉他不要妄自為非，使父母為己病而憂。

---

① 《論語・泰伯第八》，頁 71。

② 《論語・雍也第六》，頁 52。孔子曾贊美顏回“其心三月不違仁”。可見能持續為仁，亦嘎嘎乎難哉！

③ 《論語・顏淵第十二》，頁 106。

④ 《論語・顏淵第十二》，頁 106。

⑤ 《論語・為政第二》，頁 16。

⑥ 《論語・為政第二》，頁 17。

同樣的問孝，對於子游，孔子回答："今之孝者，是謂能養，至於犬馬，皆能有養，不敬，何以別乎？"① 對於子夏，則說："色難。有事弟子服其勞，有酒食，先生饌，曾是以為孝乎？"② 一個勸勉他要敬事父母，一個叮嚀他對父母要和顏悅色，這兩件事都是為人子女很難做到的。

同樣的問孝，孔子卻有不同的回答，這是因為問孝的人身份不同，性情也不一，所以孔子因材施教，發揮"時中"的精神，做到適切的回應。在孔子看來，每個人的情性不同，針對他人的不足，給予中肯的建議，可以使人"克己復禮"，合乎中庸。

論孝道是如此，論出處也一樣。《論語》說："子張問曰：'令尹子文三仕為令尹，無喜色；三已之，無慍色，舊令尹之政，必以告新令尹，何如？'子曰：'忠矣！'曰：'仁矣乎？'曰：'未知，焉得仁？'"③ 三仕三已，在人則未免心有怏怏，令尹子已難能可貴，何況能盡忠職守，然孔子認為他行事以忠，未見其仁，人之出處進退，固已難矣！《論語》又載孔子說："甯武子邦有道則知，邦無道則愚。其知可及也，其愚不可及也！"④ 孔子贊美甯武子出處進退能恰到好處，還說這不是一般人可以做得到的，足見"調適"的不易。

孟子對於出處進退，也有一樣的認知。《孟子》說："居天下之廣居，立天下之正位，行天下之大道。得志，與民由之；不得志，

① 《論語·為政第二》，頁 17。
② 《論語·為政第二》，頁 17。
③ 《論語·公冶長第五》，頁 44。
④ 《論語·公冶長第五》，頁 45。

獨行其道。富貴不能淫，貧賤不能移，威武不能屈，此之謂大丈夫。”[①] 為人能無欲無求，泰然自適，乃是讀書人的氣節。對於苟合當世，汲汲於富貴者，《孟子》提出一個生動的比喻。孟子說：“丈夫生而願為之有室，女子生而願為之有家，父母之心，人皆有之。不待父母之命，媒妁之言，鑽穴隙相窺，踰牆相從，則父母國人皆賤之。古之人，未嘗不欲仕也，又惡不由其道。不由其道而往者，與鑽穴隙之類也！”[②] 在此，對於出仕與否，有具體的說明。我們試觀《中庸》所說：“君子和而不流，強哉矯！中立而不倚，強哉矯！國有道，不變塞焉，強哉矯！國無道，至死不變，強哉矯！”[③] 此說與《孟子》有異曲同工之效。

就君子而言，是出處進退之道；就國君而言，是擇人以方的藝術。孟子曾論及：“所謂故國者，非謂有喬木之謂也，有世臣之謂也。王無親臣矣，昔者所進，今日不知亡也。”又說：“國君進賢，如不得已，將使卑踰尊，疏踰戚，可不慎與？左右皆曰賢，未可也；諸大夫皆曰賢，未可也；國人皆曰賢，然後察之，見賢焉，然後用之。”[④] 國君選才，若不慎則大臣為惡，誅殺之日心必怏怏然，然擇人之方，貴在“天聽自我民聽”[⑤]，能審國人之言，而後用之，方不至於後悔莫及。對於有罪之人，評斷之法亦同，國人皆曰可殺乃殺之，這樣才是絜矩之道。如此說來，中庸絕對不是“折中”，而是

---

① 《孟子·滕文公章句下》，頁 108。

② 《孟子·滕文公章句下》，頁 109。

③ 《四書章句集註·中庸第十章》，頁 27。

④ 《孟子·梁惠王章句下》，頁 41。

⑤ 《孟子·萬章章句上》，頁 168。原文作：“天視自我民視，天聽自我民聽。”

“不偏不倚”，在幻化無常的世界裡，找到適切的處理方法，使人心服口服，樂於聽從。

依此推論，孟子認為“惟仁者宜在高位，不仁而在高位，是播其惡於眾也”①。他推衍國家的興衰，全在一個“仁”字，而說：“三代之得天下也，以仁；其失天下也，以不仁。國之所以廢興存亡者，亦然。天子不仁，不保四海；諸侯不仁，不保社稷；卿大夫不仁，不保宗廟；士庶人不仁，不保四體。”② 一語道出士人百姓，也須有仁德之心，才能於日常生活中，安身立命。

無論是孔子的孝、禮、敬，還是孟子的仁、善，都是以“中庸”為準則。《中庸》提及：“為政在人，取人以身，脩身以道，脩道以仁。仁者人也，親親為大；義者宜也，尊賢為大；親親之殺，尊賢之等，禮所生也。”③ 近人趙龍文說：“修道的事，在感情生活中，以事親為主；在理智生活中，以尊賢為主。”④ 將仁、義下了極佳的註腳。禮的本源，從仁、義而來，若人人能“克己復禮”，則悖亂無由生。《中庸》又提出“智”、“仁”、“勇”做為實現禮的方法。

《中庸》也引孔子之言，進一步申言。《中庸》：“好學近乎知，力行近乎仁，知恥近乎勇。知斯三者，則知所以脩身；知所以脩身，則知所以治人；知所以治人，則知所以治天下國家矣。”⑤ 能好學、力行、知恥，只是接近三達德，而非全德的表現。呂大臨（1044—

① 《孟子・離婁章句上》，頁 123。

② 《孟子・離婁章句上》，頁 126。

③ 《四書章句集註・中庸第二十章》，頁 37。

④ 趙龍文講述：《中庸今釋》（中央警官學校叢書第五種，1960 年 4 月），頁 120。

⑤ 《四書章句集註・中庸第二十章》，頁 37。

1091）曾有評論，他說："愚者自是而不求，自私者殉人欲而忘反，懦者甘為人下而不辭。故好學非知，然足以破愚；力行非仁，然足以忘私；知恥非勇，然足以起懦。"[①] 吾人若要實踐中庸之道，可由好學、力行、知恥這三件事做起。先破愚，進而忘私，再輔之以"見義勇為"，聞一善言，拳拳服膺；見不善者如探湯，避之唯恐不及，能如是，雖愚必明，雖柔必強。

好學之道，《中庸》標舉"博學、審問、慎思、明辨、篤行"，且明言行有不果，則弗措之。以"人一能之，己百之；人十能之，己千之"[②] 之心，持之以恆，日久必能有成。力行仁德，則當如聖人，"不勉而中，不思而得，從容中道"，且須"擇善而固執之"。做任何事情，若能預先謀畫，堅持"禮法"，達到視、聽、言、動都合乎禮節，使歸於至當，那麼行己有恥，寵辱不驚矣！

綜上而論，"中庸"一詞，絕非平凡、平庸，而是成聖成德之道。人能先去禽獸行，力行"仁"、"誠"、"禮"三者，矢志為君子，方成就聖賢的根基。然若要與聖賢等齊，則須"允厥執中"、"克明峻德"，及其至也，為能"聰明睿智"、"寬裕溫柔"、"發強剛毅"、"齊莊中正"、"文理密察"，而為天下至聖之人[③]。聖人較常人更有威嚴，更有容德，更為擇善，更加遇事能敬，更能體察萬物之理，因此"見而民莫不敬，言而民莫不信，行而民莫不說"[④]，這也正回反

---

① 《四書章句集注·中庸第二十章》，頁 40。

② 《四書章句集注·中庸第二十章》，頁 38。

③ 《四書章句集注·中庸第三十一章》，頁 51。原文作："唯天下之至聖，為聰明睿知，足以有臨也；寬裕溫柔，足以有容也；發強剛毅，足以有執也；齊莊中正，足以有敬也；文理密察，足以有別也。"

④ 《四書章句集注·中庸第三十一章》，頁 51。

到“視、聽、言、動”都合乎禮，則民莫不敬的道理了。

吾人心若本於“誠”，以此“自誠之道”，脩身、齊家、治國、平天下，一以“仁”為依皈，在情感上，以孝親為念，不做悖禮犯義之事；在理智上，能尊敬賢能之人，行合宜之事，則此心如秤，能持其平。最重要的是，學習調適，知所變通，對於應對進退，能知分寸、明事理，則孔孟所言之“仁”、“善”，自在其中矣！

肆、結論

自孔、孟以降，“中庸”一直是儒者修為的最高境界。為人子能“善繼人之志，善述人之事”①，即是孝道，而“孝悌也者，其為仁之本與”，一切的嘉言懿行，無不是由孝為出發點。程頤（1033—1107）說：“孝弟，順德也，故不好犯上，豈復有逆理亂常之事？德有本，本立則其道充大。孝弟行於家，而後仁愛及於物，所謂親親而仁民也，故為人以孝弟為本。……然仁主於愛，愛莫大於孝親，故曰孝弟也者，其為仁之本與！”② 仁主於愛，愛又莫大於孝親，其關係是顯而易見的。孔子論“中庸”，以孝為本，以愛為末，並非採取折中之道，而全著眼在仁的根本問題。

由孝所衍生的家庭結構、倫理價值，形成了儒家維繫人倫的根基。所謂“君君、臣臣、父父、子子”，各就其位，各司其職，則有所謂“禮”，用以規範一切的行為。《中庸》藉孔子之言，將君子的立身之道，說明得非常清楚。“君子不可以不脩身，思脩身，不可以不事親；思事親，不可以不知人；思知人，不可以不知天”、“好學

① 《四書章句集注·中庸第十九章》，頁35。

② 《四書章句集注·論語卷一·學而第一》，頁62。

近乎知，力行近乎仁，知恥近乎勇。知斯三者，則知所以脩身；知所以脩身，則知所以治人；知所以治人，則知所以治天下國家也”①。所以說家庭倫理的關係，可形成脩身、齊家、治國、平天下，然要脩身，又不得不從格物、致知、誠意、正心做起。

《大學》首章言：“物格而后知至，知至而后意誠，意誠而后心正，心正而後身脩，身脩而后家齊，家齊而后國治，國治而后天下平。”② 這裡說明安身立命的步驟，必須從細微之處，推而廣之，以求能明事理。君子能窮天下理，端正其心，執兩用中，做到“有諸己而后求諸人，無諸己而后非諸人”③，方可以知絜矩之道。君子深知“仁人能愛人，能惡人”，因此“崇賢好禮”，以忠信為心，以仁義為利，乃能治理國家。此一說法，與孔孟所說“中庸之道”，若合符節。

孔子言：“為政在人，取人以身，脩身以道，脩道以仁。仁者人也，親親為大；義者宜也，尊賢為大。親親之殺，尊賢之等，禮所生也。在下位不獲乎上，民不可得而治矣”④！孟子則言：“以力假仁者霸，霸必有大國；以德行仁者王，王不待大。湯以七十里，文王以百里。以力服人者，非心服也，力不贍也；以德服人者，中心悅而誠服也。”⑤ 說明了從脩身到治國平天下，都有一定的次第，若能本乎仁德，方能使人心悅而誠服。

---

① 《四書章句集注·中庸第二十章》，頁 37。

② 《四書章句集注·大學經一章》，頁 4。

③ 《四書章句集注·大學傳之九章·釋齊家治國》，頁 12。

④ 《四書章句集注·中庸第二十章》，頁 37。

⑤ 《孟子·公孫丑章句上》，頁 63。

孔孟之言，對吾人安身立命之道，指出向上一路。人生在世，既未能置身於人群之外，自當做到無忝於所生，而欲達到安己以服人，則舍仁善莫由。吾人立志為君子，則義利之辨、親親之等、尊賢崇禮，必須一一奉行，使恰當於心，確當於行。孔子言："弟子入則孝，出則悌，謹而信，汎愛眾，而親仁。行有餘力，則以學文。"[①]其實已揭櫫君子根本之道。吾人於格物、致知、誠意、正心之際，要做到"以已知推至未知"，"慎獨"、"不欺暗室"，又於脩身、齊家、治國、平天下之中，應本乎仁善，"行有不得，反求諸己"，"遵循倫常"，"崇禮辨慝"，做到"以德服人"，則俯仰無愧，出入無不自得矣！

值此風雲變幻，世局詭譎之秋，若能凡事以仁義為心，並時時審度中庸"時中"之意，庶幾能出處去就，不失節度。《易經》言："天行健，君子以自強不息。"[②] 既已知孔孟立身之道，吾人若能拳拳服膺，又有何患焉？

主要參考書目

《人生十論》，（民國）錢穆著。臺北：正文印刷公司。1969 年 6 月初版。

《中庸今釋》，趙龍文講述。中央警官學校編譯委員會。1960 年 4 月初版。

《四書章句集註》，（宋）朱熹註。臺北：大安出版社。2006 年 8

① 《論語・學而第一》，頁 7。

② 黃壽祺、張善文合註：《周易譯註》（臺北：漢京文化事業有限公司，1992 年 6 月台版一刷），卷一、〈乾卦第一〉，頁 8。

月第一版第六刷。

《朱子語類》，（宋）黎靖德。臺北：文津出版社，1986 年 12 月出版。

《孟子注疏》，（漢）趙岐註、（宋）孫奭疏。臺北：藝文印書館。《十三經注疏》。1965 年 6 月三版。

《周易譯註》，黃壽祺、張善文合註。臺北：漢京文化事業有限公司。1992 年 6 月台版一刷

《經學論叢》，孔孟學會等主編。臺北：洪葉文化公司。2003 年 12 月初版。

《論語注疏》，（魏）何晏集解、（宋）邢昺疏。臺北：藝文印書館。《十三經注疏》。1965 年 6 月三版。

儒家人文精神及其宗教意涵

武汉大学孔子与儒学研究中心　郭齐勇

中华民族在长期社会实践过程中逐渐形成了独特的精神信念和价值意识。其中，尤以对“天、地、人、物、我”及其关系的反思，特别是对“人”自身的反思最具特色。在中华民族长期融和的历史过程中，儒、释、道三教，特别是儒教，在政教礼俗的各方面影响甚巨。

一、中华人文精神的特点

中华各民族及各种思想流派在历史上关于人与天道（天神）、人与自然、人与物、人与人、人与自身之关系的讨论，可以说汗牛充栋，人言言殊，今天我们很难以偏概全。但大体上，我们仍然可以把三千年来，在社会上层与下层中逐渐形成共识的、围绕“人”的若干思考略加总结与概括。

与世界上其它民族一样，中华先民在原始宗教的氛围中，“人”的地位暗而不彰，或者说，人总是与“神”，特别是与自然神灵的“帝”，或有意志的人格神的“天”相联系、相纠缠的。甲骨卜辞和《尚书》中的“帝”或“上帝”，就是殷代人的至上神。甲骨卜辞中

“帝其令风”、“帝其令雨”、“帝其降馑”、“帝降食受（授）又（佑）”[①] 的“帝”，多半指自然神灵。而《尚书》、《诗经》中的“帝”，则是自然神灵与祖先神灵崇拜的合一。“帝”或“上帝”是人类群体及其生活的主宰。周代钟鼎铭文中，“天”字出现的频率很多。“天”“人”两个字的字形十分相近，“人”形上加一圆点即是“天”字。在周代，至上神的称谓由“帝”“天”混用，逐渐变为了“天”的独用。“天”成为了创造生命、万物，并福佑人间的人格神。如：“惟天阴骘下民”，“天乃佑命成汤”，“天乃大命文王殪戎殷”，“天休于宁王，兴我小邦周”，“天生烝民，其命匪谌?”，“天生烝民，有物有则，民之秉彝，好是懿德”，等等[②]。但“天”的人格神权威逐渐下落，变成非人格的最高主宰，甚至变成人们咒骂的对象，这在《诗经》中可以找到很多例证。

周代的礼乐教化，集宗教、伦理、政治于一身，其中表现了中华民族“人”的意识、“人文”的意识的凸显。礼治显然是人的积极有为之治，但从本源上讲，礼的源头是“天地”、“先祖”和“君师”。天地是生命的本元，先祖是族类的本元，君长是政治的本源。所以，礼文，在上方事奉天，在下方事奉地，尊敬先祖，尊重君长。这是安定人民之本。而礼、乐之教，当然还有诗教、易教、书教等等，是用来对统治阶层、知识阶层的人，陶冶身心，端正品行的，继而用来提升百姓的文化素养、人格境界，调节、满足人们的物质与精神需求。所谓“礼以道其志，乐以和其声”（《礼记·乐记》），

① 分别见《殷虚文字乙编》和《卜辞通纂》。

② 分别见《尚书》中的《洪范》、《泰誓》、《康诰》、《大诰》和《诗经·大雅》中的《荡》篇、《烝民》篇。

以礼节民，以乐和民，就是这个道理。

孔子的时代是中国人“人文意识”觉醒的时代。孔子说：“周监于二代，郁郁乎文哉，吾从周。”（《论语·八佾》）孔子把继承了夏商两代文明而又有所创新的丰富繁盛的“周文”，作为我们民族深厚的大传统。“周文”源于且不脱离原始宗教而又强调了礼乐教化。礼使社会秩序化，乐使社会和谐化。孔子点醒了、拯救了周代礼乐文明的活的精神，并把它提扬了起来，这就是“仁”的精神！“仁”是礼乐的内核，没有“仁”的礼乐，只是形式躯壳、虚伪的仪节。

中国人文精神其实不是别的，就是孔子“仁学”的精神！“仁”是什么呢？“仁”是人的内在的道德自觉，是人的本质规定性，即孟子所说的人异于禽兽的那么一点点差别。“为仁由己”（《论语·颜渊》），“我欲仁，斯仁至矣”（《论语·述而》）突显的是人的主体性，特别是道德的自主性。“仁”又是“天、地、人、物、我”之间的生命的感通，又是“天下一家，中国一人”的价值理想。这种价值理想以“己欲立而立人，己欲达而达人”（《论语·雍也》），“己所不欲，勿施于人”（《论语·卫灵公》）等“忠恕”之道作为主要内涵。这可以推广为人与人之间，乃至国家间、民族间、宗教间、文化间的相接相处之道，乃至人类与动植物、人类与自然的普遍的和谐之道。孔子的“仁学”是中华人文精神的内核，是人文主义的价值理想，此不仅是协和万邦、民族共存、文化交流的指导原则，而且也是“人与天地万物一体”的智慧。无怪乎《全球伦理宣言》的起草者孔汉斯先生，把孔子的“己所不欲，勿施于人”作为全球伦理的黄金规则，这是很有见地的[①]。

孔子和儒家极大地张扬了人的自强不息、积极有为的创造精神，特别是人在物质文化、制度文化、精神文化诸层面的积极建构，促进文化的发展与繁荣，肯定道德、知识、智慧、文采、典章制度、礼乐教化等等。但孔子和儒家在极大地肯定人的文化创造的同时，并没有陷于人类中心主义和人文至上主义的立场，反而谨慎地处理了人文与自然、人文与宗教、人文与科学的关系。

中国的“人文精神”，不与自然对立，不与宗教对立，不与科学对立。这是中国的，特别是孔子、儒家的人文精神的特点。

就其不与宗教相对立而言：孔子“不语怪、力、乱、神”（《论语·述而》），“敬鬼神而远之”（《论语·雍也》），即对民间小传统的信仰，对鬼神迷信不轻易表态，或采取存而不论的态度。但这并不表示他对当时精英文化大传统的信仰有丝毫的动摇。孔子也运用占卜，强调祭祀的重要和态度的虔诚。孔子特别反复申言对“天”的信仰和对“天命”的敬畏。孔子说：“获罪于天，无所祷也”（《论语·八佾》）；“君子有三畏，畏天命，畏大人，畏圣人之言”（《论语·季氏》）；“唯天为大”（《论语·泰伯》）。孔子保留了对“天”、“天命”的信仰与敬畏，肯定了“天”的超越性、神秘性。孔子赞美《诗经·大雅·烝民》篇的“天生烝民，有物有则，民之秉彝，好是懿德”为“知道”之诗（《孟子·告子上》），肯定天生育了众民，是人的源泉，认为人所秉执的常道是趋向美好的道德，即天赋予了人以善良的天性。孔子肯定个人所具有的宗教性的要求，又进一步把宗教与

① 参见孔汉思等：《全球伦理》，台北：雅歌出版社，1996 年 11 月。

道德结合起来。孔子和儒家的积极有为的弘道精神、当担意识，超越生死的洒脱态度，朝闻夕死，救民于水火，杀身成仁，舍生取义的品德，均源于这种信仰、信念。或者我们可以说，儒家人文的背后，恰恰是宗教精神信念在支撑着！孔子说："天生德于予"（《论语·述而》）；"天之将丧斯文也，后死者不得与于斯文也"（《论语·子罕》）；"道之将行也与，命也；道之将废也与，命也。"（《论语·宪问》）

儒者的理想能否实现，听之于命运，因为这里有历史条件、客观环境的限制，不必强求，但也不必逃避，主体生命仍然要自觉承担。儒家把这种宗教精神转化为道德精神，儒学即是一种道德的宗教。儒家的"天"，是形而上的"天"，是道德法则的"天"，这个"天"和"天命"转化为人的内在本质，在人的生命内部发出命令。如此，才有千百年来刚健自强的志士仁人们"以天下为己任"的行为和"三军可夺帅也，匹夫不可夺志也"的气概，乃至社会文化各层面的创造。足见儒家人文精神不仅不排斥宗教，反而涵盖了宗教，可以与宗教相融通。这也是我国历史上很少有像西方那样的惨烈的宗教战争的原因。

二、制度化的宗教与精神性的宗教

儒学是否是一种宗教？这是近一百年以来学术界一直十分关注的问题。近世以来的思想家，如康有为、严复、陈焕章、夏曾佑与梁启超、章太炎、蔡元培、陈独秀等人曾就这个问题发生过争论。时至今日，人们仍然各抒己见，莫衷一是。唐君毅、牟宗三、钱穆、杜维明、刘述先等一部分当代新儒家学者认为儒学是"人文的宗教"

或“道德的宗教”①。李泽厚认为，儒学不是宗教，但在历史上起着“准宗教”的作用②。《文史哲》、《中国哲学史》等刊物曾辟有专栏、专文讨论儒学、儒家与儒教的问题③。李申坚持儒学即是宗教的观点④。

关于儒学是否是宗教及儒学是否具有宗教性这两个层次的问题，均涉及到对“宗教”的界定。受现代神学家和宗教学家的影响，晚近海外学者一般都突破了传统的以神观念（特别是一神教）为中心的宗教定义，批评或修正以基督教（包括天主教）对一元的、超越、外在的上帝的信仰，基督徒的宗教体验，乃至一整套宗教设施、组织、制度、教义和活动等作为界定“宗教”之普遍标准的做法。

例如哈佛大学杜维明，继承史密斯（W. C. Smith）关于制度性宗教与精神信念之自我认同的宗教性倾向的区分，力图从后一个层

---

① 参见郭齐勇：《当代新儒家对儒学宗教性问题的反思》，《中国哲学史》（季刊）1999 年第 1 期。

② 李泽厚：《再谈实用理性》，《原道》第 1 辑，中国社会科学出版社 1994 年 10 月。

③ 山东大学《文史哲》1998 年第 3 期举办“儒学是否宗教”专栏，发表了张岱年、季羡林、蔡尚思、郭齐勇、张立文、李申等人的文章；《中国哲学史》（季刊）1999 年第 1 期发表的有关论文除注②外，还有苗润田、陈燕：《儒学：宗教与非宗教之争——一个学术史的检讨》和李申：《儒教研究史料补》。此外，关于儒教问题，何光沪在《原道》第 2 辑（团结出版社 1995 年 4 月）上发表的《中国文化的根与花》一文颇值得重视。

④ 李申：《中国儒教史》，上海人民出版社，上卷 1999 年版，下卷 2000 年版。李申的老师任继愈先生为此书所写的序言和李申自序曾发表于《中国哲学史》（季刊）1997 年第 4 期。李申的长篇论文《儒教、儒学与儒者》发表在《中国社会科学院研究生院学报》1997 年第 1 期上。

面发掘作为信仰群体的儒家学者在精神上的自我认同及其特殊的精神体验。换言之，杜维明避开静态结构、客观制度的层面，从精神信念上阐明儒学（为己之学、身心性命之学）具有宗教性，并重新解读超越性，阐发世俗主义与圣神信仰的互动关系。他说："我们可以把成为宗教的人的儒家取向界定为一种终极的自我转化，这种转化既是一种群体行为，又是对超越者的一种诚敬的对话性的回应。这个界定也是儒家对学习做一个完全的人所作的界定……这里涉及到三个相互关联的层面：个人、社群和超越者。""在比较文明的格局之中，强调儒家人文精神的宗教性，无非是要阐明儒家的人生哲学虽然入世，但却有向往天道的维度。严格地说，儒家在人伦日用之间体现终极关怀的价值取向，正显示'尽心知性'可以'知天'乃至'赞天地之化育'的信念。"①

多伦多大学已故教授秦家懿认为，对超越境界的认识在儒家传统起始时便已存在，在天道与人道的关系中，天道仍居首位，人要努力在人道中体现天道。随着祭天礼仪的终止和公众祭祖活动的日渐衰微，儒学在宗教礼仪方面作用不大，但在其内涵深处，仍具有浓厚的宗教性，特别从宋明儒对成圣和超越自我的精神修养的方面可见一斑②。

中国台湾中研院刘述先借助蒂利希（Paul Tillich，台湾习惯译

---

① 杜维明：《论儒学的宗教性——对〈中庸〉的现代诠释》，郭齐勇等编：《杜维明文集》第三卷，武汉出版社2002年版，第460、374页。该中译本据纽约州立大学出版社1989年修订版译出，段德智译。另请参见周勤：《儒学的超越性及其宗教向度——杜维明教授访谈》，载《杜维明文集》第四卷。

② 参见秦家懿、孔汉思著，吴华译：《中国宗教与基督教》，三联书店1990年版。

为田立克）等现代神学家的见解，把宗教定义为人的终极关怀，进而审视儒家传统的宗教意蕴。按照宗教现象学的看法，对于“他世”的祈向并不是宗教的必要条件，对于“超越”的祈向乃是任何宗教不可缺少的要素，对现世精神的注重未必一定违反宗教超越的祈向。准此，刘述先认为，孔子和儒家有深刻的宗教情怀，其“天人合一”等思想中的超越的祈向有自己独特的方式①。

夏威夷大学安乐哲（Ames，R. T.）认为，儒学是无神论的宗教，是以礼为核心的，是一种肯定人类自身经验积累的宗教。他指出：“礼既是认知的，又是审美的，既有道德性，又是宗教性的，既关涉躯体，又关涉精神。”它是社群的产物，不是救世的，也不是末世的，而是包涵了一种转化，是在日常事务中的人的品质的转化。“由礼所建构的社会不仅是一个世俗的社会，也是一个宗教经验的场所。”②

以上海外学者基本上是从精神信仰与自我修养的角度肯定儒学或儒家具有宗教性。我们再回过头来看李申的著作。李申的思路是，不仅从精神信仰的层面而且从组织化、制度性宗教的层面直接说明儒家、儒学不仅具有宗教性而且就是宗教。因此，他没有着力去修改“宗教”的定义，毋宁说，李申正是就一般宗教的属性来肯定儒学、儒家即是儒教的。由这一基础出发，在论述儒教的特点，并旁

① 参见刘述先：《由当代西方宗教思想如何面对现代化问题的角度论儒家传统的宗教意涵》，《当代中国哲学论：问题篇》，美国八方文化企业公司 1996 年版。

② 安乐哲：《礼与古典儒家的无神论宗教思想》，《中国学术》第 2 辑，商务印书馆 2000 年 4 月。

及伊斯兰教的特点时，李申也批评了以基督教作为宗教之通则或唯一判准的方式。

值得注意的是，与李申书几乎同时出版的牟钟鉴与张践合著的百万余言的《中国宗教通史》[①]，把儒家、儒学与宗法性的国家宗教视为密不可分的统一体。牟钟鉴认为，中国原生型宗教的天神崇拜、昊天（或皇天）上帝崇拜、皇祖崇拜、社稷崇拜与王（皇）权紧密结合，其郊社宗庙制度是国家礼制的重要内容，其尊天敬祖的信仰是中国全社会普遍的基础性信仰。其政治性是所谓祭政合一，其全民性是所谓祭族合一。后来的宗法制社会发展和强化了原生型宗教。宗教既是全民信仰又是国家大事，宗教直接就是政治，这叫做政教一体。所以古人说："国之大事，在祀与戎。"秦汉以后，宗法性传统宗教仍然被直接纳入国家政治制度与政治生活，此外又产生了独立的佛教与道教。这些宗教与政治的关系虽不再像早期那样"政教一体"，但也没有达到"政教分离"，因为国家政权不仅承认这些宗教的合法性，而且经常推崇它们，运用政权的力量支持它们，并经常干预宗教的内部事务。宗法性传统宗教是"政教合一"、"族教合一"的，其基本宗旨是君权天授、祖宗之法不可违。它的祭祀活动直接纳入国家礼仪典制，由政权机构和家族组织安排办理。宗法性传统宗教的敬天法祖信仰及其祭祀活动直接用来加强儒家道德，与儒学紧密结合在一起，相得益彰。祭天以强化忠敬礼义，祭祖以显扬孝悌仁爱。要之，宗法性传统宗教以天神崇拜和祖先崇拜为核心，以社稷、日月、山川等自然崇拜为羽翼，以其他多种鬼神崇拜为补

---

① 牟钟鉴、张践：《中国宗教通史》（上下），社会科学文献出版社 2000 年版。

充，形成相对稳定的郊社制度，成为中国宗法等级社会礼俗的重要组成部分，是维系社会秩序和家族体系的精神力量，是慰藉中国人心灵的精神源泉。

比较以上海外学者与中国大陆学者的有关近著，不难发现其方法论和侧重面的确不同。我们应当承认，以人文理性、现世关怀为普遍特征的儒家（儒学）既具有精神性宗教的属性，又具有制度化、组织性宗教的属性，但与中华民族核心价值相连的精神性宗教的属性更多一些，而且从现代转化来说，这一方面的资源更有积极意义，更为重要。

三、儒学的宗教性与超越性

无论是儒学的宗教性还是其超越性，都是我们在这里难以三言两语说清的问题。然而，要理解儒学是宗教这一观点，却又不能不对其略加陈说。

首先，应该承认，“宗教性”与“超越性”并不是两个完全对等的概念。“宗教性”按我们的理解，应是指宗教的属性或性质。如这一理解成立，那么，说儒学具有宗教性，不外乎是说，儒学具有某些宗教的特性。宗教有很多属性，如它有教义教规、祭祀制度、信仰对象，以及作为人们的终极关怀能勖勉情志等等，这样看，说儒学具有宗教性，恐怕是多数人都可以同意的。《中国儒教史》一书的作用正是从以上诸方面来作出全面的论述的。但是李申并不只是证明儒学的宗教性，而是要说明“儒教是教”。对于“儒教是教”，可能就有人不会赞同了。这就涉及到另一个重要概念——“超越性”。

宗教所关怀的是超越可见世界以外的存有。刘述先认为，蒂利希以来，有关宗教的定义，主要内涵是“超越”（Transcendence）

的信仰与祈向。"超越"的因素不能不是界定"宗教"的一个重要成分。儒家虽然是彻底现世性的，却从不缺少对于"超越"的信仰与祈向，"天人合一"的理念始终是儒家思想中极其重要的一环。儒家传统（如当代新儒家所说的）具有深刻的宗教意涵。但是只有这一方面还是不足够的，举凡宗教必有其"内在"（immanence）的方面，其重要性几不下于宗教的超越祈向的方面。一个宗教之所以为一个宗教，绝不只是个人心里的一些想法或感受而已！它必内在到个人生活乃至群体的生活之中。故此仪式、祈祷、精神修炼、日用常行的规则等等莫不与宗教有极其紧密的关联性，因而也产生了形成宗教组织的必要。儒家在这方面最弱，故不能称之为一"组织宗教"，但信仰与生活关连，则是不争之事实①。

就我们所知，美国学者郝大维（Hall，D. L.）、安乐哲以及香港学者冯耀明是坚决否认儒学具有"超越性"的。郝大维、安乐哲著有《汉哲学思维的文化探源》一书②，冯耀明曾发表有系列文章《当代新儒家的"超越内在"说》以及《皇帝的新心——"超越内在说"再论》等③。他们认为"内在"就不可能同时是"超越"的，

① 参见刘述先：《由当代西方宗教思想如何面对现代化问题的角度论儒家传统的宗教意涵》，《当代中国哲学论：问题篇》，美国：八方文化企业公司1996年版；刘述先：《论孔子思想中隐涵的"天人合一"一贯之道——一个当代新儒学的阐释》，《中国文哲研究集刊》，第10期，台北：台湾中研院中国文哲研究所筹备处1997年版。

② 郝大维、安乐哲：《汉哲学思维的文化探源》，原本系美国纽约州立大学出版社1998年版，中译本由施忠连译，江苏人民出版社1999年版。

③ 冯耀明上文见《新儒家评论》（第一集），中国广播电视出版社1994年版，下文分上下两篇发表于台北：台湾辅仁大学《哲学与文化》1995年第9、10期。

"超越"不能同时是"内在"的。他们的这种观点主要是针对自熊十力以来的现代新儒家（也包括不承认自己是新儒家的余英时）以"内在超越"来解释传统儒家而言的。这两种观点看起来针锋相对，但总的说来，否认儒学"超越内在"说者不赞成儒学是严格意义上的宗教。以这个立场看，李申因认为儒教是教，所以，似乎是倾向于肯定儒学的"超越性"的。此外，郝大维、安乐哲二位虽不赞成儒学具有"超越性"，但认为儒学具有"宗教性"。这里我们专就"内在超越"或"超越内在"问题谈谈学者们的分歧。

不赞成儒学"内在超越"者，例如冯耀明在《当代新儒家的"超越内在"说》中认为："超越"一语在柏拉图哲学中的典型用法"涵有外在（beyond）及分离（separate）的意思"，"超越"即同于"外在"，怎么能以"内在超越"或"超越内在"来释说儒家思想呢？说"超越内在"即等于说"圆的方"。严格的超越的观念，在西方的思想传统中，是一个深刻而重要的观念，它是在逻辑的、科学的、哲学的和神学的语境中存在的，这样的观念与儒家思想格格不入，它与"对中国古典典籍的解释无关"。郝大维、安乐哲认为，即使在今天西方学术界中，这样一种诉诸神学、科学和社会理论中的超越观念也不怎么时行了，已经没落了。如果这样来理解的话，现代新儒家以"内在超越"解说传统儒学思想，要么是将"内在"与"超越"两种根本对立的东西捏拿在一起，形成一个不知所云的东西；要么是将根本不相应的一套术语去说明另外的东西，似乎是以西方的观念体系去解释儒家。

事情果真如此吗？在我们看来，以上观点一方面主要是批评儒家思想中的某些观念，另一方面也同样没有跳出西方学术的基本路数。比如，认为"内在超越"说是把客观的创造实体或超越原则与主观的自觉心灵或自由主体等同起来，认为这种将“宇宙心灵”与“个体心灵”浑化为一的“心灵”是“皇帝的新心”。其实，这里与其说是在说明“内在超越”根本是莫须有，还不如说是在批评儒家的最基本的观念。因为，将“宇宙心灵”与“个体心灵”浑化为一的心灵不就是“仁者”的“心灵”吗？“仁者与天地万物为一体”，“四海为一家，中国为一人”，“心外无物”等等，都有这个意思。说“内在超越”莫须有，不就是说儒者的这些观念是莫须有吗？我们当然不能说儒学中的这些观念就毫无问题，不应加以批评。可更重要的问题是，这样的一些观念究竟何所指，而千百年来的中国知识精英乃至民间百姓为何有这样一些观念？它们仅仅是魂落乡间里巷的孤魂野鬼的奇思妙想吗？还是在这些观念的背后有更深刻更源远流长的历史渊源？

汤一介认为，“天道”是超越性的问题，“性命”是内在性的问题，而这两个问题是属于形而上的问题。照中国传统哲学的看法，形而上的问题是“超言绝象”的；“超言绝象”自然不可说，说了别人也听不懂，只能自己去体会，所以孔子提倡“为己之学”，而反对“为人之学”。“天道”不仅是超越的而且是通于人之内在之性，故《中庸》曰：“天命之谓性，率性之谓道”；“人性”同样不仅是内在的而且可以通于“天”之超越之性，故曰：“诚者，天之道也；诚之者，人之道也。”继孔子之后有孟子，他充分发挥了孔子哲学中关于“内在性”的思想，并以人之心可以通于超越性之“天”。他说：“尽其心，知其性也；知其性，则知天矣。存其心，养其性，所以事天也。”人本然所具有的“四端”的充分发挥，则表现为仁义礼智之善性，这样就可以达到对超越性的“天”的觉醒，而实现内在之人心与超越的天道同一。宋明理学在更深一层次上解释孔子提出的“性与天道”的问题，使儒家哲学所具有的“内在超越”的特征更为系统化和理论化。程朱的“性即理”和陆王的“心即理”虽然入手处不同，但所要解决的仍是同一问题。程朱是由“天理”的超越性推向人性的内在性，以证“性即理”；陆王是由人性之内在性推向“天理”之超越性，以证“心即理”。

汤一介指出，我们是否应该在发展以“内在超越”为特征的哲学的同时，也引进或建立一套以“外在超越”为基础的哲学理论呢？对人类社会说，人们除了应要求以其内在精神来提升自己而达到“超凡入圣”的境界，同时也应承认有一种外在的超越力量可以帮助或推动人们达到“超凡入圣”的境界。这不仅因为以“外在超越”为特征的西方哲学和宗教曾对人类文明作出过积极的贡献，而且这种哲学和宗教对建立较为合理的政治法律制度有重要的意义。如果以“内在超越”为特征的中国哲学能充分吸收并融合以“外在超越”为特征的哲学和宗教以及与之相适应的政治法律制度，使中国哲学能在一更高的层次上自我完善，也许它会更加适合现代社会生活发展的要求。如果东西哲学能在更高的层次上构成包含着以“内在超越”为特征的中国哲学和以“外在超越”为特征的西方哲学，那么东西哲学不但可以以多种形式相会合，而且将使人类的哲学能在更高的水平上得到发展①。

---

① 汤一介自20世纪80年代中期至90年代初期撰写了四文：《论儒家哲学中的内在性与超越性》、《论魏晋玄学中的内在性与超越性》、《论禅宗思想中的内在性与超越性》、《论老庄哲学中的内在性与超越性》。见汤一介：《儒道释与内在超越问题》，江西人民出版社 1991 年版。其中三文的节选及另一综合文《对中国哲学的哲学思考》则见《当代学者自选文库·汤一介卷》，安徽教育出版社 1999 年版。以上综述的汤先生有关论点，均根据于这两种著作。

刘述先认为，宗教信仰向往“太和”（Comprehensive Harmony）的境界。有人认为，在自然世界之中，老虎杀羊，这就否证（falsify）了自然中有太和的说法。这种驳斥是犯了典型的范畴错置的谬误，它背后隐含了一种单向度的思考，以为通过经验推概的标准就可以判断宗教信仰的真假。试问哪一个信仰宗教的人不知道经验层面老虎杀羊的事实呢？但这并不妨碍他们对于“太和”的向往与信仰。由此可见，“太和”的理念并非建立在经验推概之上，也不会因为它不符合经验观察到的事象而失效。事实上没有人会否认世间充斥着众多彼此矛盾冲突的现象，而这恰恰是人类追求宗教信仰背后的一个深刻的动机。故此基督教寄望于他世的天国；佛陀看到众生之相残而发心追求解脱之道；孔孟的儒家思想乃产生于春秋、战国之“据乱世”，所以公羊家才要格外显出对于“升平世”，乃至“太平世”的向往。也恰因为儒家不甘心把泥足深陷于“内在”之中，才会努力去追求“超越”的信息与理想[①]。

刘述先指出，儒家式的内在超越形态的确有其严重的局限性，而令超越的信息不容易透显出来。但这并不表示，基督教式的外在超越型没有严重的问题。基督教的上帝表面上可以保持其纯粹的超越性，其实不然。因为上帝要与人以及世界发生关联，就不能不进入内在的领域而受到这方面条件的局限。既然上帝往往要通过启示给予人类指引，而被挑选来传达上帝信息的先知又是内在于此世的人，他们也必须用人的语言才能传达超越的信息，那就不能保持纯粹的超越性了。如果肯定超越的信仰就必须否定内在的准则，否定

① 参见刘述先：《全球（世界）伦理、宗教对话与道德教育》，《现代新儒学之省察论集》，台北：台湾中研院中国文哲研究所 2004 年 5 月。

人在自己的生命之内可以体现神圣的光辉，代价是不是太大了一点？这样看来，外在超越说乃不能不陷入两难的境地之中：如果要维持超越的绝对性，就不能不否定内在标准的自主性，如果超越内在于人性与世界之中，则外在超越已变质而为内在超越，有许多事情要依靠人自己的判断而不能仰仗不可知的超越，则外在超越说并没有它所声称的胜过内在超越说的优势。事实上，外在超越说与内在超越说并不是可以一刀切开来的两种学说，这由检验西方神学发展的线索便可以明白①。

关于"超越"一语，按我们经常见到的这一术语的使用情况，主要有两层涵义：第一，超越即超验，不可经验之意。康德认为，超出一切可能经验之上、不为人的认识能力所能及的便是超越的，如上帝。第二，指人可超然于生存环境的主观精神力量或意志力，这种意义上的超越是非常泛化的，相当于超过、高于、超然等等。然而，在第一层涵义中，主要是从认识论角度来看"超越"的，可它透显出的另一层意思是神性。在康德的哲学中，认识论与伦理学恰恰分属两个不同的领域，认识论是不关心神性的，它关心的是客观原则，所以必须有"自在之物"存在。只有在伦理学中，上帝的存在才是必然的。这些，我们可以从任何一种《西方哲学史》教科书中知晓。

但现当代新儒家与传统儒家在基本品格上是一致的，他们更为关心的不是认识论，而是价值论、本体论问题。这样，"超越"一词

---

① 参见刘述先：《由当代西方宗教思想如何面对现代化问题的角度论儒家传统的宗教意涵》，《当代中国哲学论：问题篇》；Huston Smith 著，刘安云译，刘述先校订：《人的宗教》绪论，台北：立绪文化事业有限公司 1998 年版。

也不是在认识论上讲的，而是从他们的本体论——境界论上去讲的。因而，所谓的“超越性”指的是神性、宗教性。儒家所追求的境界，“致广大而尽精微，极高明而道中庸”，“及其至也，虽圣人也有所不能焉”（《中庸》），从这个意义上讲，终极的境界也有难以经验的地方。本体——境界为何具有神性呢？要理解这个问题，就必须提到儒家最基本的思维方式和最基本的观念——“天人合一”。依据这样一种思想，高高在上的天道与人的“良知”、“本心”是相通不隔的，如果天道、天具有神性，那么，说人之“良知”、“本心”也因此获得神性，应是能够成立的。但是，天具有神性吗？对于这样一个问题，我们后面还要专门论述。在这里，我们可以明白，为何在儒家看来，“宇宙心灵”和“个体心灵”可以浑化为一，原来，所谓“天”，是形上义理之天，并不是指的外在于人的自在之物，而“天”也是一个本体论——价值论的概念，其认识论意味是十分淡薄的。而如果从认识论角度来看“尽心、知性、知天”，又把天看成外在的客观存在，便显得难以理解，像“心外无物”这样的说法就只能是疯话了。

因此，超越性与宗教性虽不是完全相同的概念，但是在现当代新儒家的心目中，二者是相通的。因为，超越的“天”完全没有认识论意味，而只是价值之源。

如果超越性被理解为神性、宗教性，而天人又是相通不隔的，那么，以“内在超越”来解释传统儒家的思想便不是不可理解了。余英时亦对“内在超越”说持肯定态度。他认为，与西方文化“外在超越”的价值系统不同，中国文化价值系统的个性特征是“内在超越”。“内在超越”的特征就是认为超越的价值源头与根据在内而不在外，这就是所谓“为仁由己”，“依自不依他”。不过，尽管超越的价值之源在内而不在外，但作为价值之源的心灵却又外通于他人及天地万物。正是由于这种相通（或云“合一”、“相感”等），使个体的“自省”、“自反”、“反求诸己”、“反身而诚”之类的功夫成为必要，这就是道德修养功夫上的“内转”。也就是因为这种相通，使在“内转”基础上的“外推”（推己及人、推恩）成为可能。“内转”与“外推”统一起来，就是人们通常所说的“内圣外王”之道，也就是“内在超越”①。这是以自我为中心而展开的一往一复的循环圈。如果要进一步追问为何天人相通合一，就只能回答说，这是儒家乃至传统中国人根本的信仰和思维方式。

所以，现当代新儒家认为，“内在”与“超越”并不是直接对立的。“超越”（神性）可以同时是“内在”的，换句话说，超越的价值理想追求，可以通过人的修身增德而在充满人间烟火的红尘中实现；相反，对六合之外的事，“圣人存而不论”。这样一种超越，的确与西学中的超越有所不同。它不需要也很难得到认识论意义上的、实证主义方式的“证实”，而需要的是儒者的身体力行，自己体悟、体证，自证自信。对于内在与超越的关系，刘述先将之比作有限与无限的关系：“有限（内在）与无限（超越）有着一种互相对立而又统一的辩证关系，我们的责任就是要通过现代的特殊的条件去表现无穷不可测的天道。这样，当我们赋予‘理一分殊’以一全新的解释，就可以找到一条接通传统与现代的道路②。”这样，“超越”与

---

① 余英时著，辛华、任菁编：《内在超越之路》，中国广播电视出版社1992年版，第12—13、111页。

② 刘述先：《“理一分殊”的现代诠释》，《理想与现实的纠结》，台北：台湾学生书局1993年版，第173页。

“内在”的统一性不仅不是儒学理论上的缺失，反而是它接通现代文明的重要思想资源了。

在《中国儒教史》自序中，李申明确指出，被学界长期讨论的天人关系，其实在古人心目中，本来就是神人关系。最初中国的宗教与世界上的其他原始宗教并无什么不同，只是到了商周之际，一些社会生活中的重大事件促使周人意识到“天非虐，唯民自速辜。”（《尚书·酒诰》）即人的命运实际上是由自己的行为造成的。这是否意味着就是无神论了呢？李申认为“当后来的人们看到中国古人谈论人的命运由自己造成的时候，常常误把他们当作无神论者，事实上，在他们的意识中，自己的行为只是自己命运的先决条件，只是讨好上帝鬼神的必要条件，其结果如何，是要由上帝来决定的。”[①]显然，自己的命运由自己主宰，但仍然不是无神论。这一思想线索一直贯穿于儒教发展之始终，所以，说“儒教是教”并不因为其主张尽人事而不能成立。

四、教化之教与信仰之教

宗教本来就具有教化的功能，但它更是一种超理性的信仰。由于儒教的特殊性，它的教化作用更明显地表现了出来，而作为个人内心信仰的方面往往掩映在其社会功能之中。张横渠的绝句：“为天地立心，为生民立命，为往圣继绝学，为万世开太平”，明显无遗地表现了这一方面。从宗教心理学上看，宗教的产生是基于生命本身的有限性的感受，而产生一种“投靠”与“委顺”的心理状态，而一种对全知全能的无限性的渴望正是这种心理的反映。所以宗教本

① 李申：《中国儒教史》上卷，上海人民出版社 1999 年版，第 46 页。

质上是个体生命情感上完满的追求，儒教之修身增德正是这样一种追求。但是，由于儒教的“内在”性，即入世主义，使他们不可能停留在这个阶段。张横渠的抱负也是大多数儒者的抱负，其指归显然是在“外王”学上。这不是哪一个儒者的特性，而是由儒家的根本信仰所决定的。先秦儒家一开始主要是以一种政治学说而著称于世的，这就说明儒者的信仰不但是个体心灵的信仰，而且是要在社会生活，尤其是社会生活的核心政治上去实现的。因而，离开了红尘，离开了政治，儒教可能就不再是历史上存在的儒教了。

自汉代儒术大盛以来，儒学与政治的理论逻辑上的联系已变成了实际上的相互影响关系。儒教对中国政治的影响也是广泛而深入的。从祭祀方面看，历朝历代的皇帝，除了祭天、祭祖之外，还要祭“文宣王”孔子。儒学的“学而优则仕”以及“内圣外王”之道成为普通士人的基本观念和根本追求。隋唐时形成了科举制，宋代以后又得到了继承和发扬。儒学的经典《四书》、《五经》成为科举考试的教科书。士人之所谓“学”，在儒者看来是为政的必要前提，为政则是学的归宿。“学”就是儒家强调的道德上的完善。还有，自古以来的宗族制度，也是儒教得以存在的重要社会土壤。宗族制度虽在形式上发生过重大变化，但在实质上成为国家权力的延伸而成为政治统治的一个组成部分。在中国传统社会中，我们处处都能看到儒教的深刻影响。对于儒教而言，君主专制的国家政权是一种既定的现实，儒教通常对政权的态度是在承认它的同时改变它，并使其符合自己的道德理想和社会理想。如若儒者的理想与现实相去甚远，它就转而采取批判的立场甚至以异端形式出现，但这对儒教而言并不是必然的。诚然，阿世之儒也屡见不鲜。这样，儒教与政治的关系呈现出十分复杂的情况，从中我们可看到它的世俗主义性格。

而正是这种性格可能会使儒教信仰经常表现出复杂曲折的形式而为后世所诟病，谓其缺乏“超越性”或“超越性”不够。

然而，正是儒教与现实政治的这种复杂关系，决定了儒教强烈的教化色彩。《白虎通·三教》云：“教者何谓也？教者效也。上为之，下效之，民有质朴，不教不成。”又云：“王者设三教者何？承衰救弊，欲民反正道也。”其所谓“教”，在这里突出的是与政权相辅相承的教育与教化功能。在这里，儒教表现为一套系统的教化体系。由于它与现实政治关系的密切，虽然儒教本身并没有独立的组织系统，但“君主制的国家组织同时也就是它的宗教组织”[①]。但另一方面，宗教信仰是基于个人的内心信仰，由于国家组织成为宗教组织，无疑又进一步巩固和强化了这种信仰，使儒教的教理教义成为人们根深蒂固的内心信念。传统儒教与宗法社会中宗族的关系也值得重视，宗法社会中宗统与君统有着既对立又统一的关系，二者并非铁板一块。

由于君主专制的国家组织成为了儒教的物质载体，因此，这种国家组织形式的改变必然会动摇儒教的根基。1911 年，在国内外危机的双重打压下，辛亥革命爆发，清王朝宣告灭亡。1912 年元月一日，中华民国在南京成立。以孙中山为临时大总统的新的国家政权，不认为自己是受天命而产生的政权，所以这个政权成立时不再举行告天礼仪，对上帝的祭祀从此也被废除了。随着天地、社稷、祭祀被废除，为天地社稷、祭祀提供理论基础的儒经也不再具有权威。中华民国教育部于 1912 年 1 月颁布的《普通教育暂行办法》中，正

---

① 李申：《中国儒教史》下卷，上海人民出版社 2000 年版，第 1057 页。

式宣布废除小学读经，而更早些时候，还在清王朝存在的1905年，就宣布取消了传统的科举制度。这样，不仅经典不再是经典，而且相应的制度设施也不复存在，儒教与中国政治的姻亲关系彻底断绝。儒教不再是作为官方的意识形态的儒教，那么，儒生也就失去了生存的基本条件。儒教的崩溃不仅意味着一套教育教化制度的崩溃，而且也是一种宗教信仰的崩溃，其结果必然会导致这种宗教信仰者精神上的绝望与挣扎。民国初年社会之黑暗是这一信仰崩溃后神经错乱的反映，而不少抱残守缺的儒生乃至能够接受一些西方思想的开明人士均经历了希望与幻灭的痛苦。而对这一时期的比较有理性的反映，便是其后兴起的现当代新儒家。现代社会与现代社会的人当然也需要信仰，需要终极关怀、伦理共识与族群认同，需要有敬畏之心，需要有约束力的信念系统。我们如何结合传统社会的信仰而予以变革并重建国民的真正信仰，仍是当代重大的课题。当下，无信仰的破坏力之释放，金钱与权力拜物教的横行，基督教或天主教在农村的广为流传，民间宗教的兴起，都值得我们认真思考。

我们必须将历史上与政治紧密相连的儒教和作为民族文化价值观念系统的儒学明确区别开来。将儒教与传统社会看成是互动的一种关系，虽说是李申《中国儒教史》的一大特点，但却因此给人们一种印象，儒学和儒教一样都只是传统社会的产物，它已伴随着传统社会的崩溃而崩溃了。这样，即使李申轻描淡写地承认儒学在现代化过程中有积极意义，也难以令人信服。其实，作为教育教化制度并得到官方支持的儒教可以崩溃，但作为个人内心信仰的对象，作为生活的信念与理想，作为立身行世的准则，作为内在的以之生以之死的精神，对个体而言，即便是在现代或未来社会，却是可以永远存在的。正是因为这一点，儒学的现代价值、普遍意义才是值得重视的。对儒教的政治化色彩，不仅新一代学人十分反感，实际上现当代新儒家也实行了冷处理。现当代新儒家不能忘怀的是儒家的心性哲学以及对个人安身立命的功能[①]。

儒学是中国传统文化的重要组成部分，是中华民族的精神形态，它深深地扎根于民间。儒家文化的许多价值理想一直是中国人安身立命、中华文化可大可久的根据。儒学与现代化并不是绝对对立的，它是参与现代化的积极力量，而且不仅仅只具有克服现代病、治疗现当代顽疾的作用，也不仅仅只具有心理慰藉的作用。儒学是当代健康的法治社会的民族文化认同与伦理共识之基础。儒学为基底的价值系统仍是有约束力的价值系统。重建中华民族自己主体性的文化价值，才能完成伟大复兴，重新贡献文明于全人类、全世界。

---

① 关于儒学的宗教意涵，详见郭齐勇著：《中国儒学之精神》，上海：复旦大学出版社，2009年1月，第235至260页。本文的第二至四部分，原稿由西安交大龚建平教授与我合写，此次由我将此论文提交会议，征得了龚教授的同意，特此向龚教授致谢。

《論語》“知（智）”論與後代“才、學、識”說

——由思維（意象）系統切入作探討

臺灣師大國文系兼任教授　陳滿銘

提要：“才、學、識”三者，在我國已受人重視很久。先是對其中之“才、學”二者，《文心雕龍．事類》說：“才為盟主，學為輔佐，主佐合德，文采必霸，才、學褊狹，雖美少功。”這樣主張“才”、“學”並重，是就整個辭章來說的。後來又於此基礎之上，增加了一個“識”，對此，袁枚在《續詩品注．尚識》指出：“學如弓弩，才如箭鏃，識以領之，方能中鵠。”而在〈答蘭垞第二書〉中又強調：“善學詩者，當學江海，勿學黃河；然其要總在識。作史者才、學、識缺一不可，而識為尤。其道如射然：弓矢，學也；運弓矢者，才也；有以領之，使至乎當中之鵠，而不病於旁穿側出者，識也。”這裡特別重“識”，是針對學詩、作史來說的，但依然未出辭章的範疇。就僅以此辭章範疇之理論而言，三者之間，究竟關係如何？在輕重之外，是否存在著本末先後的思維層次？卻一直未有進一步較明確而探原性之論述。因此本文特著眼於此，先溯源於人類之思維（意象）系統，對應於思維力、觀察力、記憶力、聯想力、

想像力與創造力等，探析“才、學、識”三者在其中之呈現，再歸本於《論語》中之“知（智）”論，分“智力（智能）”、“知識或求知識”與“智慧”等三層加以對應考察，然後就“才與學”、“識與德”兩方面略作綜合探討，以見出“才、學、識”三者之理論根源，從而凸顯《論語》“知（智）”論與後代“才、學、識”說之密切關係。

關鍵詞：《論語》、知（智）論、“才、學、識”、思維（意象）系統。

一、前言

“才”與“學”二者，屬於互動之“二元”，很早就受到重視，《文心雕龍·事類》說：“屬意立文，心與筆謀，‘才’為盟主，‘學’為輔佐，主佐合德，文采必霸，‘才’、‘學’褊狹，雖美少功。”① 如此以“盟主”與“輔佐”來看待“才”與“學”二者，顯然注意到了其邏輯層次。到了後來，又注意到了“識”，合為“才、學、識”三者，譬如袁枚《續詩品注. 尚識》就說：“‘學’如弓弩，‘才’如箭鏃，‘識’以領之，方能中鵠。”② 他在此特別凸顯了“識”的重

① 見黃叔琳等《增訂文心雕龍校注》(北京：中華書局，2000 年 8 月一版一刷)，頁 473。

② 見袁枚《續詩品注. 尚識》(臺北：河洛圖書出版社，1974 年 9 月臺影印初版)，頁 155。又袁枚在〈答蘭垞第二書〉中強調：“善學詩者，當學江海，勿學黃河；然其要總在識。作史者才、學、識缺一不可，而識為尤。其道如射然：弓矢，學也；運弓矢者，才也；有以領之，使至乎當中之鵠，而不病於旁穿側出者，識也。”見《袁枚全集》貳（南京：江蘇古籍出版社，1993 年 9 月一版一刷），頁 288。

要。而這“才、學、識”三者，在整個思維（意象）系統層面，是何種關係？在哲學層面，以《論語》一書中之“知（智）”論予以對應考察，其結果為如何？而又有什麼問題須作綜合探討？實在都有必要一探其究竟，藉以凸顯《論語》“知（智）”論與後代“才、學、識”說關係之密切。

二、思維（意象）系統中之“才、學、識”

“思維”是人類的一切知行活動的原動力，而“思維”又始終以“意象”為內容，所以“意象”是可以通貫“思維”之各個層面，如觀察、記憶、聯想、想像、創造等，而形成其完整系統的。

首先看思維力，周元主編《小學語文教育學》說道：“思維靠語言來組織。我們進行思考時，必須借助於單詞、短語和句子。因為思維的基本形式——概念，是用語言中的詞來標誌的，判斷過程和推理過程也是憑藉語句來進行的；也正是因為人憑藉語言進行思維，才使思維具有間接性和概括性。”① 因為人類具有思維能力，所以不會只侷限於某個時空的直接感官接觸；而且思維力的鍛鍊與語言能力的進展，可說是密切相關，是可以互動、循環、提升的。周元主編《小學語文教育學》又說道：“語言是思維的直接現實。我們理解語言時，要經歷從語文形式到思想內容，又從思想內容到語文形式的思維；言語表達時則相反，要經過從內容到形式，又從形式到內容的思維過程。在這反覆的過程中，需要進行分析綜合、抽象概括、判斷推理，需要形象思維和邏輯思維的交替進行。”② 正因為語言與

---

① 見周元主編《小學語文教育學》（上海：華東師範大學出版社，1992 年 10 月一版一刷），頁 26。

② 見《小學語文教育學》，同注 3。

思維有著密切的關係，所以在語文教學的全過程中，都應有意識地進行思維訓練。思維力強，表現出來就是抽象、概括的能力強，亦即“求異”與“求同”的能力強，彭聃齡主編《普通心理學》甚至認為抽象概括力是一般能力的核心[①]。在語文教學中，可以用“比較”的方式，來鍛鍊出學生“求異”與“求同”的能力，因而促進思維能力。

其次看觀察力，彭聃齡主編《普通心理學》說：“外部感覺接受外部世界的刺激並反映它們的屬性，這類感覺稱外部感覺。如視覺、聽覺、嗅覺、味覺、皮膚感覺等。……內部感覺接受機體內部的刺激並反映它們的屬性（機體自身的運動與狀態），這種感覺叫內部感覺，如運動覺、平衡覺、內臟感覺等。”[②] 觀察力就是運用視、聽、嗅、味、觸五種外部知覺，以及內部知覺，來獲取外在世界和機體內部訊息的能力。良好的觀察力對於寫作來說是相當重要的，因為正如周元《小學語文教育學》所言：觀察是獲得說寫素材的重要途徑，也是準確生動地表達的前提[③]。

又其次看記憶力，彭聃齡主編《普通心理學》：“記憶（memory）是在頭腦中積累和保存個體經驗的心理過程，運用信息加工的術語講，就是人腦對外界輸入的信息進行編碼、存儲和提取的過程。……記憶是一種積極、能動的活動。人對外界輸入的信息能主動地進行編碼，使其成為人腦可以接受的形式。現代心理學家認為，只

---

① 見《普通心理學》（北京：北京師範大學出版社，2001 年 5 月二版，2003 年 1 月十五刷），頁 392。

② 見《普通心理學》，同注 5，頁 76。

③ 見《小學語文教育學》，同注 3，頁 23。

有經過編碼的信息才能記住。”[①] 作為一種心理過程，記憶是一個識記、再認和再現的過程，是人們運用知識經驗進行思考、想像、解決問題、創造發明等一切智慧活動的前提。有了記憶，人們才能積累知識、豐富經驗；沒有記憶，一切心理現象的發展都是不可能的，我們的教育或教學也無法進行。

再其次看聯想力，童慶炳《中國古代心理詩學與美學》說道："聯想是人的一種心理機制，主要指人的頭腦中表象的聯繫，即其中一個或一些表象一旦在意識中呈現，就會引起另一些相關的表象。”[②] 譬如我們看到月曆已撕到二月，就會想到冬去春來，由冬去春來又自然會想到萬物復甦，由萬物復甦又想到春景的美麗……等等。這種由一種事物想到另一種事物的能力就是聯想力，邱明正《審美心理學》並將聯想分成接近聯想、相似聯想、對比聯想、關係聯想幾類[③]。

接著看想像力，彭聃齡主編《普通心理學》說道："想像（imagination）是對頭腦中已有的表象進行加工改造，形成新形象的過程。”[④] 其加工改造的方向有二：重組或變造。因此想像力的豐沛植基於兩個重要因素上：其一為腦中所儲存表象的豐富，其一為重組和變造的能力；也因為想像力是如此運作的，因此想像所得就會具有形象性和新穎性，這就是想像力迷人的地方。舉例來說，哈利波

① 見《普通心理學》，同注 5，頁 201。

② 見《中國古代心理詩學與美學》（臺北：萬卷樓圖書有限公司，1994 年 8 月初版），頁 133。

③ 見《審美心理學》（上海：復旦大學出版社，1993 年 4 月一版一刷），頁 179。

④ 見《普通心理學》，同注 5，頁 248。

特童書系列中出現的“咆哮信”，就是將“信”和“生氣咆哮”重組起來，於是產生了新的表象——咆哮信；至於童話中常出現的可怕巨人，則往往是將某些特點加以誇大（譬如粗硬的皮膚、洪亮的聲音、巨大的眼睛等），這就是經過想像力變造的結果；不過更多的情況是在想像的過程中兼有重組與變造[①]。

最後看創造力，林崇德主編《高中生心理學》指出：“創造力即產生新思想、新發現和新事物的能力。創造性思考能力是創造力的核心，它是一種極其重要的心裡質素，是人的本質力量的表現。新思想、新理論、新技術、新產品的創造。……人類的文明史，就是一部人類創造新世界的歷史。”[②] 可見創造力是經由觀察力、記憶力、聯想力、想像力所開展出來的新結晶。人類之所以有“新思想、新理論、新技術、新產品”，就靠這種實貴的創造力。

這些思維能力，如果從它們的邏輯關係來說，它們初由“觀察力”與“記憶力”的兩大支柱豐富“意象”，再由“聯想力”與“想像力”的兩大翅膀拓展“意象”，接著由“形象”與“邏輯”的兩大思維運作“意象”，最後由“綜合思維”統合“意象”，以發揮最大的“創造力”[③]。如此週而復始，便形成“螺旋”關係[④]以反映“思

① 參見仇小屏〈新式寫作教學總論〉，收於陳滿銘主編《新式寫作教學導論》（臺北：萬卷樓圖書公司，2007 年 3 月初版），頁 51—54。

② 見林崇德《高中生心理學》（臺北：五南圖書公司，1997 年 10 月初版二刷），頁 113。

③ 見陳滿銘〈論語文能力與辭章研究—以“多”、“二”、“一（0）”螺旋結構作考察〉（臺灣師大《國文學報》36 期，2004 年 12 月）頁 67—102。

④ 見陳滿銘〈論“多”、“二”、“一（0）”的螺旋結構—以《周易》與《老子》為考察重心〉，同注 6，頁 1—20。

維（意象）系統”或“層次邏輯”[①]。其關係可呈現如下圖：

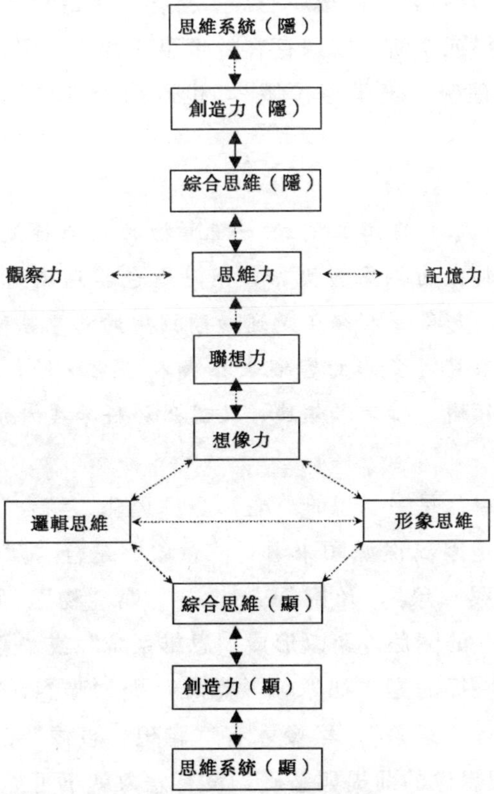

① 見陳滿銘〈論章法結構與意象系統—以“多”、“二”、“一（0）”螺旋結構切入作考察〉（《江南大學學報·人文社會科學版》4 卷 4 期，2005 年 8 月），頁 70—77。又〈層次邏輯與意象（思維）系統—以“多”、“二”、“一（0）”螺旋結構作對綜合考察〉（臺灣師大《中國學術年刊》30 期〔春季號〕，2008 年 3 月），頁 255—276。

由此可見，在這種形成“意象系統”整個歷程裡，是完全離不開“思維力”（含觀察、記憶、聯想、想像、創造）之運作的。

而這種結構或系統，普遍存在於事事物物，不但可適用於哲學、藝術文學、心理學、美學等領域①，也適用於科技領域。因此盧明森說：

> 它（意象）理解為對於一類事物的相似特徵、典型特徵或共同特徵的抽象與概括，同時也包括通過想像所創造出來的新的形象。人類正是通過頭腦中的意象系統來形象、具體地反映豐富多彩的客觀世界與人類生活的，既適用於文學藝術領域、心理學領域，又適用於科學技術領域。②

所以“意象”是一切思維（含形象、邏輯、綜合）的基本單元。所以如此，那是因為從源頭來看，“意象”是合“意”與“象”而成，而“意”與“象”，乃根源於“心”與“物”，原有著“二而一”、“一而二”的關係，藉以形成“思維系統”或“意象系統”。

其中必須一提的是：如單就“意象”與“聯想、想像”的關係而言，則是先有“意象”，然後才有“聯想、想像”的，盧明森說：“意象是聯想與想像的前提與基礎，沒有意象就不可能進行聯想與想

---

① 見陳滿銘《多二一（0）螺旋結構論—以哲學、文學、美學為研究範圍》（臺北：文津出版社，2007年1月初版一刷），頁1—298。

② 見黃順基、蘇越、黃展驥主編《邏輯與知識創新》第二十章（北京：中國人民大學出版社，2002年4月一版一刷），頁430。

像。"[1] 說得一點也沒錯。而且由於聯想"是從對一個事物的認識引起、想到關於其他事物的認識的思維活動，是一種廣泛存在的思維活動，既存在於形象思維活動中，也存在於抽象（邏輯）思維動中，還存在於抽象（邏輯）思維與形象思維活動之間……不是凭空產生的，而是有客觀根據，又有主觀根據的。"而想像則"是在認識世界、改造世界過程中，根據實際需要與有關規律，對頭腦中儲存的各種信息進行改造、重組，形成新的意象的思維活動，其中，雖常有抽象（邏輯）思維活動參與，但主要是形象思維活動。……理想是想像的高級型態，因為它不僅有根有據、合情合理、很有可能變成事實，而且有大量抽象（邏輯）思維活動參加，在實際思維活動具有重大的實用價值。"[2] 所以聯想與想像都有主、客觀成分，很自然地能流貫於形象思維（偏於主觀）與邏輯思維（偏於客觀）或綜合思維（主客觀合一）活動之中，使意象得以形成、表現、組織，以至於統合，成為螺旋結構，而產生美感[3]。

而這種結構或系統，如果對應於"創造"主體的"才"、"學"、"識"三者而言，則顯然其中的"才"，是對應於"思維"主體的資質稟賦，亦即隱性"創造力"來說的，屬於智能（智力）層，為"思維"之潛能，以觸生"意象"；"學"是對應於"觀察"與"記

---

① 見黃順基、蘇越、黃展驥主編《邏輯與知識創新》第二十章，同注 18，頁 431。

② 見黃順基、蘇越、黃展驥主編《邏輯與知識創新》第二十章，同注 18，頁 431—433。

③ 見陳滿銘〈論意象與聯想力、想像力之互動—以"多"、"二"、"一（0）"螺旋結構切入作考察〉（《浙江師範大學學報・社會科學版》31 卷 2 期，2006 年 4 月），頁 47—54。

憶”來說的，屬於知識層，為“思維”之基礎，以儲存“意象”；而“識”則是對應於顯性“創造力”來說的，屬於智慧層，為“思維”之無限開展，藉以提昇或創新“意象”而由“隱”而“顯”地組成“意象系統”。它們的關係，就此層面而言，可用如下簡圖加以表示：

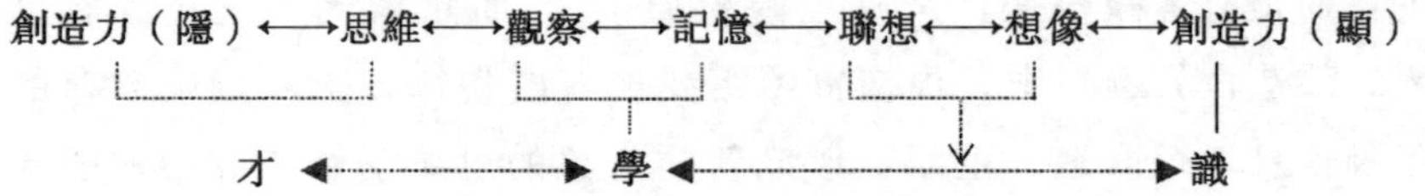

它們聚焦於“主體”，經由其觀察與記憶、形象與邏輯思維之“互動”、“循環”而“提升”，而精益求精，形成“螺旋”關係。

三、《論語》論“知（智）”中之“才、學、識”

“才、學、識”之說，可以在《論語》一書所論“知（智）”的章節中，找到相應之論證：出現在《論語》一書裡的“知”字，有三種涵義：首先為智力，指聞見或推悟的能力，也可稱之為智能；這相對於“才、學、識”來說，指的就是“才”。如〈陽貨〉篇載孔子的話說：

> 唯上知與下愚不移。

何晏注此云：

> 孔（安國）曰：上知不可使為惡，下愚不可使強賢。①

① 見《論語注疏》，《十三經注疏》8（臺北：藝文印書館，1965 年 6 月三版），頁 154。

而朱子則以為：

> 此承上章（即“子曰：性相近，習相遠也”）而言，人之氣質相近之中，又有美惡一定，而非習之所能移者。①

可見這裡所謂的“知”，是指先天的智力、智能來說的。也就是說孔子在此，指出不受後天習染所改易的有兩種人：其一為上智之人，這種人習於善而不移於惡，所以《漢書. 古今人表》說：

> 可與為善，不可與為惡，是謂上智。②

其二為下愚之人，這種人習於惡而不遷於善，所以《漢書. 古今人表》說：

> 可與為惡，不可與為善，是謂下愚。③

這兩種人所以這樣“不移”，完全是受了先天資質影響，〈季氏〉篇載孔子的話說：

> 生而知之者，上也。學而知之者，次也，困而學之，

---

① 見《四書集註》(臺北：學海出版社，1984 年 9 月初版)，頁 173。
② 見《漢書》(臺北：鼎文書局，1991 年七版)，頁 861。
③ 見《漢書》，同注 24。

又其次也。困而不學，民斯為下矣。

這所謂的“上也”、“下矣”，指的就是“上知”、“下愚”，而“次也”、“又其次也”，指的則是“中人”，這種人“可與為善，可與為惡”（《漢書．古今人表》），習性是可以有所轉移的，孔子說：“中人以上，可以語上也。”（〈雍也〉），就是指這一大群人來說的。陳大齊解釋說：

“生而知之者”一章的要旨，在於闡述先天智力的等級，並附帶述及後天教養的有無，以於同一智力等級內再分別其高下。“生而知之者”，是先天智力最高的人，“學而知之者”，是先天智力較次的人。“困而學之”與“困而不學”的困字，註釋家或解作窮字，或解作“有所不通”，亦係就先天的智力而言，言其智力有窮或有所不通，亦即言其智力甚低。①

解釋得很精要。

其次為知識或求知識，指聞見或推悟的外在過程或收穫，這相對於“才、學、識”來說，指的就是“學”。如〈為政〉篇云：

子曰：“由，誨女知之乎？知之為知之，不知為不知，是知也。”

---

① 見《孔子學說》（臺北：正中書局，1963年仲夏），頁177。

對這章文字，邢昺疏云：

此誨辭也，言汝實知之事，則為知之；實不知之事，則為不知，此是真知也。①

而朱子亦注云：

我教汝以知之之道乎！但所知者則以為知，所不知者則以為不知，如此則雖或不能盡知，而無自欺之弊，亦不害其為知矣。況由此而求之，又有可知之理乎！②

據知孔子在本章，教子路不可強不知以為知。《荀子．儒效》篇說：

知之曰知之，不知曰不知，內不不自以誣，外不自以欺。

又〈非十二子〉篇說：

言而當，知也；默而當，亦知也。

與此精神正一貫。

---

① 見《論語注疏》，《十三經注疏》8，同注 22，頁 18。
② 見《四書集註》，同注 23，頁 64。

然後為智慧，指增廣並提升聞見或推悟的層面所激起的內在成效，這相對於“才、學、識”來說，指的就是“識”。對此，孔子談得很多，如：

子曰：“里仁為美，擇不處仁，焉得知?”（〈里仁〉）

子曰：“不仁者，不可以久處約，不可以長處樂。仁者安仁，知者利仁。”（〈里仁〉）

樊遲問知。子曰：“務民之義，敬鬼神而遠之，可謂知矣。”（〈雍也〉）

子曰：“知者樂水，仁者樂山；知者動，仁者靜；知者樂，仁者壽。”（〈雍也〉）

子曰：“君子道者三，我無能焉：仁者不憂；知者不惑；勇者不懼。”子貢曰：“夫子自道也!”（〈憲問〉）

子曰：“可與言，而不與之言，失人；不可與言，而與之言，失言。知者不失人，亦不失言。”（〈衛靈公〉）

這些“知”，說的全是智慧。這種智慧，可說是自正確的知識（正知）中提鍊出來的，可藉以從根源上辨別是非、真偽，而掌握真正的“義”，也就是“識”。朱子注〈中庸〉“義者，宜也”說：“分別事理，各有所宜”，要做到這一點，就得靠這種智慧。即以上舉“樊遲問知”章來說，孔子直接以“務民之義”視作“知”（智），更可看出這種“知”（智）與“義”的密切關係。陳大齊說：

此章所說，可以令人窺知孔子關於知與義所懷的見解。“務民之義”、集解引王肅說為註：“務所以化導民之義也”，

> 朱註則云：“民、亦人也……專用力於人道之所宜”。這兩種註釋比較起來，朱註較為切當。“務民之義”、即是致力於人之所應為，簡言之，亦即是行義。行義可稱為知，則義必屬於知的範圍而以知為其內容。且孔子此言是概括的論斷，認為全部的義統統具有知的內容，未容許其有例外。義既以知為必具的內容，可見義出於知而以知為其本源，知與義可謂具有源與流的關係。①

可見孔子是極力主張經由“好學”② 來發揮智力，敏求“正知”③，以呈顯智慧的。也唯有如此才能辨明是非、真偽，掌握真正的“義”，也就是“識”，而成就各種德行或德業。

綜上所述，“才、學、識”之說，是可在《論語》一書所論“知(智)”的章節中，獲得相應之論述的。

四、有關“才、學、識”之綜合探討

有關“才、學、識”之探討，可綜合為如下兩點：

(一) 關於才與學

關於才與學，涉及天與人的關係，而由於天與人兩者是互動的，因此可著眼於順向之“由天而人”，也可著眼於逆向之“由人而天”；而此兩者孰先孰後、孰輕孰重呢？自來就受人注意。以下特就“辭章”這一層面，稍作探討。

---

① 見《孔子學說》，同注 26，頁 180。

② 《論語．公冶長》：“子曰：‘十室之邑，必有忠信如丘者焉；不如丘之好學也。’”

③ 見《孔子學說》，同注 26，頁 182—198。

先就兩者先後來看，《文心雕龍．事類》說：

> 文章由學，能在天資。才自內發，學以外成，有學飽而才餒，有才富而學貧。①

所謂“文章由學，能在天資”、“有學飽而才餒”，是著眼於逆向之“由人而天”來說；所謂“才自內發，學以外成”、“有才富而學貧”，是著眼於順向之“由天而人”來說；一逆一順，全注意到了，卻沒有明定其先後。如果從宇宙創生、含容的這一層面看來，應該是先“天”而後“人”，這樣據順向認定先“才”而後“學”，是十分合理的。不過，兩者往往互動，因此也常見在“先才（天）後學（人）”之外，還有“先學（人）後才（天）”的情況。關於這種順序，就以《周易．序卦》將六十四卦，從其排列次序看，就粗具了這種特點②。也就是說，各種物類、事類在“變化”中，循“由天而人”來呈現其歷程的，乃〈序卦傳〉上篇的主要內容；而循“由人而天”來來呈現其歷程的，則是〈序卦傳〉下篇的主要內容。〈序卦傳〉這樣由天而人、由人而天，亦即“既濟”而“未濟”之的循環來看，自然就形成其螺旋結構③。

如此來看待“才”與“學”之先後，應該是會比較圓融的。

---

① 見《文心雕龍．事類》，同注 1，頁 473。

② 參見徐復觀《中國人性論史・先秦篇》（臺北：臺北商務印書館，1978 年 10 月四版），頁 202。

③ 參見陳滿銘〈論“多”、“二”、“一（0）”的螺旋結構—以《周易》與《老子》為考察重心〉（臺灣師大《師大學報．人文與社會類》48 卷 1 期，2003 年 7 月），頁 1—20。

後就兩者之輕重來看，由於劉勰原本就說：“有學飽而才餒，有才富而學貧”，並未在“才”與“學”兩者之間強分輕重，因此一直都沒有產生多大爭議。到了宋嚴羽《滄浪詩話·詩辨》卻因所謂的“夫詩有別材，非關書也”① 的說法，而引起頗多爭論。對此，郭紹虞先作校注說：

> “書”字，後人稱引或誤作“學”，非。

然後詮釋說：

> “別才”……之說，最為後人爭論之點。其實滄浪只謂“詩有別材，非關書也”，自後人易“書”為“學”，異議遂多。黃道周〈書雙荷庵詩後〉謂：“此道關才關識，才識又生於學，而嚴滄浪以為詩有別才非關學也，此真瞽說以欺誑天下後生，歸於白戰打油釘鉸而已。”（《漳浦集》二十三）……毛奇齡〈東陽李紫翔詩集序〉云：“天下惟雅須學而俗不必學，惟典則須學而鄙與弇不必學。……”（《西河合集》序三十四）……此皆針對滄浪“別才”之說而發。……不知滄浪只言“非關書也”，並未說“非關學也”。既使說是指“學”而言，也要知道滄浪此言，重在糾正當時詩弊，正是有為而發。②

① 見嚴羽著、郭紹虞校釋《滄浪詩話校釋》（臺北：東昇出版公司，1980年10月初版），頁23。

② 見嚴羽著、郭紹虞校釋《滄浪詩話校釋》，同注35，頁29—30。

他認為後人所以對滄浪“別才”之説爭論不已，是由於將其中“非關書也”之“書”誤作“學”之緣故。這點至關緊要，因為“學”歸根於“思維”層面，涉及“觀察”與“記憶”，而要“觀察”與“記憶”產生效力，則必須兼顧到“行萬里路”與“讀萬卷書”。其中“行萬里路”乃從“生活現實”上著眼，而“讀萬卷書”則是從“學習古人”上著眼。如有所偏頗，是難免會有缺憾的。所以郭紹虞又進一層地説：

> 滄浪所言，本極周密，並無錯誤。只在步從生活現實上出發，只在專從學古人出發。由於不從生活現實上出發，所以既使理解到詩中不應堆砌典實，賣弄學問，但仍從藝術上著眼，於是發為迷離恍惚之論，也就是只能主張透澈玲瓏不可湊泊的神韻説了。由於專從學古人出發，所以既使觸及到不要賣弄書本知識的問題，但不會理解到民歌的思想價值與藝術價值。這就是滄浪“別才”之説的侷限性。[①]

這樣看來，滄浪“別才”之説，“本無錯誤”，只不過沒有説得很完整，而有其偏限性而已。如果只從積極面來看待劉勰所説“有學飽而才餒，有才富而學貧”之言，則是要人既“有才富”又要“有學飽”，方為理想。對此，戰鳳梅説：

① 見嚴羽著、郭紹虞校釋《滄浪詩話校釋》，同注 35，頁 32。

其實“才”與“學”兩者本一氣相通，是兩個不同側面互為作用的一個合體。沒有不繫乎知識而性靈獨至的天才，也沒有死讀書而無智巧之心的詩人。我們不能偏執或只強調問題的一個側面。詩者是性靈與學問的凝合。任其“每一個瑣細的事實，都在他的心血裡沉浸滋養，長了神經和脈絡”。性之所到，無所不通。這是悟境中的最高境。然而在學習與力索的過程中，每個人勞逸的深淺程度不同，所能領略的悟境風光也不同。……滄浪“詩有別才，非關書也”的說法，是針對當時的江西詩人主張作詩“無一字無來歷”的弊端而發的，滄浪不是不主張讀書，而是反對讀書的不正風氣。它還強調“非多讀書，多窮理，則不能極其至”、“夫學詩者以識為主”。識力與學是密不可分的，學可以煉識力，“非識則才學俱誤”。……人要想發揮全部“才”的潛能，必從學海中過，以苦學作舟，難道還有別的捷徑可以選擇嗎?①

對“才”與“學”，採這種看法，是十分正確的；也就是說“才”與“學”缺一不可，是同等重要的。

（二）關於識與德

上文曾探討過：孔子是極力主張經由“好學”來發揮智力，敏求“正知”，以呈顯智慧的。也唯有如此才能辨明是非、真偽，掌握真正的“義”，也就是“識”，而成就各種德行或事業。《論語．里

① 見戰鳳梅〈詩關乎“才”更關乎“學”〉（《丹東師專學報》22 卷 1 期，2000 年 2 月），頁 56—57。

仁》：

> 子曰："君子喻於義，小人喻於利。"

朱子注此云："義者，天理之所宜"[①]，的確唯有深喻"天理之所宜"，才能使所作之事合乎"仁"的要求，所以陳大齊說：

> 君子所應喻而不忽的，只是義，故所持以應付一切的，亦必是義。君子所持以成事的，既必是義，而所成的事，又只是仁。合而言之，義所成的，只是仁，不是仁以外的事情。所以義是不能有離於仁的。[②]

其次見於〈季氏〉篇：

> （孔子曰：）"'隱居以求其志，行義以達其道。'吾聞其語矣，未見其人也。"

這所謂的"其道"，指的就是"仁道"，試看〈里仁〉篇記孔子之言云：

> 富與貴，是人之所欲也；不以其道，得之不處也。貧與賤，是人之所惡也；不以其道，得之不去也。君子去仁，

① 見《四書集註》，同注 23，頁 77。
② 見《孔子學說》，同注 26，頁 170。

惡乎成名？君子無終食之間違仁，造次必於是，顛沛必於是。

這裡所說的“其道”，指的就是“仁”，因此後面才有“去仁”、“違仁”的說法。如此看來，“其道”和“仁”，是先後呼應的；而所謂“去仁”即“去其道”、“違仁”即“違其道”。無怪陳大齊釋“行義以達其道”說：

行義所達的，只是道，不是其他事情。此所云道，當然係指仁道而言。故“行義以達其道”，意即行義以達其仁，又可見義之不能有離於仁了。[①]

由此可見“義”與“仁”是有著密切關係的[②]。所以孔子重視“知”（智）以掌握“義”，是十分自然的事；而這種“義”，正是“識”的直接表現啊!。

由此可知：“識”成自“才”與“學”，為連結“仁”與“義”的重要橋樑。清代章學誠在《文史通義. 文德》說：

夫子嘗言“有得必有言”，又言“修辭立其誠”，孟子嘗論“知言”、“養氣”，本乎“集義”，韓子亦言“仁義之途”，《詩》、《書》之源，皆言德也。今云未見論文德者，

---

① 見《孔子學說》，同注 26。

② 見陳滿銘〈《論語》中的“義”與“仁”〉（《孔孟月刊》41 卷 11 期，2003 年 7 月），頁 9—11。

以古人所言，皆兼本末、包內外，猶合道德文章而一之；未嘗就文辭之中言其有才、有學、有識，又有文之德也。[①]

可見辭章在“才、學、識”外，又特別需重“德”之說法，是源自於此的。而這個“德”，非僅止於“文之德”而已，是有其普遍性的。它是人類發展創新的一種重要質素。汪艷玲說：

所謂的“德”，是經過修養或教育而獲得的政治思想和道德品質行為。人的發展創新質素中，“德”是“才、學、識”發展的必要保證。[②]

她顯然就注意到了這種“德”的“普遍性”。如此視“德”為“創造力”之“必要保證”，是相當合理而完密的。

四、結語

經過上文探討，足以發現“才、學、識”在“思維系統”中之重要地位及其在《論語》一書中有關“知（智）”論章節之相應論述；而三者關係，顯然是可以形成“才↔學↔識”之螺旋結構的，其中“才”與“學”、“學”與“識”、“識”與“才”等，都各成互動或包孕之“二元”，在人的不斷努力下，日積月累、精益求精，發展創新不已，以求“至乎其極”。這樣溯源於“思維系統”與《論

---

① 見章學誠著、倉學良編《文史通義新編》（上海：上海古籍出版社，1993年7月一版一刷），頁79。

② 見汪艷玲〈中國古代學習思想與研究性學習〉（《教學研究》26卷3期，2003年9月），頁202。

語》一書加以確認，使得其適應面也“至乎其極”。汪艷玲由“才、學、識”加“德”加以強調：“人的全面發展是德、識、才、學等創新素質綜合作用的結果，四種基本素質是相互作用的。四者兼備，人的發展創新前能才得以發揮。”①，用所謂“發展創新”這一特色加以貫串，非常醒豁，也由此可見“才、學、識（德）”在全面“發展創新”上之重要性。這也就是說，無論落到哪一種領域，都是不可等閒視之的！

引用文獻：

仇小屏〈新式寫作教學總論〉，《新式寫作教學導論》，臺北：萬卷樓圖書公司，2007年3月初版，頁51—54。

朱熹《四書集註》，臺北：學海出版社，1984年9月初版。

邢昺《論語注疏》，《十三經注疏》，臺北：藝文印書館，1965年6月三版。

汪艷玲〈中國古代學習思想與研究性學習〉，《教學研究》26卷3期，2003年9月，頁202。

邱明正《審美心理學》，上海：復旦大學出版社，1993年4月一版一刷。

林崇德《高中生心理學》，臺北：五南圖書公司，1997年10月初版二刷。

周元主編《小學語文教育學》，上海：華東師範大學出版社，1992年10月一版一刷。

① 見汪艷玲〈中國古代學習思想與研究性學習〉，同注44。

袁枚《續詩品注》，臺北：河洛圖書出版社，1974年9月臺影印初版。

袁枚《袁枚全集》，南京：江蘇古籍出版社，1993年9月一版一刷。

徐復觀《中國人性論史》，臺北：臺北商務印書館，1978年10月四版。

班固《漢書》，臺北：鼎文書局，1991年七版。

章學誠著、倉學良編《文史通義新編》，上海：上海古籍出版社，1993年7月一版一刷。

陳大齊《孔子學說》，臺北：正中書局，1963年仲夏。

陳滿銘〈論“多”、“二”、“一（0）”的螺旋結構—以《周易》與《老子》為考察重心〉，臺灣師大《師大學報. 人文與社會類》48卷1期，2003年7月，頁1—20。

陳滿銘〈《論語》中的“義”與“仁”〉，《孔孟月刊》41卷11期，2003年7月，頁9—11。

陳滿銘〈論語文能力與辭章研究—以“多”、“二”、“一（0）”螺旋結構作考察〉，臺灣師大《國文學報》36期，2004年12月，頁67—102。

陳滿銘〈論章法結構與意象系統—以“多”、“二”、“一（0）”螺旋結構切入作考察〉，《江南大學學報・人文社會科學版》4卷4期，2005年8月，頁70—77。

陳滿銘〈論意象與聯想力、想像力之互動—以“多”、“二”、“一（0）”螺旋結構切入作考察〉，《浙江師範大學學報・社會科學版》31卷2期，2006年4月，頁47—54。

陳滿銘《多二一（0）螺旋結構論—以哲學、文學、美學為研究範圍》，臺北：文津出版社，2007年1月初版一刷。

陳滿銘〈層次邏輯與意象（思維）系統—以“多”、“二”、“一(0)”螺旋結構作對綜合考察〉，臺灣師大《中國學術年刊》30期〔春季號〕，2008年3月，頁255—276。

童慶炳《中國古代心理詩學與美學》，臺北：萬卷樓圖書有限公司，1994年8月初版。

彭聃齡主編《普通心理學》，北京：北京師範大學出版社，2001年5月二版，2003年1月十五刷。

黄順基、蘇越、黄展驥主編《邏輯與知識創新》，北京：中國人民大學出版社，2002年4月一版一刷。

劉勰著、黄叔琳等校注《增訂文心雕龍校注》，北京：中華書局，2000年8月一版一刷。

戰鳳梅〈詩關乎“才”更關乎“學”〉，《丹東師專學報》22卷1期，2000年2月，頁56—57。

嚴羽著、郭紹虞校釋《滄浪詩話校釋》，臺北：東昇出版公司，1980年10月初版。

孔子君子论的多重理论内涵

上海师范大学中国传统思想研究所 陈卫平

马一浮曾指出《论语》首章和末章都是论君子，以为君子论是贯串《论语》始终的。这是有一定道理的。因为孔子创立的儒家学说归根到底是为了阐明“应当做个什么样的人”，而孔子的君子论集中表达了他对于“做个什么样的人”即理想人格的思考。

一、君子、小人、圣人：对立与互补

孔子所追求的理想人格是君子非小人。纵观《论语》出现的107次“君子”，绝大多数是以君子和小人的强烈反差来映衬前者的高尚与后者的卑琐。因此，孔子谆谆告诫其弟子时说：“女为君子儒，无为小人儒。”这是整部《论语》中唯一一次出现的“儒”字，由此也许更能体悟到在孔子的理想人格中君子与小人的对立格局。

这样的对立是有历史缘由的。君子、小人的称谓在西周时已普遍流行。由《诗经》的记述，可以确知当时的君子、小人是等级身份的泛称：君子指贵族统治者，小人指非贵族者（包括平民和奴隶）。关于君子、小人的这一原初含义，在孔子所处的春秋时期仍有明确的表述，如《左传·宣公十二年》记载：“君子小人，物有服章，贵有常尊，贱有等威。”在孔子那里，君子、小人虽然还具有指称等级身份的意义，但是基本上已被赋予人格分层的内涵。这意味着原先君子小人的等级身份对立开始转变为人格层次的对立。

孔子君子论的这个转变是当时社会现实的反映。在春秋的社会大变动之际，传统的高贵者（君子）的地位急剧没落，而传统的卑贱者（小人）的地位程度不同地得到上升。时人的“高岸为谷，深谷为陵”正是对如此情景的写照。面临这样的现实，孔子标出君子作为理想人格的化身，即流露出对旧贵族的依恋——他们丧失了显赫的地位，但绵延于他们身上的人格仍然是崇高的；又寄托着对旧贵族的期望——在等级贵贱的沉浮中，坚持原有的人格形象。这般的依恋和期望表明：孔子的君子人格，一方面具有浓郁的贵族遗风，另一方面具有不随外在境遇的置换而改变的内在恒定性。由前一方面出发，君子人格承继承着“四体不勤、五谷不分”的贵族体统，对于小人所从事的体力劳动是不屑一顾的，这从他斥责“小人怀土”和学稼圃的樊迟为“小人”中，是不是难看的。由后一方面出发，君子人格对主体的行为起着统摄作用，使主体在千差万别的环境里，都能保持行为道德惯性，所谓“君子固穷，小人穷斯滥矣”正表明了这一点：一旦确立了恒定的君子人格，即使陷于困厄的境地，主体的行为依然能一以贯之保持道德的操守，而不是像小人那样无所不为。这意味着在孔子的君子与小人的对立中，还存留着等级身份对立的涵义。这是社会大变动时代在出身于旧贵族的孔子头脑中的折射。

如果说这一折射带有某些负面性的话，那么在孔子把君子小人作为对立人格的背后所隐藏的某种平等意识，则更多地从正面折射出时代之光。因为在这里，君子和小人代表着相对立的两种理想人格，社会的每个成员都能在这两者之间的取舍中，超越与生俱来的等级身价局限，以达到理想的人格境界。这无疑是在一定意义上顺应了反对奴隶制、等级制和世袭制的时代潮流。这一在选择理想人格面前人人平等的思想，在尔后的儒家中表现为“人皆可为尧舜”。这样的平等尽管有虚幻的一面，但它毕竟使得君子人格蕴含着与等级、权势相抗衡的积极意义。

应当指出，孔子的理想人格主要有两类，即圣人和君子，然而前者高于后者，是理想人格的完美典范和人格的最高境界。孔子的弟子视其为“圣人”，但他并不应诺：“若圣与仁，则吾岂敢?”孔子不仅自己不敢称圣人，即使是曾被他颂扬为如天一般伟大的尧舜，他认为也未必达到了圣人的境界。《论语·雍也》记载：“子贡曰：‘如有博施于民而济众，何如？可谓仁乎?’子曰：‘何事不仁，必也对乎！尧舜其犹病诸!’”尧舜尚且不能完全达到圣人，一般人自然就无法企及了。因此，圣人在现实中是没有的，“圣人吾不得而见之矣，得见君子者，斯可矣”。那么，孔子何以要设定这么一个现实中不存在的圣人呢？这是为了强调理想人格的日臻完善是无止境的，因而曾子说每天都须反省数次。显然，以圣人作为最高的理想人格，使人们始终具有超越现实之我的需要，从而能在追求理想人格的道路上永不懈怠。为了避免圣人人格形象的神秘感和抽象感，孔子提出了在现实生活里能够“得而见”的君子人格。相对于圣人，君子并非完美无缺，而是和常人一样，有着各种缺点和错误，只是他勇于改正罢了。《论语》中下列的记载表达了如上的意思：君子应“过则勿惮改”（《学而》)；“子贡曰：‘君子之过也，如日月之食焉。过也，人皆见之；更也，人皆仰之’”（《子张》)。君子会犯错误，这不仅使其显得真实平易，而且使普通人对砥砺自己的品格以成为君子充满了信心。作为现实生活中的理想人格，君子的品格在人们的现实生命活动中得以昭示："君子有三戒：少之时，血气未定，戒之在色；及其老也，血气即衰，戒之在色；及其壮也，血气方刚，戒之在斗；及其老也，血气即衰，戒之在得"（《季氏》）。这里没有丝毫的抽象和空虚，有的是每个人都能经历的实实在在的生命体验。因此，如果说君子和小人在孔子的人格格局中是对立的，那么君子和圣人对于孔子的理想人格则构成了互补关系：后者使其具有对现实的超越性，前者使这一超越始终植根于现实生活的土壤。这种互补关系在后来儒学的演变过程中，逐渐重合为"极高明而道中庸"的"圣贤气象"，即高远的圣贤人格的实现，表现为一个在日用常行（庸言庸行）之中超越日用常行的过程。这样，儒家的理想人格不仅与思辨的玄想相异，而且与在现实世俗之外的彼岸世界实现理想人格的宗教有别。造成这些差异的基石，是孔子对于君子人格的现实性的规定。

君子人格的现实性，使其有可能成为社会一般成员人格认同的主鹄。这在一定程度上淡化了君子的贵族之息。但是，君子与圣人互补而与小人对立的关系，决定了其和平民化的理想人格相去甚远。君子并非与圣人、小人保持着相等的距离，"君子有三畏：畏天命，畏大人，畏圣人之言。小人不知天命而不畏也，狎大人，侮圣人之言"（《季氏》）。很明显，君子站在圣人一边与小人相对立的。小人蔑视权威，冲破规范，表现出不以统治者规定的标准来塑造自己的意向。从这个角度来看，小人闪现着平民人格的星火。但是这为君子所拒斥，因而君子相对于圣人，虽然是理想人格的现实体现，但他只是现实社会精英分子（士）的人格典范。这从《论语》对"士"与君子在品格方面的描述往往交错套叠中，是不难体察到的。事实上，在中国漫长的传统社会里，君子基本上囿于士大夫群中，成为他们身体力行的人格理想。这意味着君子具有非平民性的一面。因此，当中国社会步入近代时，随着传统士大夫阶层的瓦解，君子人格也走向了末路，新的与小人有着某种相通的平民化理想人格则脱颖而出[①]。

二、仁；统摄君子人格的内在要素

尽管君子局限在比较狭隘的士大夫圈子里，但是，孔子对这一理想人格的设计并不偏窄和干枯，而是颇为丰富和生动的。这反映在他对君子的内在要素的规定上，表现出知情意相统一和真善美相统一的意蕴；而这种统一在于它们为孔子的核心概念“仁”所统摄。孔子以“爱人”定义仁，以能近取譬之推理为仁之方，因而其“仁”贯串着人道原则和理性原则。这两个原则使君子人格的内在要素融洽为一。

《论语·宪问》记载：“子曰：‘君子道者三，我无能焉：仁者不忧，知者不惑，勇者不惧。’子贡曰：‘夫子自道也。’”这里的“仁者不忧”表现的是情感，“知者不惑”突出的是理智，“勇者不惧”显示的是意志。可见，孔子把理智、情感、意志规定为君内在品格的基本要素，他认为自己尚未完全具有这些要素，而子贡则认为在老师的身上已体现了这些要素。理智的健全要以广博的知识为基础，因而“君子博学于文”（《雍也》）；理智的明晰须依恃深邃的理性思维，因而“君子有九思”（《季氏》）。情感一方面表现为对他人的竭

① 最早提出近代平民人格理想的龚自珍，发出“不拘一格降人才”的呐喊，呼唤“才士”、“才民”、“才盗”，寄希望于“山中之民”，表达了平民人格是挣脱统治者格式的拘束而出现的。

诚友爱，“君子学道则爱人”（《阳货》）；另一方面表现为对不道德行为的极其憎恶，“子贡曰：‘君子亦有恶乎?’子曰：‘有恶’”（同上）。意志不仅是无所畏惧的勇敢，而且有承担重任的坚毅，“可以托六尺之孤，可以寄百里之命，临大节而不可夺也。君子人与？君子人也”（《泰伯》）。从上述可以看到，孔子对君子作了这样的规定：健全明晰的理智、爱憎分明的情感、勇敢坚毅的意志，因此，君子人格就集知情意于一身。

集知情意于君子一身，意味着三者的统一，而这表现为三者都被仁所包摄。孔子说“知者利仁”（《里仁》），健全明晰的理智是从属于仁的，是有利于实现仁的手段。他又说：“惟仁者，能好人，能恶人”（同上），爱憎分明的情感只有仁者才具备，它是仁的自然流露。他还指出：“仁者必有勇”（《宪问》），勇敢坚毅的意志为仁者所必备，是仁的必然产物。知情意三者统一于仁，表明它们在君子人格的内部，并不是各自独立的部分，而是互相联系的要素。将它们有机地联系起来的链条，就是仁所蕴涵的理性原则和人道原则。健全明晰的理智，不仅突出了理性原则，而且伸张了仁的人道原则，因为发展这样的理智正是后者所要求的，所以说：“博学而笃志，切问而近思，仁在其中矣”（《子张》）。爱憎分明的情感，无疑是仁者爱人的人道原则的体现，同时，它又展开为推己及人的理性推论过程。勇敢坚毅的意志，如果游离于理性的范导，就成为任意的盲动：“君子有勇而无义为乱”（《阳货》）。同时，它的功能首先展开为对仁的选择：“我欲仁，斯仁至矣”（《述而》），主体的意向（欲）以人道原则（仁）为选择对象。所以，在孔子设计的君子人格里，知情意三者是基于仁的理性原则和人道原则的有机凝结，而不是生硬的拼凑。

从心理机制方面来看，知情意和真善是密不可分的。知与真对应——理性认识的进步，是为了接近真理；意与善相关——意志的磨炼，是道德行为（善）不可忽略的环节；丰富多彩的情感，通过艺术领域的审美活动得以升华。所以，当孔子规定君子是知情意统一的人格时，也就相应地规定了君子是真善美统一的人格。这从下面两段记载中可以得到印证。《论语·宪问》："子路问成人。子曰：'若臧武仲之知，公绰之不欲，卞庄子之勇，冉求之艺，文之以礼乐，亦可以为成人矣。'"汉代刘向《说苑·辨物》有一段类似的记载："颜渊问于仲尼曰：'成人之行何若？'子曰：'成人之行，达乎情性之理，通乎物类之变，知幽明之故，睹游气之源，若此而可谓成人。既知天道，行躬以仁义，饬身以礼乐。夫仁义礼乐，成人之行也。'"这里的"成人"，即孔子心目中完美的理想人格，他自然是非圣人莫属。《宪问》中，孔子说"亦可"，乃未足之辞，因而他在这里所描述的知、勇、不欲等品格，可以理解为是次于圣人的君子人格的写照。将这两段记载相对应，不难发现：臧武仲之知，以洞察真理（知幽明之故）为目的；公绰之不欲，是其情欲通过艺术审美活动（文之以礼乐）得到净化的结果；卞庄子之勇（意志磨炼），使其坚定地躬行仁义（善）。唯独冉求之艺（技艺）缺乏对应的，其原因后文再述。总之，与知情意相对应，孔子把真善美统一亦规定为君子人格的内在要素。

真善美作为君子人格的内要素，和知情意一样，也是统一于仁的，孔子说："观过，斯知仁矣"（《里仁》），观过即认识错误，这是对真理的逼迫在他看来，仁是最高的真理，因而每向真理靠近一步，就能进一步地了解仁。同时仁是众多道德规范的统帅，因而"苟志于仁，无恶也"（同上），即一旦主体专注于仁德，在具体行为中就能确保善（无恶）的趋向。孔子还说："人而不仁，如礼何？人而不仁，如乐何？"（《八佾》）认为与艺术审美活动相联系的礼乐，如果不以仁为内容，那么就是毫无意义的。孔子把真善统一于仁，同样意味着以仁的人道原则和理性原则将这三者融合在一起。他认为真理的探求是以"疑思问"的理性思维为基础的。同时，他以仁为最高真理，就把求真看做是仁的人道原则的体现，因而说"当仁不让于师"（《卫灵公》）。善的道德行为，不仅显示了人道原则的仁爱精神，而且是出自于理性的自觉。关于审美活动，在孔子关于君子以山水之自然美喻仁知的"比德"说中，不难看到这里既有在自然物和人之间进行逻辑类推的理性思维，又有以人为中心来观照自然物的人道原则。因此，真善美在孔子的君子人格里，被仁的人道原则和理性原则联结为不可分割的统一体。由于作为君子人格内在要素的知情意和真善美都统一于仁，所以，君子是须臾不可与仁分离的："君子去仁，恶乎成名？君子无终食之间违仁，造次必于是，颠沛必于是。"（《里仁》）哪怕是吃一顿饭的工夫，哪怕是匆忙之间和颠沛流离之时，君子都是和仁同在的。

从对君子人格内在要素的如上考察中，可以看到这一理想人格既涵盖于仁的人道原则和理性原则之下，又表现为知情意的统一和真善美的统一，并从这些方面展开和深化了仁的人道原则和理性原则。孔子的这些看法，显然揭示了一个重要的观点：人格不应当是片面的，而应当在各个方面获得比较全面的发展。这一观点的揭示无疑是深刻的，因为直至今天人类仍然在追求着知情意和真善美全面发展的理想人格。但是，就在孔子揭示出这一观点的同时，片面发展的阴影已隐藏于君子的身后了。因为作为君子人格内在要素的知情意和真善美均统一于仁，君子成了仁的人格化身，而仁的本质内容是与德性相联系的，所以君子人格或多或少就存在着突出德性主体的开发的偏转。这并非是一种逻辑的推衍。孔子虽然曾把“冉求之艺”列入全面发展的人格的要素之一，但是看来很可能是比较勉强的。他深以自己年轻时学会多种技艺而感到耻辱，强调君子应当菲薄技艺：“吾少也贱，故多能鄙事。君子多乎哉？不多也。”（《子罕》）而且孔子在培养君子人格的实际中，大概也是排斥技艺的，其弟子子夏称技艺为“小道”，“是以君子不为也”（《子张》），便是旁证。因而到了汉代就把“冉求之艺”拒斥在君子人格要素之外。君子人格对技艺驱逐，为孔子以后的儒家继承和发展。因此，可以说在肯定知情意和真善美全面发展的同时，又特别强调德行主体的开发和鄙薄蔑视技艺，构成了孔子君子人格的内在要素的基本风貌。应当指出，这后两者使理性之光的投射局限于德性一隅，并使人格全面发展的完整性及自由性受到了阻挡，这些也反映了“仁”的理性原则、人道原则的局限性。

三、礼：规定君子人格的外在表现

如果说，孔子对君子人格内在要素的规定可以归结于仁；那么，他对君子人格外在表现的规定则可以归结于礼——君子的所有外在表现均须合乎礼。所以，他说：君子“约之以礼”（《雍也》。）由前文可知，孔了以仁为内容而以礼为形式。这就决定了他必然要求君子人格的仁的内在要素在自觉遵循礼的外在表现中得到具体显示。

礼对于主体的外部行为方式作了颇为繁复的规定，为了不违背这些规定，孔子便相应地对君子的言谈举止等外在表现提出了比较精细的要求。例如《论语·泰伯》记载：“君子所贵乎道者三：动容貌，斯远暴慢矣；正颜色，斯近信矣；出辞气，斯远鄙倍矣”。这就从容貌、脸色以及说话的言辞和声调等方面规定了君子应当做到不粗暴无礼。孔子还说过一段较长的话：“君子不以绀緅饰，红紫不以为亵服……”（《乡党》）这段话通篇是讲君子在什么场合什么季节穿什么颜色的衣服才是合乎礼的。《论语》中类似的记载还有一些。总之，孔子这些近乎琐碎的规定，使君子的外在表现时时确保“非礼勿视，非礼勿听，非礼勿言，非礼勿动”（《颜渊》）。这样彬彬有礼的君子，其人格的外在形态具有畏谨慎微的一面。

不过，在孔子的设计下，君子人格的外在形态还有社会中坚的另一面。每个主体，都在复杂的社会关系中占有某种位置，这种位置就是所谓的社会角色。例如，君臣父子都是特定的社会角色。礼的种种规定虽然繁复，但其功能却能用一句话来概括：使主体的行为表现和其所承担的社会角色相一致。因此，对君子的外在表现约之以礼，也就是要求其按礼的承担好某种社会角色。正是在这个意义上，曾子说：“君子思不出其位。”（《宪问》）。君子以礼来规范自己的外在表现，就是使之与自己所处的社会位置（社会角色）相吻合。这样，在约之以礼的基础上，孔子把君子的外在表现和其所承担的社会角色相联系，使其显示出作为社会中坚力量而存在的外在形态。

具体的个人所担当的社会角色，大约有两个方面：家族方面和社会方面。关于前一方面，孔子说：“君子笃于亲，则民兴于仁。”（《泰伯》君子如果能按照礼的规定来承担好家族内部关系中的社会角色（笃于亲），那么整个社会就仁德勃兴。孔子对此作了发挥，认为君子承担起孝悌的社会角色，并以此为仁之本，就能杜绝“犯上”和“作乱”。可见，君子履行家族内部的社会角色，是其维护社会统治秩序的稳定的一种方式。关于后一方面的社会角色大致可分为入仕和在野两类。孔子认为入仕的君子应当像子产那样，成为君主的忠臣和百姓的清官：子产“有君子之道四焉：其行己也恭，其事上也敬，其养民也惠，其使民也义”。（《公冶长》）这样的君子是保证政治统治秩序正常运行的健康力量。在野为民的君子，孔子认为不仅要独善其身，而且要以教化百姓为己任。季康子问政于孔子，孔子在回答时说：“君子之德风，小人之德草。草上之风，必偃。”（《颜渊》）教化百姓是君子的社会职责。因此，君子无论是承担哪一方面的社会角色，都体现出社会中坚的外在形态。正是从这个角度出发，孔子说：“君子不可小知而可大受也。”（《公冶长》）君子是肩负社会重任的中坚力量，可以托六尺之孤，寄百里之命，在社稷危难之际，力挽狂澜。

这样的君子，自然以建立经世治国的功业为抱负。因此，作为社会中坚的君子，后来儒家所谓的“外王”在其身上已是具体而微了。如果说，君子为仁所控摄的内在要素是“内圣”，那么孔子设计的人格已有了“内圣外王”的雏形。“外王”的功业，总是和过人的胆识、奋争的气魄相联系的，这与畏谨慎微颇不协调。但是，社会中坚和畏谨慎微确实都是君子人格的外在表现的不同展示。它们从不同的侧面说明君子人格的外在表现以礼为绳：畏谨慎微突出的是这一准绳的拘束作用；而社会中坚显示的是这一准绳的策励作用。

君子人格以仁统摄内在要素而以礼规定外在表现，这意味着君子达到了仁礼的统一。在孔子眼里仁和礼是内容与形式的关系，因此，仁礼统一的君子实际上就意味着理想人格是内在品格和外在再现的统一。正是从这个意义上，孔子要求君子表里如一、言行如一。所谓“君子坦荡荡”（《述而》）、“君子耻其言而过其行”（《宪问》）等，说的就是这个意思。在此，君子表现了人格的真诚性，而且说明虚假的伪君子是儒家所不齿的。

由于君子是仁礼的统一，因而对君子约之以礼，也就在一定程度上受到了仁的理性原则和人道原则的辐射。君子以礼来规范自己的外在表现，是出于理性的自觉，因而说“君子思不出其位”。同时在以礼为准绳之下，畏谨慎微表现了对文明的交往形式的注重，而社会中坚则表现了对社会群体事业的关怀，这些都体现了人道原则。但是，礼的本质是宗法等级制度，因而对君子的外在表现约之以礼，就必然酿造出愚忠、愚孝之类的悲剧和视百姓为子民的非民主的父母官意识。这又反映出约之以礼对理性原则和人道原则的限制。

四、培养君子之道：好学、躬行、默识

孔子君子论的落脚点是：怎样培养出君子这样的理想人格？根据其“性相近，习相远”（《阳货》）的观点，君子和小人不是先天的产物，他们的自然本性是相近的，他们的人格差异是后天修习的结果。所以，孔子说：“质胜文则野，文胜质则史。文质彬彬，然后君子。”（《雍也》）这里的“质”即质朴的自然本性，“文”即后天的文饰。“文质彬彬，然后君子”是说，君子的造就即以内在的本性为根据，又离不开后天的文饰（人文化），是两者相统一的过程。

文质统一的培养君子的过程，具体展开为“好学”和“躬行”的结合。孔子强调君子人格的培养离不开好学：“好仁不好学，其蔽也愚；好知不好学，其蔽也荡；好信不好学，其蔽也贼；好直不好学，其蔽也绞；好勇不好学，其蔽也乱；好刚不好学，其蔽也狂。”（《阳货》）仁、知、信、直、勇、刚都是君子的品格，但如果不通过好学来把握它们的实质、度量，那它们就会产生弊端，走向反面。好学的“学”主要是接受外部的教育，而“好”则显示了主体的内在要求。所以，好学表现了外部教育和主体的内在要求的相互作用。正是通过这样的相互作用，君子成为了主体的理想人格，并将其品格转化为内在要素，从认识论来看，好学只是使主体把君子这一理想人格作为当然之则，但是，必须把这当然之则付之于践履，君子人格才能在主体身上成为现实。因此，孔子说："文，莫吾犹人也。躬行君子，则未之有得。"（《述而》）认为自己的文化知识同别人相差无几，但在生活实践中做个身体力行的君子还没有完全成功。这就意味着君子的培养不仅离不开好学（因为文化知识是好学的收获），而且也离不开躬行。正是有见于躬行的重要作用，"子贡问君子。子曰：'先行其言而后从之。'"（《为政》）躬行的"行"主要指外在行为的践履，而"躬"则蕴含着主体的意愿。所以躬行表现了外部行为出自于内在意愿。正因为这样，主体才能不断去实践如何做个君子。

从上述可见，好学和躬行都包含着如下的观点：君子的培养是主体的内在要求、意愿和后天的造就工夫（教育、践履）的结合。这无疑是合理的。因为如果撇开主体的内在要求和意愿，那么人格的培养便会或多或少地带有异己的性质；如果完全脱离后天的造就工夫，那么人格的培养就会流入虚无。好学和躬行的结合作为培养君子人格的基本途径，还体现了教育与实践相结合、个人努力和集体帮助相结合的合理因素。好学侧重于教育对于培养人格的巨大作用，即理想人格的造就有赖于良好的教育；躬行则具有实践的品格，即理想人格的培养融贯于日常践履。因此，好学与躬行的结合，意味着在理想人格的培养中把教育和实践浑然为一。受教育和践履无疑都离不开主体的个人努力，好学的"好"和躬行的"躬"已对此作了点明。同时，受教育和践履总是在一定的社会群体中进行的，因而就离不开集体的帮助。孔子对此是有所见的，他说："君子食无求饱，居无求安……就有道而正焉，可谓好学也已。"（《学而》）认为好学即受教育是包括求得有道之人的匡正在内的。他还说："三人行，必有我师焉。"（《述而》）认为在一定群体中的躬行，需要他人的指教。

以好学和躬行的结合作为培养君子人格的基本途径，依然不脱孔子之仁的理性原则和人道原则。好学表现了理想人格可能通过教育来培养的思想，这是以理性主义立场为出发点的；躬行则表现了对理想的自我的追求，蕴含着以人为目的人道原则，因为以人为目的便应当使自我在人格上达到理想的完美境界。遵循好学和躬行的途径造就出不少具有君子人格风范的人士。然而，不能否认在尊崇儒学的旗号下，也造就了很多伪君子。这虽然并不是孔子的初衷，因为如前所述他要求君子是表里如一、言行如一的；但是，这和孔子的君子论不是毫无关系的。理想总是高于现实而又植根于现实。孔子所设计的君子，最终是为现实的统治者所认可的人格模式，所谓的君子"三畏"（畏天命，畏大人，畏圣人）就表明了这一点。因此，以君子作为人格理想，就意味着把个体统一纳入统治者所要求的模式里。这便蕴含着人格理想的单一化趋向。然而每个个体心中活跃着理想人格，总具有独特的个性，因此，如果以划一的君子人格去要求人，那就不免产生表面上与此相契合而实际上与此相悖的伪君子。可以说，伪君子是君子人格单一化的恶果。

前文提到孔子之所以在君子之上安置着圣人，是为了激励人们追求理想人格永不懈怠。就是说如果没有对于圣人的追求，那么很有可能连君子也做不到。然而，圣人具有有着超越可得而见的经验世界的非名言的维度，这显然不是好学和躬行所能解决的。于是在培养君子人格中存在着一个不可回避的问题：如何走向圣人境界。孔子提出了“默而识之”（《述而》）的观点，认为圣人作为理想人格，对人们的感染和人们对其的认识，都具有只可意会，不可言传的默会性，其主要是以下三个环节：

首先，感应自得。儒学讲感应，从人格的认识和教化来说，就是在性情上和圣人产生共鸣。《易·感》之《象》曰：“圣人感人心而天下和平”。圣人感召天下，众人心动而应，之所以心动，是因为与之产生了共鸣。这是认识何谓圣人以及圣人化育众人的起点。正是有见于此，孔子说：“默而识之，学而不厌。诲人不倦”（《述而》）。学而不厌是指学习圣人，诲人不倦是指圣人教化他人，而这两者都出自心中默然共鸣。孔子以鼓瑟为背景，赞许曾点之志，其含意是他和曾点有着犹如琴弦相应的共鸣。以后理学家把“孔颜乐处”与“学以至圣”相联系，“颜子所独好者，何学也？学以至圣人之道也”（《二程文集》卷八）。二程兄弟受教于周敦颐时，周敦颐“每令寻颜子、仲尼乐处，所乐何事”（《遗书》卷二上）学做孔颜圣人，首先是思寻他们“所乐何事”？这是把引导人们在性情上与孔颜之所乐获得共鸣，作为认识圣人并接受其人格教化的开端。然而，这种共鸣就每个主体而言，极具个体性，在不同主体间没有通约性，是自得于己心的默会认识，这也就是孔子一再强调由启发而得的认识。以后程颐的“闻之知之，皆不为得。得者，须默识心通”（《遗书》卷十七），正进一步表达了这个意思。

其次，体认气象。感应只是激发了学圣的意愿，意愿只有发展为在言行举止上仿效圣人，才会对圣人人格有真切的认识，圣人人格才会真正化育百姓。圣人人格表现的是德性追求，而“德”字原来就与仿效之意相联系。在西周青铜器铭文里，表示“仿效”的词有两个，即“刑”和“帅”，它们都与“德”一起出现：“令我佳即刑廩于文王政德”（《大盂鼎》）；“安不敢弗帅祖皇考穆秉德”（《井人安钟》）。它们说的都是一个人仿效另一个人之德，这意味着“德”是对楷模的仿效。儒学以圣人为理想人格，自然要人们仿效圣人。然而，圣人不可得而见，如何仿效呢？《易传·系辞上》说：“书不尽言，言不尽意。然则圣人之意其不可见乎？子曰：圣人立象以尽意”。孔子立象以尽意在人格领域，就表现为以“气象”彰显名言之外的圣人人格。后来理学家提出“圣人气象”，主旨是人们对圣人的仿效要在把握“气象”上下功夫，他们把这种功夫称作“体认”。圣人气象既内在于又超越于日常事物，“圣人气象，虽超乎事物之外，而实不离乎事物之中，是个无事无为底道理，却做有事有为之功业”（《朱子语类》卷四十）。如此的内在超越作为“无事无为底道理”，显然是无法用名言予以明晰表达和规定的，因而对其之体认只能是不可言喻的切己感受。这用二程的话来说，就是“学者不学圣人则已，欲学之，须是熟玩圣人气象，不可止于名上理会。如是，只是讲论文字”（《外书》卷十）；王阳明也有类似的意思：“圣人气象自是圣人的，我从何处识认？若不就自己良知上真切体认，如以无星之称而权轻重”（《传习录》中）。强调圣人气象以及对其体认的超名言性，实际上揭示了人们接受圣人人格的教化是潜移默化的。

再次，顿然觉悟。体认气象是把对圣人的外在仿效转化为内在气质，由此在境界上与圣人达到同一。这种境界的实现往往表现为摆脱了仿效而豁然贯通的飞跃，《易传·系辞上》的“推而行之谓之通”以及《论语·为政》的孔子“从心所欲不逾矩”，都有此意蕴。以后在佛教的影响下，理学家称这样的飞跃为顿然觉悟。汤用彤的《谢灵云〈辨宗论〉书后》指出，魏晋玄学认为圣人不可至不可学，而佛教认为圣人（成佛）可学可至；竺道生“去二方之非，取二方之是，而立顿悟之学，谓圣人可至，但非有积学所成要在顿得自悟”；“其作用不啻在宣告圣人之可至，而为伊川谓‘学’乃以至圣人之学说之先河”。顿悟说经禅宗发挥，而为理学家所吸取。他们强调圣人可学，但仅是学并不能达到，必须通过顿然觉悟才能进入圣人之境：“下学可以言传，上达必由心悟”（朱熹《孟子集注·尽心下》）；“倘能感前圣之所已言。求吾心之所同得，而一旦有觉焉，譬如目翳顿除，烛光四达，左右前后，至宝毕见，皆吾素有，不可胜用也”（吴澄《何自明仲德字说》）。在这里，从吴澄所说可以看到顿然觉悟是在瞬间通盘把握了圣人的人格；而在朱熹的话里可以看到顿然觉悟是对圣人人格不可言传的自证；其实，周敦颐的“无思而无不通，为圣人”（《通书》）则在他们之前已综合了这两层意思，即跳出以通常的名言来表达的思维（无思），就能获得圣人人格的一切（无不通）。这些显然都突出了顿然觉悟是超名言之域的。

上述三个环节有着依次递进的关系。感应自得是最初的心灵共鸣；体认气象则是对感应的内容进行再省察；顿然觉悟不仅提升了对气象的体认，而且是在更高阶段对感应自得的回归，即把后者的心有灵犀一点通变为前者的豁然贯通。孔子的“默而识之”一方面使其君子论有着一定的直觉和神秘的色彩，另一方面又显露了以现代默会知识论对其诠释的张力。

总之，孔子的君子论包含着多重的理论内涵，这些多重的理论内涵对于儒学的历史发展和评价其现代意义都是需要重视的。

儒學與中華人文精神

歐洲儒學研究之現況

臺灣天主教輔仁大學講座教授 杜筑生

前言：

歐洲人研究儒學是將儒學歸納在漢學（Sinology）或中國學（China Studies）的領域內。漢學是指中國以外的學者對有關中國各層面研究的一門學科。包括中國歷史、文學、哲學、宗教、政治、社會、經濟等，甚至還包括對於海外華人的研究。

漢學最初只是對中國古代文化的研究，主要研究古文和哲學、文學，包括儒學等，第二次大戰後，才開始研究現代中國的各項問題，稱為中國研究（Chinese Studies）

漢學可以分為古代漢學和現代漢學。古代漢學根據不同的劃分，主要是對於 1911 年以前或者 1949 年以前中國的研究，這以後的時期則屬於現代漢學的領域。本文作者認為 1949 年不失為一個適當劃分的年代。

不過對區域問題研究的分類，歐洲學界視漢學研究（Sinology）為中國問題研究（Chinese studies）；但美國學界則視漢學研究為中國問題研究（Chinese studies）之一部分[①]。

一、歐洲研究漢學（儒學）之歷史背景：

歐洲漢學（儒學）之研究可以上溯到十六世紀義大利傳教士利瑪竇 Matteo Ricci（1552—1610）等西洋傳教士，將天主教教義傳到中國，並將漢（儒）學有系統的翻譯成外文，介紹到歐洲。早先歐洲漢學家多為傳教士，多專注於天主教教義與儒學之比較研究。1704 年至 1939 年清朝與羅馬教會發生禮儀之爭，傳教士或被驅逐出境或傳教受到嚴格限制，傳教士遂潛心研究中國傳統文化，成為漢學研究之先驅。

十八世紀歐洲思想啟蒙時期，歐洲大思想家對中國文化抱著仰慕之情，將中國描述為由大哲大儒治理的典範國家，值得歐洲人效法及學習。當時歐洲思想家對中國最感興趣者，是法國大文豪伏爾泰（Fran ois－Marie AROUET，1694—1778），他崇拜孔子及儒家思想，認為中國的政治體制是世界上最完美的政治體制[②]。伏爾泰還把元朝的雜劇《趙氏孤兒》改編為五幕的法文劇本（L'orphelin de la

---

① Sinology From Wikipedia，the free encyclopedia 漢學，維琪百科，自由的百科全書。

② 伏爾泰欣賞中國孔子，因為孔子是用道德的說服力來影響別人，而不是用宗教的狂熱和個人崇拜。他崇拜中國儒家思想，並將中國的政治體制視為最完美的政治體制。因為中國的文官制度能讓下層階級人民得以晉升為統治階層。伏爾泰對中國的認知淺薄，致對中國始終懷有完美形象。他視孔子為真正的哲學家，他曾說“那個聖人是孔夫子，他自視清高，是人類的立法者，決不會欺騙人類。沒有任何立法者比孔夫子曾對世界宣佈了更有用的真理”。伏爾泰，維琪百科，自由的百科全書。

Maison de Tchao，1735 年出版，是中國最早傳至歐洲的戲曲作品①。十八世紀德國哲學家及數學家萊布尼茨（Gottfried Wilhelm Leibniz，1646—1716）在其《中國新聞的序言，Preface to the Novissima Sinica，1697—1699》中對中國的民族性與中國的文化及制度，推崇備至②。

義大利那波里耶穌會神父馬國賢 Matteo Ripa（1682—1746）於 1711—1723 年曾在清朝康熙皇帝的宮庭中擔任畫師，1724 年因禮儀之爭，清廷驅逐外國傳教士，馬國賢帶了四名中文教師回義，並奉教皇克勉十二世（Pope Clement XII）之命，在那波里創辦 Collegio dei Cinesi（中國學院）培養通曉中國語言及文化的義大利年輕傳教士，赴華傳教。此為歐洲大陸第一所研習漢學的學校，該校就是今日義大利那波里東方大學（Università degli studi di Napoli“L'Orientale”之前身③。

法國法蘭西學院（Collège de France.）於 1814 年設立漢文及滿

---

① 波蘭漢學家魏思齊則認為 1731 年耶穌會會士馬若瑟（Joseph de Prémare，1666—1736）將元朝戲劇《趙氏孤兒》翻譯成法文，同時英文譯本也出現於英國。其實當時所有翻譯工作都是由耶穌會會士用法文所做的，英國皇家學院也都是透過法國而認識中國。魏思齊（Zbigniew Wesoowski SVD），《不列顛（英國）漢學研究的概況》，pp. 3—7.

② 戈特弗裏德·威廉·，德國哲學家、數學家。萊布尼茨是較早接觸中華文化的歐洲人。法國漢學大師若阿基姆·布韋（Joachim Bouvet，漢名白晉，1662—1732 年）向萊布尼茨介紹了《周易》和八卦的系統，他們兩人一直是好朋友。在萊布尼茨眼中，“陰”與“陽”基本上就是他的二進位的中國翻版。他曾斷言言：“二進位乃是具有世界普遍性的、最完美的邏輯語言”。戈特弗裏德·萊布尼茨，維琪百科，自由的百科全書。

③ Matteo Ripa Da Wikipedia，l'enciclopedia libera.

文講座，延聘雷慕沙（Jean－Pierre Abe l－Rémusat）擔任，成為歐洲第一位漢學教授[①]。沙皇俄國的第一所漢語學校則由俄國漢學家比丘林（Nikita Bichurin）於 1837 年在莫斯科創立[②]。同時英國倫敦大學（University College，London）也聘請紀德（Reverend Samuel Kidd，1797—1843）擔任第一位中文教授[③]，德國的第一位漢學教授則是威廉·碩特（Wilhelm Schott，1807—1889）[④]。

在英國稍晚紀德幾年的理雅各（James Legge，1815—1897）特別值得一提，其人著作等身。1841 年開始著手翻譯中國經典，出版《中國經書（The Chinese Classics）》五卷一共八本包括《論語》、《大學》、《中庸》、《孟子》、《書經》、《詩經》及《春秋左傳》。1879—1891 年又出版《中國經典（The Sacred Books of China）》六卷包括《書經》、《詩經（與宗教有關的部分）》、《孝經》、《易經》、《禮記》、《道德經》、《莊子》等。1876 年擔任牛津大學第一任漢學教授，長達 21 年[⑤]。在德國稍晚威廉·碩特幾年的加貝倫次（Hans Georg Conon von der Gabelentz，1840—1893）亦值得一提。他在 1878 年擔任萊比錫大學（University of Leipzig）的遠東語言教授—德國語系的第一位漢語教授，所撰《中國文言語法》（Chinesische

---

① Jean－Pierre Abel－Rémusat From Wikipedia，the free encyclopedia。姜祥林，儒學在國外的傳播與影響，pp. 317—327.

② Nikita Bichurin From Wikipedia，the free encyclopedia。

③ 同註 3。

④ 威廉·碩特所著《中國文學述稿》（1854）是德國最早的一部研究中國文學史的著作，《國學海外漢學》，北京國學時代公司。

⑤ 理雅各，維琪百科，自由的百科全書及刁名芳，《國際漢學的推手》，pp. 188—189.

Grammatik，1881）至今仍受重視[①]。曾於1925年擔任法蘭克福歌德大學中國研究所所長的衛禮賢（Richard Wilhelm，1873—1930）是位基督教傳教士，曾在青島傳教二十餘年，將中國經典《論語》、《道德經》、《列子》、《莊子》、《孟子》、《易經》等書譯成德文。

歐洲漢學研究到了二十世紀，世俗的研究者就逐漸取代了神職人員的地位。今日歐洲漢學的研究，更偏向政治、軍事戰略、財經、社會等問題，自然因為政、經現實等的因素，因此儒學的研究就較為遜色了。

二、歐洲研究漢（儒）學之現況：

歐洲自十九世紀初設立漢學講座以來，漢學研究曾經盛極一時，歐洲漢學有近兩百年的研究傳統，治學嚴謹，對中國古典文化的精心專研有獨到之經驗。可惜半個世紀前就逐漸衰微，且一度專研在音韻訓詁學上，變成非常冷僻的學問，在大師相繼退休和凋零後，系所也一一面臨關閉。二次大戰後，全球漢學重心便轉移到美國。

（一）法國

法國素被視為歐洲的漢學中心。法國研究漢學之機構及大學甚多。巴黎第一、第四、及第七大學設有中文系，巴黎以外之大學亦有不少設有中文系者，如里昂大學，波爾多大學，艾克斯—馬賽大學[②]。其中歷史最悠久者為創立於1795年的巴黎東方語言特別學校（École spéciale des langues orientales）。該校於1843年設立漢語講座，1971年學校改名為國立東方語文學院（Institut national des

① Georg von der Gabelentz From Wikipedia，the free encyclopedia.

② 黃孟蘭，《法國漢學研究的概況》，pp. 5—8.

langues et civilisations orientales (INALCO)。法國在巴黎及其他大城的公立中學還開有中文課程[①]。

法國研究漢學包括儒學的重要機構為：

1. 法國遠東學院（Ecole Francaise d' Extreme－Orient)：知名的研究學者有院長汪德邁（Leon van der Meersch)。他通曉甲骨文及鐘鼎銘文，曾在該院講授《易經》、《詩經》、《春秋》及《左傳》，並講解漢朝之後歷代儒學家，常與道、釋、結合論述。著有《王道》、《新的漢文化圈》。他曾於 1987 年參加曲阜舉行的“國際儒學討論會”發表《禮治和法治》論文[②]。

2. 法蘭西學院（Collège de France)：知名的研究學者有謝和耐(Jacques Gernet）為該學院中國社會及學術史之講座（titulaire de la chaire d'histoire sociale et intellectuelle de la Chine，1975—1992）. 著有《Chine et christianisme，action et réaction（中國和基督教)》，《L'Intelligence de la Chine（中國的智慧)》，其作品中之《Le Monde chinois（中國世界)》，已先後被譯為義文、德文、英文、羅馬尼亞文、韓文、西班牙文、中文。其近作《La Raison des choses：Essai sur la philosophie de Wang Fuzhi，1619—1692（事理：哲學家王夫之論文集》為 2005 年之著作[③]。

法蘭西學院中國社會及學術史之講座現由 Anne Cheng－Wang(程艾藍）教授擔任，她是汪德邁及謝和耐之弟子，也是法國近代現

---

① lycée de Montgeron 自 1958 年起開中文課，作為第二外國語。

② 姜林祥，《儒學在國外的傳播與影響》，齊魯出版社，2001，pp. 322—325.

③ Jacques Gernet，WIKIPEDIA，L' Encyclopedie.

代中國研究中心少數研究儒學的學者，其專長為中華帝國儒學史及二十世紀中國哲學史。著作極豐，有關儒學之著作有：《Histoire de la pensée chinoise（中國思想史)》.《Étude sur le confucianisme Han. L'élaboration d'une tradition exégétique sur les classiques（漢代孔學研究一闡釋對古典著作注釋之傳統）等。她所發表有關儒學之專文有：《Lesétudes fran aises sur l'histoire de la philosophie chinoise et le confucianisme（法國對中國哲學史和儒教的研究)》，《Confucianisme，post－modernisme et valeurs asiatiques（儒道，後現代主義及亞洲價值觀)》，《Le corpus canonique confucéen（三字經)》，Chunqiu 春秋，Chunqiu Gongyang xue 春秋公羊學，Chunqiu Gongyang zhuan 春秋公羊傳，Chunqiu Guliang zhuan 春秋谷梁傳，Chunqiu Zuozhuan 春秋左傳，Guo yu 國語，Jixia xuegong 稷下學宮，Jingzhou xue pai 荊州學派，Kong Zi 孔子，Lunyu 論語，Mengzi 孟子，Rujia ba pai 儒家八派，Si－Meng xuepai 思孟學派，Si shu 四書，Si shu zhangju jizhu 四書章句集注，Xiao jing 孝經 in Yao Xinzhong，éd.，The Encyclopedia of Confucianism《姚新宗（譯音）編輯儒學百科全書)》，2 vols.，Londres，Routledge，2003.，Confucius，philosophe（孔子，哲學家乎?)，Le confucianisme est un humanisme（儒學為人道主義)，Confucius，un matre de la parole vivante（孔子金玉良言之祖師)，Comment devient－on universel Le cas Confucius（如何成為普世性學說，以孔子為例)，Vers un confucianisme mondialisé（邁向世界性之儒學?)，L'homme et la société selon l'expérience confucéenne（人與社會根據孔子經驗）等等[①]。

程艾藍家學淵源，伊父程抱一（Franois Cheng）為法國法蘭西學術院 Académie franaise 院士，程抱一是法國著名華裔作家、詩人、書法家。

程抱一祖籍江西南昌，南京金陵大學畢業，1948 年隨父赴法定居，在巴黎第九大學取得博士學位，任教於巴黎第三大學東方語言文化系。程抱一用法文寫了許多作品，包括介紹中國文化，翻譯中法兩國文學大師的作品，被法國學術界稱讚為“中國與西方文化之間永遠不疲倦的擺渡人”。他的許多作品已經成為西方學術界研究中國繪畫、詩歌的主要參考材料，他的詩歌獲得許多法國文學大獎，其中《石與樹》被選入《20 世紀法國詩歌選》。2002 年程抱一被選為法蘭西學院院士，法蘭西學院僅有 40 名終身院士，程抱一是其中第一位亞裔院士，授予他的佩劍柄上鐫刻著文天祥《正氣歌》的第一句“天地有正氣”[②]。

3. 近代現代中國研究中心（Centre d'études sur la Chine moderne et contemporaine（CECMC），隸屬法國國家科研中心（Centre national de la recherche scientifique ，CNRS），該中心網羅法國漢學及研究中國問題專家，研究範圍涉及歷史、經濟、社會和政治等領域，從近代、現代到當代，研究人員約五十人，經檢視其研究主題，僅程艾藍教授專精儒學[③]。

5. 法國社會科學高等研究院（École des hautes études en sci-

① 參閱程艾藍網站 http：//fr. wikipedia. org/wiki/Anne _ Cheng.

② 程抱一維琪百科，自由的百科全書。

③ 參閱網站 http：//cecmczh. ehess. fr/.

ences sociales)

(二) 英國

英國當代有幾位國際知名之漢學家如英國劍橋大學李約瑟研究所魯唯一教授(Michael Loewe),英國牛津大學的龍彼得(Piet van der Loon)教授,杜德橋(Glen Dudbridge)教授及何炳郁教授及倫敦大學亞非學院(School of Oriental and African Studies,SOAS)中國研究中心主任汪濤,惟研究領域均非儒學。

英國的漢學及中國研究傳統一向偏重現實政治與經濟利益,故對“古典”漢學之學術研究似顯薄弱[①],英國也有自知之明,為此“英格蘭高等教育資助委員會”(HEFCE),在1999年檢討大學中國研究之現狀報告中,認為英國大學培養漢語及中國問題之人才倘與其他西方國家相比,顯然落後,亟應急起直追。報告建議英國大學應更注重及強化漢語教學及研究當代中國社會科學。

英國大學根據該報告之建議,Sheffield大學、愛丁堡大學、Leeds大學、牛津大學、倫敦大學亞非學院、劍橋大學及Durham大學在大學部將漢語課程與商業課程結合,甚受學生歡迎。

頂尖大學如劍橋大學、Durham大學、愛丁堡大學、Leeds大學、倫敦政治經濟學院(LSE)、牛津大學、倫敦大學亞非學院、Sheffield大學、Sussex大學及西敏寺大學(University of Westminster)開設中國問題碩士班,除提供核心之社會科學課程外,特別注重人文科學之課程,如文化、歷史、宗教及文學等[②]。

---

① 魏思齊,《不列顛(英國)漢學研究的現況》pp. 43—44.

② 參閱網站 http://www.llas.ac.uk/.

（三）德國

漢學在德國之發展應該追溯到明末清初的德國耶穌會士湯若望（Johann Adam Schall von Bell，1592—1666），他於1623年抵達北京，住了幾十年，不僅將歐洲科學知識介紹到中國，還將中國文化傳播到西方，從此漢學就在德國發展起來。

第二次大戰發生前，漢堡、柏林、萊比錫、法蘭克福、伯恩、哥廷根等大學均先後設立漢學系，除研習漢語外，並致力包括儒學之研究。

二次大戰德國戰敗，百廢待興，漢學研究自受嚴重影響，但從1950年起，漢學又逐漸發展起來，在上一世紀的末期，德國漢學界所發表論文（包括儒學）之總數，在西方僅次於美國[①]。

儒學之研究在德國設有漢學系的大學受到相當的重視，例如在萊比錫大學及Bochum大學有研究中國倫理、儒家史、中國文化史及哲學、中國文化及人權、《孟子》與人權問題者，法蘭克福歌德大學有研究儒家、現代化論述與傳統、及《道德經》者，海德堡大學（Ruprecht－Karls－Univer－sitat Heidelberg）有研究古典漢學及《道德經》者，Marburg大學有研究宋朝的儒學者，慕尼黑大學（Ludwig－Maximi－lians Universitat Muchen）有研究中國思想史與文學研究者[②]。

德國尚有九個漢學及中國問題研究機構，其中聖奧古斯丁（Sankt Augustin）華醫學志研究院亦從事包括儒學之研究。

綜上可以看出德國漢學之教學及研究分散各地，不像法國集中

---

① 魏思齊，《德國漢學研究的現況》，pp. 12—14.

② 同上註 pp. 17—47.

在首都巴黎，研究主題也具有平衡及多元性，且沒有過份偏重現代或當代中國問題之研究，頗多大學也類似歐洲其他大學或研究機構，有台灣研究。

（四）義大利

“義大利漢學研究在歐洲是最古老，同時也是最年輕的”，這是義大利當代漢學家 Lionello Lanciotti 說過含意深刻的話，歐洲漢學家也多表同意①。

說到漢學的始祖，自然要算兩位最早到中國傳教的義大利耶穌會會士利瑪竇（Matteo Ricci，1552—1610）及其師友羅明堅（Michele Ruggieri，1543—1607）以及稍後抵華的衛匡國（Martino Martini，1614—1661）。利瑪竇是天主教在中國傳教的開拓者之一，也是第一位閱讀中國文學並對中國典籍進行鑽研的西方學者。他除傳播天主教教義外，還廣交中國官員和社會名流，傳播西方天文、數學、地理等科學技術知識。他的著述不僅對中西交流作出了重要貢獻，對日本和朝鮮半島上的國家認識西方文明也產生了重要影響②。羅明堅實為歐洲的第一位漢學家，他將《四書》譯成拉丁文③。衛匡國被認為是中國輿圖之父，用科學精神治學，其精確嚴謹，足為治漢學者之表率④。

義大利漢學在十七世紀後就一蹶不振，究其原因，或與義大利

---

① LLionello Lanciotti, Breve storia della sinologyia. Tendenze e considerazioni,《Mondo Cinese》, 23, 1977, pp. 3—12.

② 利瑪竇維琪百科，自由的百科全書。

③ Michele Ruggieri, From Wikipedia, the free encyclopedia.

④ Martino Martini, From Wikipedia, the free encyclopedia.

之政治情況有關，義大利遲至 1870 年才完成統一，故對遠東之興趣發展較晚[①]。19 世紀末始在佛羅倫斯開設第一個中文講座。

義大利的漢學研究從第二次世界大戰後開始復甦，貢獻最大者，首推白佐良（Giuliano Bertuccioli，1923—2001），渠所撰《中國文學史》深受法國知名的漢學家戴密微（Paul Demieville 等）之讚譽。第二位是蘭契奧蒂（Lionello Lanciotti）教授，渠於 1974 到 2002 年主持威尼斯大學中文系與東方研究所。

義大利漢學係由那波里大學東方學院亞洲研究系（DSA）、羅馬大學（La Sapienza）東方研究學院與威尼斯（Ca' Foscari）大學外語學院東亞學系三個中心主導，研究實力則以威尼斯大學最強。各校中文系對中國古典文化均極重視，除大學課程外，尚有碩士及博士課程。目前在全義 205 個高等教育機構中，約有 15 所提供中文課程，學生總人數約 3，000 人[②]。

義大利漢學家研究的重心在文學、歷史、中國哲學及中國科學史方面，著名研究儒學之學者有，Lionello Lanciotti 及那波里大學漢學教授 Paolo. Santangelo，兩人同為《明清研究》之主編，副主編為威尼斯大學漢學教授 Mario Sabattini。研究儒學的還有 Amina Crisma 教授，著有《Il Cielo，gli uomini. Percorso attraverso i testi confuciani dell'età classica（天、人—透過孔子論述之途徑）》，Maurizio Scarpari 教授著有《La Concezione della naturea umana in Confucio et Mencio（孔孟對人性之法）》，Tiziana Lippiello 教授譯註《Confucio，Dialoghi（孔子《論語》）》，另 Umberto Bresciani 教授著

① 圖莉安，《義大利漢學研究的現況》，pp. 4—7.

② 同上註 pp. 15—17.

有《Reinventing Confucianism（新儒學）》。整體而言，義大利漢學界對儒學、新儒學之研究甚為重視。

（五）西班牙

西班牙與漢學之淵源發生在菲律賓，十六世紀西班牙於發現美洲後到達菲律賓，佔領該地並與當地之華僑做生意，傳教士隨後而至。

道明會（Dominicans）會士高母羨（Juan Cobo，1546—1592）為向當地華僑傳教，勤學中文，1592 年將其學習中文之入門書，一本明代通俗讀物《明心寶鑑》（Beng Sim Po Cam—閩南語譯音）譯為西班牙文，該書較利瑪竇於 1662 年將《論語》譯為拉丁文早了七十年[①]。西班牙耶穌會傳教士龐迪我（Diego de Pantoja，1517—1618）與利瑪竇同時在北京傳教，發明羅馬拼音。

十八世紀西班牙國力衰落，對中國興趣減低，加上清朝因禮儀之爭驅逐傳教士，西班牙漢學一落千丈。

二十世紀六〇年代西班牙出現三位漢學家，均為傳教士，在台灣傳教，其中 Carmelo Elorduy（1901—1989）曾將《道德經》、《莊子》《易經》及《墨子》等中國經典譯為西班牙文，前此，西班牙人所讀中國經典均非由中文直接譯成西文。Antonio Dominguez（1915—1991）將《孝道在中國文化的重要性》等書譯西。Fernando Mateos 擔任《漢西綜合字典》主編，曾撰〈墨子，兼愛主張的思想家〉等專文[②]。

現在西班牙已有愈來愈多的非傳教士漢學家，Joaquin Perez Arroyo 於 1976 年出版《Confucio. Mencio. Los cuatro libros（四書）》

---

① Jose Ramon Alvarez（雷孟篤），西班牙漢學研究的現況，pp. 3—5.

② 同上註 pp. 13—15.

譯作，被視為四書最佳之譯本。Ch. Maillard 著有《La sabiduria como estética china：confucianismo，taoismo y budismo（中國美學的智慧）》，Anne Helene Suarez 著有《Confucio：Lun Yu. Reflexiones y ensenanzas（論語之反思及教誨）》及有關李白、蘇東坡、白居易、王維的詩選。

西班牙的漢學研究中心均設在公立大學，計有：

巴塞隆納自治大學（Universidad Autonoma de Barcelona），龐培法部拉大學（Univ. Pompeu Fabra de Barcelona），馬德里自治大學（Univ. Autonoma de Madrid），格拉達大學（Univ. de Granada）及阿利坎特大學（Univ. de Alicante）等[①]。

一般而言，西班牙目前有關中國哲學及思想之著作極少，有關儒學的著作更屬鳳毛麟角，僅有 Victor Garcia 的《La sabiduria como estetica china：confucianismo，taoismo y budishmo（東方的智慧—道家思想及佛家思想）》及 Manuel Yanez Solana 的《Confucio（儒家思想）》等。

（六）其它歐洲國家

歐洲漢（儒）學研究自不限於上述法、英、德、義及西班牙五國，西歐的荷蘭，北歐的瑞典，東歐的捷克等亦對漢學之研究具有相當水準，事實上歐洲還有許多知名大學，如比利時的魯汶大學、挪威奧斯陸大學、丹麥哥本哈根大學及奧爾胡斯大學、匈牙利羅藍大學、羅馬尼亞布開勒斯特大學、斯洛伐克科學院及斯洛維尼亞的盧比亞那大學[②]等，對漢（儒）學之研究，也都具有相當的水準，限

---

① 同上註 pp. 15—28.

② 歐洲漢學學會雙年會於 2006 年 8 月在該校舉行。

於篇幅，僅就以下三國簡述之：

1. 荷蘭：

歐洲另一個漢學重鎮在荷蘭萊頓大學之漢學院，萊頓大學創立於1575年，到1931年該校才成立漢學院，由創辦人漢學教授戴聞達（J. J. L. Duyvendak）出任院長，他於1974年退休，院長一職由許理和教授（Erik Zurcher，1928—2008）接任，他所著《佛教征服中國史》，受到漢學界重視，亦引起不少爭議。漢學院在他任內建樹甚多，並享國際盛譽，吸引甚多對漢學有興趣的本國及外國學生前往研習。許理和教授還編了一套兩萬張幻燈片的視覺教材，藉圖畫影像介紹中國文明的故事，蔣經國基金會曾予贊助支持①。

許理和於1976年至1992擔任於歐洲漢學最重要之期刊，就是於1890年發行至今之《通報》（T'oung Pao）的共同主編②。萊頓大學漢學院的另一特色是收藏豐富的圖書館，包括荷蘭外交家也是漢學家高羅佩（R. H. Van Gulik，1910—1967）捐贈的中國收藏。

2. 瑞典：

瑞典漢學之父高本漢（Bernhard Karlgren，1889—1978）不僅為瑞典漢學奠定基礎，也對北歐國家漢學之發展有極大之貢獻。1945年美國洛克菲勒基金會（Rockefeller Foundation）撥款委託高本漢擔任培養斯堪的納維亞半島國家漢學家的任務，瑞典教育部於1945年在斯德哥爾摩大學成立了漢學系，高本漢就成為該系第一任系主任。

---

① 刁明芳，國際漢學的推手—蔣經國基金會的故事，pp. 189—190.

② 另一位共同主編為法國的魏丕信（Pierre－Etienne Will），法蘭西學院教授。

高本漢執教多年，但所收的學生並不多。然而，這些學生後來都成了傑出的漢學家。這些學成的人，一部分成為五十年代以後瑞典漢學界的中堅力量；一部分則離開了瑞典，前往挪威、芬蘭、丹麥、美國、日本、澳大利亞等國家的各所大學任教，將漢學研究的種子播往世界各地。在他們當中，馬悅然（Göran Malmqvist）[①] 是高本漢的高足，1965 年繼任斯德哥爾摩大學漢學系主任與教授的職務；葉林斯威德（Bo Gyllensvrd）接替了高本漢遠東文物博物館館長一職；楊·威金（Jan Wirgin）接替了高本漢成為博物館《館刊》的主編，在葉林斯威德退休以後，又繼任了博物館館長之職。林西莉（Cecilia Lindqvist）女士成為瑞典教育部特別任命的漢學教授，以表彰她在漢語教學和漢學研究普所作的傑出貢獻；葡斯文（Sven Broman）擔任了瑞典人類學博物館館長的職務；貝倫斯坦（Hans Bielenstein）成為美國哥倫比亞大學歷史學教授；韓恒樂（Henny Henne）被挪威奧斯陸大學聘為漢學教授；艾葛樂（Sren Egerod）和李定（Olof Lidin）在丹麥哥本哈根大學東亞系執教；葛蘭（Else Glan）授聘於丹麥著名的學府奧爾胡斯大學東亞系；喬吉（Aulis Joki）則成為赫爾辛基大學的阿勒泰語教授[②]。

3. 捷克：

捷克的漢學研究在第二次大戰後，才開始有系統地研究中國。

---

① 馬悅然（Nils Gran David Malmqvist，1924—），瑞典漢學家，瑞典文學院院士、諾貝爾文學獎評委，歐洲漢學協會會長。馬悅然是諾貝爾文學獎評中唯一一位懂中文的評委，他曾翻譯過《西遊記》、《水滸傳》、《辛棄疾詞》等中國古典著作，亦翻譯了高行健、沈從文等當代中文作品，致力於提升中國文學在國際的地位。

② 取材自百度百科—國際漢學。

關鍵人物有二，其一為德弗札克（Rudolf Dvorak），他是捷克第一代的漢學家，曾將《道德經》譯成捷克文，並與捷克名詩人利茨基（Jaroslav Vuchlicky）將《詩經、國風》譯成捷文，他於 1915 年擔任捷克查理大學（Charles University）[①] 校長，並於 1922 年在查大設立東方研究所，這是東歐第一個漢學研究機構。其二為普實克（Jarosla Prusek）他曾將蒲松齡的《聊齋誌異》、劉鶚的《老殘遊記》、沈復的《浮生六記》以及茅盾、和魯迅的作品譯為捷文。普實克強調古今兼顧，因為具備傳統古代知識，才能對現代議題更能掌握。

查大於 1977 年與蔣經國基金會合作成立漢學中心，其圖書館現已成為東歐最好之漢學圖書館[②]。

結語

從歐洲國家漢（儒）學發展的歷史來看，吾人可以觀察到以下幾個現象及趨勢：

（一）漢學研究者的範圍擴大：

過去從事漢（儒）學研究者泰半是傳教士，少數是外交官，現在除傳教士及外交官繼續從事有關漢（儒）學的研究外，一般學者所占分量越來越大。

（二）漢（儒）學研究的題材越來越廣：

由於中國大陸的國力大幅提昇，歐洲各國普遍燃起“中國熱”，政治、軍事、經濟、社會、文化、藝術，甚至醫療、健康、養身、

---

① 捷克查理大學（Charles University）成立於 1348 年，是捷克最古老、最大的大學，也是歐洲最古老的大學之一。

② 同註 33，pp. 157—167.

養氣等，均為研究題材，可謂上自天文，下至地理，無所不包。

（三）漢（儒）學研究的對象增加：

中國大陸固然是歐洲漢學研究的主要對象，但台灣研究、香港、澳門、海外華人社會、西藏、蒙古、新疆，甚至受儒學影響的國家，亦均成為漢學研究之對象。

（四）歐洲學習華語者的人數越來越多：

由於中國大陸以及台灣的吸引力，孔子學院的設立，歐洲各國學習華語（文）者日增，又因交通便捷，生活水準提高，每年許多歐洲青年學子，飄洋過海，到中國大陸、台灣，學習進修華文、華語，更多的學者也對影響中國人思想、行為至深的儒學發生興趣。

（五）學習中文及研究漢（儒）學，尤其是從事中國問題研究的歐洲國家越來越多：

歐洲各國大學現在開設中文與漢（儒）學及中國問題研究等有關課程者日增，有的國家將中文列為中學的第二外國語文。

（六）歐洲研究儒學之學者在整個漢學及中國研究的比例上仍居少數：

無庸諱言，研究儒學似較研究其他學門需要更好之文字基礎，從功利眼光看，亦較缺少吸引力。然而除非吾人更重視自己的傳統文化及其現代化，儒學才能更受世界重視。

（七）漢（儒）學已成為世界文化重要之一環：

中國文化是世界古文化之一，中國大陸、台灣以及受中國文化影響的日本、韓國，新加坡，甚至越南，在二十一世紀都有卓越的表現，更使中華文化引起注意，漢（儒）學之地位因而大幅提昇，成為世界文化重要之一環。

参考書目

刁明芳，《國際漢學的推手—蔣經國基金會的故事》，天下遠見出版公司，台北，2008

王殿卿，中國儒學與歐洲啟蒙思想，轉自：國際儒學聯合會（http：//www. ica. org. cn/content/view _ content. asp？ id=1275）

姜林祥，《儒學在國外的傳播與影響》，齊魯書社，濟南，2004

黃孟蘭，《法國漢學研究的概況》（Aperçu de la sinologie française），天主教輔仁大學華裔學志漢學研究中心，2004

Antonella Tulli（圖莉安），《義大利漢學研究的現況》（The Current Situation of Sinological Research in Italy），天主教輔仁大學華裔學志漢學研究中心，2004

Ramon Alvarez（雷孟篤）著，顏嘉德譯，《西班牙漢學研究的現況—初步成就報告》天主教輔仁大學華裔學志漢學研究，2005

Zbigniew Wesolowski SVD（魏思齊），《德國漢學研究的現況》，天主教輔仁大學華裔學志漢學研究中心，2005

Zbigniew Wesolowski SVD（魏思齊），《不列顛（英國）漢學研究的現況》，天主教輔仁大學華裔學志漢學研究中心，2006

百度百科—國際漢學

維琪百科，自由的百科全書

Wikipedia，L'Encyclopedie

Wikipedia，l'enciclopedia libera

Wikipedia，the free encyclopedia

網站 http：//cecmczh. ehess. fr/

網站 http：//www. llas. ac. uk/

儒家经典诠释学的起源

清华大学哲学系　王中江

引言：经典与文明和传统

首先我想指出的是，我这里所说的经典，既包括神圣性宗教经典（Bible或Holy Bible），也包括古典性的经典（Classics）。据此，我所说的经典诠释学也是广义的，它不仅指人类不同文明对经典的整个诠释行为，也指人类不同文明对经典诠释活动的思考、理论化工作及建立的不同诠释学理论（如伽达默尔（Gadamer）的“哲学解释学”）。这里我要讨论的儒家“经典诠释学”，不是指诠释学的理论形态，而是指早期儒家编定、解读、诠释文本并将之经典化、权威化的行为、表现及其经验。

20世纪90年代以来，中国传统经典诠释学受到许多关注和讨论，汤一介氏在这方面做了重要的工作，[①] 我所做的工作非常有

---

① 参阅汤一介氏的《论创建中国解释学问题》，见汤一介：《反本开新——汤一介自选集》，首都师范大学出版社，2008年。

限,[①] 但这是我比较感兴趣的问题之一。我提出“儒家经典诠释学的起源”这一问题，是同两个方面的思考联系在一起的。一是，在世界不同文明的源流中，程度不同地都存在着一个类似的演进和发展模式，这就是通过对原创性经典的不断解读、诠释来扩充文明，表现出人类不同文明都由经典来引导和特征。中国文明的演进模式更典型地体现了这种特征。[②] 二是儒家经典诠释学作为中国传统诠释学的主流，它是什么时代诞生的。在过去的辨伪学中，儒家经学被认为是从汉代才开始的。一些经学的研究者，或者认为孔子同《周易》无关、同《春秋》无关，认为《易》作为儒家经典是汉代的产物,[③]，认为《春秋》也不是孔子创作的；或者在更广的意义上认为孔子同

---

① 我先后发表的有关这方面的论文有《中国人文传统与解释意识》（载《天津社会科学》，1994 年第 3 期）、《“原意”、“先见”及其解释的“客观性”——在“方法论解释学”和“哲学解释学”之间》（载《学术界》，2001 年第 4 期）、《经典的条件：以早期儒家经典的形成为例》（载《中国哲学史》2002 年第 2 期）。

② 正如中国现代一位哲学家金岳霖氏指出的那样：“中国哲学非常简洁，很不分明，观念彼此连结，因此它的暗示性几乎无边无涯。结果是千百年来人们不断地加以注解，加以诠释。很多独创的思想，为了掩饰，披上古代哲学的外衣；这些古代哲学是从来没有被击破，由于外观奇特，也从来没有得到全盘接受的。中国历史上各个时期数不清的新儒家、新道家，不论是不是独创思想的冲动复萌，却绝不是那独创思想的再版。实际上并不缺乏独创精神，只是从表面看来，缺少一种可以称为思想自由冒险的活动。”金岳霖先生不是专业意义上的中国哲学方面的研究者，但他恰当地揭示了中国哲学的“诠释”特征。金岳霖：《道、自然与人》，刘培育编，三联书店，2005 年，第 54 页。

③ 参阅浅野裕一编的《古代思想史与郭店楚简》，汲古书院，2005 年，第 4—6 页。

“六部”经典都无关，否认东周时代儒家已经确立“六部”经典的事实。[①] 如果真是这样，我们就无法在儒家创始人孔子那里、在早期儒家那里寻找儒家经典诠释学的起源。[②]

说儒家经学（用现在的语言说是儒家经典诠释学）开始于汉代，这不是真的，我们最多只能说儒家经典诠释学的“体制化”和“大规模化”开始于汉代（集中表现为今古文经学）。判断一种经典诠释学是否出现，可以有两个彼此关联的基本标准，一是“文本”的大致确定和被信奉为“经典”；二是与此密不可分的“文本”被广泛地阅读、引用和诠释，并相应地产生了经典诠释的作品和“术语”。新出土郭店竹简文献和上博简文献为我们提供了重新审视早期儒家与“六经”关系的契机。孔子与《易》的关系确实非常密切，孔子和他的弟子及其孟、荀建立的早期儒学与六部经籍更是密不可分。结合传世文献，我们现在可以比较明确地判定儒家经典诠释学的起源了。它诞生于中国古代哲学和思想的“轴心时代”，也是中国“轴心时代”的重要特征之一。后来一般称之为“六经”的《诗》、《书》、《礼》、《乐》、《易》、《春秋》这六种文本，经过孔子的编纂，在早期儒家那里已被赋予了“经典”的性质并被权威化；早期儒家对这些经典的引用、诠释已经广泛和普遍，并产生了“述”、“传”、“解”、“说”和“序”等经典诠释性术语。下面我们就来具体论证和讨论一下。

---

① 参阅周予同氏的《周予同经学史论著选集》（增订本），朱维铮编，上海人民出版社，1996 年，第 795—806 页。

② 参阅杨天宇氏的《礼记译注》（一），上海古籍出版社，1997 年，第 849 页。

一、"六种"文本的编定和趋同

让我们感到非常幸运的是，新出土郭店竹简有关儒家的文献为我们提供了确认儒家经典诠释学起源的有力的出发点，其中的《性自命出》、《六德》和《语丛》(一)等，与此更是具有密切的关系。我们先看一下《性自命出》的说法：

《诗》、《书》、《礼》、《乐》，其始出皆生于人。《诗》有为为之也；《书》有为言之也；《礼》、《乐》有为举之也。

《性自命出》这篇文献论及到了四种文本——即《诗》、《书》、《礼》、《乐》，它还对每部文本的意义作了概括性的说明。郭店竹简的另一篇文献《六德》则有以下的说法：

观诸《诗》、《书》则亦在矣，观诸《礼》、《乐》则亦在矣，观诸《易》、《春秋》则亦在矣。

《六德》明确列出了六种文本——《诗》、《书》、《礼》、《乐》、《易》、《春秋》。第三个文献是《语丛》(一)，它同样也列举了这六种文本。据廖名春氏对 38、39、44、36、37、40、41 简的重新编连，我们能更清楚地看出《语丛》对这六部典籍的诠释：①

《诗》所以会古今之志也者，[《书》所以会] □□□□者也，[《礼》所以会] □□□□ [也，《乐》所以会] □□□□ [也]，《易》所以会天道人道也，《春秋》，所以会古今之事也。

此外，郭店竹简《五行》、《缁衣》、《成之闻之》、《唐虞之道》

---

① 参阅廖名春氏的《郭店楚简引〈书〉论〈书〉考》，见《郭店楚简国际学术研讨会论文集》，湖北人民出版社，2000 年，第 123 页。

等篇籍，引用了《诗》、《书》的内容，[①] 特别是《缁衣》引用颇多，它与传世的《礼记·缁衣》篇的引用类似但也有所不同。

以上这些新出土文献为我们确认儒家经典诠释学的起源提供了什么重要的信息呢？第一，《诗》、《书、《礼》、《乐》、《易》、《春秋》这六种“文本”，当时已经并存且被相提并论。这说明儒家所信奉的这六种“文本”，在东周时代已“大致”统一和定型，而且是儒家教育、学习的基本典籍；第二，早期儒家相信这“六种”文本的权威性并加以引用；第三，早期儒家通过对这六种文本的阅读、理解和诠释，对每一种文本的整体意义作出了概括，试图使每部经典的意义符号化。新出土文献所提供的这些信息，正可以同传世文献的不少相关记载相互印证。

“文本”的诠释和整体主旨概括以文本的大致定型和统一为前提，一个杂乱无章还没有大体定型和统一的一些文本，人们很难将它们并列在一起并试图对每一种的意义进行整体性的诠释和说明。《性自命出》、《六德》和《语丛（一)》能够并列“六种”文本并对每一种文本的整体意义作出诠释，这说明《诗》、《书》、《礼》、《乐》、《易》、《春秋》这“六种”文本在东周时代已“基本”统一和定型。过去一些学者对此加以怀疑和否定，现在终于可以打破了。我们不接受今文学家的看法，说“六经”都是孔子创作，但认为孔子与“六经”没有关系的说法，没有可信的根据。“六种”文本的编纂工作，不是东周其他子学担任的，而是儒家承担的，儒家是学习和信奉这“六种”文本的最有代表性的学派。《史记·太史公自序》

---

① 参阅廖名春氏的《郭店楚简引〈诗〉论〈诗〉考》，载《中国哲学》第二十二辑“经学今诠初编”，辽宁教育出版社，2000 年。

记载：

夫儒者以六艺为法，六艺经传以千万数，累世不能通其学，当年不能究其礼。

《汉书·艺文志》也有类似的记载：

儒家者流……游文于六经之中，留意于仁义之际，祖述尧舜，宪章文武，宗师仲尼，以重其言，于道为最高。[①]

邹鲁之地是儒家的发源地，"六种"典籍同儒士的密切关系，也就是同邹鲁之地的关系。《庄子·天下》记载的"其在于《诗》、《书》、《礼》、《乐》者，邹鲁之士、缙绅先生多能明之"，不是寓言，而是真实的历史故事。孔子是儒家学派的创始人，正是他编定了这"六种"文本，使之具有大致统一的面貌，《史记》对此记载最详。其中《孔子世家》记载说："孔子布衣，传十余世，学者宗之。自天子王侯，中国言六艺者折中于夫子，可谓至圣矣！"司马迁此处说的"六艺"和前面说的"六艺经传"的"六艺"，都是指"六经"。"折中"意思是"正确定夺"，孔子是"六艺"方面的权威。"言六艺折中于夫子"，说明孔子是"六艺"方面的权威。《孔子世家》又记载："孔子以《诗》、《书》、《礼》、《乐》教，弟子盖三千焉，身通六艺者七十有二人。"根据这一记载，孔子教授他的弟子们的主要东西是

① 《韩诗外传》（卷五）也说到了儒家与六经的密切关系："儒者，儒也。儒之为言无也，不易之术也。千举万变，其道不穷，六经是也。"

《诗》《书》《礼》《乐》，其中七十多位弟子精通“六艺”。《庄子·天运篇》记载孔子“治《诗》、《书》、《礼》、《乐》、《易》、《春秋》六经”，对此也是一个佐证。

孔子编纂“六经”（“六艺”）之事，《史记》记载也比较多。《儒林列传》说：“孔子闵王路废而邪道兴，于是论次《诗》《书》，修起《礼》《乐》。适齐闻韶，三月不知肉味。自卫返鲁，然后乐正，《雅》《颂》各得其所。”这里说到《诗》、《书》、《礼》、《乐》和《雅》、《颂》，直接经过了孔子的纂修和校正。《史记·孔子世家》具体记载了孔子删消、编纂几种文本的情况：

> 孔子之时，周室微而礼乐废，《诗》、《书》缺。追迹三代之礼，序《书传》，上纪唐虞之际，下至秦缪，编次其事。曰：‘夏礼吾能言之，杞不足徵也；殷礼吾能言之，宋不足徵也。足，则吾能徵之。’观殷夏所损益，曰：‘后虽百世可知也，以一文一质。周监二代，郁郁乎文哉！吾从周。’故《书传》、《礼记》自孔氏。……古者《诗》三千余篇，及至孔子，去其重，取可施于礼义，上采契、后稷，中述殷周之盛，至幽厉之缺，始于衽席，故曰：《关雎》之乱以为《风》始，《鹿鸣》为《小雅》始，《文王》为《大雅》始，《清庙》为《颂》始。三百五篇孔子皆弦歌之，以求合《韶》、《武》、《雅》、《颂》之音。礼乐自此可得而述，

以备王道，成六艺。[①]

传统的说法是，孔子据鲁史而作《春秋》。《孟子》一书在不同地方都明确说《春秋》出自孔子之手。《孟子·滕文公下》记载："世衰道微，邪说暴行有作；臣弑其君者有之，子弑其父者有之。孔子惧，作《春秋》。《春秋》，天子之事也。是故，孔子曰：'知我者其惟《春秋》乎！罪我者其惟《春秋》乎！"[②]《史记·孔子世家》记之更详，没有证据能证明《史记》的记载不是事实："子曰：'弗乎弗乎，君子病没世而名不称焉。吾道不行矣，吾何以自见于后世哉？'乃因史记作《春秋》，上至隐公，下讫哀公十四年，十二公。据鲁，亲周，故殷，运之三代，约其文辞而指博。……贬损之义，后有王者举而开之。《春秋》之义行，则天下乱臣贼子惧焉。孔子在位听讼，文辞有可与人共者，弗独有也。至于为《春秋》，笔则笔，削则削，子夏之徒不能赞一辞。弟子受《春秋》，孔子曰：'后世知丘者以《春秋》，而罪丘者亦以《春秋》。'"

《易》与孔子的密切关系往往不被承认，持这种观点的人说，

---

① 《史记·三代世表序》记载："孔子因史文次《春秋》，纪元年，正时月日，盖其详哉。至于序《尚书》则略，无年月，或颇有，然多阙不可录。故疑则传疑，盖其慎也。""次"即"编次"。广义的"序"有编次和撰作的意思。陈梦家说："孔子的'序《尚书》''序《书传》'之'序'，则似应解为'编次'较妥。"（陈梦家：《尚书通论》，河北教育出版社，2000年，第286页）《论衡·正说篇》记载："盖《尚书》本百篇，孔子以授也。"

② 《孟子·离娄下》的记载也是一证："孟子曰：'王者之迹熄而《诗》亡，《诗》亡然後《春秋》作。晋之《乘》，楚之《梼杌》，鲁之《春秋》，一也。其事则齐桓、晋文，其文则史。孔子曰：'其义则丘窃取之矣。'"

《易》在东周时代并非是儒家信奉的经典，儒家信奉《易》是从汉代开始的，孔子与《易》没有什么关系；解释《易》的“易传”，也不是孔子所作。这种看法一开始就根据不足，再衡之以新出土的马王堆帛书文献，就更无法成立了。作为“经”的《易》，其演变和形成源远流长，所谓“人更三圣，世历三古”。孔子与《易》之经传的关系十分密切。《史记·孔子世家》记载：“孔子晚而喜易，序《彖》、《系》、《象》、《说卦》、《文言》。读《易》，韦编三绝。曰：‘假我数年，若是，我于《易》则彬彬矣。’”据此，作为传述《易》经的“十翼”主要是孔子撰作。《史记·田敬仲完世家》也记载孔子晚年对《易》有浓厚的兴趣：“太史公曰：盖孔子晚而喜《易》。《易》之为术，幽明远矣，非通人达才孰能注意焉！”帛书《要》篇为我们提供了孔子晚年“好《易》”的新证据：“夫子老而好《易》，居则在席，行则在囊。”[①]《易》为卜筮之书，孔子晚年对《易》产生兴趣，使他的弟子感到不解，孔子意识到这可能也让后人感到困惑。《要》记载说：子赣曰：‘夫子何以老而好之乎？……夫子曰：子言以矩方也。前祥而至者，弗祥而好（?）也。察其要者，不诡其德。《尚书》多于（阙）矣，《周易》未失也，且有古之遗言焉。予非安其用也。”子赣又问：“夫子亦信其筮乎？”孔子回答说：“史巫之筮，向之而未也，好之而非也。后世之士疑丘者，或以《易》乎？吾求其德而已，吾与史巫同涂而同归者也。”[②] 这一记载很详细，它同《史记》所记

① 陈松长、廖名春释文：《要》，见《道家文化研究》第三辑，上海古籍出版社，1993 年，第 434 页。

② 陈松长、廖名春释文：《要》，见《道家文化研究》第三辑，上海古籍出版社，1993 年，第 434—435 页。

孔子晚而喜《易》之事，可以相互印证。其实《论语·述而》早有记载："子曰：加我数年，五十以学《易》，可以无大过矣。"这是孔子直接说他对《易》有兴趣，他希望他在"五十"岁时就开始学"易"。但是，这句话中的"易"，《鲁论》作"亦"，人们据此不相信孔子晚年喜《易》、学《易》之事，且新出土的定州本《论语》也作"亦"。[①]《经典释文》引郑玄注说："鲁读'易'为'亦'，今从古。"这个说法可以有两个理解，一是《鲁论》"亦"即"易"，如果这样，两者的意思就是一致的；一是鲁论之作"亦"，与"易"无关。李学勤氏从后一种意思出发，考辨认为，"易"《鲁论》作"亦"，是晚出，《古论》作"易"，不应用晚出的否定之前的。特别是，如果作"亦"，那就是说孔子要到"五十岁"才去学习。按照孔子的自述，他十五岁就有志于学了，而且一直是"学而不倦，诲人不倦"、"博学于文"。孔子是一位学无止境的人，岂有到五十岁才去学习的道理。单凭这一条，"易"就不可能是"亦"（除非"亦"意同"易"），不能以此否认孔子晚年"喜《易》"的事实。[②]《论语·述而》的"加"，《史记·孔子世家》作"假"（《风俗通义·穷通》同）。注疏以"加"为增加，说"加我数年"，即"方至五十，谓四十七时也"，此解意思颇为费解，为什么孔子四十七时要求增加几岁到五十时去学《易》。"假"意为"借"，"假我数年"即再给我几年，使我五十岁时就能学《易》，意思是孔子觉得学《易》开始得晚了，这当是孔

---

① 参阅《儒藏》（精华编）第 281 册（"出土文献"），北京大学出版社，2007 年，第 139 页。

② 参阅李学勤氏的《孔子与〈周易〉》，见《古文献论丛》，上海远东出版社，1996 年。

子快到六十岁时所说的话。作“假”于义为长，同孔子晚而喜《易》的记载一致。

顺便说一下“六经”中的《乐》。按照今文学家的看法，“乐”本无经，原附之于《诗》、《礼》之中；古文学家认为，“乐”本有经，因秦焚书而亡佚。还有一种看法认为，《周官·大宗伯》的“大司乐”章即为《乐经》。[①] 既然在先秦《乐》同其他“五经”被并列在一起，明确地被看成是“六经”之一，它应该是独立存在的。问题在于，它是古典“音乐”的乐谱、乐章，还是论述音乐的文字，就像《礼记》中的《乐记》或《荀子》中的《乐论》那样。早期儒家对“音乐”有许多讨论，但似乎没有引用《乐经》的言论，倒是记载了一些远古以来的古典音乐，由此来看，《乐经》也许不是有关音乐的讨论，而是保存下来的古典音乐的乐谱。但《庄子·天下》篇说的“《诗》以道志，《书》以道事，《礼》以道行，《乐》以道和，《易》以道阴阳，《春秋》以道名分”，其“道”，意思是“讲述”；《荀子·儒效》篇说的“《诗》言是，其志也；《书》言是，其事也；《礼》言是，其行也；《乐》言是，其和也；《春秋》言是，其微也”，其“言”即“说”。以“道”和“言”衡之，《乐》当是论述性的经文，而不是音乐乐章。以上这两种可能比较而言，后一种可能性大些。

总之，我们可以说，早期儒家教育和学习的“六种”文本，主要是由孔子编定并达到大致统一的。孔子作为我们通常所说的中国第一位创办私人教育的教育家，他教授弟子们学习和阅读的主要书

---

① 有关这一问题参阅朱维铮氏编的《周予同经学史论著选集（增订本）》，上海人民出版社，1996 年，页 847—849 页。

籍就是这“六种”文本。我们完全可以想像，孔子带领他的弟子们学习这些文本的情景。后面我们将要讨论的这“六种”文本意义的符号化，可以进一步证明其大体统一和定型的事实。

二、“六种”文本的经典化和权威化

孔子对“六种”文本的大体编定和统一，为其经典化和权威化奠定了基础。没有文本的大致统一，既不便于教学和学习，也不便于理解和诠释。正是在“六种”文本大体定型和统一的条件下，儒家通过学习、阅读和运用它们，开始为其赋予“经”的性质，并在“引经据典”和信奉之中使之权威化。① 文本能够成为经典，取决于它的原创性和对人类文明的促进，我们无法期望一个没有原创性的文本会成为经典。经典创造了文明，文明也在时间之流中不断考验和选择经典。从这种意义上说，文本的“经典化”是文本自身的力量，也是人类选择的结果。经过考验和选择之后，人类相信一些文本是经典并不断地接受它们。早期儒家以“六种”文本为经典和权威，既是基于“六种”文本的内在原创性，也是因为他们对之产生了强烈的认同和信仰。

“经典”意义上的“经”这一术语，在战国时代已经通用。这个概念经历了从原指纺织的“经线”之“经”引申为指称事物“根本”、“常道”的过程，也经历了从“书”到“册”和“典”的过程。《尚书·周书·多士》记载：“惟殷先人，有典有册。”这说明殷时已有了“典”和“册”的概念。据研究，商王武丁时的甲骨文就有

---

① 有关这一问题，参考李零氏的《从简帛古书到看古书的经典化》，见《简帛古书与学术源流（修订）》，三联书店，2008 年。

“册”字，“典”字的出现也不会晚。[1] 简牍作为书写的材料起源应该很早。“书”的本义是记载，书写和编连之后就成为册和典。照《说文》的解释，“典”是“大册”，指“五帝之书”，“从册，在丌上，尊阁之也”。“典”在形制上大于一般的册。《尚书·五子之歌》说的“有典有册”，明确把“典”和“册”加以区分。“典”是特殊的重要的简册，主要记载帝王之言行和国之大事，而册则是一般的书籍。《说文》释“册”为“符命”，应是引申义。《论衡·量知篇》说：“夫竹生于山，木长于林，未知所入。截竹为筒，破以为牒，加笔墨之迹，乃成文字，大者为经，小者为传记。断木为椠，之为板，力加刮削，乃成奏牍。”“大者”之“大”，主要是指竹筒的尺寸长，即“二尺四寸”。《论衡·宣汉篇》也说：“唐、虞、夏、殷同载在二尺四寸，儒者推读，朝夕讲习。”[2]

《书》有“典”、“谟”、“训”、“诰”、“誓”、“命”之分，其“典”指“常”（《尔雅·释诂上》云：“典，常也”）。《书·五子之歌》说：“明明我祖，萬邦之君，有典有則，貽厥子孫。”其中的“典”字，有“法则”和“常道”的意思。对《诗·周颂·维新》说的“文王之典”的“典“，虞注为“法”。“法”义近“常”。“典”的这种“常”、“法”性质与“典”作为大书的“典籍”之“典”，互相呼应。照孔安国《序》的解释，有关少昊、颛顼、高辛、唐、虞

---

① 有关这一点，参阅张政烺氏的《中国古代的书籍》，见《张政烺文史论集》，中华书局，2004年，第521—526页。

② 《论衡·谢短篇》也记载说：“二尺四寸，圣人文语，朝夕讲习，义类所及，故可务知。汉事未载于经，名为尺籍短书，比于小道，其能知，非儒者之贵也。”

的记载，称之为“五典”。类似意义的“典”，也延伸到指称其他帝王的记载中。《左传·昭公十五年》记载有晋国籍谈作为副使访问成周时周景王对他的评论：“‘女，司典之後也，何故忘之?’谈不能对。宾出，王曰：‘籍父其无後乎！数典而忘其祖。”籍谈回国后把这件事告诉了叔向。叔向说：“礼，王之大经也。一动而失二礼，无大经矣。言以考典，典以志经。忘经而多言，举典，将焉用之?”这里的“典”，即是指“典籍”。值得注意的是，这里出现了“典以志经”的说法。但这里的“经”，还不是后来“经籍”的意思，而是指典籍所载的先王的“纲纪”。《左传·昭公二十六年》说的“奉周之典籍以奔楚”、《孟子》中说的“宗庙典籍”，其“典籍”与“典”一样，意指珍贵性、权威性的书籍。

“经典”意义上的“经”，是继“经典”意义上的“典”之后而出现的。在东周时代，人们已经用“经”来表示贵重之书。战国时期百家子学为了推重自家学说，将自家的重要创作也称之为“经”。如，《墨子》中有同“说”相对的“经”。类似的例子，《韩非子》中有，帛书《五行》篇中也有。在传世儒家文献中，《礼记》的《经解》篇，也许最早以《诗》、《书》、《乐》、《易》、《礼》、《春秋》等六种文本为“经”。《学记》篇谈论教育和学习的阶段，有“一年视离经辨志”的说法，其“经”即“经典”，“离经”是句读经典。根据这两处的记载，儒家在东周时代已将“六种”文本视之为“经”。在《庄子·天运》篇中，我们看到了“六经”之名，这是迄今所知使用“六经”之名最早的例子：“丘治《诗》、《书》、《礼》、《乐》、《易》、《春秋》六经，自以为久矣……夫六经，先王之陈迹也，岂其所以迹哉?”如果儒家不推重这“六种”文本，如果儒家不称它们为“经”，《庄子·天运》篇的作者就不会有如此概括。《荀子》一书没有“六经”之名，但他明确把儒家推重的“五种”文本称之为“经”。《荀子·劝学篇》说：“学恶乎始？恶乎终？曰：其数则始乎诵经，终乎读礼。……故《书》者，政事之纪也。《诗》者，中声之所止也。《礼》者，法之大分，群类之纲纪也。故学至乎礼而止矣。夫是之谓道德之极。《礼》之敬文也，《乐》之中和也，《诗》《书》之博也，《春秋》之微也，在天地之间者毕矣。”杨倞注说，“经”“谓《诗》、《书》。”根据荀子这段话后面又具体相提并论地谈论了《书》、《诗》、《春秋》、《礼》和《乐》这“五种”文本，我们可以肯定，他所说的“经”不只是《诗》和《书》，也包括了《春秋》、《礼》和《乐》。①

中国古代哲学和思想演进的主要方式之一，是不断地诠释经典；中国古代哲学家建立学说和立论的主要思维方式之一是“引经据典”。不管他们的思想多么具有创新性，也不管他们的立论多么具有挑战性，他们往往都将之看做是经典的固有真理。这正是早期儒家经典诠释学的表现之一。早期儒家之书称引、引用“六种”文本的方式，既普遍又广泛，特别是引用《诗》、《书》非常频繁，形成了引用的固定格式——“《诗》云”和“《书》曰”。这足以说明这两种经典在当时影响的广度和深度。陈梦家氏详细列出了《论语》、《孟子》、《左传》、《国语》、《墨子》、《礼记》、《荀子》、《韩非子》和《吕氏春秋》等九部典籍对《书》的援引，计168条，其中《孟子》

---

① 《荀子·解蔽》记载：“故《道经》曰：‘人心之危，道心之微’”。杨倞注说“今《虞书》有此语，而云道经，盖有道之经也。”如果原《虞书》确有此语，这里的《道经》，则是《尚书》的一部分。

引用有 17 条；《荀子》引用有 15 条左右。[①] 与引《书》相比，东周子书引用《诗》的次数就更多了。《左传》称引《诗》有 180 多次，《孟子》称引《诗》有 30 多次，《荀子》称引《诗》有 80 多次。新出土郭店简《缁文》（是《礼记》中《缁衣》的同名作品）这一篇，其中引《书》（用《书》中的篇名称引）有 10 余次，引《诗》有 20 多次，其中十九次以"《诗》云"的方式引用。

早期儒家"引用"经典，主要目的是为其立说、立论提供有说服力的根据。只要是在接受的意义上称引文本，就是承认其优越性和真理性。而作为一种论证方式不断称引经典，又会加强其经典的权威性。近代启蒙主义者否定权威，认为权威是盲从和迷信的结果。但只要是真正的权威，对它的接受就不是非理性的。真正的权威具有内在的根据，它具有令人信服的力量。伽达默尔指出："权威依赖于承认，因而依赖于一种理性本身的行动，理性知觉到它自己的局限性，因而承认他人具有更好的见解。权威的这种正确被理解的意义与盲目的服从命令毫无关联。"[②] 早期儒家称引经典，是自觉自愿的理性选择，他们承认经典的原创性和智慧，因而加以接受和引用。

三、理解和诠释：经典整体意义的化约

在诠释学中有所谓"诠释循环"的说法，按照这个说法，文本的整体只有通过理解它的部分才能得到理解，而部分的理解又只能

---

① 参阅陈梦家氏的《尚书通论》，河北教育出版社，2000 年，第 8—38 页。《荀子》中直接称引《书》的篇目有《修身篇》、《王制篇》、《富国篇》、《君道篇》、《臣道篇》、《致士篇》、《天论篇》、《正论篇》、《君子篇》、《宥坐篇》等。

② 伽达默尔：《真理与方法——哲学诠释学的基本特征》上卷，洪汉鼎译，上海译文出版社，1999 年，第 358 页。

通过整体的理解才有可能。[①] 所谓整体指的是由各个部分构成的一部作品，而部分则是构成整体的各个方面。早期儒家经典诠释学，没有提出诠释循环问题，但它对经典文本的诠释行为确实表现为两个方面：一是从经典的各个侧面和局部，对经典的"部分"内容和意义进行诠释；一是立足于经典的全局对经典的整体意义进化约和概括。这里我们只讨论后一方面。

早期儒家经典诠释学，整体化约每一部经典的意义，作为一个过程首先是从孔子开始的。在孔子那里，我们可以看到他对《诗》、《礼》、《乐》性质的整体概括。《论语·泰伯》记载："子曰：'兴于《诗》，立于《礼》，成于《乐》。'"这里孔子用"兴"（激发志向）、"立"（规范行为）和"成"（调和性情）三者分别概括《诗》、《礼》、《乐》的整体功能和作用。[②] 比较起来，孔子更关注《诗》的整体意义和作用，《论语·为政》记载说："子曰：《诗》三百，一言以蔽之，曰：'思无邪'。"从这句话中，我们不仅能看出孔子对《诗》主旨的解读（"无邪"即"归正"），也能看出他确实是从整体上解读《诗》的（"一言以蔽之"）。从《左传》、子书广泛引《诗》来看，学《诗》、用《诗》是东周时代文化人的基本修养，也是人们言谈、相

① 有关这一点，参阅殷鼎氏的《理解的命运》，三联书店，1988 年，第 144—147 页。

② 《论语·季氏》篇中记载的孔子之言，也说到了"礼与立"的关系。《论语·季氏》记载："陈亢问于伯鱼曰：'子亦有异闻乎？'对曰：'未也。'尝独立，鲤趋而过庭。曰：'学《诗》乎？'对曰：'未也'。'不学《诗》，无以言！'鲤退而学《诗》。他日，又独立，鲤趋而过庭。曰：'学《礼》乎？'对曰：'未也。''不学《礼》，无以立！'鲤退而学礼。闻斯二者，陈亢退而喜曰：'问一得三，闻《诗》，闻《礼》，又闻君子之远其子也。"

互沟通的一个方式。《论语·阳货》记载说：“子曰：‘小子！何莫学夫《诗》?《诗》：可以兴，可以观，可以群，可以怨。迩之事父，远之事君；多识于鸟、兽、草、木之名。’”这段话是孔子对《诗》的功能和作用的更全面的一个说明。对孔子来说，学习《诗》，只是会背诵是没有什么用处的，关键是要理解和会运用。《论语·子路》记载：“子曰：‘诵《诗》三百；授之以政，不达；使于四方，不能专对；虽多，亦奚以为?’”孔子心目中高明的外交官，是文雅、善于言谈和最能让人心悦诚服的人，引《诗》就是他达到这种境界的最好方式之一，这就是孔子为什么说“不学《诗》，无以言”的道理。(《论语·季氏》)

孔子虽然认为《诗》能够使人“兴”（激发人），但传世文献看不到孔子以“志”论《诗》的记载。《左传·襄公二十五年》记载：“仲尼曰：‘《志》有之，言以足志，文以足言。”这是以“言”说“志”。《书·舜典》说“诗言志，歌永言”的“诗”，是一般的意义上的诗，这是最早认为“诗”是为了抒发人的“志愿”。上博简《孔子诗论》记载：“孔子曰：‘《诗》亡离志，乐亡离情，文亡离言”。[①]“《诗》亡离志”，这是孔子以“志”论《诗》的证明。整理者隶定的“离”字，李学勤氏和裘锡圭氏倾向于隶定为“隐”。[②]“诗亡隐志”的“隐志”，是人对自己的志愿、志向含而不露。“《诗》亡隐志”，

① 马承源主编：《上海博物馆藏战国楚竹书（一)》，上海古籍出版社，2001年，第123页。

② 参阅李学勤氏的《上海博物馆藏楚竹书〈诗论〉分章释文》（载《国际简帛研究通讯》，第二卷第二期，2002年1月)、裘锡圭氏的《关于〈孔子诗论〉》(见《中国出土古文献十讲》，复旦大学出版社，2004年)

强调《诗》“不遮掩”和“隐藏”自己的志愿和怀抱，反过来说，《诗》是为了充分抒发和展现人们的志向和怀抱。把《诗》与“志”联系在一起的说法，在先秦古文献中多见。《左传·襄公二十七年》记载的“《诗》以言志”、郭店竹简《语丛一》所说的“《诗》所以会古今之志也”、《礼记·乐记》所说的“《诗》言其志”、《庄子·天下》篇所说的“诗以道志”、《荀子·儒效》所说的“《诗》言是，其志也”等等，都是以“志”论《诗》，认为《诗》整体上是抒发人的“志向”和“怀抱”。孔子说“《诗》亡隐志”，开以“志”论《诗》之先河。按照《史记·滑稽列传》的记载，孔子已率先概括过各经的整体意旨：“孔子曰：六艺于治一也。《礼》以节人，《乐》以发和，《书》以道事，《诗》以达意，《易》以神化，《春秋》以义。”

在《左传·僖公二十七年》的记载中，我们看到了作者对《诗》、《书》、《礼》、《乐》每一部经典意义的概括：“《诗》、《书》，义之府也；《礼》、《乐》，德之则也；德、义，利之本也。”按照《礼记·经解》的记载，孔子不仅对每一部经典的意义和教化作用都有整体的概括，而且他还指出了教化过程中局限于每部经典容易造成的偏差及其克服偏差的方法：“孔子曰：入其国，其教可知也。其为人也，温柔敦厚，《诗》教也；疏通知远，《书》教也；广博易良，《乐》教也；絜静精微，《易》教也；恭俭庄敬，《礼》教也；属辞比事，《春秋》教也。故《诗》之失，愚；《书》之失，诬；《乐》之失，奢；《易》之失，贼；《礼》之失，烦；《春秋》之失，乱。其为人也，温柔敦厚而不愚，则深于《诗》者也。疏通知远而不诬，则深于《书》者也。广博易良而不奢，则深于《乐》者也。絜静精微而不贼，则深于《易》者也。恭俭庄敬而不烦，则深于《礼》者也。属辞比事而不乱，则深于《春秋》者也。”

在前面列举的郭店楚简儒家文献中，我们已经看到了它们对每部经典整体意义所作的概括。其中《性自命出》对《诗》、《书》、《礼》、《乐》这四部经典的意义作了整体性概括；另外两篇佚文《六德》和《语丛（一）》，则分别概括了六部经典的意义。《六德》概括的“观诸《诗》、《书》则亦在矣，观诸《礼》、《乐》则亦在矣，观诸《易》、《春秋》则亦在矣”，比较抽象和笼统。比较起来，《语丛（一）》的概括则比较容易理解：“《诗》所以会古今之志也者，[《书》所以会] □□□□者也，[《礼》所以会] □□□□ [也，《乐》所以会] □□□□ [也]，《易》所以会天道人道也，《春秋》，所以会古今之事也。”只是，由于简残，我们无法窥其全貌。

在早期儒家中，荀子是儒家传经的一位重要人物。在《荀子·儒效篇》中，荀子揭示了《诗》《书》《礼》《乐》和《春秋》这五部经典的各自意义。他说：“圣人也者，道之管也。天下之道管是矣，百王之道一是矣。故《诗》、《书》、《礼》、《乐》之归是矣。[①]《诗》言是，其志也；《书》言是，其事也；《礼》言是，其行也；《乐》言是，其和也；《春秋》言是，其微也。”在这一概括中，荀子认为五部经典都“归属”或“统一”于圣人所创造的“道”，但在具体表现上又各有其侧重。《荀子·劝学篇》也有一个概括：“《书》者，政事之纪也；《诗》者，中声之所止也；《礼》者，法之大分，类之纲纪也。故学至乎《礼》而止矣。夫是之谓道德之极。《礼》之敬文也，《乐》之中和也，《诗》、《书》之博也，《春秋》之微也。在天地之间者毕矣。”《劝学篇》的概括同《儒效篇》的概括，既类似又相互补

① 《乐》后应有《春秋》，疑脱漏。

充。需要注意的是，荀子的这两处概括，都没有谈到《易》，这说明他不太重视《易》。但从前面列举的孔子及其后学概括经典的意义都有《易》来看，《易》已是早期儒家从整体上诠释其意义的经典。《庄子·天下》篇对儒家各经整体意义的化约，虽出自非儒家人士，但其化约既简明又颇得其旨，其中也有《周易》："其在于《诗》、《书》、《礼》、《乐》者，邹鲁之士、缙绅先生多能明之。《诗》以道志，《书》以道事，《礼》以道行，《乐》以道和，《易》以道阴阳，《春秋》以道名分。其数散于天下而设于中国者，百家之学时或称而道之。"①

早期儒家对各部经典整体意义的诠释和概括，既说明早期儒家经典诠释学解释经典的一个方式，也有力地证明当时这六种"文本"已基本编定。因为只有这样，人们才能对它们各自的整体意义作出诠释和概括。

四、"经典"的相对物——"述"、"解"、"传"、"说"

在人类文明的演进中，理解、诠释的冲动和活动伴随着人类意识的出现而出现，而经典诠释学则是文明高度发展之后的产物。人类首先需要创造文字，找到合适的书写材料，产生保留和传承文明的愿望，然后创造出伟大的文本，并成为文明的最重要遗产和积累。当这些文本被作为经典信仰时，这些经典文本就成了人类智能活动的显著舞台之一。在此，人们不仅推演出了与"经典"相对的诠释

① 后来人们以不同方式整体诠释儒家各经的意义。如，《汉书·艺文志》也概括说："六艺之文，《乐》以和神，仁之表也；《诗》以正言，义之用也；《礼》以明体，明者著见，故无训也；《书》以广听，知之术也；《春秋》以断事，信之符也。五者盖五常之道，相须而备，而《易》为之原。"

性作品，而且从经典诠释活动和经验中抽象、概括出了用于诠释的术语和观念，并进一步又建立起诠释学的理论。儒家之所以在中国古代文明的途程中最能承上启下、返本开新，在很大程度上是取决于它建立了经典诠释学。

早期儒家对信奉的六种经典已经展开诠释，并提出了表示经典诠释行为的一般性术语。孔子说他对于“三代”文明特别是西周文明是“述而不作，信而好古”。孔子说的“作”，一般解释为“创造”和“创作”。《左传·昭公六年》记载叔向引《书》说：“《书》曰：圣作则。”按照儒家的观念，只有圣人才有资格和能力创造和创作（“作者之谓圣，述者之谓明”）。谦虚的孔子，相信三代圣人的权威，不敢以圣人自居，自然也不会僭越圣人“创作”的特权。他说：“盖有不知而作之者，我无是也。”（《论语·述而》）孔子的志愿是传承和传述。《中庸》记载：“仲尼祖述尧舜，宪章文武。”“述”是阐述原创性“文本”，而不是单独创作，这表明孔子已经具有了经典创作与经典诠释的意识。[①] 从孔子“述与作”的二分看，儒家的言论广义上皆是经典文本的诠释物，狭义上则是指诠释经典的“传述”。

早期儒家经典诠释性作品，最典型的是解释《易》经的《易传》，即“十翼”。《史记·孔子世家》和《汉书·艺文志》都记载，《易传》为孔子所作。[②] 即使不能说都是孔子所作，但孔子晚年对

---

① 当然，孔子的弟子同时也以孔子之“言论”作为“述”之对象。如《论语·阳货》记载：“子曰：‘予欲无言！’子贡曰：‘子如不言，则小子何述焉？’子曰：‘天何言哉？四时行焉，百物生焉；天何言哉？’”

② 《汉书·艺文志》记载：“孔氏为之《彖》、《象》、《系辞》、《文言》、《序卦》之属十篇。”

《易》产生学习和研究的浓厚兴趣，说“十翼”中保留有孔子传述“易”的言论，则是合情合理的。帛书“易传”的佚籍同样，说它们是汉人所作，论据非常脆弱。[①]《要》篇中有“《尚书》多于（阏），《周易》未失也”的说法，有学者猜测说，因秦之禁《书》和焚《书》，《书》受到了很大损失，《易》因不在禁毁之列故得以完整保留，这说明《易传》佚籍的产生时间当在“秦火”之后。根据李学勤氏的研究，“《尚书》多於（阏），《周易》未失也”中的“於”，是“阏”的省写，而“阏”则是“阙”之讹。“阙”与“失”相对。《史记·孔子世家》说的“孔子之时，周室微而礼乐废，《诗》《书》缺”，正好印证这里说的“《尚书》多阙”。[②] 据此，帛书所记事项同“秦火”没有关系，自然也不能将之作为出现于秦之后的根据。传述《春秋》有“三传”、传述《礼》的主要作品是《礼记》、传述《诗》有子夏的“诗传”。新出土的上博楚简有儒家诠释《诗》的作品，整理者题为《孔子诗论》。严格而言，它不是孔子直接所作，它当是孔子弟子诠释《诗》的传述，其中保留了孔子诠释诗的言论。[③] 早期儒家对于经典的传述，说明它有意识、有系统地展开了“经典”的诠释活动。

相应于经典诠释行为，作为表示经典诠释行为的术语也产生了。如“解”、“传”、“说”、“记”、“解”等术语，在战国时代已成为表

---

① 有关这一点，参阅邢文的《帛书周易研究》，人民出版社，1997 年，第 46—61 页。

② 参阅李学勤氏的《帛书〈要〉篇及其学术史意义》，见李学勤氏的《古文献论丛》，上海远东出版社，1996 年，第 56—68 页。

③ 有关这一点，参阅王中江的《上博〈诗传〉与儒家诗教谱系新知》，见王中江的《视域变化中的中国人文与思想世界》，中州古籍出版社，2005 年。

示经典诠释行为的用语。《礼记》之“记”，是对孔子及其弟子讨论礼及其许多问题的言论记载，其中一些言论是诠释经典文本的。《礼记·经解》篇名的“经”和“解”，清楚地显示“解”是相对于经典的。孙希旦解释此篇题目说：“孔氏赞《周易》，删《诗》、《书》，定《礼》、《乐》，修《春秋》，因举六者而言其教之得失，然其时犹未有‘经’之名。孔子没后，七十子之徒尊孔子之所删定者，名之为‘经’，因谓孔子所语六者之教为‘经解’尔”。[①]《孟子·梁惠王下》记载：“齐宣王问曰：‘文王之囿，方七十里，有诸?’孟子对曰：‘于传有之。’”其“传”意为“传述之文”。《孟子正义》赵岐注说：“于传文有是言。”孙奭疏谓：“孟子答之，以为书传之文有言也。”焦循《孟子正义》（上）引注疏并解释说：“刘熙《释名·释典艺》云：‘传，传也。以传示后人也。’传述为文，故云传文。《毛诗》疏引作《书传》有之。”[②]《孟子·滕文公下》记载：“周霄问曰：‘古之君子仕乎?’孟子曰：‘仕。《传》曰：“孔子三月无君，则皇皇如也。出疆必载质。”其中的“传曰”之“传”，意思与此同。

《荀子》一书中以“传曰”引用言论的方式，凡二十处，我们需要重视这一现象。杨倞解释说（见《修身篇》)，《荀子》一书中“凡言‘传曰’”，“皆旧所传闻之言也”。这不是荀子使用“传曰”之“传”的意思。东周时代引用“传闻之言”往往采用的是“闻曰”、“闻之曰”等。《荀子·正论》也有例子：“应之曰：……故所闻曰：‘天下之大隆，是非之封界，分职名象之所起，王制是也。’”葛志毅

① 孙希旦：《礼记集解》（下），沈啸寰、王星贤点校，中华书局，1995年，第1254页。

② 沈文倬点校，中华书局，1987年，第107页。

氏通过汇总、比较《荀子》一书中使用“传曰”之“传”的例子，将之分为三类，一类是所引本为经书；一类是解经之作；一类大都是难明出处，很可能也是解经之作或儒家类著作。[①] 可以肯定的是，荀子使用的“传曰”之“传”，不是赵岐所说的“传闻之言”。根据荀子引用《诗》、《书》（有例外）、《易》时使用的主要是经书本身之名，《荀子》一书使用的“传曰”之“传”，主要是指儒家诠释“经典”的“传述”性著作和儒家子学之类。荀子引用“传”，也是为他的立论提供根据，而且在一些场合，它是与《诗》、《书》并列引用。传述和解释往往不乏创见，但解释者相信这些都是经典所蕴涵的丰富内容。

与“经”相对的“说”，是早期儒家表示经典诠释的另一个术语，《说卦》之“说”的用法就是如此。《周易正义》注释《说卦》谓：“《说卦》者，陈说八卦之德业变化及法象所为也。”“陈说”即对《易》经的“卦”进行说明和诠释。王博氏对“说卦”和“说”有一个解释：“从名义上来讲，《说卦》的意思是指对卦的解说。‘说’本身也是一种写作的体裁，若与‘经’相对的话，就具有‘传’或‘解’类似的意思。”[②] 这一解释是恰当的。在战国时代，“说”作为表示诠释行为的用语多被使用，而诠释的对象也不限于《诗》、《书》、《易》等经典。帛书《五行》将孔子后学的作品称之为“经”，将对之进行的解释称之为“说”；《墨经》有“经”和“说”；《韩非子》有《解老》和《喻老》，也有“经”与“说”相对之使用。这说明，“说”也是作为诠释经典而使用的一个术语。

---

① 参阅葛志毅氏的《荀子学辨》，载《历史研究》，1996年第3期。

② 王博：《易传通论》，中国书店，2003年，第216页。

* * *

以上我们从新出土文献出发，结合传世文献的记载，从几个方面考察了儒家经诠释学的起源。新的和已有的文献证据一致证明，儒家经典诠释学确实诞生于东周时代的早期儒家。

訂定孔子釋奠典禮儀節芻議

臺灣政治大學中文系特聘教授　董金裕

摘要： 魯哀公十七年（西元前 478），孔子死後的第二年，魯國即在曲阜闕里孔子的舊宅立廟，將孔子生前使用的衣、冠、車、琴、書冊等保存起來，並且按歲時祭祀。自是以後，祭祀孔子即成為一項重要的活動，而且逐步的由魯國推展至全國，各朝代為舉辦此一活動，也都訂有其儀節。

惟自滿清政府被推翻以後，國家長期處於動亂分裂之中，迄未為孔子釋奠禮訂定儀節，然每年孔子誕辰紀念日前後，全國各地以至海外地區，每每舉辦釋奠禮，但並無可以共同遵循的儀節，乃各行其是，固然有極為莊嚴隆重者，卻也有因陋就簡者，實有失對萬世師表的尊崇美意。

台灣曾於 1968 年，由學者專家組成“祭孔禮樂工作小組”，由蔣復璁先生擔任主任委員，分別成立禮儀、服裝、樂舞、祭器四個研究組，請方豪、王宇清、莊本立、孔德成四位先生為各組召集人，進行研究規畫工作，大抵依循古代制度作調整，經試行後，於 1970 年正式定案，而在台灣全面施行。

惟從 1970 年迄今，已將近四十年，其間雖採納各界建議，略作調整，但幅度並不大。由於時移勢異，其中的某些儀節，事實上已未必符合時代的潮流，亟待全面檢討，並作適度修正。

本文即在這樣的背景之下，以台灣現行的祭孔禮儀作為討論基礎，分為“現況概述”與“檢討及建議”兩部分，主張依掌握原則、配合時勢、保留彈性三個方向，籲請各界，尤其是國際儒學聯合會、孔孟學會，能帶頭倡導，聯合海內外儒學研究團體，合組委員會，以古禮作為基礎，順應時代的趨勢，共同商訂可以為大家同遵共守的孔子釋奠禮儀節，但為適應各地區的不同情形，容許保留若干彈性。期望藉此更能彰顯孔子的思想，進而向聯合國申請成為世界文化遺產，使儒學益加受到重視而廣為宏揚。

關鍵詞： 孔子、釋奠禮、儀程、樂舞、祭器

一、前言

魯哀公十七年（西元前 478），孔子死後的第二年，魯國即在曲阜闕里孔子的舊宅立廟，將孔子生前使用的衣、冠、車、琴、書冊等保存起來，並且按歲時祭祀。祭孔一開始僅是一個地方性的活動，但隨著孔子的日益受到尊崇，遂逐步的由魯國推展至各地，成為全國性的重要活動。祭孔的儀節也逐漸的趨於完備，大抵在漢代已奠定其雛型，其後各朝代雖有損有益，迄至清朝，基本上仍沿襲漢代之舊。① 因此總體而言，孔子釋奠典禮已是延續了兩千多年的一項盛

① 至漢代，舉凡帝王或親自或遣使祭孔、封孔子及其嫡系子孫為公侯、以孔子弟子配享、禮樂趨於詳備、由地方性的活動發展為全國性的活動，皆已成型。參見拙著〈漢代孔子釋奠禮的演進及其意義〉，台北：政治大學中國文學系《第五屆漢代文學與思想學術研討會論文集》，頁 371—390。

大典禮，具有文化傳承的重大意義。

惟自滿清政府被推翻以後，國家因長期處於動亂分裂之中，始終未為孔子釋奠典禮訂定儀節，然每年孔子誕辰紀念日前後，全國各地以至海外地區，每每舉辦釋奠禮，卻並無可以共同遵循的儀節，於是遂各行其是。其中固然有極為莊嚴隆重者，但也有因陋就簡者，實有失對萬世師表的尊崇美意。

筆者曾多次應邀至山東曲阜參加孔子文化節，瞻賞孔子釋奠禮，但見每次的儀節並不相同，背後或許有其考慮的因素，卻因無緣與主其事者請教而不明其所以，為此深感遺憾。又筆者也曾多次應邀在台北市孔廟秋祭孔子時擔任分獻官，也參與了台北市孔廟春祭孔子的籌畫工作，[1] 對釋奠禮的儀節，包括儀程、服裝、樂舞、祭器（祭品）等略有認識，更發現台北與曲阜兩地的儀節有相當大的出入，最主要的是台北祭孔，每年的儀節相同而有其穩定性。

按台灣曾於 1968 年，由學者專家組成“祭孔禮樂工作小組”，由蔣復璁先生擔任主任委員，分別成立禮儀、服裝、樂舞、祭器四個研究組，請方豪、王宇清、莊本立、孔德成四位先生為各組召集人，進行研究規畫工作，大抵依循古代制度作調整，經試行後，於 1970 年正式定案，而在台灣全面施行。

可是從 1970 年迄今，已將近四十年，其間雖然為了事實的需要，

---

① 台北市孔廟首次於 2008 年仲春上丁日舉行春祭孔子，因當時大成殿尚在整修，改於孔廟旁的六藝廣場進行，雖禮儀未備，但各界反應良好。為求趨於美善，於事後的檢討會中，決議成立 2009 年春祭孔子籌畫小組，推舉筆者為召集人，採年輕化、現代化、國際化、在地化原則進行，於今年 3 月 1 日在整修完成的大成殿舉行春祭，獲得熱烈迴響。以後每年祭孔，已決定依春、秋兩季進行，但會作某些區隔。

採納各界建議，作了部分調整，但由於時移勢異，其中的某些儀節，實際上已未必符應時代的潮流，有待全面檢討，並作適度修正。

基於台灣祭孔儀節的穩定性比較高，也因為筆者對這套儀節較為熟稔，為了方便起見，以下即以台灣現行的儀節，作為討論的基礎，先略述現況，再提供筆者的管見，期望學者專家提供卓見，並漸次凝聚共識，商訂孔子釋奠禮的儀節，廣為推行，既便於各地的祭孔，更能表現對孔子的禮敬之意。

二、現況概述

(一) 儀程部分

台灣現行的儀程共分為三十三個節目，依序如下：

01. 釋奠典禮開始
02. 鼓初嚴
03. 鼓再嚴
04. 鼓三嚴
05. 執事者各司其事
06. 糾儀官就位
07. 陪祭官就位
08. 分獻官就位
09. 正獻官就位
10. 啟扉
11. 瘞毛血
12. 迎神
13. 行三鞠躬禮
14. 進饌

15. 上香
16. 行初獻禮
17. 行初分獻禮
18. 恭讀祝文
19. 行三鞠躬禮
20. 行亞獻禮
21. 行亞分獻禮
22. 行終獻禮
23. 行終分獻禮
24. 飲福受胙
25. 撤饌
26. 送神
27. 行三鞠躬禮
28. 捧祝帛詣燎所
29. 望燎
30. 復位
31. 闔扉
32. 撤班
33. 禮成

以上各儀程，基本上是沿襲明清以來的舊制，此對照《文廟祀典考》、《文廟丁祭譜》等所載可知，[①] 惟在程序上的標識更為明確而

---

① 參見清·龐鍾璐《文廟祀典考》（台北：中國禮樂學會據光緒戊寅刊本影印出版，1977 年 4 月初版）。清·藍鍾瑞《文廟丁祭譜》（濟南：山東友誼書社據尊經閣道光乙巳刊本影印《孔子文化大全》，未著年月）。

易於遵循[①]。又此三十三項節目各有其用意，如能了解其義之所在，則觀其儀而明其義，更能增益典禮的莊嚴性，表達對孔子的禮敬之意。[②]

（二）服裝、樂舞、祭器（祭品）部分

1. 服裝

服裝依參與禮儀者身份、職掌的不同而有分別：

獻官（含糾儀官、陪祭官、分獻官、正獻官）如為男性，著藍色長袍、黑色馬掛；如為女性則僅著藍色長袍。皆不戴冠。

禮生著紫紅色長袍，不戴冠。

樂生著紅色長袍，領口圓，襯中單（類似領巾的襯裡），加水褲，帶冠。

佾生著黃色長袍，領口圓，襯中單，加水褲，帶冠。

依以上服裝來看，是明清形製的混合，樂生、佾生所採則為明製。

2. 樂舞

使用的樂曲及歌詞，為北宋大晟府所編撰十四首中尚保留至今的六首。為了適應時代，曲調仍舊，但歌詞已做更改。目前六首之中，迎神用〈咸和之曲〉的第一首，初獻用〈寧和之曲〉，亞獻用〈安和之曲〉，終獻用〈景和之曲〉，撤饌用〈咸和之曲〉第二首，送

---

① 上兩書及其他相關著作皆採文字敘述方式說明，不易掌握節目的區分，此則於每個節目上皆用小寫國字一、二、三至三十三標明其次序。

② 筆者曾於 1994 年應台北市孔廟管理委員會之請，撰有《至聖先師孔子釋奠解說》，逐項說明各節目的用意。除中文版外，並翻譯成日文、英文。每隔兩三年即再刷，迄今已發行至六刷。

神用〈咸和之曲〉第三首。

用樂時機與清代同，但樂曲及歌詞則有明顯的差異。[①]

3. 祭器（祭品）

所採祭器，如爵、鐙、鉶等用青銅器，籩、豆等則為竹製或木製，與明清時所用者相同。

祭品之種類及數量依《文廟祀典考》所載擺設，惟部分食材因台灣不出產（如榛）或不易取得（如藁魚、栗、鹿脯），則以其他類似的材料代之。

三、檢討及建議

上述台灣制定的孔子釋奠禮儀節，自1970年頒布實施以來，已將近四十年，每年到了孔子誕辰紀念日，各地孔廟皆行禮如儀。雖然也有人表示質疑，但質疑者大抵只是嫌禮儀流於刻板，主張應該加入現代的元素，卻並未提出完整的論述，因此也就沒有引起太大的注意，這套禮儀遂長期沿用下來。

據《論語・八佾》載：

> 子貢欲去告朔之餼羊。子曰："賜也，爾愛其羊，我愛其禮。"[②]

---

① 據《文廟祀典考》、《文廟丁祭譜》等所載，迎神用〈昭平之章〉，初獻用〈宣平之章〉，亞獻用〈秩平之章〉，終獻用〈敘平之章〉，撤饌用〈懿平之章〉，送神用〈德平之章〉，屬清朝制度。

② 朱熹《論語集注・八佾》，《四書章句集注》（台北：大安出版社，2005年8月第一版第五刷），頁87。

朱熹注曰：

> 子貢蓋惜其無實而妄費。然禮雖廢，羊存，猶得以識之而可復焉。若併去其羊，則此禮遂亡矣。孔子所以惜之。[①]

按禮有儀有義，朱熹注語中的“羊存”的禮指的是禮儀，“然禮雖廢”亦較偏指禮儀，“此禮遂亡”的禮，則就禮義而言；如果禮儀確能蘊涵禮義，就算是經歷百年千年仍有保存的價值，反之則否。當然，時代推移，環境改變，也必須適度調整，否則就是食古不化了。但不管變或不變，重點乃在於其儀是否能蘊涵其義，亦即儀式是否寓有深刻的用意。

以下筆者即本此理念，針對現行的祭孔儀節，提供管見，作為訂定孔子釋奠禮儀節的參考。

(一) 掌握原則

依前言所述，台灣現行的釋奠禮禮儀，係於 1968 年，由學者專家組成工作小組研擬而成，參與其事者有蔣復璁、方豪、王宇清、莊本立、孔德成諸先生，皆為學有專長的一時之選，其所下的考訂工夫亦極為嚴謹，研究規畫所得應該是有其依據而可以遵循者。

再者，該工作小組於 1968 年初步訂定以後，即於同年在台北市孔廟祭孔時試行，然後廣徵各界意見，再經過兩年的研討修正，始於 1970 年定案頒布。迨 1975 年，又略作修訂，經 1975、1976 兩度

① 朱熹《論語集注·八佾》，同注 7，頁 88。

試行後，各界反應良好，才定案而沿用至今。[①]

又據現況概述的介紹說明，目前所採用的禮儀，大抵是綜合明清時代的制度而成，且可上溯至漢朝。[②] 亦即這套禮儀雖然是各朝代都有因革損益，但基本的精神已延續了兩千多年，是我們整個民族引以為傲的共同文化財，當然是彌足珍貴，宜為我們繼續傳承下去。

（二）配合時勢

時移勢異，部分儀節當然得隨著時代形勢的演進而調整，如過去屬農業社會，以體力為尚，造成男尊女卑，女性無緣參與祭孔，如今則為工商業社會，男女平等，女性亦得擔任獻官或執事人員，顯現孔子為"聖之時者"的精神。

就現行儀程而言，筆者認為"捧祝帛詣燎所"及"望燎"兩項，已經與目前世界各地群起響應的"節能減碳"運動有所牴牾，既有悖於時代潮流，則可考慮從儀程中刪除。[③]

就服裝、樂舞、祭器（祭品）而言，採用袍服雖非吾人日常生活穿著者，但表現出來的是寬大弘博之風，則仍可以保留。樂曲曲調中正平和，也可以沿用，但歌詞則宜適度修改。佾舞雍容嫻雅，應繼續採行，惟究竟是跳六佾或八佾，就必須參酌孔子的地位作決定。

---

① 這次修訂，將正獻與分獻的三次獻禮採同步進行，將典禮時間縮短為一小時；並將觀禮證改為參禮證；也容許邀請女性為獻官；凡此皆可表示孔子與時俱進的思想特色。既符應工商社會掌握時間的要求，也顯現了男女平等的精神。

② 參見注1。

③ 在2009年3月1日，台北市孔廟舉行的春祭中，已依筆者的建議，將"捧祝帛詣燎所"、"望燎"及第11個節目"瘞毛血"刪除的。

惟在祭器方面，爵、鐙、鉶皆採用青銅器，時日一久，容易鏽蝕而難以清理；即如籩等以竹編成者，也因較會藏汙納垢而不易清洗；凡此皆有妨於衛生，可以改用其他材質，如陶瓷等製作，以符現代人的要求。①

（三）保留彈性

祭孔最初只在曲阜舉行，其後逐漸推廣而成為全國性的活動，至今更普及海外地區，然而各地風土不同，如要以同一套儀節運用於所有地區，勢所不能，因此有必要在共同的標準之下保留若干幅度的彈性，讓各地區隨其特性作調整。

舉例而言，台灣因地處亞熱帶，每年九月底，天氣仍然炎熱，雖遵奉古禮，以太牢祭孔，但牲體從宰殺、供奉到分食，已經過不少時辰，往往會腐壞。多年以來，都是用糯米、麵粉製成牛、羊、豕的形狀作為替代，亦即並未真正宰殺牛、羊、豕，實無毛血可瘞，但因儀程中有此節目，不得已只好改用太白粉和水，加上可食用之紅色色素調製成血，顯然已失去原本的用意。所以在台灣祭孔，“瘞毛血”的節目可以去除，“飲福受胙”也可改為“飲福酒”，這是因為實際上已無胙可受了。

又如祭品，因各地產物不同，某些食材或者並未出產，或者雖出產但非當令者，既不容易取得，則容許用類似者代之，如台北市孔廟即以龍眼乾或蓮子替代榛，以鮑魚或吳郭魚替代薧魚，以生龍

---

① 在2009年3月1日，台北市孔廟舉行的春祭中，已在筆者的建議下，邀請國立台灣藝術大學工藝製作系師生先用陶器試作孔子牌位前的登、鉶、簠、簋共七件，既不失樸雅的風味，又符合衛生的要求，各界反應極佳，已決定於明年春祭時，將所有189件祭器改用適合的材質製作。

眼替代栗，以羊脯替代鹿脯等。

諸如以上所述，無非是希望因有部分的彈性空間，讓各地區的人容易遵循而樂於採行。

四、結語

按禮有三義，一曰禮者理也，意謂禮必須合乎道理；二曰禮者體也，意謂禮必須體察人情；三曰禮者履也，意謂禮必須宜於履行。[1] 孔子對文化的貢獻，理宜為眾人所尊仰，設計儀節以表示崇敬之意，也合乎人情之常，但如何讓大家奉行，當然必須講究。

《禮記·禮器》云：

> 禮，時為大，順次之，體次之，宜次之，稱次之。[2]

隨時、達順、備體、從宜、合稱五者為制禮行禮的準則。[3] 講求禮儀完備，設施不容因陋就簡，程序不能前後顛倒，此為備體；與身份地位相稱，不隨意增隆，也不隨意減殺，此為合稱；此兩者為我們必須掌握的準則。據前所述，台灣現行的孔子釋奠禮儀節，基本上是沿襲漢代以來的制度，合乎祭孔的基本精神，應該繼續保存，此即筆者所主張的掌握原則。

然而時代不同，環境有別，也必須配合時代作必要的調整，此

---

① 高明《禮學新探·原禮》（香港：香港中文大學聯合書院中文系，1963年11月初版），頁2—5。

② 戴聖編、孔穎達疏《禮記·禮器》（台北：藝文印書館據嘉慶二十年江西南昌府學開雕重刊宋本影印出版，未著年月），頁450。

③ 高明《禮學新探·原禮》，同注13，頁5—10。

為隨時；更應該考慮天時、地利以及人的能力，容許作部分的變改，此為從宜；此兩者既可免於食古不化之譏，又可順應時勢及各地區的個別需求，不會視守禮為畏途而樂於遵行，此即筆者所主張的配合時勢與保留彈性。

既能備體、合稱的掌握原則，又能兼顧隨時、從宜的配合時勢與保留彈性，自然能做到人稱其職、事得其理的達順要求了。

筆者的擬議其實只是提供大方向，並非十分成熟周密，尤其是還有許多細節並未觸及，因此誠懇的請求高明予以賜教，更呼籲各界，尤其是國際儒學聯合會、孔孟學會能帶頭倡導，聯合海內外儒學研究團體，共同組成委員會，研討商議大家同遵共守的孔子釋奠禮儀節，一方面將綿延兩千多年的禮儀繼續傳衍下去，兩方面可適合於全國甚至全世界各地的依循。期望藉此更彰顯孔子的思想，進而向聯合國申請成為世界文化遺產，使儒學益加受到重視而廣為宏揚。

朱熹的《孝经》学论析

四川大学教授 舒大刚

《孝经》是教孝之书，对中华民族的传统美德“孝道”之形成具有重要的启迪作用，即使是贤达如朱子者也不例外。据《宋史》本传载，朱熹少时“就傅，授以《孝经》，一阅题其上，曰：‘不若是，非人也！’”后来他成为理学大师后，也极为提倡“学行”结合，注重蒙学与修身，认为：“圣人教人大概，只是说孝、弟、忠、信日用常行底话，人能就上面做将去，则心之放者自收，性之昏者自著。”“事亲必于孝、事长必于弟，孝、弟自是道理合当如此。”[①] 对少年启蒙教育，他主张“孝弟博学”[②]，故撰《小学》、《家礼》等书为之倡始。所有这些，与他少年时代所接受的《孝经》之教不无关系。可到他成名之后，却对《孝经》持怀疑态度了，淳熙十三年（1186），年 57 岁主管华州云台观的朱子作《孝经刊误》，将《孝经》调整为“经一章、传十四章”，还删《孝经》文字 220 余字，首开删改《孝经》之风，对后世影响极大，“南宋以后作注者，多用此本”（《四库

① 黎靖德等《朱子语类》卷八。

② 朱熹《小学》卷一。

全书总目》)。这里，欲对朱熹怀疑《孝经》学观点进行审察，希望能够起到正本清源的作用。

一、朱熹的《孝经》学思想

朱熹是宋代理学的集大成者，思想深邃，勤于著述，成果极多，主要代表作有《四书章句集注》、《周易本义》、《诗集传》等，平生语言论及文牍，后人编为《朱子语类》及《朱文公集》，后世称“朱子”而不名焉。朱子对《孝经》也颇多论说，在《孝经》学史上具有很大影响。

首先，朱子怀疑《孝经》文字的经典性和可靠性，说是后人伪作。他说：

> “熹旧见衡山胡侍郎《论语说》，疑《孝经》引《诗》非经本文，初甚骇焉，徐而察之，始悟胡公之言为信。而《孝经》之可疑者不但此也，因以书质之沙随程可久丈，程答书曰：‘顷见玉山汪端明，亦以为此书多出后人傅会。’于是乃知前辈读书精审，其论固已及此。又窃自幸有所因述，而得免于凿空妄言之罪也。”(《孝经刊误》)

又说：

> “余尝为沙随言《孝经》独篇首六七章为本经，其后乃传文，然皆齐鲁间陋儒纂取《左氏》诸书之语为之，至有全然不成文理处，传者又颇失其次第，殊非《大学》、《中庸》二传之俦也。程丈报书云：‘吾尝闻之，玉山汪公亦若

吾子之言是也。’今览其手书遗论，因记其语于后云。（《孝经》论）”①

又说：

“见程沙随说，向时汪端明亦尝疑此书是后人伪为者。”（《语类》卷八二）

朱熹告诉我们，他怀疑《孝经》是由于受衡山胡侍郎、玉山汪端明、沙随程可久的启发和鼓励。胡、汪二人怀疑“《孝经》引《诗》非经本文”，说《孝经》文字“多出后人傅会”，也就是说《孝经》非出（或者说非尽出）圣人之手，这就为他开启了怀疑和删改《孝经》的端口。

朱熹为实现其改编经典的目的，说《孝经》只有前面一段是孔子、曾子师徒当时问对，后面都出于后人依托。他指出，《孝经》自“仲尼闲居”至“未之有也”：

“此一节，夫子、曾子问答之言，而曾氏门人之所记也。疑所谓《孝经》者，其本文止如此。其下则或者杂引传记以释经文，乃《孝经》之传也。……盖经之首统论孝之终始，中乃敷陈天子、诸侯、卿大夫、士、庶人之孝，而其末结之曰：‘故自天子以下至于庶人，孝无终始而患不

① 朱熹《跋程沙随帖》，《晦庵集》卷八四。

及者，未之有也。’其首尾相应，次第相承，文势连属，脉络通贯，同是一时之言，无可疑者。”（《孝经刊误》）

有弟子问：“《孝经》一书文字不多，先生何故不为理会过?”他答：“此书只是前面一段是当时曾子闻于孔子者，后面皆是后人缀缉而成。”（《语类》卷八二）

不仅整部《孝经》不是孔子、曾子的作品，就是他所认为属于孔、曾师徒的所谓“经”的部分，也不纯粹是孔子、曾子的原话。他说：

“窃尝考之，传文固多傅会，而经文亦不免有离析、增加之失。顾自汉以来，诸儒传诵，莫觉其非，至或以为孔子之所自著，则又可笑之尤者。”（《孝经刊误》）

朱熹认为，《孝经》“传文”有很多附会之说，而且“经文”也有不少“离析”、“增加”之处，这些属于孔、曾问对的“经”也曾被“后人妄分以为六、七章（今文作六章，古文作七章），又增‘子曰’及引《诗》、《书》之文以杂乎其间，使其文意分断间隔，而读者不复得见圣言全体大义，为害不细。”（《刊误》）也就是说，《孝经》不仅其“传”非真，即使是首段之“经”也不是本来面目，也被后人搞乱了，其中所引《书》一处、引《诗》四处，以及“子曰”一处，都是后人胡乱添加的，是原本所没有的。由于这些添加，遂使原来文气受到扞格，原有语意不太连贯了。可是，自汉以来，诸儒不知其非，还相信《孝经》是“孔子之所自著”，真是太可笑了！

如果说，《孝经》被支离的“经”文基本上还是孔、曾原意，还具有指导意义的话，那么“传”文部分就简直是后人缀拾旧文拼造的赝鼎了。即使是北宋文献学家司马光、范祖禹都认为“其书最真”、最为“近古”的《古文孝经》，朱熹也认为不可信：

> “《古文孝经》亦有可疑处。自《天子章》到‘孝无终始而患不及者未之有也’，便是合下与曾子说底通为一段。只逐章除了后人所添前面‘子曰’及后面引《诗》，便有首尾，一段文义都活。自此后却似不晓事人写出来，多是《左传》中语。如‘以顺则逆，民无则焉，不在于善，而皆在于凶德’，是季文子之辞。却云‘虽得之，君子所不贵’，不知论孝，却得个甚底？全无交涉。如‘言斯可道，行斯可乐’一段，是北宫文子论令尹之威仪，在《左传》中自有首尾，加载《孝经》都不接续，全无意思。只是杂史传中胡乱写出来，全无义理，疑是战国时人斗凑出者。又曰胡氏疑是乐正子春所作，乐正子春自细腻，却不如此说。”（《语类》卷八二）

又说《孝经》“其中煞有《左传》及《国语》中言语”。有人怀疑“莫是《左氏》引《孝经》中言语否”？朱熹断然否决：“不然。其言在《左氏传》、《国语》中，即上下句文理相接，在《孝经》中却不成文理。”（《语类》卷八二）

他说《三才章》“自其章首以至‘因地之义’，皆是《春秋左氏传》所载子太叔为赵简子道子产之言，惟易‘礼’字为‘孝’字，而文势反不若彼之通贯，条目反不若彼之完备。明此袭彼，非彼取此无疑也。”并加自注：子产曰：“夫礼，天之经，地之义，民之行也。天地之经，而民实则之，则天之明，因地之性”云云。“其下便陈天明、地性之目，与其所以则之、因之之实，然后简子赞之曰：‘甚哉，礼之大也。’首尾通贯，节目详备，与此不同。”（《孝经刊误》）

又指出《圣治章》“‘悖礼’以上皆格言，但‘以顺则逆’以下，则又杂取《左传》所载季文子、北宫文子之言，与此上文既不相应，而彼此得失又如前章所论子产之语。”

又指出《事君章》“‘进思尽忠，退思补过’，亦《左传》所载士贞子语。”

又说《孝经》传文部分有许多残章短句，不成文字：“《孝经》只有前一段，后皆云《广至德》、《广要道》，都是凑合来演说前意。但其文多不全，只是《谏诤》、《五刑》、《丧亲》三篇，稍是全文。”（《语类》卷八二）

此外，朱熹还从文理是否对应上来考察《孝经》真伪。说《孝治章》“子曰昔者”至“四国顺之”：“此一节释‘民用和睦，上下无怨’之意，为传之四章。其言虽善，而亦非经文之正意，盖经以孝而和，此以和而孝也。”说《孝治章》是申说“经文”“民用和睦，上下无怨”的，可是经传的文章并不十分对应，“经”文讲先王推行“至德要道”的孝达到了“民用和睦，上下无怨”的效果，孝是本体，和是效果；而“传”文却说“明王之以孝之天下也，不敢遗小国之君”云云，“是以天下和平”云云，是以和为目的，而孝为手段。二者微有差别。

又说《圣治章》是“释‘孝，德之本’之意”，可是前面一段讲“圣人之德无以加于孝”，后面的主题就变了：“其曰‘故亲生之膝下’以下，意却亲切，但与上文不属，而与下章相近，故今文连下二章为一章。”

又说《事君章》章次有误，说此章“子曰君子事上”至“何日忘之”本是“释‘中于事君’之意，当为传之九章（或云宜为十一章），因上章‘争臣’而误属于此耳。”

针对朱子“《孝经》是后人缀缉”之说，当时就有人指出：“此与《尚书》同出孔壁。”朱子却用不合于理来予以否定：“自古如此说。且要理会道理是与不是。”（《语类》卷八二）在他看来，不管文献出自何处，是否可信，而要看文献所说“是与不是”，其实就是合不合乎他的所谓“理”！《四库全书总目》曾谈汉、宋二家之别说：“汉儒说经以师传，师所不言，则一字不敢更。宋儒说经以理断，理有可据，则六经亦可改。”朱熹正是“宋儒”中“以理断经”、“以理改经”的典型。

如对《三才章》，他先说“先王见教之可以化民”一句“与上文不相属”，所以司马光作《指解》时“改‘教’为‘孝’”，于理“乃得粗通”。可是下文所谓“德义敬让、礼乐好恶”一句，却又与此句文理“不相应”，于是怀疑这两句是“裂取他书之成文而强加装缀”，只是他不晓得的出处罢了。他进一步审察说，前段这些文字，其“文虽非是，而理犹可通”，所以不用删削，“存之无害”。至于接下来的后面一段，却文、理皆差矣：“文既可疑，而谓‘圣人见孝可以化民’而后‘以身先之’，于理又已悖矣”。所以他主张要将其彻底删除掉。

他特别指摘的是《圣治章》启人僭乱之心：“但‘严父配天’，本因论武王、周公之事，而赞美其孝之词，非谓凡为孝者皆欲如此也。又况孝之所以为大者，本自有亲切处，而非此之谓乎？若必如此而后为孝，则是使为人臣子者，皆有‘今将’之心，而反陷于大不孝矣。作传者但见其论孝之大，即以附此，而不知其非所以为天下之通训，读者详之，不以文害意焉可也。”又说：“如‘配天’等说，亦不是圣人说孝来历，岂有人人皆可以配天，岂有必配天斯可以为孝？”（《语类》卷八二）

经他这样一解，《孝经》一书岂不是叫人为了尽孝而造反？所以他直指《孝经》与《孔丛子》一样都是“伪书”：“《孔丛子》亦伪书，而多用《左氏》语者，但《孝经》相传已久，盖出于汉初《左氏》未盛行之时，不知何世何人为之也？”（《刊误》）

经他这一番怀疑，《孝经》简直就是东拉西扯、东拼西凑、颠三倒四、不成文章的东西，不仅抄袭旧文、语法杂乱、义理不通，而且出自后人依托，几无价值可言，甚至连公认的文献丛抄之书《礼记》也不如：

> “如《礼记》煞有好处，可附于《孝经》。贺孙问：‘恐后人凑合成《孝经》时，亦未必见《礼记》。如《曲礼》、《少仪》之类，犹是说礼节。若《祭义》后面，许多说孝处，说得极好，岂不可为《孝经》?’曰：‘然。今看《孝经》中，有得一段似这个否?’”（《语类》卷八二）

二、朱熹对《孝经》的“刊误”

朱熹由于对《孝经》的原始性和可信性极度怀疑，所以他在研究《孝经》时不是以阐发其中的教孝思想为目的，而是要大刀阔斧地砍削《孝经》、改编《孝经》。朱熹《孝经》学代表作《孝经刊误》，不是《孝经》训解，而系《孝经》改本，他“取《古文孝经》分为经一章、传十四章，删旧文二百二十三字”（《四库全书总目》），成为历史上第一个擅自删改《孝经》的始作俑者。

他将《孝经》篇首自“仲尼闲居”至“未之有也”，即《开宗明义》、《天子》、《诸侯》、《卿大夫》、《士人》、《庶人》、《孝平》七章（今文则《庶人》与《孝平》合一，只六章），合为一章，以为“所谓《孝经》者，其本文止如此”，只有这一大段才是“夫子、曾子问答之言”，其余都是《孝经》的“传”，是后人“杂引传记以释经文”而成的。

又以为“经”文中也“不免有离析、增加之失”，如“妄分以为六、七章”，“又增‘子曰’及引《诗》《书》之文”等等。故他作此书时，“定此六、七章者合为一章”，又“去‘子曰’者二、引《书》者一、引《诗》者四，凡六十一字”，以为如此才是“经文之旧”。

自“曾子曰甚哉”至“民俱尔瞻”（即《三才章》）以下共十四章“皆传文”。朱熹经过审察，一一指出十四章所“传”对应的“经”文，该移居哪一个章次，或指出哪一句不可靠、有抄袭，应当删除或调整，等等。如：

说《三才章》“盖释‘以顺天下’之意”；其章次，则“当为传之三章”，而今却居传的第一章，盖“失其次矣”。又指出“其曰‘先王见教之可以化民’，又与上文不相属”，又与“下文”“不相应”，怀疑是“裂取他书之成文”，特别是“后段”“于理又悖”；“所引《诗》亦不亲切”。凭着这些感觉，于是“定‘先王见教以下’凡六十九字，并删去”。

又指出“子曰昔者”至“四国顺之”（即《孝治章》），“此一节释‘民用和睦，上下无怨’之意，为传之四章”。可是：“其言虽善，而亦非经文之正意。”只因“引《诗》亦无甚失，且其下文语已更端，无所隔碍。故今且得仍旧耳”。

至于“曾子曰敢问”至“所因者本也”（即《圣治章》前半），

乃“释‘孝德之本’之意”，为“传之五章也”。但“严父配天”一句却有问题，将“使为人臣子者，皆有‘今将’之心”，不可以“为天下之通训”。至于“故亲生之膝下”以下，“与上文不属，而与下章相近”，“当依古文且附上章，或自别为一章”。

自“子曰父子之道”至“其仪不忒”（即今文《圣治章》后半、日传本《父母生绩》、《孝优劣》二章），乃“释‘教之所由生’之意，传之六章也”。又本章“不爱其亲而爱他人者”以下，古文于句首加“子曰”二字别为一章，今文与上合为一章，无“子曰”而有“故”字。朱熹认为：“《古文孝经》有不似今文顺者，如‘父母生之续莫大焉’，又著一个‘子曰’字。方说‘不爱其亲而爱他人者谓之悖德’，此本是一段，以‘子曰’分为三，恐不是。”（《语类》卷八二）故分章当从古文，文字当从今文。又指出“父子之道，天性也，君臣之义也”，句意不完整，怀疑“‘君臣之义’之下，则又当有断简焉”，只是“不能知其为何字也”。又说“以顺则逆”以下，是杂取《左传》，“与此上文既不相应”，“今删去，凡九十字”。

自“子曰孝子之事亲”至“犹为不孝”（即《纪孝行章》），乃“释‘始于事亲’及‘不敢毁伤’之意，乃传之七章，乃格言”。

“子曰五刑”至“大乱之道也”（即《五刑章》）：“此一节，因上文‘不孝’之云，而系于此，乃传之八章。亦格言也。”

“子曰教民”至“此之谓要道”（即《广要道章》）：“此一节释‘要道’之意，当为传之二章。”不知何故篡至于此？

“子曰君子之教”至“其大者乎”（即《广至德章》）：“此一节，释‘至德’‘以顺天下’之意，当为传之首章。然所论‘至德’语意亦疏，如上章之失云。”

“子曰昔者明王事父孝”至“无思不服”（即《感应章》）：“此一

节，释‘天子之孝’，有格言焉，当为传之十章（或云宜为十二章）。”

“子曰君子之事亲”至“于后世矣”（即《广扬名章》）：“此一节，释‘立身扬名’及‘士之孝’，传之十一章也（或云宜为九章）。”

“子曰闺门”至“徒役也”（即《闺门章》）：“此一节，因上章三‘可移’而言，传之十二章也。严父，孝也；严兄，悌也；妻子臣妾，官也（或云宜为十章）。”

至于“曾子曰若乎”至“焉得为孝乎”（即《谏诤章》），因义无所系，不能指出具体对应章节：“此不解经而别发一义，宜为传之十三章。”

“子曰君子事上”至“何日忘之”（即《事君章》）：“此一节，释‘中于事君’之意，当为传之九章（或云宜为十一章）。因上章‘争臣’而误属于此耳。”其中“进思尽忠，退思补过”一句，也是《左传》中有的，只因他认为“于文理无害”，其“引《诗》亦足以发明‘移孝事君’之意”，故幸免于删，“今并存之”。

最后一章：“子曰君子之丧亲”至“事亲终矣”（即《丧亲章》），也是义无所系，故以为“传之十四章”。并说：此章“亦不解经，而别发一义，其语尤精约也。”

朱熹之所以如此大胆地删改《孝经》，因为在他眼中，“《孝经》疑非圣人之言。且如‘先王有至德要道’，此是说得好处，然下面都不曾说得切要处著。但说得孝之效如此，如《论语》中说孝皆亲切有味，都不如此。《士》、《庶人章》说得更好，只是下面都不亲切。”（《语类》卷八二）《孝经》既然“非圣人之言”，不是圣经，甚至也不是贤传，而是浅人伪托的假货，连小学生“作业”都不如！于是他想怎么批改就怎么批改，想怎么删节就怎么删节，想怎么评点就怎么评点，想怎么调整就怎么调整！

三、朱熹《孝经》学说论析

《孝经刊误》撰成后，即因作者朱熹的大名备受学人关注和追捧。据魏了翁说："朱文公尝著《孝经刊误》，公之子在尝举元稿以遗余，余既锓梓与学士共之。史庆长又以告予曰：'昔者绳祖尝集先正名贤《孝经》批注，今愿得《刊误》为之章指。'余举以畀之，俾得汇次成编。则又以黄直卿《孝经本旨》，及其所辑洙泗论孝合为一书。"[①] 可见，《孝经刊误》曾由其子朱在授予魏了翁，魏了翁曾予刊刻。史绳祖撰集"先正名贤《孝经》批注"时，又从魏了翁处得《刊误》"为之章旨"。后人编辑《晦庵集》，又将《刊误》收入第六六卷之中，后来《刊误》遂有单行本和文集本两种。

陈振孙《直斋书録解题》对其也称赞有加，但又告诫人们不可为法："抱遗经于千载之后，而能卓然悟疑辨惑，非豪杰特起独立之士，何以及此！此后学所不敢仿效，而亦不敢拟议也。"陆秀夫在馆阁时得《刊误》，读之赞不绝口，遂与"在馆诸同志"仿朱子之议，将《孝经》作了真正删削和调整。其《后序》曰："既入仕，滥次西藏勾当，得朱元晦《刊误》一篇而玩味之，夫然后心目之开朗，欣然若有所得。"[②]"南宋以后作注者，多用此本"（《四库全书总目》），如宋之黄榦《孝经本旨》、史绳祖《孝经解》、冯椅《古孝经辑注》及《古文孝经解》；元之董鼎《孝经大义》、吴澄《孝经定本》；明则有项霦《孝经述注》、孙蕡《孝经集善》、孙本《古文孝经解意》、潘府《孝经正误》；清有周春《中文孝经》、张星徽《孝经集解》、任启

① 魏了翁《题史绳祖孝经》，《鹤山集》卷六五。

② 陆秀夫《孝经刊误后序》，《宋左丞相陆公文集》卷三、《经义考》卷二二六。

运《孝经章句》、林愈蕃《孝经刊误要义》等等，可谓趋之若鹜。元代以下的《孝经》研究，在文本上几成将《孝经》改得面目全非的《刊误》本的一统天下！

然而今天观之，朱熹怀疑和删改《孝经》的种种作法，实有可议之处。

首先是擅疑、擅改经典，违背了实事求是的儒学传统。对朱熹篡乱古经的作法，历史上曾有人提出过批评。柴绍炳曰："《春秋》'夏五'、'郭公'、'杞子伯'、'甲戌'、'己丑'之类，以其传疑，未尝辄加增损。至宋代，儒者多以己意删订经文，二程改《大学》，朱子作《孝经刊误》，将旧文并省，分属经传，而删其句字。夫仲尼不敢改鲁史，而程、朱改《大学》、《孝经》，此等事，姑听先儒自为之，勿可效也。"[①] 以孔子修《春秋》"疑以阙疑"、"信以传信"的精神，来批评"程、朱改《大学》、《孝经》"之妄为，以为"勿可效也"。朱彝尊也批评说："按自汉以来，说经家鲜有移易经文片言者，移之自二程子《大学》始也。自汉以来注疏家，莫能删削经文只字者，删之自朱子《孝经刊误》始也。"[②] 指出程、朱擅自移易、删改经文，大有非圣侮经之恶习！

对于《孝经》文字的删定，在朱熹之前曾有三次，一是刘向。《隋书·经籍志》说："刘向典校经籍，以颜本比古文，除其繁惑，以十八章为定。"二是唐玄宗注《庶人章》"自天子以下至于庶人，孝无终始而患不及己者，未之有也"，删掉"己"字。三是司马光将《三才章》"先王见教之可以化民也"之"教"改为"孝"。历考三次

① 朱彝尊《经义考》卷一五六程颐《大学定本》条引。

② 朱彝尊《经义考》卷二二六朱熹《孝经刊误》后按语。

所改，情形各自不同。刘向是用颜本今文校对壁中古文，是有版本依据的。玄宗所改，有古文本为依据。司马光所改但凭理据，但只是个别字词，未及篇卷。至于朱熹《刊误》，则大砍狂删，伤筋动骨，改字不足，遂及章次；移易不足，遂删篇段，使《孝经》无复完书，何况圣经！

其次，朱熹自称疑经有所师承，纯属子虚乌有。前引朱子语说，他怀疑《孝经》是受衡山胡侍郎、玉山汪端明，还有程沙随的影响和启发，我们在现存上述三人的文献中并没有发现相关证据。

衡山胡侍郎即胡寅，宋高宗时为礼部侍郎，居衡州，故曰衡山，所著《论语详说》，世所不传，内容无考，其中是否有"疑《孝经》"之说尚难断定。《斐然集》只讨论《孝经》"宗祀文王于明堂以配上帝"的时代性以及明堂是否为祭祀场所问题①，并无其他怀疑之语。王应麟《困学纪闻》卷七引"致堂谓：'《孝经》非曾子所自为也，曾子问孝于仲尼，退而与门弟子言之，门弟子类而成书。'"说明他还是承认《孝经》思想源自孔子，而笔录于曾子之弟子的。

沙随程可久，即程迥，字可久，宁陵沙随人。玉山汪端明，即汪应辰，玉山人，孝宗时为端明殿学士。现存的程、汪二人著述，

---

① 胡寅《零陵郡学策问》，《斐然集》卷二九。按《四库全书总目》卷三二于"旧见衡山胡侍郎论语说"下按语："胡宏高宗时为礼部侍郎，居衡州，故曰衡山，所著有《五峰论语指南》一卷。"乃误以胡宏当胡寅（蔡方鹿先生《朱熹经学与中国经学》页480亦有辨析）。胡宏、胡寅俱胡安国子，宏有《五峰集》。集中有宏《与彪德美》书："又天帝精义，须自有说，但恐思之未至耳，不可便以《孝经》之言为不是，须反复思索可也。禘尝、郊稷，却似无可疑者。"可见在"郊祀配天"、"宗祀配帝"问题上，胡宏亦反对"以《孝经》之言为不是"。

也不见有怀疑《孝经》“多出后人附会”之语。[①] 汪应辰《文定集》有《跋李伯时孝经图》：“汉石建以驯行孝谨为齐相国，齐国慕其家行，不言而治。此所谓‘居家理，故治可移于官’也。况于圣人乎？”[②] 他推崇《孝经》之教，从中看不出半点否定《孝经》的意思。

可见，朱熹之托言“窃幸有所因述而得免于凿空妄言之罪”者，恐非事实，馆臣揭露“是朱子诋毁此书已非一日，特不欲自居于改经，故托之胡宏（当作胡寅）、汪应辰耳”[③]，当得其隐情。

其三，关于《孝经》引《诗》《书》问题。朱子怀疑《孝经》文字非古，谓《孝经》引《诗》《书》为后人添加。其实，称引《诗》《书》，这是先秦、西汉文献的传统，《礼记》中《大学》、《中庸》、《坊记》、《表记》、《缁衣》等以及《韩诗外传》等皆是如此，并非后来兴起。皮锡瑞指出：“《汉书·匡衡传》衡上疏曰：‘《大雅》曰：”毋念尔祖，聿修厥德。“孔子著之《孝经》首章，盖至德之本也。’……考《御览》引《鉤命决》曰：‘首仲尼以立情性，言子曰以开号，列曾子以示撰，辅《诗》《书》以合谋。’讳书之传最古，其说如此。匡衡之疏尤足证引《诗》为证，为圣经之旧，非后人所增窜。《孝经》每章必引《诗》《书》，正与《大学》、《中庸》、《坊记》、《表记》、《缁衣》诸篇文法一例。朱子于《大学》、《中庸》所引《诗》《书》皆极尊信，未尝致疑，独疑《孝经》，何也？”[④] 如果说传世

① 朱熹《晦庵别集》卷二“与程沙随可久书”：“《孝经》妄意所疑，不谓汪丈亦有此说。近亦条具数处，并俟后便拜呈也。”题下注：“以下沙随之孙仲熊家藏。”此件插入此语，前后俱无粘连，其可靠性甚为可疑。

② 汪应辰《跋李伯时孝经图》，《文定集》卷一二。

③ 《四库全书总目》卷三二。

④ 皮锡瑞《孝经郑注疏》之《开宗明章》“大雅曰云云”疏。

《礼记》尚有后人改篡的可能，而今出土文献《缁衣》篇文法也与传本无殊，更能说明这一问题。

其四，关于“严父配天”问题。《孝经》说：“曾子曰：‘敢问圣人之德，无以加于孝乎？’子曰：‘天地之性人为贵，人之行莫大于孝，孝莫大于严父，严父莫大于配天，则周公其人也。昔者周公郊祀后稷以配天，宗祀文王于明堂以配上帝，是以四海之内各以其职来助祭。’”这分明是讲明“圣人”德行的最高境界也只是“孝”，并用周代礼制（郊祭、明堂）来说明这一问题。程朱理学“以理断经”，他们批驳“严父配天”之义有时到了任意曲解、无限上纲的地步。程颐说：“郊祀配天、宗庙配上帝……但《孝经》之文有可疑处。周公祭祀，当推成王为主人，则当推武王以配上帝，不当言文王配；若文王配，则周公自当祭祀矣。周公必不如此！”① 已开怀疑《孝经》之端。朱熹为否定《孝经》，更将“严父配天”作了别样发挥，多次说：“如‘配天’等说，亦不是圣人说孝来历，岂有人人皆可以配天，岂有必配天斯可以为孝？”当有人称赞《孝经》：“如‘天地之性人为贵，人之行莫大于孝’，恐非圣人不能言此。”他却搬出“严父配天”来予以否决：“此两句固好，如下面说‘孝莫大于严父，严父莫大于配天’，则岂不害理？傥如此，则须是如武王、周公方能尽孝道，寻常人都无分尽孝道也，岂不启人僭乱之心？”（《语类》卷八二）

其实，这完全是对《孝经》的曲解。司马光早就明说：“《孝经》曰：‘严父莫大于配天，则周公其人也。’孔子以周公有圣人之德，

① 程颢程颐《二程遗书》卷一五。

成太平之业，制礼作乐，而文王适其父也，故引之以证‘圣人之德莫大于孝’，答曾子之问而已。非谓凡有天下者，皆当尊其父以配天然后为孝也。”① 朱熹本人也曾研治“三礼”，对此制度并非不能理解。曾有人问：“‘郊祀后稷以配天，宗祀文王于明堂以配上帝’，此说如何?”朱熹答：“此自是周公创立一个法如此，将文王配明堂，永为定例；以后稷郊推之，自可见。后来妄将严父之说乱了。”又有人问：“配天、配上帝，帝只是天，天只是帝，却分祭，何也?”朱熹答曰：“为坛而祭，故谓之天；祭于屋下，而以神祇祭之，故谓之帝。”（《语类》卷八二）朱熹的这些解释都是对的，是合乎礼制和礼意的。

同时，他也知道《孝经》举周公也是特例，不具普遍意义。弟子问“严父配天”，朱熹答曰：“‘严父’只是周公于文王如此称才是，成王便是祖，此等处尽有理会不得处。大约必是郊时是后稷配天，明堂则以文王配帝。《孝经》亦是凑合之书，不可尽信，但以义起，亦是如此。”（《语类》卷八二）

以上这些都说明他对《孝经》的原意并不是不了解，也不是没有作出过正确的解释。只因要歪曲和否定《孝经》，便不顾自相矛盾地前后异说。

其五，朱熹诬称《孝经》抄袭《左传》、《国语》中语，亦非事实。《左传》和《孝经》所说皆古语格言，《左传》能用，岂独《孝经》就不能用?况且《孝经》早出，行于战国之世；《左传》晚出，见于西汉之时。孰早孰晚，一目了然；孰先孰后，不辨自明。

---

① 司马光《配天议》，《传家集》卷六六。

其六，朱熹妄将《孝经》分经分传，是以后世文章概古法。他说《孝经》前六、七章乃经，乃孔曾之所说；后面各章皆是释经之传，乃后人之缀辑。亦全无任何文献根据。首段以揭櫫大义，后章乃逐次申说，此文章之基本法则，孔、曾既作为经典，自然不会只揭其义而不加说明。观《易大传》之例，故自明白。朱氏既分经传，必欲割裂经文以为解经之传，必然前后失次，经传不协。削足适履，其悲何及！

又指《孝经》之传有传不为解经者，有先后失次，有前后不睦者，是皆自我作古，以今匡古，以己匡圣。圣人垂言为训，吐辞为经，直抒胸臆，自然得体，未尝有意为文，如何可用后世繁文巧词来规范古人呢？

其七，朱子怀疑《孝经》，乃欲建立自家"四书"体系。《孝经》引《诗》《书》为证，朱子对之十分反感，以为是"后儒添加"，甚至是"齐鲁间陋儒所作"。可是《大学》《中庸》引《诗》《书》，他却视为当然，并不反对，说明他判断事物好坏的标准是颇不一致的。同样，"以父配天"之说，在《孝经》中提出来，他时而委婉地加以解释，时而又剧烈地表示反对，也没有一定不变的态度。更有甚者，此论在《中庸》中提出来，他却是极力回护，并无并点怀疑。《中庸》说："子曰：舜其大孝也与！德为圣人，尊为天子，富有四海之内，宗庙飨之，子孙保之。"正是"以天下养"的意思。弟子问："向见先生说'孝莫大于严父，严父莫大于配天'非圣人之言，必若此而后可以为孝，岂不启人僭乱之心？而《中庸》说舜、武王之孝，亦以'尊为天子、富有四海之内'言之，如何？"他却回答说："《中庸》是著舜、武王，言之何害？若泛言人之孝，而以此为说，则不可。"（《语类》卷八二）

同事异说，同辞异论，全以其对文献的好恶为转移。朱子之所以不疑《大学》、《中庸》而否定《孝经》，全在于要破除汉学经典体系，建立自己的“四书学”典范。他认为：“为学须是先立大本……故必先观《论》、《孟》、《大学》、《中庸》，以考圣贤之意。”（《语类》卷一一）因此他对汉唐儒学“当孔颖达时，未尚《孟子》，只尚《论语》《孝经》尔”（《语类》卷一九），深表不满，故必欲反其道而行之。

他创立《大学》、《论语》、《孟子》、《中庸》为修学进德的文献体系，谓之“四书”，认为圣人立德的规模根本尽在于此，故要求学人先读此四书，即可进入圣贤堂奥。他反复强调：“学问须以《大学》为先，次《论语》，次《孟子》，次《中庸》，《中庸》工夫密、规模大。”

“读书且从易晓易解处去读，如《大学》、《中庸》、《语》、《孟》四书，道理粲然。人只是不去看。若理会得此四书，何书不可读，何理不可究，何事不可处？”

“某要人先读《大学》以定其规模，次读《论语》以立其根本，次读《孟子》以观其发越，次读《中庸》以求古人之微妙处。”

“《大学》一篇有等级次第，总作一处易晓，宜先看。《论语》却实，但言语散见，初看亦难。《孟子》有感激兴发人心处，《中庸》亦难读，看三书后方宜读之。”

“先看《大学》，次《语》《孟》，次《中庸》。果然下工夫，句句字字，涵泳切已，看得透彻，一生受用不尽。”（同上书卷一四）

可是，汉唐诸儒却推尊《孝经》，他们在强调孔子所修经典时，是将《孝经》与《春秋》并列。纬书载孔子曰：“志在《春秋》，行在《孝经》。”他们在推行儒学启蒙教育时，又是以《论语》、《孝经》

并重。匡衡："《论语》《孝经》，圣人言行之要。"他们在编纂目录时，甚至将《孝经》类图书列于群书之首（王俭《七志》），等等。这些推重《孝经》的作法，显然与朱子志欲推行的"四书"教育不协，所以他要怀疑《孝经》，甚至不惜肢解《孝经》、丑化《孝经》，从而为破除"汉学"经典体系、推行自家"四书"典范扫清路径。个中缘由，学人不可以不知。

朱子建立"四书"体系自有其历史功绩，但其通过否定《孝经》来实现这一目的的做法却不足为训，也不足为法；后人慑于朱子大名，屈己从之，舍古经而从《刊误》，弃真从伪，习焉不察，也是不可取的！

由訓詁到義理

——論《公羊傳》解經之方式

臺灣輔仁大學　王初慶

提要：本文試圖釐清《公羊傳》之解經由設論方式之訓詁表層深入經義體系之徑路。首先，將《公羊傳》定位在先秦已有稿本流傳，陸續演繹成今本。而然諸傳之釋《春秋》，不外訓詁詞文、述說物事、詮明理義三個層次，物事與理義兩個層次，皆係由訓詁詞文的表象上延伸出來。《公羊傳》如何從“分文析字，繁言碎辭”的訓詁中抽繹出孔門“典法”之精微要義？為本文之目標。

經學訓詁，既屬依文立義，而《公羊傳》依文立義之方法是由設問之形式入手，層層衍繹，借事以明義；往往直指《春秋》以注經。於是舉例了解其訓詁層次之特色以後，以傳文直指《春秋》之二十六則資料為經，檢索相關資料，屬辭以比其事為緯，以觀傳文由訓詁通向義理之迹。然後剝除訓詁之表象，先分析《春秋》錄史之態度及形式，再探索《春秋》之要旨。有以刺譏表述者，有以諱言方式禮敬尊、親、賢者，而尤重尊賢。於弒君，則申其討賊與復讎之義。

配合辭例與義例，《公羊傳》的確存有孔門《春秋》學之精義，在片斷答問的訓詁表象之下，實際隱藏著一套圓融之經義系統。

關鍵辭: 解經　《公羊》學　層次　依文立義　屬辭比事　文例　義例

一、前言

漢學主訓詁，宋學主義理，其學術傾向之差異，在經學史上，早為定論，前人辨之甚詳，本不待贅言。然漢代經學形式上雖以訓詁經書文句為主，從今古文家之詮解經義言之，今文"諸生競逐說字解經誼"，真正從認識文字之形構入手訓釋者，是古文家之特色。六經之學，"《詩》以道志，《書》以道事，《禮》以道行，《樂》以道和，《易》以道陰陽，《春秋》以道名分。"[①] 固皆有其深意在焉。游、夏之徒，傳孔門經學，就"《春秋》學"之流變觀之，《孟子》、《荀子》皆以為《春秋》別有意在言外之旨，據《公羊注疏》徐彥引戴宏序及《穀梁注疏》楊士勛之說，《公羊》、《穀梁》之學皆由子夏衍出；楊士勛又謂《穀梁》經孫卿傳申公；孔穎達《春秋左傳正義》引〈別錄〉以荀卿傳《左氏傳》於張蒼，展開漢代《春秋左傳》之傳授，此外，傳"《春秋》學"見於〈漢志〉者尚有"鄒氏"、"夾氏"之傳，或以無師、或以無書而絕其跡。自孔子作《春秋》興"知我"、"罪我"之嘆，於史文、史事之外尤重其義始，而漢代古文家據《左傳》言史，今文家則主《公羊》以言"微言大義"，其後《穀梁》亦立於學官，"《春秋》學"於焉旁分為三家。而漢代今文經學之重心——《公羊傳》，以訓詁之形式代出《春秋》所蘊含的"微言大义"，

---

① 見《莊子．天下》（《莊子集解》頁九十六）文光圖書公司民國五十二年九月三版。

其間如何轉折？是否真能與聖門之志相契合？本文試圖作一探究。

二、三傳解經，物事與義理之層次皆係由訓詁層次之表象衍生

經學之恢弘，在於自子游、子夏以降，歷代傳述“六藝”者，不僅抱殘守闕而已，往往在經旨之上加入自身之體會，各自推衍發揮，皆有所創獲，以至層層累積，蔚為根柢厚實，枝葉茂密之大業。遠在漢代以前，儒者皆能博通綜合群經，荀子、孟子皆其明證；縱使歷經秦火，降及漢初，仍然沿襲其風，觀諸陸賈《新語》、賈誼《新書》可知也。待立五經博士，經學成為官學，衍出師法、家法，攬擾文字，各有門戶；今古文之爭後，又歧出諸經真偽之論辯，各自抱殘守闕，經學之恢弘不復。幸而有《公羊》學適時崛起，儒家之批判精神得以延續；不得以其學與漢代盛行之陰陽五行與讖緯之見合流而輕慢其說。《左傳》雖以誌史事為主軸，兼及《春秋》大義；《公羊》、《穀梁》至漢代方有定本，然當在先秦已有稿本流傳，不僅止口傳而已。[①] 歷來傳其學者亦當各有其底本為據，以演繹一家

---

① 李新霖《春秋公羊傳要義》以為《公羊傳》“成書之上限，當在樂正子春（曾子弟子）之時或以後，下限當在漢初”。（頁一八）馬勇《漢代春秋學研究》謂：“很可能子夏傳《春秋》時，公羊高級有一些簡單筆錄，而後在公羊氏內部代有增損，而同時在公羊氏之外，也有一些人傳術語這一系大體相近的學說。到了公羊壽，與弟子胡毋生參照這些不同的本子，刪重去覆，擇善而從，著於竹帛。”（頁 17）趙伯雄《春秋學史》云：“蓋《公》、《穀》二傳再初時都是在師徒父子間口耳相傳，並沒有固定的文本，很容易吸收不同時期傳習者的各種經說，因此，作為《春秋》的一部‘傳’，它的形成可能是一個較長的過程，而不一定是某一個人在短期內撰述完成的。……《穀梁》與《公羊》作為《春秋》的傳，早在戰國中後期已經形成了。”（頁 55、56）筆者〈陸賈《新語》與《春秋穀梁傳》〉認為《穀梁》“至少在荀子傳經時，似乎已有稿本在流傳（《先秦兩漢學術．第七期》頁 46）”。

之言，其演繹未明或別有異說者，後世傳經者又於底本之外一一加以註記，所論皆以詮解《春秋》為目的，特各自之先師於“《春秋》學”之面貌取捨不一，於是歧出耳。然諸傳之釋《春秋》，各自所側重之方向雖不一，但是所詮釋的涵義，不外訓詁詞文、述說物事、詮明理義三個層次[①]，而物事與理義兩個層次，皆係由訓詁詞文的表象上延伸出來。

三、《公羊傳》解經重大義

專就《公羊》學言之，於《公羊傳》之解經，陳柱以為：

> 蓋今所傳之《春秋公羊傳》與其謂為孔子之《春秋》，無寧謂為公羊之《春秋》，自董仲舒、何休以下，皆說公羊之學，而亦不能各盡其同，與其定熟為公羊之真，無寧統名之為“《公羊》家”之學，條其大義，去其乖戾，使世之學者，得以覽其通焉。……而“《公羊》家”之哲學，乃大有其可論者矣。(《公羊家哲學. 自序》

可謂係的當之言。然而《荀子》謂“《春秋》之微也”[②]，《孟子》曰孔子作《春秋》，於史事與史文之外尤重其義[③]；劉歆雖謂“及夫子歿而微言絕，七十子卒而大義乖”，譏諷今文經師“不思廢絕之闕，苟因陋就簡，分文析字，繁言碎辭”，“至於國家將有大事：若

① 參見張素卿《敘事與解釋——左傳解經研究》頁17。

② 見〈勸學〉，又〈儒效〉亦云“《春秋》言是其微也”。

③ 參見〈離婁〉。

立辟雍、封禪、巡狩之儀，則幽冥而不知其原”，譏今文經師不重經義。[①] 唯徵諸《公羊傳》，“分文析字，繁言碎辭”以解析經文容或有之，而即或不及“立辟雍、封禪、巡狩之儀”，發傳即言五始、大一統之義、立嫡立長之制，終傳則敘孔子“制《春秋》之義以俟後聖”之旨；則《公羊傳》所蘊含的“微言大義”固然有自子夏以降層層累聚的一家之言，劉氏之私心，故不待辯。然傳本在“博釋經意，傳示後人”，如何從“分文析字，繁言碎辭”中抽繹出孔門“典法”之精微要義？且從傳文解經之方式作分析。

就《公羊傳》之解經面向，李新霖指出：

> 《公羊傳》可謂專為《春秋》釋義之書。其解經之特殊處，就語言學言：多齊語；就訓詁學言，多字句制度解說；而最令人注目，亦可謂《公羊傳》基本立場者，則其不重史實，尊重經文之態度。蓋《公羊傳》之解經，係以孔子筆削《春秋》為大前提。約言之，《春秋》之義昭乎筆削，而筆削不單包括“史料取捨”，尚有“歷史建設”與“歷史批判”二義；亦即孔子論次史記舊聞，對當時之典章制度，人物行事，皆以自創之道德裡義價值系統，判斷其善惡是非，功過得失。（《春秋公羊要義》頁二四）

文中借用英國哲學家柯靈烏（R. G. Collingwood）所謂的“史料取捨”、“歷史建設”與“歷史批判”三元素說明史學思想；其實，

---

① 見〈移讓太常博士書〉，《昭明文選．卷四十一》頁。

“史料取捨”並非傳文之主軸，“歷史建設”就是“微言”，“歷史批判”即為“大義”，[①] 反而是釋經的核心。而這些微言大義又往往隱藏在傳文對於名物、制度、事蹟的詮釋之中；是以上述傳文解經的三個層次，在《公羊傳》之中乃係由訓詁詞文帶出述說物事（名物、制度、事蹟），再由物事之中詮明理義（微言大義）。

四、訓詁與義理

自訓詁之學成為語言文字學者言小學論字義之根抵後，往往被限制在小學的框架之中，忽略字詞背後所延伸出的深意，是以黃季剛先生云：

> 小學家之訓詁與經學家之訓詁不同。蓋小學家之說字，往往將一切義包含無遺。而經學家之解文，則只能取字義中之一部分。……是知小學之訓詁貴圓，而經學之訓詁貴專。經學訓詁雖有時亦取其通，必依師說展轉求通，不可因猝難明曉，而輒以形聲相通假之說率為改易也。（黃侃〈訓詁學筆記上．說字之訓詁與解文之訓詁不同〉見《國學講義錄》頁二三四）

將經學之訓詁與小學之訓詁作區隔，並將經學訓詁之專定位在“宜依文立義而法有專守”上。不過由於訓經者對於經書文句所見之義有別，於是經書之訓詁亦往往有歧義在焉，然經書訓詁之歧義多

① 皮錫瑞《經學通論》：“綜而論之，春秋有大義，有微言；大義在誅討亂臣賊子，微言在為後王立法。”（卷四“論穀梁廢興及三傳分別”條下，頁十九）。

半可以疏通。如《論語．子路》誌孔子當衛出公輒父子爭國之際適衛，答子路問衛國為政之先務必在“正名”：於“正名”之訓，《集解》引馬融曰“正百事之名也”；皇侃《義疏》謂：

> 鄭注云：正名謂正書字也，古者曰名，今世曰字。《禮記》曰：“百名以上則書之於策。”孔子見時教不行，故欲正其文字之誤。①

或訓名為“百事之名”，或訓名為“書字”之名，兩說相異。而邢昺《注疏》據《史記．衛世家》史事信馬融之說而捨鄭玄釋名為“書字”之訓，朱子《集註》、王船山《訓義》亦不及一詞。陳鱣《論語古訓》則就鄭注申述：

> 文字不正則書句皆不順，顛倒是非，故事不成而禮樂刑罰皆失，其弊至於民無所措手足。……正名乃為政之本，與刪詩書、定禮樂同一垂教萬世，不可以空言視之也。

劉寶楠《正義》云：

> 是正名指蒯聵之事，此必《古論》家說受之安國者也。正名者何？正世子之名也。（頁二八〇、二八一）

① 見《論語集解義疏．卷七》頁四。

於解析馬說之外，補入鄭注，先引錄陳鱣《古訓》，再整合馬、鄭二說，以為：

> 蓋正文字是正名之一端，鄭君此義，亦馬注百事所得包也。然馬注《古論》而但渾言百事，不用〈世家〉。……若鄭氏固篤信《公》、《穀》"以王父命辭父命"之說，宜其解正名不及衛父子爭國事也。（頁二八二、二八三）

進一步言之，則"世子"之名號表之以文字，"名分"之合宜與否亦顯現於文字之著錄，"百事之名"之得失當然往往也透過文獻上之記誌，只要深究"正書字"背後之寓涵，則不惟馬、鄭二家可以相容，亦即〈天下〉所謂"《春秋》以道名分"之"名分"；於相關的"名實"、"名位"、"名義"、"名理"等訓解亦無不符。[1] 是以《公》、《穀》以"師儒相傳"之傳與"親承聖旨"之《左傳》，在說經上縱然有所歧義，亦在於切入觀點之差異而已，其間並無是非可言。

五、《公羊傳》依文以立義

（一）由設問之形式入手，層層衍繹，借事以明義

《公羊傳》依文立義之方式，專就訓詁之層面言之：其訓詁用語之格式"幾乎通篇採用先問後答的設問體形式，設問句又常常與判斷句相結合，從而對經文的字詞句進行了靈活自如的訓釋"，其訓詁術語的使用如曰、稱、為、猶、謂、謂之等，"也初具規模，相互之

---

① 參見筆者〈由"正名"論解經〉，《經學論叢》頁635—654。

間已有一定程度的分工，而且已經基本定型”。[①] 其訓詁方法則包括直陳語義、據境索義、因聲求義三端。[②] 然而於直陳語義之中，有“通過辨析被釋詞與其近義詞之間的些微差別來揭示被釋詞的準確含義”者，正為“《春秋》教”中之“屬辭”；有“連屬而及”者，正為“《春秋》教”中之“比事”；有“以例說法”在於明制度。於是由訓詁之層面延伸到文字背後所蘊涵的意旨。

進一步言，就涉及之史料，孔子作《春秋》而以之垂教後世，既託之空言以見行事，有其深意在焉。作傳者（或傳述者）要“博釋經義，傳示後人”，必先就經意作全盤了解之後，再透過訓詁的方法，一則解析字詞文句在經文裡面的寓含，一則比對類聚經文中同詞與異詞，爬疏出隱藏在文字背後的言外之意。訓詁的目標在於明經而不在攬擾字詞。而作傳者在答問之中直陳語義，於詮解文句時，往往帶出《春秋》用詞之深層寓意，進而點出《春秋》之體例。這些深層寓意與體例，雖然限於訓詁經文之格式，隨文敷衍，分散在注文之中；然而將之整合起來，可以架構出作傳者（或傳述者）的《春秋》觀。是以在分析傳文解經所用的訓詁方法與術語以前，必先體會作傳者對於經旨之認知。了解《公羊傳》對於《春秋》章法、義例與大義後，才有以探討訓詁背後之蘊義。如隱元年九月“及宋人盟于宿”條下，傳曰：“孰及之？內之微者也。”比觀“大夫不敵君”之義例[③]，與宋人盟者

---

① 參見貢桂勇〈《春秋公羊傳》的訓詁用語〉，《邢臺學院學報．第21卷第三期》頁5—7，2006年9月。

② 參見貢桂勇〈《春秋公羊傳》訓詁方法淺論〉，《湖南科技學院學報．第27卷第10期》頁240—242，2006年10月。

③ 參見僖廿八年四月及宣十二年夏六月傳。

不得為國君必矣；再參照“及者何？與也，會、及、暨皆與也。曷為或言會，或言及，或言暨？會猶最也；及猶汲汲也；暨猶暨暨也。及我欲之，暨不得已也。”之義例[①]，魯、宋皆汲汲於盟亦可知也。隱二年夏五月“莒人入向”，傳曰：“入者何？得而不居也。”配合莊十年傳“觕者曰侵，精者曰伐。戰不言伐，圍不言戰，入不言圍，滅不言入：書其重者也。”之義例，正好可以互補。

且看《公羊傳》對於《春秋》終卷哀公十四年“西狩獲麟”之解析，全文透過八層之問答，逐漸深入文字背後之蘊含，帶向孔子作經之深意：

1. 何以書？記異也。

2. 何異爾？非中國之獸也。

3. 然則孰狩之？薪采者也。

4. 薪采者則微者也，曷為以狩言之？大之也。

5. 曷為大之？為獲麟大之也。

6. 曷為為獲麟大之？麟者，仁獸也；有王者則至，無王者則不至。有以告者曰：“有麕而角者。”孔子曰：“孰為來哉！孰為來哉！”反袂拭面，涕沾袍。顏淵死，子曰：“噫！天喪予。”子路死，子曰：“噫！天祝予。”西狩獲麟，孔子曰：“吾道窮矣！”

7.《春秋》何以始乎隱？祖之所逮聞也。所見異辭，所聞異辭，所傳聞異辭。何以終乎哀十四年？曰：備矣。

---

① 見同年三月傳。

8. 君子曷為為《春秋》？撥亂世反諸正，莫近諸《春秋》，則未知其為是與！其諸君子樂道堯舜之道與！末不亦樂乎堯舜之知君子也。制《春秋》之義，以俟後聖，以君子之為，亦有樂乎此也。[1]

前五個層次：先釋獲麟之事入經為“記異”；次釋以非中國之獸而異；次釋麟為採薪者所獲；次釋微者獲麟而稱之以天子諸侯之狩，乃在大其事；進而點出大其事之原因在於麟之見獲。皆針對經文而衍繹。自第六層起，帶入孔子對於獲麟事件之感傷，指向著述《春秋》之動機；第七層由《春秋》始終之斷限，重申三世異辭之旨[2]，至獲麟而備；最後指出孔子作《春秋》之目的，在於駁亂反正，歸諸堯舜之道，有其義在焉。準此，則《公羊傳》釋《春秋》之主軸，著眼於“借事以明義”，亦無以為怪。

(二) 往往直指《春秋》以注經

對於此等《春秋》章法、義例與大義之詮釋，貫通在傳文之中。綜觀傳文，於直指《春秋》以釋經文者，共有二十六則之多[3]；其中

① 引文中之標號為筆者所加，除去標號即為原始之傳文。

② 於隱元年十二月“公子益師卒”及桓二年三月“成宋亂”條下，已二度發“所見異辭，所聞異辭，所傳聞異辭”之傳，只是未明指為孔子耳。

③ 隱二年“無駭帥師入極”傳、隱六年“秋七月”傳、隱七年“滕侯卒”傳、隱十年六月傳、隱十一年十一月傳、桓九年冬傳、桓十一年“鄭忽出奔衛”傳、莊元年正月傳、莊四年“紀侯大去其國”傳、莊七年四月傳、莊廿八年三月傳、莊三十年“齊人伐山戎”傳、閔元年冬傳、僖十六年正月傳、僖十七年夏傳、僖十八年五月傳、僖廿二年十一月傳、僖廿八年“晉人執衛侯歸之于京師”傳、成十五年十一月傳、襄廿九年“吳子使札來聘”傳、昭元年正月傳、昭廿二年十二月傳、昭二十年夏傳、哀三年五月傳、哀十四年春傳。

更有五則兼用“君子”：大體上，《春秋》通言全書之旨，“君子”專指作經者當個別事件之指涉。此外，單稱“君子”以釋經文作者於文辭獨特之指涉者，亦有十六條。[①] 限於篇幅，謹以直指《春秋》之二十六條為經，檢索相關資料，屬辭以比其事為緯，傳文由訓詁通向義理之迹，昭然若揭。

1.《春秋》錄史之態度及形式

(1) 錄史事信以傳信疑以傳疑

《春秋》雖以魯史為據，然不僅抄錄而已；於是在莊七年四月“星賈如雨”條下發：

> 如雨者何？如雨者，非雨也。非雨，則曷為謂之如雨？不脩《春秋》曰：“雨星不及地尺而復。”君子脩之曰：“星賈如雨。”

之傳，說明孔子修《春秋》之態度，較諸不修《春秋》更為謹嚴。而於舊史文字之遺闕，孔子並不去穿鑿。如隱二年冬“紀子伯莒子盟于密”條下，傳曰：“紀子伯者何？無聞焉爾。”又桓十四年“夏五”，傳曰：“夏五者何？無聞焉爾。”錄舊史而不革。襄二年七月“己丑，葬我小君齊姜”，傳曰：“齊姜者何？齊姜與繆姜，則未知其為宣夫人與？成夫人與？”疑以傳疑，皆其例也。更於昭十二年春“齊高偃帥師納北燕伯于陽”條下謂：

① 傳文中言“君子”者共有廿八則，其中有八則或指時君或有德位者。

伯于陽者何？公子陽生也：子曰："我乃知之矣！"在側者曰："子苟知之，何以不革？"曰："如爾所不知何？"《春秋》之信史也，其序則齊桓、晉文，其會則主會者為之也，其詞則丘有罪焉耳。

蓋篤守"君子於其所不知，蓋闕如也"之道，亦即《穀梁》所言之"《春秋》之義：信以傳信，疑以傳疑"[①]。傳文後半與《孟子.離婁》所言相合，《春秋》雖為"信史"，然"其詞"、"其義"，正與前引"獲麟"條末段若合符節。

（2）於編年之體例亦可託之以大義

而《春秋》既以編年為體，於是針對隱六年空書"秋七月"而無一事發傳云：

此無事，何以書？《春秋》雖無事，首時過則書。首時過，則何以書？《春秋》編年，四時具然後為年。

後世據之，遂指《春秋》即使因舊史而不革，必有新意焉。蓋"春為陽中，萬物以生；秋為陰中，萬物以成。善以春賞，惡以秋刑"，"夏五或無月，十有二月或無冬（謹案：成十年與昭十年無冬），疑於脫而非脫"[②] 有時、月、日例之說出現。

2. 透過辭例論《春秋》要旨

剝除各條解經引言訓詁的表述，再以直旨《春秋》之傳文為綱，

① 見桓五年正月《穀梁》。

② 見孔廣森《公羊通義·敘》。

比合同辭、異辭之後[①]，傳所述《春秋》之大旨一一浮顯：其用辭之例，在制度上，“天子三公稱公，王者之後稱公，其餘大國稱侯，小國稱伯、子、男”[②]，是以“《春秋》伯子男一也”[③]。於稱謂上，“州不若國，國不若氏，氏不若人，人不若名，名不若字，字不若子”[④]分為七等。於國君之迎娶，“女在其國稱女，在塗稱婦，入國稱夫人”[⑤]；於戰爭，除前引“觕者曰侵，精者曰伐。戰不言伐，圍不言戰，入不言圍，滅不言入：書其重者也。”之外，“敵者言戰”[⑥]、“得而不居”曰入、“伐而言圍者，取邑之辭也；伐而不言圍者，非取邑之辭也”[⑦]、“伐者（伐人者）為客，伐者（見伐者）為主”[⑧]、“滅者亡國之善辭也。滅者，上下之同力者也”[⑨]、“君死乎位曰滅”[⑩]。然而“《春秋》貴賤不嫌同號，美惡不嫌同辭”[⑪]；於君子之正行，“辭繁而不殺”[⑫]，當比觀而明其義。

---

① 孔廣森《公羊通義．敘》云：“十二公之篇，二百四十二年之紀，文成數萬，赴問數千，應問數百，操其要歸，不越乎同辭、異辭二途而已。”

② 見隱五年“初獻六羽”傳。

③ 見桓十一年九月傳。

④ 見莊十年九月傳。

⑤ 見隱六年九月傳。

⑥ 見莊三十年冬傳。

⑦ 見襄十二年三月傳。

⑧ 見莊廿八年三月及僖十八年五月傳。

⑨ 見僖五年冬傳。

⑩ 見莊廿六年“曹殺其大夫”傳。

⑪ 見隱七年三月傳。

⑫ 見僖廿二年十一月傳。

在記事上，所見、所聞、所傳聞三世異辭[①]，“《春秋》見者不復見”，相匹敵者對舉不得言及；[②] 在章法上，“賈石于宋五”、“六鷁退飛過宋都”記聞與記見迥異，於記日，“《春秋》不書晦也。朔有事則書，晦雖有事不書”[③]。

於批判之分際，“《春秋》錄內而略外，於外大惡書，小惡不書；於內大惡諱，小惡書”：內小惡書，是以魯隱敗宋師，一月之中連取郜、防，《春秋》以甚之而不為之諱[④]；內大惡諱，是以無駭帥師滅極而稱之為“入”[⑤]，昭公滅鄫而曰“取鄫”[⑥]。

於貶絕之施用，“《春秋》不待貶絕而罪惡見者，不貶絕以見罪惡也；貶絕然後罪惡見者，貶絕以見罪惡也”。[⑦] 於是文元年“冬，十月丁未，楚世子商臣弒其君髡”、襄三十年“夏，四月，蔡世子般弒其君固”、昭八年“春，陳侯之弟招殺陳世子偃師”，以世子弒君父、母弟殺世子，此不待貶絕以見罪惡者。宣十一年十月，楚莊為陳討弒君賊，殺夏徵舒，書曰“楚人殺陳夏徵舒”，傳云：“此楚子也，其稱人何？貶。曷為貶？不與外討也。”；宣十四年九月楚子圍宋，十五年五月，楚司馬子反與宋華元互告軍情而解宋圍，書曰“宋人及楚人平”，傳云：“外平不書，此何以書？大其平乎已也。”又謂：“此皆大夫也，其稱人何？貶。曷為貶？平者在下也。”：楚

① 見隱元年十二月、桓二年三月及前引哀十四年傳。
② 見哀三年五月傳。
③ “石五、六鷁”與“不書晦”皆見僖十六年正月經傳。
④ 見隱十年六月傳。
⑤ 見隱二年“無駭帥師入極”傳。
⑥ 見昭四年九月傳。
⑦ 見昭元年正月傳。

莊、子反、華元之所為雖皆為義行，然逾越體制，故必待貶絕方有以見其罪也。

3.《春秋》之所譏

於制度之維護，屢發“譏始”之大義。“疾始滅”①、“譏始不親迎”②、“譏始僭諸公”③、“譏始忌省”④“譏始履畝而稅”⑤，此通言制度之敗壞者。而“譏父老子代從政”⑥、“譏以妾為妻”⑦、“譏不郊而望祭”⑧ 等，則係專指特定之事件而言。而於讎之譏：

> 於讎者將壹譏而已，故擇其重者而譏焉，莫重乎其與讎狩也。於讎者則曷為將壹譏而已？讎者無時焉可與通；通則為大譏，不可勝譏，故將壹譏而已，其餘從同同。⑨

正與前引之莊十年傳侵、伐、戰、圍、入、滅例所言“書其重者”相對應。

4. 即位、弒君、復讎、討賊

於繼弒君與即位之制，君弒臣子有討賊復讎之義：

---

① 見隱二年“無駭帥師入極”傳。
② 見隱二年九月“紀履緰來逆女”傳。
③ 同注 19。
④ 見莊廿二年正月傳。
⑤ 見宣十五年“初稅畝”傳。
⑥ 見桓五年“天王使仍叔之子來聘”傳及桓九年冬傳。
⑦ 見僖八年七月傳。
⑧ 見僖三十一年四月傳。
⑨ 見莊五年冬傳。

《春秋》君弒，賊不討，不書葬，以為無臣子也。子沈子曰："君弒，臣不討賊，非臣也。子不復讎，非子也。葬，生者之事也。《春秋》君弒，賊不討，不書葬，以為不繫乎臣子也。"①

賊不討，不書葬；而賊未討，讎在外，為大國之君，不得討，不得已書葬。② 賊為盟主所誅，"臣子雖欲討之而無所討也"，亦得書葬③。國君世及，"以國為體"，"九世猶可以復讎"；④ 於匹夫則限定在"父不受誅，子復讎可也"，"復讎不除害"，否則就是"推刃之道"⑤。如果因弒君而致國滅，由滅國之敵人"執人之罪人，殺人之賊，葬人之君"，則不勝唏噓；⑥ 惟討賊者"懷惡而討不義，君子不與也"⑦。

"君弒子不言即位"，以示心中之隱痛。⑧ 然"繼弒君子不言即位"，而僖公爲閔公之庶兄繼立，"此非子也，其稱子何？臣、子一例也"。⑨ 故文公逆祀僖公，"先禰而後祖"，《春秋》誌"躋僖公"以譏之。⑩ 桓公弒君弒兄而立；文公薨，仲遂與叔孫得臣弒文公世子子

① 見隱十一年十一月"壬辰，公薨"條下傳。
② 見桓十八年十二月經傳。
③ 見宣十二年春"葬陳靈公"傳。
④ 見莊四年夏"紀猴大去其國"條下傳。
⑤ 見定四年冬十一月傳。
⑥ 見昭八年冬十月傳及九年夏四月傳。
⑦ 見昭十一年夏四月傳。
⑧ 見莊元年正月傳。
⑨ 見僖元年正月傳。
⑩ 見文二年八月傳。

赤立宣公：桓、宣之立皆書即位：蓋“如其意也”①。

於恆常之即位，則天子與諸侯同例：

> 以諸侯之踰年即位，亦知天子之踰年即位也。以天子三年然後稱王，亦知諸侯於其封內三年稱子也。踰年稱公矣，則曷為於其封內三年稱子？緣民臣之心，不可一日無君；緣終始之義，一年不二君，不可曠年無君；緣孝子之心，則三年不忍當也。②

故宋襄當父喪而與諸侯盟齊桓於葵丘，《春秋》誌為“夏，公會宰周公、齊侯、宋子、衛侯、鄭伯、許男、曹伯于葵丘”稱之曰宋子。③ 陳穆公卒，共公當喪與諸侯會晉文于溫；陳惠公卒，子懷公立，旋即會諸侯侵楚：皆書曰“陳子”。正為“諸侯於其封內三年稱子”之明證。

5. 為尊者諱，為親者諱，為賢者諱

“《春秋》為尊者諱，為親者諱，為賢者諱”。④ 於是書會盟“殊會王世子”⑤，序位微之王人於諸侯之上，“先王命也”⑥，以示其尊。僖二十八年五月，晉文與諸侯盟于踐土，僖公朝于王所，傳曰：“曷為不言公如京師？天子在是也。天子在是，則曷為不言天子在是？

① 見桓元年正月傳及宣元年正月傳。
② 見文九年春傳。
③ 見僖九年夏經。
④ 見閔元年冬傳。
⑤ 見僖五年夏傳。
⑥ 見僖五年正月傳。

不與致天子也。”是年冬又為溫之會，書曰“天王狩于河陽”。傳謂：“狩不書，此何以書？不與再致天子也。魯子曰：‘溫近而踐土遠也。’”此皆為尊者諱也。

於魯隱諱其為宋獲[1]，於魯桓諱其取周田[2]，魯桓夫人文姜滯留於齊會之曰“夫人孫于齊”[3]，諱魯莊與弒父之讎齊侯狩而曰“公及齊人狩於郜”[4]，又諱其以凶年造邑[5]，諱僖公殺大夫而曰刺[6]，諱昭公取同姓而稱孟子[7]：蓋皆所謂為內大惡諱也。

然於天子及魯君之諱，未見有以《春秋》為說者。據傳引《春秋》以釋之者，著墨最多者，當在為賢者諱，計有四則；而此四則又可分為兩類。

(1) 人君：

甲．賢行事合於《春秋》之義之國君：（當然，經旨既在借事以明義，《春秋》所褒者有超越史事之實情者。）

故賢齊襄能九世復讎[8]，以明世及之人君有為先祖復讎之義。

乙．賢有繼絕存亡之功之盟主：

故為齊桓諱其滅項，以示“君子之惡惡也疾始，善善也樂終”

---

① 見隱六年“春，鄭人來輸平”傳。

② 見桓元年三月“鄭伯以璧假許田”傳。

③ 見莊元年三月傳。

④ 見莊四年冬經傳。

⑤ 見莊廿八年冬經傳。

⑥ 見僖廿八年春傳。

⑦ 見昭十二年五月傳。

⑧ 見莊四年“紀侯大去其國”傳。

之義。[1] 是以於其救邢不及事[2]，城楚丘專封衛[3]等瑕疵，亦一一為之諱。

(2) 賢臣

賢讓國：

衛叔武為文公守國，而衛侯返國竟殺之，《春秋》為之會不書殺叔武。見僖廿八年“晉人執衛侯歸之于京師”傳。成十三年，曹宣公卒於師，公子喜時讓國於公子負芻，《春秋》賢之，特為其後裔公孫會諱叛，蓋“君子之善善也長，惡惡也短；惡惡止其身，善善及子孫。賢者子孫，故君子為之諱也”。[4] 此外，賢吳季札之讓國，但見賢而無所諱。[5]

徵之於傳，書賢而無所諱者：於人君特別禮敬行正道之宋襄，宋襄於泓之戰，“不鼓不成列，臨大事而不忘大禮”，“以為雖文王之戰，亦不過此也”。[6] 尚有秦穆，以其能變（改過遷善），“其心休休，能有容，是難也”。[7] 人臣則有鄭之祭仲，以其知權。[8] 紀之紀季，

---

① 見僖十七年夏傳。
② 見僖元年“齊師、宋師、曹師會於聶北救邢”條下傳。
③ 見僖二年“城楚丘”條下傳。
④ 見昭二十年“夏，曹公孫會自鄸出奔宋”傳。
⑤ 見襄廿九年“吳子使札來聘”傳。
⑥ 見僖廿二年十一月傳。
⑦ 見文十二年“秦伯使遂來聘”條下傳。
⑧ 見桓十一年九月傳。

面對齊襄之復讎，服罪奔齊，“請後五廟以存姑姊妹”。[①] 孔父“正色而立於朝，則人莫敢過而致難於其君者”，義形於色；[②] 仇牧聞君弒，趨而至，手劍而叱弒君賊，不畏強禦；[③] 荀息不食其言[④]：皆徇身於君難，為時君之良輔。魯之季友[⑤]，以其平定慶父之亂，安定魯國。曹之曹羈，以其三諫不從而去國，“君子以為得君臣之義也”。[⑥] 賢宋伯姬，以其篤守禮法而死於火[⑦]；賢叔術，以其讓國。[⑧]

六、結語

孔子既明言作《春秋》有其義在焉，而“文成數萬，其指數千”，徒以“《春秋》三傳束高閣，獨抱遺經窮終始”的態度求經義，是難有所獲的；必先以三傳為門徑。而三傳解經之角度有別，加上自漢代起就已引發的今古文與真偽之論爭，傳經者又壁壘分明，各守門戶，黨同伐異；於取捨之間，往往已孛離經義。由於《公羊傳》之釋經主義不主事，甚或借事以明義，是以義與事或有扞格之處，范甯斥之以“傷教害義”[⑨]。自董仲舒、何休以降，又比附天人，推衍五行，附會陰陽災異，層層累聚，有非常可怪之論。於其釋經，《公羊》學者陸續提出三科九旨、七等、七缺、六輔、五始之說，迴

① 見莊三年秋傳。
② 見桓二年正月傳。
③ 見莊十二年八月傳。
④ 見僖十年“晉里克弒其君卓子及其大夫荀息”傳。
⑤ 見閔元年“季子來歸”條。
⑥ 見莊廿四年冬傳。
⑦ 見襄三十年七月傳。
⑧ 見昭三十一年冬傳。
⑨ 見〈春秋穀梁傳序〉。

異於研究《左傳》者論史言文之態度，演繹出獨特之《公羊》家哲學系統。然《左傳》每於史料之後引“君子曰”之言以臧否之，不亦為經義之一端耶？唯其切入觀點，不儘與《公羊》符順。如於宋宣、穆之兄弟讓國，穆公又還位於宣公子殤公，君子曰：“宋宣公可謂知人矣。立穆公，其子饗之，命以義夫！商頌曰：‘殷受命咸宜，百祿是荷’，其是之謂乎！”① 全為正面之評斷；而《公羊》則就其後穆公子莊公爭位，弑殤公之事謂：“故君子大居正，宋之禍，宣公為之也。”② 以負面之眼光加以批判，並提出“君子大居正”之大義。杜預《春秋經傳集解. 序》主《左傳》釋經有發凡正例、新意變例與歸趣非例，後世常引為規範，故不可謂《左傳》無經義。《公羊》於申言經義之中，亦或兼錄史事，僅發傳之處或與《左傳》不同耳，如宣二年經誌“秋，九月乙丑，晉趙盾弑其君夷獋”，《公羊》於六年春為“晉趙盾、孫免侵陳”發傳時方回溯其事，而行文及故事皆足以與《左傳》媲美。又《公羊》所錄之史事，更有《左傳》闕如者；如傳莊十三年齊桓與魯莊柯之盟，兼錄曹昧劫盟事，太史公取為〈刺客列傳〉之首。是以亦不得指《公羊》不言史事。夫不知史事，則微言大義之指涉無所施；不深究史事背後之教訓，則無以鑑古以知今。欲明《春秋》之大旨，當先比合三傳以觀之，“知三傳之病而後可以治《春秋》”，陳蘭甫早言之矣。

雖說由子夏、孟、荀到漢儒之層層累聚，造就《公羊》之體系，而《公羊》之病，既在從漢儒開始逐漸滲入之陰陽災異讖緯之說，如果獨取傳文，是否《春秋》義理早期之面貌得以彰顯？又漢儒訓

---

① 見隱三年傳，頁 46。

② 見隱三年十二月傳。

經之方式以訓詁為主，如何由訓詁之表層深入於經義之求索？皆為本文撰述之動機。

透過《公羊》直指《春秋》以釋經文之二十六則資料作為考察之主軸，比附同類之傳文，了解在史料之著錄上，《春秋》雖然“信以傳信，疑以傳疑”，然而在編年之體例下，亦可衍成時、月、日書或不書之義例。在傳經之方法上，雖往往以設問之形式或直陳語義、或據境索義、或因聲求義，然所詮解之辭義，正好透過屬辭比事的連接形成辭例，由辭例進一步帶出關於制度、稱謂、戰爭等方面之義例。而在記事與斷限上，三世異辭，各有其章法與辭例在焉。從此等層面逐步探索，褒貶之大義於焉浮顯。是以剝除訓詁之表象，連屬相關之辭例，比合同辭、異辭，《公羊傳》的確存有孔門《春秋》學之精義。

而其要旨所及，大體有刺譏、復讎、討賊、諱辭等，配合辭例與義例，《公羊傳》從“分文析字，繁言碎辭”之片斷答問的訓詁表象之下，實際隱藏著一套圓融之經義系統。至於何者屬於大義，何者屬於微言，容或因後人解經之觀點不一而有歧見，然皆屬後人由這些基本資料所延伸出來的《公羊》學系統，亦在不爭。

引用書目

何休《春秋公羊傳》　十五經古注易讀（五）　永康出版社　民國五十八年六月

范甯《春秋穀梁傳》　十五經古注易讀（五）　永康出版社　民國五十八年六月

杜預《春秋經傳集解》　相臺岳氏本　七略出版社　民國七十七年九月

孔廣森《公羊通義》 續四庫全書 上海古籍出版社 2002

陳柱《公羊家哲學》 臺灣中華書局 民國六十六年臺一版

李新霖《春秋公羊傳要義》 臺灣師大國文所博士論文 民國七十三年五月

張素卿《敘事與解釋——左傳解經研究》 臺北書林出版社 1998年

黄侃《國學講義錄》 花神出版社 民國九十一年八月

何晏集解、皇侃義疏《論語集解義疏》 廣文書局 民國五十七年一月初版

劉寶楠《論語正義》 世界書局 民國五十二年十二月再版

貢桂勇〈《春秋公羊傳》的訓詁用語〉,《邢臺學院學報. 第21卷第三期》, 2006年9月

〈《春秋公羊傳》訓詁方法淺論〉,《胡南科技學院學報·第27卷第10期》, 2006年10月

孔子与中国哲学“思想范式”

中国社会科学院哲学所教授 李存山

西方现代哲学家雅斯贝尔斯于1949年出版《论历史的起源与目的》，提出了“轴心时期”的理论；又于1957年出版《大哲学家》，首列苏格拉底、佛陀、孔子和耶稣为“思想范式的创造者”，并将老子列入“原创性形而上学家”。的确，孔子和老子可以作为“轴心时期”中国文化实现“哲学的突破”的两个杰出代表，是他们以及其他先秦诸子创建了中国哲学的“思想范式”，这一范式不同于苏格拉底、佛陀和耶稣所建立的思想范式，它使中国哲学有其自身的特点，而中国哲学在中国文化中所处的核心地位，也使秦以后的中国文化不同于印度文化、西方的古希腊罗马文化和基督教文化。

中国传统哲学可以称为“天人之学”，亦即对“天道”、“人道”以及对知天、知人之“知”的认识。“究天人之际”是贯穿中国传统哲学的主题，“推天道以明人事”是中国传统哲学的普遍架构，其“实质上的系统”就是由天论、人论以及知论所组成的系统，而人论是其中心（“知人则哲”），“原善”（善即“仁者爱人”）、“为治”（治即“安民则惠”）是其宗旨。它具有“天人合一”、“真善合一”、“知行合一”，以及本体论与宇宙论合一、人性论与价值观合一等特点。[①]

由中国传统哲学所主导的中国传统文化，不同于古印度和西方中世纪的宗教文化（以现世为人生之“寄寓”，以出世的彼岸世界为人生之归趋），它是以肯定现世生活为基点的“人文主义”；也不同于西方古希腊的“以智力为基点的人文主义”，它是“道德性的人文主义”[②]。中国哲学和文化的精神就是“道不远人”，“极高明而道中庸”，“天地变化，圣人效之”，因此，“天行健，君子以自强不息”，“地势坤，君子以厚德载物”。这是“中华人文精神”的核心价值，在这种价值观中包含了对天地万物、生活世界之实在性的肯定，中华民族就是要在这个实在的生活世界中自强不息地追求和实现人生、社会的理想，以人为本，崇尚道德与和谐，宽容博大，生生日新。这种精神就使中华文化成为中华民族生生不息、团结奋进的不竭动力[③]。

孔子在中国哲学和文化史上的地位，可以概括为三点：一、他是“前轴心时期”中国文化的继承者和诠释者（《中庸》：“仲尼祖述尧舜，宪章文武”；《史记·五帝本纪》：“学者多称五帝，尚矣！然《尚书》独载尧以来”）。二、他是中国文化在“轴心时期”实现哲学突破的开创者。三、他是秦以后中国哲学和文化范式的奠定者。本文主要就第二点阐述孔子的哲学思想及其对“中华人文精神”的伟

---

① 参见拙著《中国传统哲学纲要》“前言”，中国社会科学出版社 2008 年版。

② 参见拙文《中华精神与“道德性的人文主义”》，载《国际儒学研究》第 13 辑，成都时代出版社 2004 年版。

③ 参见拙文《谈谈中国哲学的特殊性》，载 2009 年 3 月 24 日《人民日报》第 7 版。

大意义。

一、由“礼”进至“仁”

春秋时期是“礼”的世纪[①]，而孔子所创建的儒学则为“仁”的学说。“仁”在孔子以前是众德目之一，而在孔子的思想中“仁”成为统率诸德目的“全德”之名。孔子说：

> 礼云礼云！玉帛云乎哉！乐云乐云！钟鼓云乎哉！（《论语·阳货》）
>
> 人而不仁，如礼何？人而不仁，如乐何？（《论语·八佾》）

孔子认为“礼乐”是重要的，“不学礼，无以立”（《论语·季氏》），“兴于诗，立于礼，成于乐”（《论语·泰伯》），但是“礼乐”绝非仅仅是玉帛往来、钟鼓奏鸣等等仪节形式，它内在的道德意识应该是“仁”。孔子的这一思想无疑源自春秋时期的“礼”与“仪”之分。当晋女叔齐说鲁昭公之“无失礼”只是“仪”而“不可谓礼”时，孔子14岁；当郑子大叔说“揖让周旋之礼”只是“仪”而“非礼”时，孔子已34岁。女叔齐认为，礼的实质内涵是“守其国、行其政令、无失其民”（《左传·昭公五年》）；子大叔则引述子产的话，认为礼是“天之经也，地之义也，民之行也”（《左传·昭公二十五年》）。孔子对此作了进一步的思考，他认为礼的实质应该是人的内在道德意识——“仁”。

---

① 参见徐复观《中国人性论史》，上海三联书店2001年版，第41页。

孔子说：“为仁由己，而由人乎哉?”（《论语·颜渊》）这显然是一种道德的自觉和自律的思想。孔子又说：“仁远乎哉？我欲仁，斯仁至矣。”（《论语·述而》）这里的“我欲仁”就是说“仁”的观念和行为不是屈从于外在的规定，而是出于自我的道德选择和精神追求的自由意志。康德说：“自由概念的实在性既然被实践理性的一个必然法则所证明，所以它就成了纯粹的甚至思辨的理性体系的整个建筑的拱心石……”“自由是道德法则的存在理由（ratio essendi)，道德法则是自由的认识理由（ratio cognoscendi）……如果没有自由，那我们就不可能在自身发现道德法则。”[①] 黑格尔也说：“道德的意志是他人所不能过问的。人的价值应按他的内部行为予以评估，所以道德的观点就是自为地存在的自由。”[②] 虽然儒家的伦理思想与康德和黑格尔的伦理思想有着许多差异，但是它们都把意志自由作为道德观念和行为的前提则是相同的。

孔子所谓“仁”，是一种自觉、自律、自由的道德意志，但它不是一种“纯粹形式”的伦理[③]，而是有着实质的内容。“仁”发端于血缘宗族或家庭成员之间的“亲亲”之情，所以，孔子的学生有若

---

① 康德：《实践理性批判》，关文运译，广西师范大学出版社 2002 年版，第 1、2 页。

② 黑格尔：《法哲学原理》，范扬、张企泰译，商务印书馆 1979 年版，第 111 页。

③ 康德说：“一个有理性的存在者必须把他的准则思想为不是依靠实质而只是依靠形式决定其意志的原理，才能思想那些准则是实践的普遍法则。”“我们如果抽出法则的全部实质，即抽出意志的全部对象（当做动机看的），那么其中就单单留下普遍法则的纯粹形式了。”见氏著《纯粹理性批判》，第 12—13 页。儒家伦理思想与康德的“纯粹形式”伦理思想并不相同。

说："孝弟也者，其为仁之本与！"（《论语·学而》）孔子也说："弟子入则孝，出则弟，谨而信，泛爱众而亲仁。"（同上）孝悌为"仁"之本始，故"仁"就是由此"亲亲"之情扩充为"老吾老以及人之老，幼吾幼以及人之幼"（《孟子·梁惠王上》），进而扩充为"泛爱众"，即泛爱所有的人。

孔子说："里仁为美。择不处仁，焉得知（智）？"（《论语·里仁》）"仁者必有勇，勇者不必有仁。"（《论语·宪问》）可见"仁、智、勇"虽然为"三达德"，但是在孔子的思想中，"仁"统率了"智"和"勇"。孔子又说："刚毅、木讷，近仁。"（《论语·子路》）"樊迟问仁，子曰：'居处恭，执事敬，与人忠；虽之夷狄，不可弃也。'"（同上）"子张问仁于孔子，孔子曰：'能行五者于天下，为仁矣。''请问之？'曰：'恭、宽、信、敏、惠：恭则不侮，宽则得众，信则人任焉，敏则有功，惠则足以使人。'"（《论语·阳货》）可见在"仁"的概念中，不仅统率了"礼、孝、智、勇"，而且统率了"刚毅、木讷、恭、敬、忠、宽、信、敏、惠"等诸多德目。

《吕氏春秋·不二》篇云："孔子贵仁"，即孔子认为"仁"是最有价值的①。孔子思想以"仁"为核心，故孔子所创之儒学亦可称为仁学。

---

① "贵"是中国古代表示"价值"的词汇。如"礼之用，和为贵"（《论语·学而》），即认为礼之施用是以"和"为最有价值。孟子说："人人有贵于己者"（《孟子·告子上》），即认为每个人都有其自身固有的价值。《吕氏春秋·不二》篇云："老聃贵柔，孔子贵仁，墨翟贵兼……"即认为老子、孔子、墨子等有着不同的价值取向。

二、“仁者爱人”

在《论语》中，孔子的弟子问“仁”处甚多，孔子一般是因材施教，随机指点，这也可见孔子所继承前人思想之丰富，以及他对“仁”之深刻内涵的多重思考。然而，“爱人”为“仁”之本质内涵，这验之于《论语》和其他历史文献是可以成立的。

樊迟问“仁”。子曰：“爱人。”（《论语·颜渊》）

子曰：“弟子入则孝，出则弟，谨而信，泛爱众而亲仁。”（《论语·学而》）

这里的“爱人”、“泛爱众”即是泛爱所有的人，亦即“爱类”。《吕氏春秋·爱类》篇云：“仁于他物，不仁于人，不得为仁。不仁于他物，独仁于人，犹若为仁。仁也者，仁乎其类者也。”这说明在“仁”的道德意识中有着对“人”这个“类”的认识的高度自觉，仁者之爱人是泛爱人类所有的人。《吕氏春秋·贵公》篇云：“荆人有遗弓者，而不肯索，曰：‘荆人遗之，荆人得之，又何索焉？’孔子闻之曰：‘去其荆而可矣。’老聃闻之曰：‘去其人而可矣。’故老聃则至公矣。”这个故事说明，老子主张消泯人与自然的区别，而孔子强调超越国界的人类意识；老子的思想是物我合一的自然主义，孔子的思想则是以爱人类为中心的人文主义。

孔子主张泛爱人类，故樊迟在另一处“问仁”，孔子答：“居处恭，执事敬，与人忠；虽之夷狄，不可弃也。”（《论语·子路》）在孔子的思想中，华夏与“夷狄”有着族类和文化的不同，但仁之“爱人”是不分族类、跨越文化的，因而“虽之适夷狄无礼义之处，亦不可弃而不行也”（《论语正义》邢昺疏）。人类意识的自觉，内在地包含着相互依存的两个方面，其一是对人与非人的区分，其二是对人类自身的认同。这两个方面在孔子的思想中有着鲜明的体现。《论语·乡党》篇载：“厩焚，子退朝，曰：‘伤人乎?’不问马。”朱熹对这句话的解释是“贵人贱畜，理当如此”（《论语集注》）。“贵人”就是以人为最“贵”，人的价值高于畜的价值。《论语·微子》篇载，孔子一行与隐者相遇，子路在把隐者的话告诉孔子后，孔子叹曰：“鸟兽不可与同群，吾非斯人之徒与而谁与？天下有道，丘不与易也。”朱熹注：“言所当与同群者，斯人而已，岂可绝人逃世以为洁哉？天下若已平治，则我无用变易之。正为天下无道，故欲以道易之耳。”（同上）这里的“同群”即认同之意，“斯人”即与鸟兽相区别的人类。孔子之栖栖皇皇，周游列国，“席不暇暖”，为的是使“天下（人）有道”（按“天下”在古语中一般是指以华夏为中心的人类世界），孔子背负着为“天下人”而“行道”的高度使命感。

后期墨家对于“仁”有一个界说：“仁，爱己者，非为用己也，不若爱马者。”（《墨子·经说上》）这里的“爱己”即爱人如己，“非为用己”就是并非以人为手段（不像“爱马”那样为了用马），而是以人为目的。这个界说也很符合孔子的思想。孔子之所以在马厩失火时只问“伤人乎”而“不问马”，就是因为只有人才具有内在的价值，“不问马”并非不爱马，而是因为“爱人”与“爱马”有着价值层次的不同（朱熹《论语集注》：孔子“恐伤人之意多”，故对于马“未暇问”）。墨子曾经“学儒者之业，受孔子之术”，后来“背周道而用夏政”（《淮南子·要略》），墨家与儒家虽然在“爱人”的方式上有所不同，但“爱人”即爱人类，是以人为目的而非手段，这一点两家是相同的。这也符合康德所说：“在整个宇宙中，人所希冀和所能控制的一切东西都能够单纯用做手段；只有人类……才是一个自在目的（Zweck an sich selbst）。”[①] 道德行为的准则就是“要按照把每个有理性的存在（不论是你自己或是其他人）都只能当做目的而决不当做手段那样去行动”。

《中庸》引孔子曰：“仁者，人也，亲亲为大。”即是说仁者爱人，以“亲亲”为仁之本始。孟子说：“仁者爱人。”（《孟子·离娄下》）“亲亲，仁也；敬长，义也。无他，达之天下也。”（《孟子·尽心上》）这也是说仁之“爱人”要从“亲亲”“敬长”开始，而“爱人”之“达之天下”就是泛爱人类所有的人。孟子又说：“君子之于物也，爱之而弗仁；于民也，仁之而弗亲。亲亲而仁民，仁民而爱物。”（《孟子·尽心下》）这是说仁之“爱人”乃施由亲始，爱有差等，泛爱人类亦可推广到泛爱万物。

汉儒董仲舒说：“以仁安人……仁之法在爱人……人不被其爱，虽厚自爱，不予为仁……质于爱民，以下至于鸟兽昆虫莫不爱。不爱，奚足谓仁？仁者，爱人之名也……故王者爱及四夷……”（《春秋繁露·仁义法》）显然，这里的“爱人”也是爱全人类的意思。唐儒韩愈说：“博爱之谓仁”（《韩昌黎集·原道》，此不失为对“仁”的一个确切定义。宋代理学家因为区分“性”（“理”）与“情”，故说：“爱自是情，仁自是性，岂可专以爱为仁？”（《程氏遗书》卷一八）“仁者，爱之理，心之德也。”（朱熹《论语集注·学而》）这里所谓“爱之理”亦是“博爱”之理，故张载说：“爱必兼爱，成不独成”（《正蒙·诚明》），“民吾同胞，物吾与也”（《正蒙·乾称》）。二

---

① 康德：《实践理性批判》，第79—80页。

程说："仁者浑然与物同体，义礼智信皆仁也。"（《程氏遗书》卷二上）"仁之道，要之只消道一公字……只谓公则物我兼照，故仁所以能恕，所以能爱。恕则仁之施，爱则仁之用也。"（《程氏遗书》卷十五）

至近代，康有为说："仁者无不爱，而爱同类之人为先。……盖博爱之谓仁。孔子言仁万殊，而此以'爱人'言仁，实为仁之本义也。"（《论语注·颜渊》）在此，康有为说得对，以"爱人"言仁，确实是仁之本义。

西方的基督教也讲"爱人"，但其"爱人"是以"爱天主"为先，"爱人"只落在"其次"的第二义上。如《圣经·马太福音》载耶稣说："你要尽心、尽性、尽意，爱主你的神。这是诫命中的第一，且是最大的。其次也相仿，就是要爱人如己。"西方早期来华的传教士利玛窦曾以这样的"诫命"来比附儒家的"仁"，他说："仁也者，乃爱天主，与夫爱人者，崇其宗原而不遗其枝派，何以谓外乎？人之中，虽亲若父母，比于天主者，犹为外焉。"[①] 这就是说，"爱天主"是本（"宗原"），是最内在的，"爱人"只是末（"枝派"），孝敬父母比之于爱天主犹为外在的。"仁之德所以为尊"，利玛窦说："其尊非他，乃因上帝"[②]；又说："夫仁之大端，在于恭爱上帝"[③]。可以说，基督教的"爱人"是以神（上帝）为本或"神本主义"的。而基督教也有"人类中心主义"的思想，此即《圣经》中的"创世

① 利玛窦：《天主实义》，见朱维铮主编《利玛窦中文著译集》，复旦大学出版社 2001 年版，第 77 页。

② 利玛窦：《天主实义》，见同上书，第 79 页。

③ 利玛窦：《二十五言》，见同上书，第 131 页。

记”所说：神在创造了各种植物和动物之后，“就照着自己的形象造人……神就赐福给他们，又对他们说，要生养众多，遍满地面，治理这地，也要管理海里的鱼、空中的鸟和地上各样行动的活物……”这样一种思想就使西方文化把自然界视为一个“经济体系”，自然界的万物都要被人类所治理、所开发，为人类提供尽可能多的“经济价值”。这种思想既促进了西方近现代科学技术的发展，又是造成今日生态环境危机的一个原因[①]。

与西方的基督教不同，儒家的“仁者爱人”是以孝悌为本始，推扩至爱人类，进而泛爱万物。儒家有“尊天”、“敬天”、“畏天”之说，而没有“爱天”之说。这是因为“爱某”有“为某”，即以“某”为价值主体的意思。儒家所尊之“天”，其自身没有独立的内在价值，而是“天视自我民视，天听自我民听”，“民之所欲，天必从之”，故“尊天”、“敬天”、“畏天”的宗旨还在于“爱人”或“安民”，人民是真正的价值主体。因此，儒家学说不是“神本主义”而是人本主义或民本主义的。“仁者爱人”是儒家的第一义，而不是“其次”的第二义。儒家所讲的“爱物”，除了物有工具或使用价值之外，在“民胞物与”、“仁者浑然与物同体”的思想中也包含了“环境伦理”的意义。

三、“忠恕”之道

《论语·里仁》篇载，孔子对曾子说：“参乎！吾道一以贯之。”曾子应答：“唯。”孔子出。门人问曾子：“何谓也？”曾子说：“夫子

① 参见唐纳德·沃斯特《自然的经济体系——生态思想史》，侯文蕙译，商务印书馆1999年版，第19—20、47—49页。

之道，忠恕而已矣。”孔子所说的“吾道”，当然是指仁之道。“仁”作为“全德”之名，统率诸德目，“忠”与“恕”也在其内，但仁之道（严格地说是行仁之道）所“一以贯之”的又是“忠恕”，此亦为孔子思想的一个睿识卓见，因为“忠恕”乃是社会人际交往的一个最基本的道德准则，故它被称为道德的“金律”或“黄金规则”。

《论语·卫灵公》篇载：“子贡问曰：‘有一言而可以终身行之者乎？’子曰：‘其恕乎！己所不欲，勿施于人。’”观此可知，“恕”就是“己所不欲，勿施于人”。《论语·雍也》篇载：“子贡曰：‘如有博施于民而能济众，何如？可谓仁乎？’子曰：‘何事于仁！必也圣乎！尧舜其犹病诸！夫仁者，己欲立而立人，己欲达而达人。能近取譬，可谓仁之方也已。’”这里的“己欲立而立人，己欲达而达人”，也就是“推其（己）所欲以及于人”（朱熹《论语集注》），此即为“忠”。《论语·学而》篇载曾子曰：“吾日三省吾身，为人谋而不忠乎？与朋友交而不信乎？传不习乎？”此句中的“为人谋而不忠乎”，即是反省自己为别人打算是否做到了推己及人。所谓“仁之方”，何晏《论语集解》引孔安国曰：“更为子贡说仁者之行。方，道也。”然则“仁之方”也就是践行仁的方法、道路，它“一以贯之”的就是“忠恕”。

朱熹《论语集注》释“忠恕”云：“尽己之谓忠，推己之谓恕。”其实，“尽己”与“推己”并无实质的差别。“尽己之谓忠”，而“忠”亦是“推其（己）所欲以及于人”；“推己之谓恕”，而“恕”之“推己”也有“尽己”之意。“忠”与“恕”实只“一”道，故孔子说“吾道一以贯之”。在孔子的“一”道中，包含着“己欲立而立人，己欲达而达人”、“己所不欲，勿施于人”的统一而深刻的意涵。因此，“忠”与“恕”有着相互补充、相互规定、相互包含的意思。

只有把“忠”与“恕”统一起来，既做到“己欲立而立人，己欲达而达人”，又做到“己所不欲，勿施于人”，才是孔子的“一以贯之”的仁道。换言之，只有做到“己所不欲，勿施于人”，才是真正的“忠”；只有做到“己欲立而立人，己欲达而达人”，也才是真正的“恕”。

朱熹说：“推己之谓恕”。其实，“推己”并没有把“恕”的意涵完全表达出来。“己所不欲，勿施于人”，包含着如何“推己”的重要思想。也就是说，“恕”之推己及人，首先强调的是不要强加于人。《论语·公冶长》篇载：“子贡曰：‘我不欲人之加诸我也，吾亦欲无加诸人。’子曰：‘赐也，非尔所及也。’”这里的“加”即是侵加、强加之意。这段记载与前述子贡问曰“有一言而可以终身行之者乎？”子曰“其恕乎！己所不欲，勿施于人”，当有着直接的联系。“己所不欲，勿施于人”，其初始的意思就是：我不欲别人强加于我，我也不要强加于别人。孔子说“赐也，非尔所及也”，这里的“非尔所及”犹如孔子说“尧舜其犹病诸”。对于“尧舜”这样的圣人来说，若要做到“博施于民而能济众”并不容易；对于一般的“君子”来说，若要做到“己所不欲，勿施于人”也并不容易[①]。因此，孔子与子贡的两次对话，都说明了“恕”之重要。

“恕”之所以重要，乃是因为我与他人都是同“类”之人。我有独立意志，“不欲人之加诸我也”；他人也有独立意志，故我亦应该“无加诸人”。孔子说：“三军可夺帅也，匹夫不可夺志也。”（《论语

---

① 程颐说：“‘我不欲人之加诸我也，我亦欲无加诸人。’《中庸》曰‘施诸己而不愿，亦勿施于人’，正解此两句。然此两句甚难行，故孔子曰‘赐也，非尔所及也。’”（《程氏遗书》卷十八）

·子罕》）匹夫之“志”就是人人具有的独立意志，这是他人所不能侵夺的。因此，仁之“爱人”不仅是对他人有所帮助，把他人作为爱的“对象”，而且首先是尊重他人的独立意志，不要强加于人。这就是说，“忠恕”之道作为社会人际交往的一个基本道德准则，是建立在确认人与人之间的“交互主体性”的基础上。这种道德的“交互主体性”符合康德的“普遍道德律”，即：“不论你做什么，总应该做到使你的意志所遵循的准则同时能够成为一条永远普遍的立法原理。”[①] 当然，康德的“普遍道德律”是纯粹形式的，而儒家的“忠恕”则包含着要使人有所“立”、有所“达”的实质内容。

《中庸》引子曰：“忠恕违道不远，施诸己而不愿，亦勿施于人。”此可见“忠”与“恕”有着内在统一的关系，所以单说一个“己所不欲，勿施于人”，也可称为“忠恕”。《中庸》接着说：“君子之道四”，即“所求乎子，以事父”（吾欲子之孝我，吾亦以孝事父，下仿此）；“所求乎臣，以事君”（“臣”乃家臣）；“所求乎弟，以事兄”；“所求乎朋友，先施之”。这里包含了父子、君臣、兄弟、朋友之间的关系，此“君子之道四”都是从“忠恕”之道引申而来。

《大学》将“忠恕”之道又称为“絜矩之道”。朱熹《大学章句》：“絜，度也；矩，所以为方也。”“絜矩”在这里犹如言“规矩”，就是指基本的道德准则。《大学》云：

> 所恶于上，毋以使下；所恶于下，毋以事上；所恶于前，毋以先后；所恶于后，毋以从前；所恶于右，毋以交

---

① 康德：《实践理性批判》，第17页。

于左；所恶于左，毋以交于右。此之谓絜矩之道。

朱熹注：“如不欲上之无礼于我，则必以此度下之心，而亦不敢以此无礼使之。不欲下之不忠于我，则必以此度上之心，而亦不敢以此不忠事之。至于前后左右无不皆然，则身之所处，上下四旁、长短广狭，彼此如一而无不方矣。彼同有是心而兴起焉者，又岂有一夫之不获哉？所操者约，而所及者广，此平天下之要道也。”（《大学章句》）这个“要道”也就是“忠恕”之道[①]。其中上下、前后、左右是喻指社会生活的一切人际关系，它特别突显了一种“角色互换”的意识。这正如主张“普遍规定主义”（universal prescriptivism）的西方现代伦理学家黑尔（Hare）所指出，在某一道德情境中，一个人必须时时问自己：“在同样情况下，我是否愿意别人也对我做这种事？”“假如这种事发生在我身上，我还会赞同这种事吗？”通过这种角色的互换，以达到道德的“可普遍化”要求[②]。

孟子说：“得天下有道：得其民，斯得天下矣。得其民有道：得其心，斯得民矣。得其心有道：所欲，与之聚之；所恶，勿施尔也。”（《孟子·离娄上》）这里的“所欲”，包括“人情莫不欲寿”、“莫不欲富”、“莫不欲安”、“莫不欲逸”（朱熹《孟子集注》引晁错语）等等，因此，“所欲，与之聚之”，即是“推其所欲以及于人”，

---

① 《礼记正义》郑玄注云：“絜矩之道，善持其所有，以恕于人耳。治国之要尽于此。”孔颖达疏云：“能持其所有，以待于人，恕己接物，即絜矩之道也。”

② 参见孙伟平《伦理学之后——现代西方元伦理学思想》，江西教育出版社 2004 年版，第 318 页。

乃“忠”也；“所恶，勿施尔也”，即是“推其所不欲而勿施于人”，乃“恕”也。也就是说，君主对民实行仁政，其中也贯穿了“忠恕”之道。职此之故，孟子又说：“古之人所以大过人者，无他焉，善推其所为而已矣。”（《孟子·梁惠王上》）

“忠恕”之道或“絜矩之道”是贯穿儒家仁学思想的“平天下之要道”，亦即实现“均无贫，和无寡，安无倾”（《论语·季氏》），“老者安之，朋友信之，少者怀之”（《论语·公冶长》）等等儒家之社会理想的和谐之道。

中国在现代国际关系中首发“和平共处五项原则”，按周恩来所说，和平共处、求同存异、不要将己见强加于人等等，是“来自我们的文化传统，不全是马克思主义的教育”[①]。我认为，这里的“文化传统”主要是“忠恕”之道：“互相尊重主权和领土完整，互不侵犯，互不干涉内政”，此乃“己所不欲，勿施于人”；“平等互利”，则是“己欲立而立人，己欲达而达人”。“忠恕”之道，仍是现代的维护“世界和平”之道[②]。

四、“知人”“安民”

“知人”“安民”源于《尚书·皋陶谟》所谓“知人则哲，能官人；安民则惠，黎民怀之。”在《皋陶谟》中，这还只是“王官之学”的一部分；在孔子的思想中，则已将其提升为儒家的哲学思想。

《论语·颜渊》篇载：

---

① 《周恩来外交文选》，中央文献出版社 1990 年版，第 327－328 页，转引自戢斗勇《儒家全球伦理》，甘肃人民出版社 2004 年版，第 248 页。

② 参见拙文《忠恕之道与世界和平及环境保护》，载《孔子研究》2005 年第 4 期。

> 樊迟问仁，子曰：“爱人。”问知，子曰：“知人。”樊迟未达。子曰：“举直错诸枉，能使枉者直。”樊迟退，见子夏。曰：“乡（向）也吾见于夫子而问知，子曰‘举直错诸枉，能使枉者直’，何谓也?”子夏曰：“富哉言乎！舜有天下，选于众，举皋陶，不仁者远矣；汤有天下，选于众，举伊尹，不仁者远矣。”

这里的“问知”，“知”读为“智”（朱熹《集注》：“上知，去声，下如字”）。孔子所答“知人”与“爱人”相联系，仁者爱人，智者知人，“仁”与“智”是内在统一的。“智”就是“哲”（《尚书正义·皋陶谟》：“哲，智也”），孔子所说的“智者知人”与“知人则哲”有着相承的关系。“樊迟未达”，孔子指点说：“举直错诸枉，能使枉者直。”樊迟仍未理解，子夏遂举例说：“舜有天下，选于众，举皋陶，不仁者远矣；汤有天下，选于众，举伊尹，不仁者远矣。”皋陶是舜所选任的贤臣，伊尹是汤所选任的贤臣。因此，孔子的指点和子夏的举例，包含着“知人则哲，能官人”的意思。但是，孔子所说“举直错诸枉，能使枉者直”，毕竟是指点语，而非定义语。在孔子的思想中，“爱人”是对人“类”的普遍之爱，“知人”亦是对人“道”的普遍之知。

孔子说：“士志于道，而耻恶衣恶食者，未足与议也。”（《论语·里仁》）“朝闻道，夕死可矣。”（同上）孔子所谓“道”，也就是“仁道”或“人道”。此“道”作为“君子”的道德修养之道，也就是要把对“仁”之道义的追求作为人生的最高志向，有此志向则“君子之于天下也，无适也，无莫也，义之于比”（同上）。对道义的追求高于对个人利益的追求，故孔子说："富与贵，是人之所欲也，不以其道得之，不处也。贫与贱，是人之所恶也，不以其道得之，不去也。"（同上）这样，即便是处于"恶衣恶食"的艰苦物质生活中，因为有道义上的自足，故"乐亦在其中矣"（《论语·述而》）。孔子称赞颜回说："贤哉！回也。一箪食，一瓢饮，在陋巷，人不堪其忧，回也不改其乐。"（《论语·雍也》）此即后来宋明理学家所津津乐道的"孔颜乐处"。

儒家的"孔颜乐处"即是"道义之乐"①，它近似于康德所说的如果道德的动机"功夫纯熟，不加勉强"，那么也会在主观上产生一种"愉快的感情"或"自得之乐"②。这种"自得之乐"是由道义产生的，因此，它又内在地包含着道义的社会责任感和使命感，有着对社会的"忧患"意识。曾子说："士不可以不弘毅，任重而道远。仁以为己任，不亦重乎！死而后已，不亦远乎！"（《论语·泰伯》）如果说"孔颜乐处"为儒家提供了个人精神上的安身立命之地，那么道义的"弘毅"精神则塑造了中国士人精英的"以天下为己任"的社会情怀，合此二者就是儒家的"内圣外王"思想境界。

子贡说："夫子之文章，可得而闻也；夫子之言性与天道，不可得而闻也。"（《论语·公冶长》）在《论语》中，孔子只讲了一句

---

① 宋儒范仲淹在其早年作诗云："瓢思颜子心还乐，琴遇锺君恨即销。"（《范文正公集》卷三《睢阳学舍书怀》）。至其晚年，"子弟以公有退志，乘间请治第洛阳，树园圃，以为逸老之地"，范仲淹说："人苟有道义之乐，形骸可外，况居室乎！"（《范文正公集·年谱》）周敦颐说：颜子之乐并非"乐于贫"，而是因为"天地间至尊者道，至贵者德"，"道义者，身有之则贵且尊"（《通书·师友》）。

② 参见康德《实践理性批判》，第 27、112 页。

“性相近也，习相远也”。他当时主要关注的是“为仁由己”的问题，还来不及建立人性与天道的理论联系。“性相近”表达了人人都是可育之材（故孔子“有教无类”），“习相远”则更强调了人之后天习行修养的重要。因此，从“性相近”不必上接天道。与人之德行相分离的天道，孔子是不关心的。这也就是《中庸》所说：“道不远人。人之为道而远人，不可以为道。”然而，从子贡所说“性与天道”，可知这已经是孔门弟子所思考的问题，而孔子本人也说“五十而知天命”（《论语·为政》），“不知命，无以为君子”（《论语·尧曰》），子夏说“商闻之矣[①]：死生有命，富贵在天”（《论语·颜渊》）。循此，在郭店竹简中便有了讲天人关系的《五行》、《性自命出》、《穷达以时》等篇，至《中庸》则提出了“思知人，不可以不知天”，《易传》更是“推天道以明人事”，儒家遂完成了“天人之学”的理论建构。其间无疑受到了老子哲学的重要影响，但据孟子引《诗》曰：“天生烝民，有物有则。民之秉彝，好是懿德。”又引孔子曰：“为此诗者，其知道乎！”（《孟子·告子上》）儒学本身亦有建构“天人之学”的资源。在儒家的“天人之学”中，“知人”是中心，“知天”也是为了“知人”，这就是孔子所答“智者知人”对于儒家哲学的重要意义。

《论语·雍也》篇载：“樊迟问知。子曰：‘务民之义，敬鬼神而远之，可谓知矣。’”此处两个“知”都应读为“智”。朱熹《论语集注》：“专用力于人道之所宜，而不惑于鬼神之不可知，知（智）者之事也。”这也是孔子回答智在“知人”的题中应有之义。“务民之

① 朱熹《论语集注》谓“盖闻之夫子”。

义”即是如何“安民”的问题，“敬鬼神而远之”则是对宗教持一种敬而疏远的态度。《论语·先进》篇载，“季路问事鬼神，子曰：‘未能事人，焉能事鬼?’‘敢问死?’曰：‘未知生，焉知死?’”孔子专注于人生、社会的问题，而对于鬼神和人死后的问题不给予明确的回答①。这种现世主义的价值取向，与春秋时期富辰所说“太上以德抚民”（《左传·僖公二十四年》），叔孙豹以立德、立功、立言为“三不朽”（《左传·襄公二十四年》），以及郤缺所说“正德、利用、厚生，谓之三事”（《左传·文公七年》），是完全一致的。生死问题或灵魂不朽的问题，是佛陀、耶稣所要解决的“终极关怀”问题，甚至苏格拉底也认为灵魂不朽“是不容置疑的”②，而孔子所开创的儒家哲学却将此降至可以敬而远之或存而不论。儒家因重视“丧祭”之礼，故不完全否认有“鬼神”，但“慎终追远”也是为了“民德归厚”（《论语·学而》），这仍是“道德性的人文主义”。

《论语·宪问》篇载：“子路问‘君子’，子曰：‘修己以敬。’曰：‘如斯而已乎?’曰：‘修己以安人。’曰：‘如斯而已乎?’曰：‘修己以安百姓。修己以安百姓，尧舜其犹病诸!’”这里的“修己以敬”，就是君子首先注重自身的道德修养，此为“内圣”之事；在此基础上，“安人”和“安百姓”则为“外王”之事。“安人”之“人”是相对于自己而言，使他人有所“安”也就是能够“立人”、“达

---

① 《说苑·辨物》：“子贡问孔子：‘死人有知无知也?’孔子曰：‘吾欲言死者有知也，恐孝子顺孙妨生以送死也；欲言无知，恐不孝子孙弃不葬也。赐欲知死人有知将无知也？死徐自知之，犹未晚也!’”

② 卡尔·雅斯贝尔斯：《大哲学家》，李雪涛主译，社会科学文献出版社2005年版，第75页。

人”。“安百姓”即是“安民”，亦即“博施于民而能济众”，此为尧舜都恐做不到的最高事业，这也正体现了“太上以德抚民”的价值观。

总之，春秋时期民本思想的发展、“崇德”作为最高价值取向的确立，以及“礼”与“仪”之分等等，都汇聚在孔子的以“仁者爱人”为核心的人文主义思想体系中。这一思想体系不是宗教的或僧侣主义的，也不是像古希腊那种“以智力为基点的人文主义”，而是一种“道德性的人文主义”。这就是孔子以“温和”的方式所实现的“哲学的突破”。

五、对华夏文化的自觉认同

孔子思想的卓越之处还在于他对华夏文化的自觉认同。这对于保存和传续他所开创的“思想范式”，并使中华民族及其文化能够自强不息、厚德载物、历久而弥新地发展，具有重要的意义。

20 世纪 70 年代以后的中国考古学新发现，已经突破了以往长期形成的中华古文化“一脉相承”的单线起源论，提出了中国考古学文化的“区系类型”说，证明了中华古文化是多元起源的。就“中国”概念的形成来说，是从六大文化区系（以燕山南北长城地带为重心的北方，以山东为中心的东方，以关中、晋南、豫西为中心的中原，以环太湖为中心的东南部，以环洞庭湖与四川盆地为中心的西南部，以鄱阳湖——珠江三角洲一线为中轴的南方），逐渐走向“共识的中国”（五帝时代）、“理想的中国”（夏商周三代），以至“现实的中国”（秦汉帝国）[①]。“中华文明在相当早的时候，包括它刚

① 参见苏秉琦《中国文明起源新探》，第 35—36、161 页。

在萌生的过程中，便有了颇为广泛的分布。……从南方到北方很广大的范围里，多种文化都有其共同点。这种情况，也可譬喻为形成了一个文化的‘场’，其范围之广大在古代世界是罕与伦比的。……这个文化的‘场’正是后来夏、商、周三代时期统一国家的基础。……民族的团结统一是我国传统文化的重要特点。虽然在漫长的历史上有过多次分裂，但最后终归于统一。这样的民族精神，在史前时期已经露其端倪了。”①

虽然考古学家对夏、商、周三代文化的认识还不尽相同，但其间有一种连续性的发展，是不可否认的。孔子说：

> “殷因于夏礼，所损益，可知也；周因于殷礼，所损益，可知也。其或继周者，虽百世可知也。（《论语·为政》）”

这里的“礼”已经不仅是一个道德的范畴，而是指夏、商、周三代既相“因”又有所“损益”的以崇尚道德为特点的华夏文化。这一文化虽然在春秋时期经历着“礼崩乐坏”、“诸侯力政”的考验，但孔子相信，“继周”者终会出现，它将世世代代地发展下去。孔子说：“周监于二代，郁郁乎文哉！吾从周。”（《论语·八佾》）“从周”就是要把周代所传承的华夏文化继续传下去，孔子对此有着一种天命承当的意识，故他说：“天生德于予，桓魋其如予何！”（《论语·述而》）“文王既没，文不在兹乎！天之将丧斯文也，后死者不得与

---

① 李学勤：《走出疑古时代》，第45页。

于斯文也；天之未丧斯文也，匡人其如予何！”（《论语·子罕》）即使在历经困厄，“道之不行，已知之矣”的情况下，孔子也仍栖栖皇皇，行义不止。在他晚年更全身心地从事古代文献的整理和教育，删《诗》《书》，订《礼》《乐》，传《周易》，作《春秋》，“学者宗之，自天子王侯，中国言六艺者折中于夫子”（《史记·孔子世家》），他成为中国传统文化的伟大代表。

从《国语·周语》看，在周穆王时期，犬戎族就已构成了周的外患。至幽王被犬戎所杀，平王东迁洛邑，西周遂灭亡，中国历史进入了春秋时期。在周王权式微、诸侯力政的分裂局面下，夷狄不仅构成了对华夏族的军事威胁，而且构成了对华夏文化的威胁。于是，齐桓公、晋文公等打起“尊王攘夷”的旗号，建立了他们的霸业。孔子对此是给予肯定的，这种肯定一是说在处理华夏族内部的关系中，“桓公九合诸侯，不以兵车”，这有赖于“管仲之力”，故称赞其“如其仁！如其仁！”（《论语·宪问》）；二是说在处理华夏族与夷狄各族的关系中，他们的尊周室，攘夷狄，不仅有利于民，而且保障了华夏文化的传续，使其免于沦为夷狄文化。因此，

> 子贡曰：“管仲非仁者与？桓公杀公子纠，不能死，又相之。”子曰：“管仲相桓公，霸诸侯，一匡天下，民到于今受其赐。微管仲，吾其被发左衽矣！岂若匹夫匹妇之为谅也，自经于沟渎，而莫之知也！”（同上）

按照一般的礼制，管仲既为公子纠之家臣，齐桓公杀公子纠，管仲就应该为公子纠死难。但他却作了桓公的国相，这违背了礼制，故可称其为“非仁”。然而，孔子从管仲有功于民，有功于华夏文化

着眼，仍肯定其为“仁”。“被发左衽”是夷狄风俗，孔子在这里是以此来突出夷、夏文化的区别。“微管仲，吾其被发左衽矣”，孔子已经深刻地认识到，在他以前的那个时期，华夏文化经历了一次劫难（或云“沟渎”），如果没有管仲的“相桓公，霸诸侯，一匡天下”，那么华夏文化就可能已沦为夷狄文化了。由此而言，管仲可谓“大仁”。这种评价不同于“匹夫匹妇之谅”，“谅”是只注意小节小信。当华夏文化“自经于沟渎”，许多人还“莫之知”的时候，孔子对此已经有了高度自觉的认识。

在孔子看来，“夷夏之辨”主要不是种族的区别，畜牧与农耕的不同也在其次，而主要是道德文明程度的高低。孔子说：“夷狄之有君也，不如诸夏之亡（无）也。”（《论语·八佾》）夷狄文化也“有君”，但华夏文化之先进于夷狄文化，不在于是否“有君”，而在于华夏文化有着礼乐、道德、文明的更为丰富的内涵。孔子对于先进的华夏文化有着高度的自觉认同，并且大义凛然地进行捍卫。《史记·孔子世家》载：鲁定公十年（公元前500年），孔子为大司寇“摄相事”，陪鲁定公“会齐侯夹谷”，

> 献酬之礼毕，齐有司趋而进曰：“请奏四方之乐。”景公曰：“诺。”于是旌旄羽袚矛戟剑拨鼓噪而至。孔子趋而进，历阶而登，不尽一等，举袂而言曰：“吾两君为好会，夷狄之乐何为于此！请命有司！”有司却之，不去，则左右视晏子与景公。景公心怍，麾而去之。

随后，孔子又迫使齐景公制止了“优倡侏儒”之戏，对进献者予以严惩。“景公惧而动，知义不若，归而大恐，告其群臣曰：‘鲁

以君子之道辅其君，而子独以夷狄之道教寡人，使得罪于鲁君，为之奈何?’”在孔子的震慑下，齐景公归还侵鲁之田“以谢过”。这一事件是孔子在文化和外交上取得的一次胜利。

孔子说：“天下有道，则礼乐征伐自天子出；天下无道，则礼乐征伐自诸侯出。”（《论语·季氏》）“齐景公问政于孔子。孔子对曰：‘君君，臣臣，父父，子子。’”（《论语·颜渊》）在孔子的时代，民族的统一需要通过王权来实现，而华夏文化的伦理—政治文明又需要以“君臣、父子”等等人伦—政治秩序来体现（这里当然有历史的局限性）。因此，儒家对“序君臣父子之礼，列夫妇长幼之别”的重视（参见《史记·太史公自序》），除了其伦理—政治的意义，也还有其文化的意义。

孟子说：“世衰道微，邪说暴行有作，臣弑其君者有之，子弑其父者有之。孔子惧，作《春秋》。……孔子成《春秋》而乱臣贼子惧。”（《孟子·滕文公下》）孔子所作的《春秋》经，体现了尊王权、尚统一和认同华夏文化的思想。这对于中华民族从夏商周三代“理想的中国”进入秦汉以后“现实的中国”，具有重要的意义。《公羊传》对《春秋》经“王正月”的解释是：“大一统也”。汉儒董仲舒在《举贤良对策》中说：“《春秋》大一统者，天地之常经，古今之通谊也。”“大一统”的思想强化了中华民族的统一意识，虽然中国的历史不断出现“合久必分，分久必合”的循环往复，但统一总被认为是“常经”“通谊”，那些为民族统一作出贡献的历史人物彪炳千古，而制造民族分裂者则身负千载骂名。

孔子认为，“夷夏之辨”主要不是种族和地域之别，而在于文化和文明程度的高低。按公羊学家对《春秋》经的解释，孔子“内诸夏而外夷狄”，寄希望于首先实现诸夏的统一，以传续华夏文化，进而影响周边各族，使“夷狄进至于爵”（《公羊传·隐公元年》何休注），以实现天下太平。华夏与夷狄主要是文化和文明程度的不同，而没有种族优劣之分。“孔子之作《春秋》也，诸侯用夷则夷之，进于中国则中国之。”（苏舆《春秋繁露义证》卷二）这种夷夏可以互易的思想，在中国历史上促进了华夏（汉）族与少数民族的相互融合与多元并存，以至最终凝聚成“多元一体”的中华民族及其文化①。

孔子是儒家哲学“思想范式”的开创者，也是华夏文化的自觉认同者。他所做的“夷夏之辨”，保障了中华民族及其文化在长久的历史发展中保持自身的“同一性”（identity）。“周虽旧邦，其命维新。”（《诗经·大雅·文王》）在春秋战国长达数百年的变乱中，华夏民族没有“被发左衽”，其文化继续走了一条“维新”的道路，这里有“管仲之力”，更有孔子之功！

相比于西方在古希腊文化之后有古罗马文化，在古罗马文化衰微时北方的“蛮族”入侵，欧洲原有的文明成果几乎丧失殆尽，取而代之的是中世纪的基督教文化，而孔子在“轴心时期”不仅实现了哲学的突破，而且其“夷夏之辨”的思想还保障了这一“哲学—文化”范式历久弥新地发展，其功绩是很伟大的。

孔子的“仁者爱人”即爱人类，是“世界主义”的；他对华夏文化的自觉认同，则是“民族主义”的。这两点的“折中”，对于中国现代处理民族与世界的关系也仍具有重要意义。近代以来的世界格局已经打破了中国传统的以华夏文化为“天下”之中心的思想，

---

① 参见费孝通主编《中华民族多元一体格局》，中央民族大学出版社 1999 年版，第 13 页。

而中华民族在近代处于“落后挨打”乃至“亡国灭种”的危险中。孙中山首先提出了“振兴中华”的“民族主义”思想，而当时一些讲新文化的人“提倡世界主义，以为民族主义不合世界潮流”。孙中山针对此而强调：“民族主义就是人类图生存的宝贝。”“我们受屈民族，必先要把我们民族自由平等的地位恢复起来之后，才配得来讲世界主义。……我们要发达世界主义，先要民族主义巩固才行。如果民族主义不能巩固，世界主义也就不能发达。由此便可知世界主义实藏在民族主义之内……”（《三民主义》）孙中山的民族主义，也就是求中国统一、独立、富强，“要中国和外国平等的主义”（《在广东第一女子师范学校校庆纪念会的演说》）。因此，孙中山高瞻远瞩地指出：“中国如果强盛起来，我们不但是要恢复民族的地位，还要对于世界负一个大责任”，这个责任就是“济弱扶倾”，不能去学帝国主义“灭人国家”的覆辙，而是“对于弱小民族要扶持他，对于世界的列强要抵抗他”，“担负这个责任，便是我们民族的真精神”（《三民主义》）。可以说，孙中山提出了“振兴中华”的“民族主义”，同时也提出了中国“永不称霸”的“世界主义”。这无论对于中国过去处于“落后挨打”时，还是对于中国现在国势正转为强盛时，都具有重要意义。

蔡元培曾评论说：“三民主义虽多有新义，为往昔儒者所未见到，但也是以中庸之道为标准。例如持国家主义的往往反对大同，持世界主义的往往又蔑视国界，这是两端的见解；而孙氏的民族主义，既谋本民族的独立，又谋各民族的平等，是为国家主义与世界主义的折中。”（《中华民族与中庸之道》）确实如此，孙中山的民族主义从方法上说继承了儒家的中庸之道，而在内容上则是孔子的世界主义与民族文化认同思想在新时代的发扬光大。

《上博六・孔子見季桓子》譯釋

臺灣玄奘大學中國語文學系 季旭昇

〈孔子見季桓子〉是《上海博物館藏戰國楚竹書（六）》[①] 的第二篇。原考釋者濮茅左先生說：

> 本篇竹簡較長，在流傳過程中折損嚴重，存簡也無完整者。經上海博物館實驗室專家處理後，簡最長為五十.二釐米，即本篇的第五簡，最短僅九.五釐米，即本篇的第二十三簡。簡寬〇・一二釐米左右。根據竹簡的現狀可知：原完簡兩端平齊，不作弧狀，或梯形狀。長約五十四・六釐米，三道編繩。第一契口距頂端一・一釐米，第一契口與第二契口間距約二十五.五釐米，第二契口與第三契口間距約二十六・五釐米，第三契口距尾端一・一釐米，契口位于竹簡右側。竹黃面書文字，竹青面留白。竹簡留有天頭、地腳。文字書在第一編繩與第三編繩之間，

① 馬承源主編《上海博物館藏戰國楚竹書（六）》，上海古籍出版社，2007.7。

估計完簡的書字數在四十一字左右。書體工整，整篇字距基本一致。書寫從簡從俗之傾向，體現書家隨意附和的個性。全文只有一個墨“∟”和一個墨鈎，墨鈎下不書文字，以示文章結束。

本篇原無標題，現取用全文首句命題。共二十七簡，總五百五十四字，其中合文六。

本篇為儒家的重要佚文。全文以對話形式記載了孔子與季（桓）子有關二道、興魯的討論。時間約在魯定公五年（前五〇五年）至定公十四年（前四九六年）的十年間。如果排除季氏家臣陽虎強秉國政及孔子不仕之年，那麼，時間可縮小在魯定公九年（前五〇一年）至定公十三年（前四九五年）的五年間。《孔子家語》記載孔子二見季桓子，但未留下具體的內容。《韓詩外傳》、《新序》記載“孔子侍坐於季孫”，也未留下具體的內容，只有其間插曲“君使人假馬”事，孔子與季桓子的談話內容一直成為歷史之謎。本竹書的發現終於讓我們讀到了孔子與季桓子的兩人對話，讀到了孔子對“二道”的精闢論述，孔子的法古興魯、仁政賜愛、司不失人的相關理論。①

《上海博物館藏戰國楚竹書（六）》出版後，學者對濮茅左先生的原考釋很快地提出了不少意見。主要有：

① 濮茅左《上海博物館藏戰國楚竹書（六）．孔子見季桓子》（馬承源主編，上海古籍出版社，2007.7），頁195。

陳偉（2007a）：《讀〈上博六〉條記》，簡帛網 2007 年 7 月 9 日，http：//www. bsm. org. cn/show _ article. php? id＝597。

何有祖（2007a）：《讀〈上博六〉札記》，簡帛網 2007 年 7 月 9 日，http：//www. bsm. org. cn/show _ article. php? id ＝596。

陳偉（2007b）：《讀〈上博六〉條記之二》，簡帛網 2007 年 7 月 10 日，http：//www. bsm. org. cn/show _ article. php? id＝602。

董珊（2007a）：《讀〈上博六〉》雜記》，簡帛網 2007 年 7 月 10 日，http：//www. bsm. org. cn/show _ article. php? id＝603。

李鋭（2007a）：《〈孔子見季桓子〉新編（稿）》，簡帛網 2007 年 7 月 11 日，http：//www. bsm. org. cn/show _ article. php? id＝606。

何有祖（2007b）：《上博六札記（三）》，簡帛網 2007 年 7 月 13 日，http：//www. bsm. org. cn/show _ article. php? id＝613。

何有祖（2007c）：《讀〈上博六〉札記（四）》，簡帛網 2007 年 7 月 14 日，http：//www. bsm. org. cn/show _ article. php? id＝621。

凡國棟、何有祖（2007）：《〈孔子見季桓子〉札記一則》，簡帛網 2007 年 7 月 15 日，http：//www. bsm. org. cn/show _ article. php? id＝622。

何有祖（2007d）：《讀〈上博六〉札記三則》，簡帛網

2007 年 7 月 17 日，http：//www. bsm. org. cn/show _ article. php? id=633。

蘇建洲（2007a）：《〈上博六·孔子見季桓子〉小札二則》，簡帛網 2007 年 7 月 23 日 http：//www. bsm. org. cn/show _ article. php? id=653。

陳偉（2007c）：《〈孔子見季桓子〉22 號簡試讀》，簡帛網 2007 年 7 月 24 日，http：//www. bsm. org. cn/show _ article. php? id=657。

程燕（2007）：《讀上博六札記》，簡帛網 2007 年 7 月 24 日，http：//www. bsm. org. cn/show _ article. php? id=663。

李銳（2007b）：《上博六札記二則》，簡帛網 2007 年 7 月 24 日，http：//www. bsm. org. cn/show _ article. php? id=661。

蘇建洲（2007b）：《讀〈上博六·孔子見季桓子〉筆記》，簡帛網 2007 年 7 月 24 日，http：//www. bsm. org. cn/show _ article. php? id=659。

楊澤生（2007）：《讀〈上博六〉劄記（三則）》，簡帛網 2007 年 7 月 24 日，http：//www. bsm. org. cn/show _ article. php? id=658。

范常喜（2007）：《讀〈上博六〉札記六則》，簡帛網 2007 年 7 月 25 日，http：//www. bsm. org. cn/show _ article. php? id=667。

張崇禮（2007）：《釋〈孔子見季桓子〉中的“榜專”》，簡帛研究網 2007 年 7 月 31 日，http：//jianbo. sdu. edu. cn/

admin3/2007/zhangchongli006. htm。

福田哲之（2007）.《〈孔子見季桓子〉1號簡的釋讀與綴合》，簡帛網 2007 年 8 月 6 日，http：//www. bsm. org. cn/show _ article. php？ id＝689。

劉信芳（2007）：《〈上博藏六〉試解之三》，簡帛網 2007 年 8 月 9 日，http：//www. bsm. org. cn/show _ article. php？ id＝694。

李鋭（2007c）：《〈孔子見季桓子〉重編》，簡帛網 2007 年 8 月 22 日，http：//www. bsm. org. cn/show _ article. php？ id＝703。

高佑仁（2007）：《〈孔子見季桓子〉劄記（一）》，簡帛網 2007 年 8 月 28 日，http：//www. bsm. org. cn/show _ article. php？ id＝715。

蘇建洲（2007c）：《讀〈上博（六）·孔子見季桓子〉筆記之二》，簡帛網 2007 年 9 月 8 日，http：//www. bsm. org. cn/show _ article. php？ id＝706。

侯乃峰（2007）：《上博六賸義贅言》，簡帛網 2007 年 10 月 30 日，http：//www. bsm. org. cn/show _ article. php？ id＝742。

蘇建洲（2008）：《〈上博楚竹書〉文字及相關問題研究》，［臺北］萬卷樓圖書股份有限公司，2008 年 1 月。

梁靜（2008）：《〈孔子見季桓子〉校讀》，簡帛網 2008 年 3 月 4 日，http：//www. bsm. org. cn/show _ article. php？ id＝798。

陳劍（2008）《上博（六）·孔子見季桓子》，復旦網

2008 年 3 月 22 日，http：//www. gwz. fudan. edu. cn/SrcShow. asp? Src _ ID＝383

李銳（2008）〈讀《孔子見季桓子》札記〉，復旦網 2008 年 3 月 27 日，http：//www. gwz. fudan. edu. cn/SrcShow. asp? Src _ ID＝387

以下本文以陳劍先生的編聯為主，依陳劍先生原文，其編聯及說明如下：

第一組：(1＋4) ＋ (20＋3) ＋24；

第二組：(16＋6) ＋ (10＋8)；

第三組：12＋ (2＋7) ＋ (26＋14) ＋ (11＋22) ＋ (19＋17) ＋ (18＋13)；

第四組：15、5、27；

其它零簡：9，21，23，25。

“＋”表示拼合，“、”表示不同的兩支簡連讀，“，”表示前後相次但不連讀。其中第一組必在篇首，第二組很可能當接於其後；第三組是最大一個編聯組，包括 5 支整簡和 1 支斷簡，共兩百多字，據之可以了解本篇的主要內容。第四組包含末簡即第 27 號，但此組 3 支簡的連讀不太能肯定。其它零簡則是無法編入或甚至可能本來不屬於此篇的。比較之下，我們新拼合的有簡 (20＋3)、(16＋6)（遙綴）、(19＋17)、(18＋13) 四組，各自使之成爲整簡或接近整簡；不同竹簡之間新連讀上的有簡 12 與 2、簡 7 與 26、簡 14 與 11、簡 17 與 18 共四組。最終全篇共得 12 支完簡和近似完簡（上面以括號表示的拼合所得的 9 支，加簡 5、15，再加末簡 27)，剩下的 6 支半段和接近半段的殘簡，簡 12 爲下半段；簡 9 和簡 21 上下皆頗殘；簡 23 和簡 25 亦上下皆頗殘，且有可能不屬於此篇。從以上情況來看，限於本篇現有竹簡的保存狀況，可以說已經最大可能地復原，難以有進一步拼合的空間了。①

以下是我們的釋文及語譯（零簡暫不語譯)，釋文基本上採用上舉各家的成果，為了避免繁瑣的注解，本文有自己的意見時才加注：

【釋文】

子見季趄（桓）子。“𦉢（斯）昏（聞）之，害（蓋）臤者是能皋（親）【一】𢝗＝（仁，仁）者是能行䎽（聖）人之道。女（若）子〔夫〕皋（親）𢝗（仁)，行䎽（聖）人之道，則𦉢【四】未足，竘（孰）敢訌（望）之？女（若）夫視（見）人不猒（厭)，昏（問）豊（禮）不券（倦)，則【二十】𦉢忠＝（中心）樂之。”

夫子曰：“上不皋（親）𢝗（仁)，而𥻆（敷）{尃}昏（聞）亓（其）㠯（詞/辭）於𢓊（佚/逸）人𠰻（乎)？夫士，品勿（物）【三】不竆（窮)，君子流亓（其）觀安（焉)；品勿（物）備矣，而亡（無）城（成）悳（德）□□□□□□□□□□□□□□□□□□□□□□□□□【二十四】者也。女（如）此者，女（焉）𢍏（與）之𣆪（暑？處）(一）而砦（察）䎽（問）亓（其）所學。先▨【一六】［□□□□□□□］▨䌛（由）𢝗（仁）𢍏（與？歟)？憲（蓋）君子䎽（聽）之。”

---

① 陳劍（2008)《上博（六）·孔子見季桓子》，復旦網 2008 年 3 月 22 日。

趄（桓）子曰：“（若）夫悬（仁）人之未訾（察），亓（其）行【六】㫎（暑？處）可明而智（知）与（與？歟）？”

夫子曰：“虗（吾）䎽（聞）之，唯（？）悬（仁）人□□▨……【一〇】……▨也。□又（有）此㑦（貌）也，而亡（無）㠯（以）亯（？合？）者（諸）㒵（貌）（二）㕜（矣）。唯非悬（仁）人也，乃▨【八】▨亓（其）勿（物），與（邪）蟡（僞）之民，亦㠯（以）亓（其）勿（物），審二逃（道）者㠯（以）觀於民，唯（雖）又（有）諣（？過？）弗𧗿（遠）【一二】矣。”

趄（桓）子曰：“二道者，可㝵（得）䎽（聞）舁（與—歟）？”

夫子曰：“言即至㕜（矣），唯（雖）▨【二】▨虗（吾）子勿䎽（問），古（固）牆（將）㠯（以）告。悬（仁）人之道，卒（衣）備（服）抋（必）中，覣（頌—容）㑦（貌）不求異於人，不□【七】也。孥（好）䍜（睘—？）隹（？）聚，印（卬—仰）天而𢡺（歎），曰：‘役不弄（奉）𦥎（？），不沓（味）酉（酒）肉，▨【二六】▨不飤（食）五㲉（穀），睪（？擇？）凥（處）𡉈（？）杆，剴（豈）不難虖（乎）？皎（抑）舁（與—邪）民之行也，孥（好）矵㒫（媺/美）㠯（以）爲苜〔□〕，【一四】此与（與）悬（仁）人㢤（弍/貳/二）者也。夫與（邪）蟡（僞）之民，亓（其）述（術）多方。女（如）▨【一一】▨迷〈悉〉言之，則忑（恐）舊（久？）虗（吾）子。’

趄（桓）子曰：“䍐（斯）不迁（逶/连—佞），虗（吾）子迷〈悉〉言之，猷（猶）忑（恐）弗智（知），皇（況）亓（其）女（如）【二二】㒫（微）言之虖（乎）？”

夫子曰：“與（邪）蟡（僞）之民，卒（衣）備（服）孥（好）豊（禮），□□▨【一九】▨□皆求異於人；□輂戔（衛—？），興道孚（學），坙（淫）言不㠮（當）亓（其）所，𣅀（皆）同亓（其）□；

此与（與一邪）民也。【一七】行年民（彌?）舊（久），䎽（聞）學（教）不訾（察）不倞（依?）；亓（其）行板（?）恭（?）哀（?）與（? 豊?）☐【一八】☐兼（?）；此與（邪）民也。邑（色）不㕎（遜）（三），出言不忈（忌）；貝（見）於君子，大爲毋栗（慴? 攝?）；此與（邪）民［也。□□］【一三】

君子死（恒）㠯（以）眾福，句（後）拜四方之立㠯（以）童（動），君子眊之㠯（以）其所，䙷（窺）之（以）其所谷（欲），智（知）不行矣，不僤（憚）兼（謙）𢇍（絕）㠯（以）為㠯兼（謙），此民□□□【一五】為訡（? 信?）㠯（以）事亓（其）上，㤅（仁）亓（其）女（如）此也。上唯逃智，亡不𤔔（亂）矣。是古（故），魚（禦）道之孶＝（君子），行冠（忨、頑）弗視（見）也，吾會（諭）弗視（見）也，魚（御）䮠（馳）弗視（見）也（四）。【五】

是訾（察），求之於中，此㠯（以）不惑，而民道（導）之?【二七】

其它零簡：

㤅（仁）爰㤅（仁）而進之，不㤅（仁）人弗㝵（得）進矣，訂（治）（得）不可人而与（與）?【九】

者，孶＝德㠯而立帀（師）保，新（慎）亓（其）豊（禮）樂，逃亓（其）☐【二一】

☐君子又（有）道，生（?）民之蝺（?? 化?）☐【二三】

☐民（氓）不可嚻（侮）。衆之所植，莫之能瀍（廢）也；衆之□【二五】

【語譯】

孔子見季桓子。“斯聽說：只有賢者才能做到親仁，仁者才能實行聖人之道。如果要我做到親仁，實行聖人之道，那麼我的能力不足，那裡敢奢望呢？如果不厭倦地去求見、請教人，我心中是很樂意去做的。”夫子說：“在上位的人不肯親近仁人，而卻把自己不親仁的態度告訴一個在野的人，（這樣做對嗎？）一個士人，面對紛然備呈的萬物，君子就應該要周遍觀察。當天地萬物都齊備在眼前（君子能夠周遍觀察），而卻不能格物致知，修身成德，……這樣的人，我要怎麼與他相處，而察問他的所學呢？先……由仁吧！”桓子說；“如果仁人未能察知（??），那麼他的行處可以明知嗎？”夫子說：“我聽說，仁人……，有那樣的形貌，而沒有合乎形貌的才德。如果不是仁人，……

“……這些‘物’，邪詭之民也是以這些‘物’，審察二逃（道）的人以這個來觀察人民，雖然有差錯，也不會差得太遠了。”季桓子說：“什麼叫做二道，我可以聽聞嗎？”夫子說：“我快要說到了。雖然……您不問，我本來也要告訴您。仁人之道：衣服必然要求適當，容貌不西求和別人不同，不……也。好佳聚（?），仰天而歎道：役不奉芻（?）、不喝酒吃肉、不食五穀（飲食簡陋）、住在（?）杅之地（居住簡陋），豈不是很難做到嗎！相反地，邪民喜歡顯示華美……，這和仁人之道是兩個不同的類型。邪詭之民，他們表現的方式很多，如果詳細地講，恐怕會擔誤您很久。”季桓子說：“我不聰敏，您詳細地講，我還怕聽不懂，何況您只大略地說呢？”夫子說：“邪詭之民，衣服喜歡（華麗）……，□都要求和別人不一樣，對於車子、侍衛很講究挑選；也支持道學，但實際上所發出的言論往往‘言過其實’（即“淫言”），‘不當其所’（謂“不得其宜”），都同其□，這就是邪民。行年越久，聽到教誨也不仔細省察、也不好好地實踐；行板恭哀（?），與……，這就是邪民。臉上的表情表現出不夠恭遜的樣子，講的話毫無顧忌，見到君子也不知道約束收斂，這就是邪民啊！”

君子恆以眾人之福為先，後拜四方之立以動，動靜都合乎理想，如果大環境不理想，所求仕不可得，則並不畏懼謙退，這就是君子的“謙德”。

……為信以事奉其上，仁的表現就是這樣了。在上位者如果不去瞭解，那就會亂了。所以衛道的君子，不見行為貪頑的人，不見言語詭詐的人，不見駕車快馳的人。

是察，求之於內，這就不會迷惑了，而人民就會接受在上位者的引導，……

【注釋】

一、㞒（暑—處）：

“㞒”，原考釋隸為“㑚”，讀為“欺”，並謂參見第十簡。李銳隸為“處”[①]，陳劍隸為“㞕”，讀為“凥、處”[②]。旭昇案：十六簡此字作“”，簡 10 原考釋所隸之“㑚”字作“”，其實皆“暑”字。《郭·緇》簡 9 有“”（暑），辭云：“日㞕雨，小民隹日怨。”原考釋隸為“㑥”，袁國華先生以為此字從“尸”從“𠙵（期）”，為

① 李銳：〈《孔子見季桓子》新編〉，武漢大學簡帛網，（2007.7.11）；李銳：〈《孔子見季桓子》重編〉，武漢大學簡帛網，（2007.8.22）。

② 陳劍：〈《上博（六）·孔子見季桓子》重編新釋〉，復旦大學出土文獻與古文字研究中心，2008.3.22。

“處”字的繁形異構，可讀作“暑”[①]。據此。旭昇案：此字應隸定作“晜”，字形當分析為從日、尻聲，即楚系文字“暑”字之寫法。《上海博物館藏戰國楚竹書（一）·緇衣》簡6亦有此形作“”，辭同《郭店》，原考釋隸作“倶”，字形分析不正確。此字當隸定作“昆”，與前引《郭店》之“晜”字為同字，不過“日”旁或在上、或在下之不同而已。簡10、簡16此二字皆當分析為從“日”、“尻”聲，讀為“處”。學者或分析為從“口”，細審照片，實作“□（圍）”形，而非“口”形，故當分析為“日”旁之簡化，而非“口”旁。

二、豸（貌）

“豸”，原考釋者隸為“豸”，讀為“狡”[②]；梁靜讀為“郊”：

> “郊”，簡文做，從爻，下半部分原釋為“勿”。爻、郊都屬宵母，一為匣紐，一為見紐。從“爻”聲的字常有與從“交”聲的字相通之例，如《易·系辭上》“效法之謂坤”，《釋文》“效”作“爻”。此字也很有可能是“肴”的錯字，從爻從肉。《禮記·禮運》：“夫政必本於天，殺以降命，命降於社之謂殺地。”《孔子家語·禮運》“殺”並作“郊”。“享諸郊”在文獻上也有例證，《左傳·桓公十五年》：“鄭伯患之，使其婿雍糾殺之。將享諸郊，雍姬知之，

---

① 袁國華〈郭店楚簡文字考釋十一則〉，《中國文字》新24期，臺北：藝文印書，1998。其它有關此字的各家考釋，可以參見《上海博物館藏戰國楚竹書（一）讀本·緇衣》，頁95，臺北：萬卷樓圖書公司，2004年7月。

② 馬承源主編：《上海博物館藏戰國楚竹書（六）》，上海古籍出版社，2007年7月，頁207。

謂其母曰……”①

陳劍隸為“此”而未釋②。旭昇案：此字與“此”字形相去太遠，上從“爻”，當係聲符，原考釋讀為“狡”，句意不詳；梁靜讀為“郊”，與第15簡合起來讀為：

君子恒以衆福，周［17］拜四方之位以鐘。君子足［18］之以其所足，歸S之以其所欲。智不行矣，不口拜［19］絕以為己拜，賜民口T【15】

也，竊［20］又易貌也，而無以享諸郊矣。唯非仁人也，乃【8】③

表面上看，本句可以說得通，和15簡的內容也關係緊密。但是我們更深入地看，本簡本句作“唯非仁人也”，很明顯地與仁人有關，而證諸儒家文獻，仁人跟“享諸郊”其實沒有什麼關係！而且“郊”是祭天之禮，古代有圜天之郊與祈穀之郊兩種④，都不能叫做“享諸郊”，梁靜以為“簡文此處是孔子對季桓子講述“仁人”的行

① 梁靜：〈《孔子見季桓子》校讀〉，武漢大學簡帛研究中心，2007.3.4。

② 陳劍：〈《上博（六）·孔子見季桓子》重編新釋〉，復旦大學出土文獻與古文字研究中心，2008.3.22，頁5。http：//www.gwz.fudan.edu.cn/SrcShow.asp？Src_ID=383。

③ 梁靜：〈《孔子見季桓子》校讀〉，武漢大學簡帛研究中心，2008.3.4。

④ 參周何《春秋吉禮考辨》（臺灣師大國文研究所國家文學博士，1967.7；嘉新水泥公司文化基金會1970.10初版），嘉新版頁8—14。季師旭昇《詩經吉禮研究》（台灣師大國文研究所碩士論文，1983.4，周何指導），頁10。

為，仁人君子會為了眾人之福拜祭其所屬的四方之位，而絕不會僭越天子舉行祭天地的郊祀”，從簡文看不出有這樣的意思。其次，梁靜所舉的書證，見《左傳．桓公十五年》：

> 祭仲專，鄭伯患之，使其壻雍糾殺之。將享諸郊。雍姬知之，謂其母曰：“父與夫孰親?”其母曰：“人盡夫也，父一而已，胡可比也?”遂告祭仲曰：“雍氏舍其室而將享子於郊，吾惑之，以告。”祭仲殺雍糾，尸諸周氏之汪。公載以出，曰：“謀及婦人，宜其死也。”

很明顯地，享（饗）應該在“室”，現在女婿雍糾要殺岳父祭仲，不敢在家裡請客，卻跑到郊外去請，這是極失禮的事情，所以雍糾的老婆就告訴自己的爸爸說：“雍氏舍其室而將享子於郊，吾惑之”，這就是透露“您的女婿雍糾要殺您了”。梁靜以這個例子做為書證，其實是很不妥當的。疑此字與“佫”字同從“爻”聲，當亦讀為“貌”。全句作：

> 又此佫（貌）也，而無以合者（諸）爻（貌）矣

意思是：有這個容貌，但是沒有與這個容貌相合的實質內涵。戰國文字中同一個字前後用不同的字形表示，不為罕見。例如同一個“上”字，在《郭店．成之聞之》簡2作“上”（民不從“上”之命）、在簡6做“走”（由“走”之弗身也）；在〈尊德義〉簡1作“上”（為人“上”者之務也）、簡18作“让”（不黨則亡怨“让”）。

三、㠯（色）不屄（遜）

“屄”，原考釋者隸為“僕”，並指出有“歸附、附著”之意[1]；李鋭隸為“僕”，讀為“樸”[2]。旭昇案：本簡此字作“”，字形右旁與楚系文字“僕”字右旁有點像又不很像，而且隸為“僕”字，放在簡文中文義不明。竊以為此字左旁從尸，右旁似從弅、又似從关，鑑於本篇書手的書寫習慣頗為任意，此處應有從“關”的可能，沈培〈上博簡《緇衣》篇“恙”字解〉[3] 參考劉國勝的意見，指出“關”字可以讀為“寸”，因而“恙”字可以讀為“遜”。據此，本簡此字似可隸定為“屄”，讀為“遜”，指人的態度不謙遜，因而從“尸（同人）”。色不屄，意思是：邪偽之民的臉上的表情表現出不夠恭遜的樣子。

四、魚（御）䆐（馳）弗視（見）也

“魚”，原考釋者隸為“魚”，讀為“吾”[4]；何有祖讀為“御”[5]，可從。但全句釋為“魚（禦），迅弗視也”，則可商。釋“䆐”字為

① 馬承源主編：《上海博物館藏戰國楚竹書（六）》，上海古籍出版社，2007年7月，頁211。

② 李鋭：〈《孔子見季桓子》新編〉，武漢大學簡帛研究中心，2007.7.11；李鋭：〈《孔子見季桓子》重編〉，武漢大學簡帛研究中心，2007.8.22；李鋭：〈讀《孔子見季桓子》札記〉，簡帛研究網，2008.3.27。

③ 沈培〈上博簡《緇衣》篇“恙”字解〉，北京：清華大學思想文化研究所、台北：輔仁大學文學院聯合主辦“新出楚簡與儒學思想國際學術研討會”論文，2002.3.1—4.2。

④ 馬承源主編：《上海博物館藏戰國楚國楚竹書（六）》，上海古籍出版社，2007年7月，頁203—204。

⑤ 何有祖：〈上博六札記（三）〉武漢大學簡帛研究中心，2007.7.13。

“迅”，說服力不夠。“⿱⿰土西尾”，原考釋者以為待考[①]；李銳未釋[②]，陳劍亦待考：

> 此字原形見本文“考釋”部分之（二）。何有祖（2007b）釋讀爲“迅”，係由誤認其右下所从之“尾”旁爲“西”而來。待考。[③]

何有祖釋為“迅”，謂“迅，原從西從角，右上待考”[④]，蓋由“西”聲通“訊”。高佑仁棣以為此字下半所从實即“䚘”字，當作為聲符之用，具體讀法待考[⑤]。

細審本簡此字作“”，左上從“土”，右上似從“西”，下部陳劍以為從“尾”。如果依照陳劍對“⿱尾車”字的解釋，“⿱尾車”字“車”旁上部的“尾”是“屖（徙）”之省，那麼此字下部字形也有可能是從“屖（徙）”，全字應當從“屖（徙）”聲，“徙（心紐支部）”疑可

---

① 馬承源主編：《上海博物館藏戰國楚竹書（六）》，上海古籍出版社，2007年7月，頁204。

② 李銳：〈《孔子見季桓子》新編〉，武漢大學簡帛研究中心，2007.7.11；李銳：〈《孔子見季桓子》重編〉，武漢大學簡帛研究中心，2007.8.22；李銳：〈讀《孔子見季桓子》札記〉，簡帛研究網，2008.3.27。

③ 陳劍：〈《上博（六）·孔子見季桓子》重編新釋〉，復旦大學出土文獻與古文字研究中心，2008.3.22，頁9，注7。網址：復旦網 http://www.gwz.fudan.edu.cn/SrcShow.asp?Src_ID=383

④ 何有祖：〈上博六札記（三）〉，武漢大學簡帛研究中心，2007.7.13。

⑤ 高佑仁《〈孔子見季桓子〉劄記（一）》武漢大學簡帛研究中心，2007.9.8。

讀為“馳（澄紐歌部）”，二字聲為舌齒鄰紐，如“趙（澄紐）”從“肖（心紐）”聲；韻為支歌旁轉，如《楚辭．九歌．少司命》以“離（歌部）”韻“知（支部）”，“馳”，車馬疾駛，《詩經．唐風．山有樞》：“子有車馬，弗馳弗驅。”可見得馳驅是一種享樂的行為。“魚”，據何有祖讀為“御”，“御弗見也”謂駕車快馳的人，君子不見。

玄学、理学对《论语》学的拓展

湖南大学岳麓书院院长、教授　朱汉民

论文提要：《论语》学是儒家经学的重要组成部分，在儒家经学体系中居于特殊地位。由于《论语》主要是孔子及其弟子对现实的“应世随感”式的言论，而作为“垂轨万代”的经典则须作进一步理论拓展。魏晋、两宋是《论语》学的两座高峰，玄学、理学对孔门弟子不闻的“性与天道”作出一系列创造性诠释，从而推动了《论语》学的发展与内圣之道的建构。

关键词：《论语》学　内圣之道　玄学　理学　性与天道

作为中国经学重要组成部分的《论语》学，经历了两千多年的历史发展过程。虽然《论语》学有着漫长的学术发展历史，而最引人注目的高峰却是魏晋与两宋这两个时期。这两个时期的《论语》学著述特别丰富，还出现了《论语》学史上的代表作，诸如魏晋时期何晏的《论语集解》、皇侃的《论语义疏》，两宋时期邢昺的《论语注疏》、朱熹的《论语集注》。前者正是魏晋玄学的《论语》学代表作，后者则是宋代理学的《论语》学代表作。

上述两种《论语》学各有学术成就与特色，但又有着许多共同点，如二者均是经学中的义理派，均把重点放在对中国传统内圣之道的拓展与建构上。现在拟从《论语》学史的背景上考察玄学、理学的经学诠释特色。

（一）

儒家学派在中国文化史上居于主体地位，孔子则是儒家学派的开创者、奠基人。虽然《诗》、《书》、《礼》、《易》、《春秋》的文献均可能与孔子有极大关联，但是，真正直接地、完整地、系统地而且是可信地表达孔子的言行及其思想的则只有《论语》。据刘歆所说："《论语》者，孔子应答弟子、时人及弟子相与言而接闻于夫子之语也。当时弟子各有所记。夫子即卒，门人相与辑而论撰，故谓之《论语》。"[①] 今人考证，《论语》是孔子弟子及再传弟子编撰而成，时间约为公元前400多年的战国初期。《论语》多方面、真实地记载和描述了孔子思想与行动的历程，成为后人学习、研究孔子及其儒家思想的最重要文献。

《论语》在儒家经学体系中居于特殊的地位。在经学形成的先秦、秦汉时期，学者们把儒家经学体系分为经与对经的注解、诠释的传、记、注等。从这些文献的文体形式来说，"经"仅指《易》、《书》、《诗》、《礼》、《乐》、《春秋》六经本身；传、记、注则是指对六经的注解、诠释的文体，包括《易传》、《礼记》、《春秋传》等。从这些文献的内容来说，"经"是夏商周（主要是西周）三代留下来的以各种典章制度为特征的历史文献，它们包含着三代时期合宗教、政治、伦理为一体的礼乐文化；而"传"、"记"、"注"则是春秋战

① 《汉书·艺文志》卷三十，第1717页，中华书局2002年。

国以来儒家学者对这些历史文献、典章制度的文本注释与思想发挥，是三代礼乐文明的继承和发展。西汉常以周孔之教称儒学或儒家经学，其中周公是制礼作乐、奠定六经内容的代表；孔子是整理、诠释六经从而创立儒家学派的代表。所以，用周礼之教来指称儒家经学是十分确切的。孔子作为儒家学派的创始人，也是“六经”的最重要诠释者，有关孔子言行完整记录的《论语》多方面表达了他对西周礼乐文明的理解和创造性发展。尽管《易传》、《礼记》及新出土的简帛文献均可能包括一部分孔子的作品或思想，而《论语》在汉代即无可争议地成为有关孔子思想言行的最重要著作，故而也是儒家经学体系中“传”的代表之作。所以，早在西汉，就出现了“传莫大于《论语》”[①] 之说，也就是说，在儒家学派对“六经”的传、记文献之中，《论语》是最权威的经典诠释者，并且具有最重要的学术地位。所以，尽管西汉时期朝廷专置《诗》、《书》、《礼》、《易》、《春秋》五经博士，儒生们往往是专治其中一经，但《论语》的独特地位而成为所有儒生的基本教材或必读之书，以至到了东汉时期又有“七经”之说，《论语》与《孝经》亦取得了经学的重要地位。尤其是到了两宋以后，由于朱熹作《四书集注》，《论语》、《孟子》、《大学》、《中庸》等《四书》的地位已经高于《五经》，而《论语》恰好是《四书》之首，故而，这个时期《论语》在儒家经学体系中居于更加重要的地位。

《论语》能够从记载孔子言行的文献而为诸“经”的传、注之首，并且又逐渐演变成为“经”，最后成为经学核心的《四书》之

---

① 《汉书·扬雄传》卷五十七下，第3583页。

首，绝对不是偶然的，其深层原因是《论语》的思想内容。《论语》基本上奠定了儒家学派的思想观念、学术主旨，建构了儒教文明的价值体系、政教理念。西周所建构的礼乐文化奠定了中华制度文明的基础，而作为儒学、儒家文明的奠基之作，《论语》一书充分地表达了孔子在继承西周礼乐文明基础上对华夏文化的进一步开拓创新。孔子在社会制度层面上将礼乐政治与仁义道德结合起来，在个体精神世界将外王的事功开拓与内圣的人文精神结合起来，从而多维度地表达出春秋以来中华文明形成期的要求和特质。社会与个体两个层面均说明了这一点。

首先，从社会层面来看，西周建立和完善了以血缘为基础的宗法制度，周公通过“制礼作乐”而建立完善了合宗教、政治、伦理为一体的礼乐文化。孔子及其《论语》继承并发展了西周的礼乐文明，使得“周孔之教”的儒教文明开始形成。《论语》一书表明：孔子固然对西周礼乐文化作了全面继承，但更是通过以仁释礼，从而全面改造、提升了礼乐文化。他强调礼作为一种外在的社会规范，必须与仁的内在道德情操、心理欲求结合起来。孔子对西周礼乐文化的改造与提升进一步淡化、消解了礼乐文化中的宗教因素，增加和强化了其中的人文道德因素，使原本合宗教、政治为一体的礼乐制度演变发展为合伦理、政治一体的礼乐文化，从而更具有道德理性的人文色彩。正由于在周公的“尽制”、“尽伦”的基础上，孔子发展出一整套仁道的伦理思想，建构出一套“礼—仁”一体的儒教文明，从而奠定了不同于其他民族以宗教为精神支柱而偏重于以道德人文为特色的儒教文明。

其次，从个体精神层面来看，孔子倡导一个具有儒家文化信仰、承担社会义务的士君子人格精神。儒家文明的建设与完成必须依赖于一批独立从事精神文化生产、具有儒家价值信仰、拥有“以道易天下”的经世情怀的士君子。《论语》一书从多方面论述、展示了孔子对“圣”、“君子”、“士”这种新型理想人格的召唤与追求，并对后世两千多年的士大夫精神人格的形成、发展奠定了基础。本来，在孔子及其儒家思想中，上古时期的圣王总是既有德行，又有权位，但毕竟这只是作为一种存在于遥远的上古历史时期的人格理想；到了“礼崩乐坏”的春秋时代则发生了重大历史变化，当世的国君总是有权位而无德行，士君子追求德行而无权位。以孔子为代表的儒家学者积极倡导一种士君子、圣贤的新型人格，这种人格虽然暂无权位，但总是执著于仁、智、勇的品德，将“为己之学”、修己治人作为自己永恒的人生追求，这种理想人格还坚持以天下为己任的济世之志，希望一旦显达时又能够以道易天下。当然，他们的崇高理想、热情志向在竞智尚武的春秋之战的时代，常常显得迂腐无用。孔子周游列国后只能发出“道之不行”的悲叹。孔子在对现实政治的极度失望后也只能发出深深的感叹：“不怨天，不尤人，下学而上达，知我者其天乎！”[①] 尽管如此，孔子本人在黑暗政治现实中的执著于道德理想的追求，《论语》关于士君子、圣贤的理想人格及其崇高德性的规定和期待，均为儒家士大夫的人格塑造奠定了基础，成为后世士大夫们追求的人格理想。

（二）

孔子作为三代典籍的最重要的整理者与诠释者，《论语》作为“六经”的“传”注之首，其在外在礼乐文明制度与内在个体精神人

① 《论语注疏》卷十四，《宪问》第十四，《十三经注疏》下册，第2513页，中华书局2003年版。

格的建构方面均做出了历史性的贡献。但是，孔子及其《论语》也留给后人一个重大的思想难题：无论是外在社会礼乐制度，还是内在个体精神人格，其得以建构的本源与依据是什么？本来这个问题对于三代时期的人们来说是不成问题的。在孔子以前，无论是社会秩序还是个体精神世界均是靠最高主宰的“帝”与“天”来维持的，作为人格神的“帝”或“天”既是建立、维护社会礼仪秩序的最终依据，也是一切个体精神世界的终极依托。孔子及其《论语》在中国思想文化史上的最大贡献，就是将三代时期以人格神为依托的宗教文化转型为以道德人文为依据的礼乐制度文明，将完全拜倒在鬼神脚下的依附性人格转型为追求仁义价值的独立性人格。“仁”与“君子”均具有不依赖于宗教鬼神的独立性，而且，二者有着内在的联系：“君子去仁，恶乎成名？”① 但是，对于孔子及其儒家学派创立者而言，脱离了天帝鬼神的宗教依托之后，此独立性的人文价值又得依托于何处呢？如何能够为社会礼制与个体人格确立一个精神上的终极依据？据《论语》记载，孔子似乎没有解答或者说是回避了这一问题：

> 子贡曰：夫子之文章，可得而闻也，夫子之言性与天道，不可得而闻也。②

在先秦的思想世界、观念体系中，能够为社会礼制、个体人格提供终极依据的核心观念应该是“性与天道”，但是，儒家学派创始

---

① 《论语注疏》卷四，《里仁》第四，《十三经注疏》下册，第 2471 页。

② 《论语注疏》卷五，《公冶长》第五，《十三经注疏》下册，第 2474 页。

人孔子却恰恰在这一十分重要的思想观念方面没有给其后学们提供必要的论述。由于孔子奠定的儒家思想传统在“关于宇宙与人的形而上的思路未能探幽寻微，为自己的思想理路找到终极的立足点，而过多地关注处理现世实际问题的伦理、道德与政治的思路。”① 这样，早期儒学对终极问题所留下的问题，势必引发后世儒家学者更加迫切和强烈的追问与思考；而恰恰是这种迫切强烈的追问与思考，推动了《论语》学史的进一步发展。

《论语》学史上出现的两座学术高峰是魏晋与两宋，恰好这两个时期的《论语》学在“夫子之言性与天道，不可得而闻也”的关键问题上，作出的种种追问与思考，从而大大地丰富了《论语》的思想内涵和思维空间，从而开拓了《论语》诠释的新局面、新高峰。

本来，《论语》不过是孔子及其弟子在具体的历史情境中，就有关人生、社会、政治、伦理方面的问题作出“应世随感”式的思考与讨论。后代注疏者也十分清楚《论语》的这一特点。如皇侃曾说，“夫圣人应世，事跡多端，随感而起，故为教不一”；“然此书之作，适会多途，皆夫子平生应机作教，事无常准。”② 由此可见，《论语》显然不同于《易》、《书》、《礼》、《诗》等六经那样“皆先王之政典也。”③ 由于《论语》具有“事跡多端，随感而起”的特点，这种具体性、偶然性、随机性的形而下之内容，如何能够获得经典必具的

① 葛兆光：《七世纪前中国的知识、思想与信仰世界》，第 441 页，复旦大学出版社 1998 年。

② 皇侃：《论语义疏》卷一，《论语义疏自序》，《儒藏》（精华编，四书类论语属），第 9 页，北京大学出版社 2005 年 8 月。

③ 章学诚著，叶瑛校注：《文史通义校注》卷一，《易教上》，第 1 页，中华书局 2005 年。

普遍性、永恒性、神圣性的形而上之依据呢？皇侃等后世的注疏者固然深知《论语》的内容是孔子“应机作教，事无常准”的，但是，他们更加意识到《论语》记载的圣人之言必须体现出普遍性、永恒性、神圣性的特点，并具有形而上的终极依据，才能够成为代表中华文明的基本经典。这也是他们在申诉《论语》的重要地位时所说的，《论语》之书系“上以尊仰圣师，一则垂轨万代”，“万代之绳准。”① 后世的儒者如何能够将原本是“应机作教，事无常准”的孔子日常言行记录诠释成为“垂轨万代”、“经纶今古”的经典呢？显然，仅仅是作语言文字的训诂、典章制度的考证是无法实现这一点的。《论语》学的拓展必须依赖于一种创造性的诠释，这种诠释要能够将原本是具体性、偶然性、随机性的有关生活日用、道德政治的人文智慧转化成普遍性、永恒性、神圣性的人文信仰，特别是要从形而下的事中领悟、建构起形而上之道。

所以，《论语》中孔门弟子“不可得而闻”的“性与天道”反而成了魏晋玄学家、两宋理学家特别感兴趣的问题。十分明显，在中国古典思想文化观念中，“性与天道”涉及哲学与宗教的终极理念，后世儒者只有解决了这个最为重要的终极问题，才能够使《论语》中孔子所关注的名教制度与个体人格获得最终的依托，也才能够使孔子“随感而起”的道德政治教言具有哲学的深度与宗教的执著。所以，无论是玄学家，还是理学家，他们均一致地认为，孔门弟子不可得而闻的性与天道问题，并不是孔子不曾重点思考的问题，更不是孔子仅关注现世的政治伦理而回避形而上的终极问题。他们强

① 皇侃：《论语义疏》卷一，《论语义疏自序》，《儒藏》精华编，第 9—11 页。

调，恰恰相反，孔子对此有着十分深刻的体认，他所关注并谈论的政治伦理问题均透露出形而上之道的深刻性。玄学家、理学家认为自己诠释《论语》的重大使命就是要探幽发微式地将“性与天道”的形而上的终极依据疏导发掘出来。因此这里存在一个有意思的现象，无论是玄学家还是理学家，他们均对子贡这段话作出一种新的而且是相同的理解和解释。魏晋的玄学注释家皇侃解释子贡不可得而闻孔子“性与天道”的教诲和议论时说：

> 言孔子六籍乃是人之所见，而六籍所言之旨，不可得而闻也。所以尔者，夫子之性，与天地元亨之道合其德致，此处深远，非凡人所知，故其言不可得闻也。[①]

宋代理学注释家谢良佐亦认为：

> 性与天道，夫子虽欲言之，又安得而言之，所以不可得而闻也。性与天道，使子贡智不足以知之，则安能语此。则夫子可不谓善言乎！子贡可不谓善听乎！后世诸子，言性与天道多矣，其言纷纷，使人弥不识者，亦异乎夫子之言矣。[②]

无论是玄学家，还是理学家，他们在理解子贡的这段话时，均

---

① 皇侃：《论语义疏》卷三，《公治长第五》，《儒藏》精华编，第 81 页。

② 朱熹《论语精义》卷三上，《公治长第五》，《朱子全书》第 7 册，第 180 页，上海古籍出版社，安徽教育出版社，2002 年。

提出这个相同的看法：第一，他们均认为孔子对“性与天道”这个涉及终极关切的问题，有着深刻的内在体认，达到一个普通人难以企及的高度；其次，子贡等弟子对孔子“性与天道”的问题不可得而闻，不是孔子不关心这个问题，恰恰是因为孔子认为这个问题太重要、太深微，故而不会轻易对人说起。他们的结论是十分明显的，诠释《论语》就是要将孔子有着内在深刻体认的、但又从不对人轻易道破的形而上的终极问题阐发出来。

所以，尽管玄学与理学是两种思想旨趣差别甚大的学术思想，但是，玄学家的《论语》学与理学家的《论语》学，其学术特点、思想成就又体现出一个共同点，他们均希望通过对《论语》的诠释而建构一种具有形而上意义的内圣之道。

(三)

玄学家在注释《论语》时，强调圣人之道具有十分重要的形而上之意义，它决定主宰一切形而下之事物，“举本统末”正是圣人之道的人格的基本特征；正如王弼解释《论语·阳货》所说：

> 子欲无言，盖欲明本，举本统末，而示物于极者也。夫立言垂教，将以通性，而弊至于淫；寄旨传辞，将以正邪，而势至于繁。即求道中，不可胜御，是以修本废言，则天而行化。①

王弼通过诠释孔子“子欲无言”，强调圣人之道是一种非语言文

① 皇侃：《论语义疏》卷九，《阳货第十七》，《儒藏》精华编，第318页。

辞所能表达的形而上之本体，这也就是说，由于“性与天道”是形而上之体，圣人的“无言”恰恰是为了“明本”、“举本”、“修本”。当然，玄学认为这个“本”就是“无”，圣人为什么不言“无”呢？王弼解释说：“圣人体无，无又不可以训，故不说也；《老子》是有者也，故恒言无所不足。”① 玄学家将《论语》的内圣外王之道归结为内圣之道，主张以内圣统外王；又将内圣之道归结为一种形而上的本体。这样，孔门儒学所倡导的一切仁义、礼乐的社会名教与圣贤、君子的个体人格均获得了一种形而上之道的依托，这正是玄学家诠释《论语》所阐发的“性与天道”。

但是，我们要特别注意的是，玄学家们在注释《论语》时所阐发的以无为本的本体论，不同于《易传》、《道德经》中所论述的宇宙本体论，更非西方哲学的实体性本体论，而是理想人格的最高精神境界——一种价值本体论或者人格本体论。从形式上看，这个本体论是通过本末、有无、一多等范畴的理论思辨表现出来的；但从内容上看，玄学本体论的本末、有无之辨恰恰是与价值取向上的自然名教之辨是分不开的，它们均与内圣的理想人格及精神境界密不可分的。许多当代学人已指出这一点，“自然与名教之辨和本末有无之辨密不可分。无为本为体，指自然一面。有为末为用，指名教一面。自然与名教之辨通于本末有无之辨，或者说，魏晋玄学是从本体论的高度来理解和规定自然与名教之关系的。”② 而无论是自然名教之辨，还是有无本末之辨，其实又均是与内圣之道相关，体现为理想人格的价值取向与最终依据。

---

① 楼宇烈校释：《王弼集校释》下册，第639页，中华书局1980年版。
② 高晨阳：《儒道会通与正始玄学》，第31页，齐鲁书社2000年。

有无之辨与名教自然之辨是如何建立起内在的联系呢？它与内圣之道又是什么关系呢？魏晋玄学提出“道者，无之称也”，用“以无为本”来取代先秦道家“以道为本”，确实是与魏晋时期崇尚自然无为的社会思潮之间有着内在的关联。[①] 事实上，魏晋玄学所讲的“无”，并不是一种实体性的客观存在，而是一种主体性的人格境界，“无为万物之宗主或本体，实指主体心境而言；万物自生自化，乃心境之用，由心体所起的一种境界观照。”[②] 因而，玄学所讲的本体之“无”同时也是与主体心境人生态度“无为”、“无执”、“无著”、“无累”相一致的“无”，这种“无”的境界就是“自然”。这一点，在玄学家们诠释孔子及其《论语》时，体现得十分充分。在玄学家看来，圣人虽然能够“大爱无私”，既有道德之善又有政治功业，但是他们又是具有“无为”、“无执”、“无累”、“无言”的生命境界之人，其原因就在于他们在“道同自然”中进入到“无”的本体境界。孔子曾对上古圣王之崇高人格发出衷心的赞叹：“大哉尧之为君也！巍巍乎！唯天为大，唯尧则之。荡荡乎！民无能名焉。”王弼则是以玄学的观念重新解读古代的圣王，他解释说：

> 圣人有则天之德，所以称“唯尧则之”者，唯尧于时全则天之道也。荡荡，无形无名之称也。夫名所名者，生于善有所章，而惠有所存，善恶相倾，而名分形焉。若夫大爱无私，惠将安在？至美无偏，名将何生？故则天成化，

---

① 王晓毅：《王弼评传》，第 246 页，南京大学出版社 1996 年。

② 高晨阳：《儒道会通与正始玄学》，第 45 页。

道同自然。①

王弼显然是拓展了孔子对上古圣王尧舜之德业的由衷赞叹的意义，而是将其引申为一种“无为”、“无执”的“则天成化，道同自然”的“无”之精神境界。作为上古圣王的尧，他能既在名教中得到“高大可美”之称，能“得时有天下”，此“有”完全合乎儒家名教理念中的圣王理想；他又能达到“无形无名”的“无”的精神境界，完全合乎道家“自然”理念，并能达到“则天成化，道同自然”的“无”的最高境界。可见，这里所诠释的圣人之道既是价值意义上的名教与自然的合一，也是本体论意义上的“有”与“无”的合一。

（四）

儒家思想的社会基础是中国传统宗法社会。儒学推崇维护宗法社会秩序的名教，要求每个社会成员服从与自己名分相称的道德规范与行为准则，包括政治典章制度与生活日用礼仪。魏晋士大夫虽然也肯定名教的正面价值，但是当名教的规范与人的真实性情产生矛盾与隔阂时，则往往是以名教为末，以自然性情为本，提出“以无为本”、“崇本息末”的主张。儒家的全部价值理想、思想体系是建立在维护社会的纲常、名教秩序的基础之上，所以宋儒不能容忍这种贬低或淡化名教的主张，这会带来纲纪不振、社会混乱的后果。他们强调儒家的名教本来就具有终极性的超越意义，而形而上之道就存于名教的日用生活之中。这里分析《论语·子张》篇中的一段

---

① 皇侃：《论语义疏》卷四，《泰伯第八》，《儒藏》精华编，第141页。

话及程朱的注释：

> 子游曰："子夏之门人小子，当洒扫、应对、进退，则可矣。抑末也，本之则无。如之何？"子夏闻之，曰："噫！言游过矣！君子之道，孰先传焉？孰后倦焉？譬诸草木，区以别矣。君子之道，焉可诬也？有始有卒者，其惟圣人乎！"
>
> 朱熹引程子注云："洒扫、应对，便是形而上者，理无大小故也。故君子只在慎独。"又曰："圣人之道，更无精粗，从洒扫、应对，与精义入神通贯，只一理。虽洒扫、应对，只看所以然如何。"又曰："自洒扫、应对上，便可到圣人事。"[①]

包括魏晋在内的历代儒者在注释子游、子夏的这段话时，都是从"学业有次"上理解洒扫应对之末与大道之本的关系，宋儒的注释也离不开对这段话文意的基本理解，所以朱熹也说："学者当循序而渐进，不可厌末而求本。"[②] 但是，程朱从这段话中不仅理解到"教人有序"的教学法原则，而且更进一步，他们还理解到形而上与形而下一体不分的本体论原则。在宋儒看来，洒扫应对之事是形而下者，但洒扫应对之理则是形而上者，"理"是不能有大小精粗之分的，它就是形而上之道，所以程子称洒扫应对"便是形而上者"、

---

① 朱熹：《论语集注》卷十，《子张第十九》，《儒藏》精华编，第122—123页。

② 朱熹：《论语集注》卷十，《子张第十九》，《儒藏》精华编，第123页。

"是圣人之道"。可见，魏晋名士是以"自然"、"无"作为名教的终极依据，而宋儒则是以"理"作为名教的终极依据，而此理就是存在于名教之中，亦就是名教本身。

宋儒以名教为本位建构形上之学，最突出地体现在对《论语》之仁学的诠释。"仁"字虽是早于孔子及其《论语》而出现，但是孔子又确是儒家仁学思想的奠基者。在《论语》一书中，孔子对"仁"字下了诸多字义，但其主要涵义则是维护名教秩序的道德情操、道德原则，是属于与人伦情感、日用伦常相关的道德、人文的法则，并无形而上的、宇宙论的意义。但是，宋儒是以儒家伦理、名教为本位建构形而上学，孔子及《论语》中的"仁"成为他们哲学思考、学术讨论的重点，"仁"因此而成为沟通名教与天道的关键。宋儒是如何做到这一点的呢？他们总是以体用通贯的思维方式来思考仁学，从而将生活日用的仁学上升为形而上之道。宋儒认为，孔子在《论语》中所谈的仁，诸如"博施于民而能济众"、"己欲立而立人，己欲达而达人"以及与名教相关的"尽伦"、"尽制"等均是仁的功用、为仁的方法，而不是仁之体。那么什么是仁之体呢？宋儒作了诸多的解释：

> 程颢云："仁者，以天地万物为一体，莫非己也。认得为己，何所不至？若不有诸己，自不与己相干。如手足不仁，气已不贯，皆不属己。"①
>
> 谢上蔡云："仁者天之理，非杜撰也。故哭死而哀，非

① 《河南程氏遗书》卷二上，《二程集》上，第15页，中华书局1981年。

为生也；经德不回，非干禄也；言语必信，非正行也，天理当然而已矣。当然而为之，是为天之所为也。”①

吕大临：“仁者以天下为一体，天秩天序，莫不具有。人之所以不仁，己自己，物自物，不以为同体。胜一己之私，则反乎天秩天序，则物我兼体，虽天下之大，皆归于吾仁术之中。”②

胡五峰曰：“其合于天地，通于鬼神者，何也？曰：仁也，人而克仁，乃能乘天运，御六气，赞化工，生万物；与天地参，正名为人。”③

朱熹注曰：“仁以理言，通乎上下。……以己及人，仁者之心也。于此观之，可以见天理之周流而无间矣。状仁之体，莫切于此。”④

以上所引宋儒对仁之体的诠释，尽管其具体内涵不同，或以天人一体的境界言仁之体，或以天理之周流状仁之体，但是他们的解释又有一个共同的特点，就是把《论语》中作为为人之道的仁、道德情操的仁上升为一种贯通天地万物的宇宙精神，一种主宰世界万象的普遍法则，总之是周流于天地、万物、鬼神的形而上之天道。

---

① 谢上蔡：《上蔡语录》卷一，第 3 页，文渊阁《四库全书》本第 698 册。

② 吕大临：《论语解·颜渊第十二》，蓝田吕氏遗着辑校，第 454 页，中华书局 1993 年。

③ 胡宏：《知言·汉文》，《胡宏集》第 192 页，中华书局 1987 年。

④ 朱熹：《论语集注》卷三，《雍也第六》，《儒藏》精华编，第 38—39 页。

所以，仁所实现的功效也是神奇的，即如宋儒所描述的“以天地万物为一体”、“乘天运，御六气，赞化工，生万物”等等。在宋儒这里，仁之体完全具有形而上之天道的特征、功效，相当于魏晋玄学的“无”、“自然”。当然，这一切均是就“仁之体”而言，如果就“仁之用”而言，“仁”仍然是传统宗法社会中的名教秩序、日用伦常中的德行，它总是和世俗的日用生活、政治功用一体不分的，也就是孔子在《论语》中反复申论的“博施济众”、“己立立人”、“爱人”、“克己复礼”等等。

总之，理学家所诠释的《论语》，同样也是为了使圣人之道获得形而上意义的本体依据，只是他们把圣人之道归结为“理”或“天理”。在理学家那里，“理”既具天道的内涵，又是人性的本体，故而他们将子贡不可得而闻的“性与天道”作了深入而系统的阐发，并将“性与天道”归结为“理”。《论语》载子贡不可得而闻孔子言性与天道，但是理学家亦偏偏对孔子不言的问题作了系统的论述，朱熹在解释这段话时说：

> 性者，人所受之天理；天道者，天理自然之本体，其实一理也。言夫子之文章，日见乎外，固学者所共闻；至于性与天道，则夫子罕言之，而学者有不得闻者。盖圣门教不躐等，子贡至是始得闻之，而叹其美也。①

理学家对夫子所罕言的“性与天道”作了这种创造性诠释，不

① 朱熹：《论语集注》卷三，《公治长第五》，《儒藏》精华编，第28页。

仅仅是使原始儒学在终极问题的薄弱之处获得了合理化的论证，同时也解决了社会名教制度与个体精神人格的最终依托问题。与玄学家诠释《论语》的思想旨趣与学术理路一样，理学家同样是将《论语》的内圣外王之道归结为内圣之道，强调必须以内圣统摄外王；同样将内圣之道归结为一种形而上的本体。只是理学家强调此本体是“实有”的“理”，从而回归至先秦儒学的道德精神与淑世传统，并真正完成了儒家内圣之道的形上建构。

儒學人文思想與教育輔導學

臺灣孔孟學會秘書長兼孔孟月刊社長　張植珊

摘述： 美國推動教育輔導學（Guidance in education）形成廿世紀教育青少年成長發展的重要觀念與方法。由於輔導是現代行為科學（Behavioral science）中一門新興的學問，從歷史觀點言，自有其學理淵源。但是許多輔導理論的研究者，多從近代西方教育思潮去探索思想的根源，並以西方教育思想為輔導的理論基礎，而忽略我中華文化孕育下深富人文精神的教育理念，且與極具輔導精神的儒家思想脫節。此種偏差觀念的產生，邏輯上的偏見，以致誤認推動輔導工作是輸入西方的舶來品，影響所及，使得許多教育與輔導專書，極少有人提及我國先賢的輔導論見。為求辨明差誤，糾正偏見，特就儒家教育思想基本精神加以闡發，以彰顯儒家教育思想在今日輔導理論中的地位。若將東西相互比較，使吾人更易發現，我國儒家教育思想中人文精神與輔導的基本原理，早已被西洋教育思想、教育方法，與輔導、諮商等的理論技術所擷取與融會了。

關鍵詞： 諮商（Counseling）、個案研究（Case study）、生涯輔導（Career guidance）E. Q（Emotional intelligence）、行為科學(Behavioral science)

儒家教育思想為輔導思想之本源

我國傳統教育特重倫理觀念與固有道德，而實踐道德教化，又在於日常生活方寸之中。諸如：培養灑掃應對之方，禮義廉恥之節，均在食衣住行、生活作息的常規之中，靠潛移默化工夫，收變化氣質之效。這種潛移默化的方法，使行為模式內在化於個人人格之中，實即是輔導的重要原則。

我國傳統文化中蘊藏著極為積極的輔導觀念。考諸夏、商、周“三代之隆”，其庠序的教育，對於“大小之節，課目之別，因其資稟性向適應之所以分也。而其之所以為教，則皆本乎其躬行心得，而不求之於民生日用彝倫之外。是以當世之人，無不有以知其性分之所固有，職分之所當為，而各盡其力。”① 其間輔導精神昭然若揭。《論語・為政》：“導之以德，齊之以禮”、“舉善而教，不能則勸”；〈學記〉：“君子之教喻也，道而弗牽，強而弗抑，開而弗達”等，皆在闡明輔導的真諦、與教育作用。

一、孔子立個別輔導之典範

顔淵讚頌孔夫子：“夫子循循然善誘人，博我以文，約我以禮，欲罷不能。”②，“循循善誘”和“欲罷不能”以今天的教育觀點言，就是有系統、有目的，給予受教育者不厭其詳的引導與協助。眾所周知，孔夫子的教育重視個性適應，首倡因材施教，主張“有教無類”的精神，實為今日教育輔導工作不可或缺的重要觀念。吾人從

① 参考蔣中正：革新教育注意事項。

② 見論語子罕篇。

孔子與弟子們關於問仁、問孝、問政各方面問題的對話討論記錄中，獲得可靠的證據：

（一）關於問仁方面：

△顏淵問仁，子曰："克己復禮為仁，一日克己復禮，天下歸仁焉。"

△司馬牛問仁，子曰："仁者，其言也訒。"

△仲弓問仁，子曰："出門如見大賓，使民如承大祭，己所不欲，勿施於人。在邦無怨，在家無怨。"

△樊遲問仁，子曰："居處恭，執事敬，與人忠。"①

△子貢問仁，子曰："工欲善其事，必先利其器，居是邦也，事其大夫之賢者，友其士之仁者。"②

△子張問仁，子曰："能行五者於天下，為仁矣。"③

（二）關於問孝方面：

△孟懿子問孝，子曰："無違。生，事之以禮；死，葬之以禮，祭之以禮。"

△子游問孝，子曰："今之孝者，是謂能養，至於犬馬，皆有所養，不敬，何以別乎？"

△子夏問孝，子曰："色難，有事弟子服其勞，有酒食先生饌，曾是以為孝乎？"

△孟武伯問孝，子曰："父母唯其疾之憂。"④

---

① 均見論語顏淵篇。

② 見論語衛靈公篇。

③ 見論語陽貨篇。

④ 見論語為政篇。

（三）關於問政方面：

△子貢問政，子曰：“足食，足兵，民信之矣。”

△子張問政，子曰：“居之無倦，行之以忠。”①

△子路問政，子曰：“先之，勞之。”

△仲弓問政，子曰：“先有司，赦小過，舉賢才。”

△子夏問政，子曰：“無欲速，無見小利。欲速，則不達；見小利，則大事不成。”②

以上足徵孔子對門弟子言仁、言孝、言政係依照各人的資質、學力、性向、分別告以行仁、孝道與為政的道理，更由此證明二千五百年前，我國大教育家孔子，已樹立個別輔導的基本典範與原則；且啓迪後世以輔導的概念去作育人才，提示吾人本著輔導的方法，去發掘學生的性向。所以“循循善誘”和“欲罷不能”都成了今天最有效的輔導方法與技術。此外孔子也並不忽略團體輔導，他常喜歡與弟子們在一起，任由弟子們提出許多問題。或談論各自的志氣與抱負，儘管所得的答覆，未必盡能使他滿意，但孔夫子並不讓學生難堪，却能用婉轉的方法從旁疏導之。這些都可以說是輔導工作所強調的觀念與技術。

二、孟子的思想首重自我洞察

孟子倡導民主政治，主張性善學說，其在教育上，認為人性本善，因此不須強迫，講求啓導，使之自愛而自發，以達教育的目的。〈離婁篇說〉：“君子深造之以道，欲其自得也。自得之，則居安；居

① 見論語顏淵篇。

② 見論語子路篇。

之安，則資之深；資之深，則取之左右逢其源，故君子欲其自得之也。”由於輔導特重自我了解，與自我發展，是以，無疑的，孟子的教育思想，深富有濃厚的輔導色彩。

三、韓愈的思想重視解惑

韓愈在〈師說〉中為教師立下定義，為“傳道、授業、解惑”。韓文公生怕人們對“解惑”一詞不甚了解，所以特在“師者，所以傳道、授業、解惑也”之後，緊接著說：“人非生而知之者，孰能無惑；惑而不從師，則其惑也，終不解矣。”可見“解惑”在韓文公心目中，是何等的重要。“解惑”二字，能說不是我們今日所強調的輔導與諮詢吧？

四、兩宋書院制度是輔導的重要內涵

迨至兩宋之書院制度，主要精神在於倡“義理之學，修養之道”為教育核心，力矯士子讀書以獲取功名之通病。《文獻通考》卷四十六記載胡安定對教育的貢獻說：“是時方尚辭賦，獨湖學重經義及時務，學中設有經義齋、治事齋。經義齋者，擇疏通有器局者居之。治事齋者，人各治一事，如邊防、水利之類，故天下謂湖學多秀彥。”上述“修養之道”，正符合於今日的生活輔導與學習輔導的構想與理念。治事齋之教育方式，實類如今日職業輔導的實施過程與方法。

吾人固毋論兩宋書院制度如何？但究其講學方式，實乃發揮輔導效能之最好寫照。尤其在書院制度下，師儒教導學生，術德並重，在講學中同時輔導生徒修身敦品，養成健全的人格，真是教化功深。

五、王陽明提倡順應個性發展的教育

王陽明在〈訓蒙大意〉中說：“大抵童子之情，樂嬉遊而憚拘檢，如草木之始萌芽，舒暢之則條達，摧撓之則衰痿。今教童子必使其趨向鼓舞，中心喜悅，則其進自不能已。”、“順導其意志，調理其性情，潛消其鄙吝，默化其麤頑。”，可見其教育思想在於順應兒童本性，引導其自然成長，不可妄加摧殘或阻擋，而教育方法則為“順導”、“調理”、“潛消”、“默化”，這些都與現代輔導原理極相契合。

王陽明特別提倡“知行合一”，嘗謂“知之真切篤實處，即是行；行之明覺精密處，即是知；知行工夫本不可離。”① 其實“知行合一”的根本，在於誠意。誠意是古人教人用功的第一要義，亦即今日實施輔導工作的“愛心”出發點。

六、孫中山思想的古今一貫

孫中山先生思想上承三代而至孔孟以迄，集其中華人文道統大系，融會西方文明，創主義、立國家、定方略、修大綱、著學說、寫計畫，林林總總遺教中釐出關於教育發展，與推廣輔導工作的論述甚多，玆舉其梗概：

“所謂人盡其才者，在教養有道，鼓勵有方，任使得法也。”、“教養有道，則天無枉生之才；鼓勵有方，則野無抑鬱之士；任使得法，則朝無倖進之徒。”、“凡天地萬物之理，人生日用之事，皆列於學之中，使通國之人，童而習之，各就性質之所近，而肆力焉。”②，無非說明國家選用人才，要有原則；培育人才，尤要有方法。

“質有智愚，非學無以別其才；才有全偏，非學無以成其用。有

---

① 見王陽明答顧東橋書。

② 均見國父上李鴻章書。

學校以陶冶之，則智者進焉，愚者止焉，偏才者專焉，全才者普焉。”在於說明學校教育，對陶冶各種人才的功能。

“蓋賢才之生，或千百里而一見，或千萬人而有一。若非隨人而施教之，則賢才亦以無學而自廢，以至於湮沒而不彰。”以上說明學校應注意學生個別差異，採取個性適應原則。以便因材施教，達到培養各種專門人才為目的。

“即資質不能受高等教育者，亦按其性之所近，授之以農、工、商、技藝，使有獨立謀生之材。”① 這正是性向探討與職業輔導的基本原理。

綜言之，所謂“鼓勵有方”，乃是有效的輔導方法；所謂“才有全偏”，實指普通能力與特殊能力的分別；所謂“隨人而施教之”當然指個別輔導而言。至於“按其性之所近，授以農、工、商、技藝。”應該是指發掘才智、能力、性向、興趣、給予因勢利導，使人盡其才，各展所長。

從以上各點深體孫中山先生教育思想中，確實充滿著完整一貫的以儒家為代表的中華人文精神、以及當代的教育輔導構想與理念相契合。

七、儒家思想為輔導思想的本源

儒家諸子，都是偉大的教育家，其學說思想，對現代輔導的理論與方法，有極多的啓示。歸納起來有以下諸端：

（一）以人性為本，為人本思想輔導理論的基礎：現代輔導的理論學說，特別重視學生人格之健全發展，而於實施方法中，尤其注

---

① 見國父元講詞：“社會主義之派別及方法”。

重身心健康、心理平衡，此與儒家思想完全相同。

（二）以發展潛能實現民主思想，為尊重個人權益之輔導理論的基礎：儒家民主思想，影響後代教育至深，如孔子的“有教無類”、孟子的“民貴君輕”，皆為民主思想之具體表現。民主思想的教育，在無限制的發展個體的潛能，使人盡其才，才盡其用，此一思想與輔導原理中之尊重個人權益本無二致。

（三）實踐六事之教，以為生活輔導之始：儒家以“生活教育”為一切教育的基礎。所謂生活教育，就是教人“做人”的道理。儒家所提示的“灑、掃、應、對、進、退”六事，就是日常生活中“修身”、“待人”、“治事”、“接物”的表現。生活輔導的主要目的如：起居規律，社交禮儀、生活規範、衛生習慣、心理健康、情緒平衡、行為發展、學習態度、人際關係等之輔導，實皆以“實踐六事”為本。

（四）注重了解學生，以達個性適應：孔子平日對學生言行之觀察，極為深刻，所以他能“因材施教”，以達個性適應，而成效卓著。近代也有“觀察輔導”之辭，且以了解學生為進行輔導之第一步工作；而了解學生之方法，由建立學生資料，舉行個別談話，實施各種測驗，進行個別諮商及個案研究等為主。儒家了解學生的方法，為觀察、談話、採訪別人意見，聽取個別報告入手，其名詞雖不盡相同，但了解學生之目標則一。了解學生後，即用“栽者培之，傾者覆之”（見《中庸》）之方法，實施“因材施教”。現代輔導技術，則有“生活輔導”、“學習輔導”、“行為輔導”、“職業輔導”、“生涯輔導”等等，使不良適應者人人恢復正常，適才適所，以為社會國家服務。所以儒家由“了解學生”而達“因材施教”與現代輔導之“自我了解”而達“自我成就”之程序，其目標原屬一致。

（五）注重心理衛生，發展正常人格：一般人當情緒激動之時，則有忿恨、恐懼、喜樂、憂鬱、嫉妒等不平衡的情緒現象，所謂喜、怒、哀、樂、愛、惡、懼七情，使人激動而“不得其正”。荀子認為人之性惡，就是因為情與慾的關係。所以要從心理方面加以治療。“懲忿”就是現代的“情緒衛生”；“窒慾”就是現代的“控制慾望”，人格之正常發展，即在於平衡情緒，昇華慾念，以求心理健康、人格完整。

（六）培養 E. Q 建立人際關係，以發展社會適應能力：儒家教人，重視人際關係的建立。如《大學》云：“所惡於上，毋以使下；所惡於下，毋以事上；所惡於前，毋以先後；所惡於後，毋以從前：所惡在左，毋以交於右；所惡於右，毋以交於左。”這是儒家所謂“絜矩之道”。換言之，就是“人際關係”之建立，一定要達到和諧、協調。人有上下前後左右之關係，必須要每一方面都能左右逢源和諧協調；這樣人際關係才能平衡建立，才能彼此互助合作，無往不利；如果有一方面未能協調，則必影響到另一方面。這在現代輔導學上說來，便是人際關係的良好適應。

總之，我國數千年來的教育設施與內容，上自三代之隆，中經儒家發揚，以迄近代綿延發展，輔導的精神實貫穿其中，而未有須臾離。

从多元文化视角看儒学的人文价值

山东社会科学院研究员　刘宗贤

儒学是一种世界性精神文化资源，“儒学是包含中国人生命气质的一种世界性文化资源，它像一座富矿，蕴藏着对现代人的精神生命、未来人类社会发展有积极意义的恒常价值。[①]”因此，如果我们能从当今世界多元文化并存的视角来透视儒学的话，或许可以更清楚地看到儒学相对于其它东西文化的不同的人文价值。

生于19世纪的德国存在主义哲学家卡尔·雅斯贝斯[②]曾经把人类历史分成四个阶段，并提出轴心时代的观点。他认为其中第三段对于人类文明发展具有特殊重要的意义。这就是以公元前500年为中心，从公元前800年到公元前200年的“历史的轴心”时代，在这一阶段人类几大文明区的精神基础几乎同时地、独立地在中国、印度、波斯、巴勒斯坦和希腊开始奠定。而直到今天，人类文明的

---

① 参见刘宗贤：《21世纪：儒学的地位及儒学研究的发展》，《中国文化研究》2000年第3期。

② 卡尔·雅斯贝斯（Kayl Jaspers，1883—1969），德国著名哲学家，著有《存在主义》，《估计与展望》等。

发展仍附着于这一阶段所定的精神基础之上。[①] 雅斯贝斯说：

> 在公元前800年到公元前200年间所发生的精神过程，似乎建立了这样一个轴心。在这个时候，我们今日生活中的人开始出现。让我们把这个时期称之为“轴心的时代”。在这一时期充满了不平常的事件……这都是在几世纪之内单独地也差不多同时地在中国、印度和西方出现的[②]。

“轴心时代”的观点可以作为提出世界多元文化起源和发展的深刻的历史理由。人类文明有各种不同的文化表现，不同的轴心时代的文明有不同的精神资源，不同的潜在力和不同的发展脉络。探讨轴心时代文明特色的尝试启发人们对人类文明的形成和发展重新进行反思。“轴心时代”的观点被不少学者所认可。

这里亦将从这种世界多元文明起源的观点，来看儒学作为其中一种文明所具有的人文价值。正像有的学者在探讨东亚文化复兴现象时所指出的：

> 处于不同传统中的人们对自己的传统作自我分析批判；而这种自我分析批判之所以可能则在于回溯原创，以及在自家的渊源和其他文化原创的渊源之间作深入的比较研究。

---

① 参考冯天瑜等著：《文明的可持续发展之道》，人民出版社1999年，第29—30页。

② ［德］卡尔·雅斯贝斯：《人的历史》，见田汝康、金重远选编《现代西方史学流派文选》，上海人民出版社1982年，第39页。

> 因为各民族在其文化原创中固然已经包含着因历史境遇差异而来的特点，仍然总是最接近于人类的本真本性的。从这里出发，我们将能找到对各种传统加以重新审视和批判的原动力，使被视为绝对的东西重新活起来……①

一、儒学价值的基本定位：儒家伦理精神

如何评价儒家思想的现代意义，特别是在本土中国的现代意义？笔者以为首先应该破除两种实用的观点，即政治上的实用观点和经济上的实用观点。前者表现为为了现实政治斗争的需要而从主观上任意褒贬儒家及其思想，后者则不看实质，只就表面去看儒家思想与现代经济发展之间可能存在的因果关系，不仅肢解了儒家思想的整体，也存主观杜撰之嫌。而正确的态度应是从文化发展的角度来看儒学的历史过程和整体结构，找出核心的思想和精神，即至今仍在民族性格、社会心理及价值取向中存活着的民族文化的灵魂，然后再决定对它进行批判取舍的具体方案。这才是对传统文化的批判继承态度。这里不妨借用贺麟先生的话来说明问题，他说：

> 在思想和文化的范围里，现代决不可与古代脱节。任何一个现代的新思想如果与过去的文化完全没有关系，便有如无源之水，无本之木，绝不能源远流长，根深蒂固。②

---

① 杨适：《为了东亚的文化复兴我们该做些什么》，《北京社会科学》2000年第2期。

② 贺麟：《儒家思想之开展》，见《评新儒家》，上海人民出版社1989年，第30页。

从这样的观点来看儒学，其实儒学所代表的，是一种思想文化意义上的伦理精神。这种精神在中国文化的长期历史过程中形成，有着特定的实质内容和外在表现。虽然在近代以后，由于民族危亡的加剧、社会变革的深化，而遭受了西方文化的无情冲击，但并未就此中绝。因此在当代中国仍具有现实意义。

这里把儒家文化的实质概括为一种伦理精神，是从中国文化的本有特色及其与西方文化比较的意义上而言的。从中国文化的特点看，儒家文化是中国文化的主流，具有一种人文主义的特色。但这种人文主义又是紧紧围绕着伦理问题展开的。儒家思想以伦理问题为核心，着重于对人的伦理特性的研究，把人看做从群体需要出发、维护社会群体生存的伦理主体，要求人人都致力于道德人格的完善，以便维持一种以道德理性为原则，用道德关系作为调节杠杆的稳定的社会秩序。从中西文化比较的角度说，西方文化有基督教思想的传统，可以称为之宗教精神。根据马克斯·韦伯的宗教社会学分析，这种宗教传统在经历了中世纪后期的宗教改革后，曾经对资本主义的产生起过重要的推动作用。即使在今天，宗教作为一种精神信仰，一种文化传统，也仍然活在西方现代人的思想中，影响着人们的精神生活和价值观念。儒家思想不是严格意义上的宗教，但它与宗教有着相通之处。即它与宗教一样包含着对人的生命，以及人的终极目标的关心。不过，西方宗教关心的是人的自然生命及其信仰的独立地位，中国儒家则把着眼点更多地放在与群体关联的社会的人身上。儒家哲学是道德主体的哲学，用孔子的话说叫做“为己之学”，但它不仅说明现世的修身之道，而且着力于从本体上说明做人的道理。它所追求的“圣人”的理想人格，及从“圣人”之德推而广之的理想社会，具有超越现实的意味，与西方人的宗教体验有着相似之处。因此，儒家伦理绝不只是历代现实社会政治制度的附属品，也不单纯是封建社会的意识形态，它作为一种基本的价值观念或为人之道，作为一种普遍的社会伦理意识，存在于我们民族的文化心理结构之中，渗透在我们的血液里，构成我们民族生生不息的内在灵魂。它造就了我们民族的性格，并且至今仍对人们的行为、态度，以及思想信仰发生着作用。所以，我们把儒家文化的伦理特色定义为一种伦理精神，认为它在文化的意义上可以与西方的宗教精神相提并论。

什么是儒家伦理精神？儒家伦理精神，说穿了就是一种以人为伦理主体的文化精神。这种精神作为儒家文化的产物，是在儒家思想长期发展的过程中形成，并在民族文化和社会生活中积淀下来的。儒家思想创始于孔子。在孔子之前，早在殷商时期，儒学所赖以形成的社会经济结构、礼乐制度，所宣扬的道德观念、依据的部分学术经典就已形成。但当时所盛行的思想，还是代表一神的"天命"或"天帝"观念。这其实与西方的宗教神学没有本质的不同。孔子创立儒家学派，他的思想，是在春秋时期"礼崩乐坏"的大潮流下，对殷商文化进行反思的产物。他反思的结果，突出了人的价值和地位。孔子提出"仁"的观念，标志儒家人文思想的开端。所谓"仁"，指社会伦理之人。孔子认为，"仁"是最高的德（"天生德于予"——《论语·述而》），是人所得于天的内在本质（"仁远乎哉？我欲仁，斯仁至矣。"——《论语·述而》），是人参与社会和宇宙秩序的伦理责任（"人能弘道，非道弘人"——《论语·卫灵公》）。孔子改造了殷周以来的天命观，把决定和主宰的力量从天拉向了人，确定了人作为伦理主体在宇宙中的位置；同时，也就规定了人的最高需求，即对主体道德人格的追求。与“仁”同时，孔子也提出了“礼”，“礼”是“仁”的外在表现，是以社会组织者及每一个社会成员的道德人格为依据组成的社会秩序（在封建社会就是以君主为最高统治者的封建等级制）。孔子之后，先秦主要由孟荀发展了儒家思想。孟子把“仁”向内在精神的方向发展，荀子则把“仁”向礼义传统的方向发展。孟子讲性善论，把“仁”与心性联系起来，阐明人之所以为人的内在本性（即本原善性）。“君子所性，仁义礼智根于心”（《孟子·尽心上》）；“仁，人心也”（《孟子·告子上》）。“仁”以心性为主要标志。孟子从类分的角度说明人与禽兽所得于天的本质不同，又提出“尽心、知性、知天”的修养路线，表明“仁”不只是人之为人的内在本性，也是自然宇宙的法则。这就不仅从内在根据上肯定了人作为伦理主体的尊严和地位，而且从人的心性出发，说明了天人关系。孟子思想后来为宋明理学所继承，成为儒学发展的主流，它为儒家思想奠定了一条以先天心性为主体，并从心性出发探讨天人关系、人我关系的主线。先秦以后，儒家思想一方面向着社会政治层面发展，与封建社会现实的社会秩序相结合，同时，也开始了对道家思想长期融合和吸收的过程。魏晋时期，玄学盛行，并与从两汉开始传入的佛教思想合流，儒家又在与佛道对抗中开始融合佛道思想。直至宋明理学，儒学才集中了前几代的发展成果，儒、释、道融合，形成以伦理为核心的本体论体系。但宋明理学的理论体系，只是把孔孟的核心思想向着逻辑的深层次发展的结果。

二、儒家哲学的理论体系：心性论、知行论、天人论

儒家伦理精神，就其表现说，是一种既入世而又超越的人生态度。它把人的本原善性（社会伦理性）作为追求目标，把实现这种

善性的过程作为道德修养实践，要求人人成圣成德，以造成一种理性主义的人类生活秩序。这种伦理精神是有一套哲学理论作为思想根据的，这就是主要由心性论、知行论和天人论三部分构成的儒家哲学思想的理论体系。

儒家哲学思想以心性论为核心，心性论也是它的逻辑起点。心性论之“心”，具体地指能思维并为身心主宰之心，抽象地说，就是指主体精神。而“性”，指人的本质、本性。“心”、“性”合而论之，指人的先天道德意识、伦理本性。儒家心性论把道德属性当作人的本质属性，并把它与人的具体的生理条件和心理条件相结合，构成为一种具体的、现实存在的人。这样的人，就是儒家文化中最基本的存在。从这样的人出发，他们把道德关系看做与生俱来的关系，把道德意识和行为看做出于生命本能的要求和反应，而不是对客观规范的被动遵守。由此而达到高层次的精神需求，便是对人生道德理想的追求。这样，由于心性论，儒家把现实的人和理想的人格用一条最容易接受、最令人信服的理由联系起来了。它说明了，道德理想不是远离人生的虚无缥缈的东西，而只是在日用常行中时时奋勉以实现本性的过程。心性论为儒家的为人之道，也为其开展道德教育提供了理论根据。

与心性论直接关联的是知行论。儒家看到人的道德属性，强调为人之道应在道德上磨炼，把道德意识变为理性的自觉。因而儒家所重视的不是客观性的知识，而是与情感意志关系更为密切的实践理性。知行论表明了儒家的重行思想，即人格修养也就是认识原理，一切对外界的认识，终以道德实践为归宿。儒家所主张的“思”也不是单纯为了获得对客观世界的知识，而是为了确立主体性，达到认识自我，即认识“人之所以为人”的自我反思。儒家主张培养意志，净化人的思想，回到天地良知、“天地之性”中去，实现一种道德自觉的境界。它相信人的理性力量，强调以理主情、以理制欲，依靠理性的力量进行心理调节，而不是靠宗教形式的禁欲主义和对外在权威的崇拜和信仰。但在这一点上它也自有高于宗教之处。例如，作为一个理性主义者的人，他可以不相信宗教，却能够在儒家思想的支配下，于生死关头舍生取义。这种道德理性的力量在精神领域里所产生的社会效果远不是对物质功利的追求所能达到的。因此，儒家的这种人生哲理在现代社会中无疑对人的精神生活具有补充和调节作用。

儒家的伦理精神还有着更深的哲理基础，这就是由心性论——知行论而上升到更高理论层次的天人论。儒家天人论以人为本位看天人关系，把天人合观，看做一个整体。他们以为天是人的根本，亦是人的最高理想；人源于天，是万物造化的一部分，人类社会与自然遵循着一个总的规律和法则。儒家以“天”为命，“命”即人性来源。天人合一，确认人从自然中产生，天为人性来源。这样，人的精神超越便具备了本体论的意义。儒家以“天”为“道”，“道”即含天、地、人的宇宙秩序，天、地、人为“道”的“三极”。而“天地之性人为贵”（《孝经·圣治》），“人者，天地之心也”（《礼记·礼运》），人能“范围天地之化”（张载《正蒙·三十》）而“与天地参”，这样，不仅突出了人在社会中的主导地位，也确立人在宇宙自然中的主体地位。儒家把人的伦理意识从社会推之于自然，要求人有理性地开发、利用自然，而达到天人的整体和谐，维护人类的群体生存。

儒家的理论体系从其特有的伦理角度出发，观察宇宙、体验自身，奠定了儒家文化的思想基础，也创造了中国人的文化生命。

三、儒学立学根基：仁道的亲情意识

孔子是儒学的奠基人，孔子思想的价值主要体现在他的具有伦理特色的价值观上。孔子的价值观注重血缘亲情，呼唤人与人之间真诚的互爱互敬关系；而其价值观的这一特点，是得益于他对人类问题的体验观察，和对人的道德精神生命的深刻反思。这是孔子思想的人文精神底蕴所在，也是儒学的立学根基。

孔子思想是以仁为核心的体系，而“爱人”是关于“仁”的最基本的含义。《论语》中涉及“仁”的地方凡一百余处，其中“攀迟问仁。子曰：‘爱人’”。(《颜渊》)是画龙点睛的关键一处。《礼记·中庸》中曾提出“仁者人也”的命题，用“人”来规定“仁”的意义。孔子的时代，中国哲学有关人性、人的本质等人的问题的系统探讨还没有开始，但孔子确实已经把人的问题，即人的社会、道德、政治，人的生活方式、精神修养等问题单独提出来，作为议论的中心，因而“仁”也便是他对人的问题的抽象，是他对“人”的一种反思。

孔子以“爱人”为仁的核心内容，这里的“仁”，讲的是人类中的爱，即人与人之间相互爱护、相互尊敬、相生相养的关系，这种关系的基础建于血缘亲情的自然情感之上。《论语》中孔子的弟子有子提出“孝悌也者，其为仁之本与”(《学而》)，正概括了孔子的这种思想；即认为人与人之间的仁爱是由父子兄弟之间这样最基本的血缘亲情关系推衍而来的，因而人与人之间所应有的也正是这样一种自然亲情之爱。孔子说：“弟子入则孝，出则悌，谨而信，泛爱众，而亲仁。”(《学而》)他要求人们不仅要爱自己的父母兄弟，而且要把这种爱推广开去，博爱大众，亲近一切有仁德的人。孔子的

“泛爱”，是由血亲之爱展开的人际之爱，它具有广泛的社会性，反映了人类对爱的要求，也反映了孔子对这种需求的自觉意识。

“孝悌为仁之本”是孔子仁爱思想的基础。对孔子的“孝悌”，以往人们更多的是从西周时期宗法等级制度的角度来阐述，而这里要指出的是孔子在“孝悌”中对于仁爱之情的重视。例如关于子女对于父母的赡养，他说：“今之孝者，是谓能养。至于犬马，皆能有养；不敬，何以别乎？”（《论语·为政》）子夏问孝，孔子答曰：“色难。有事，弟子服其劳；有酒食，先生馔，曾是以为孝乎？”（《论语·为政》）他认为，孝不仅是在形式上侍奉供养父母，如果这样，就与饲养犬马没有质的区别了；人对父母的孝，是以敬爱父母的情感为内涵，有了真实的情感，才会自然流露出愉悦的容色，而这是难于做到的。又如，他指出：“父母唯其疾之忧”（《论语·为政》）；“父母之年，不可不知也。一则以喜，一则以惧。”（《论语·里仁》）“父母在，不远游，游必有方。”（《论语·里仁》）他把子女因对父母发自内心的爱而担忧父母的身体，对父母年事的增高亦喜亦忧，以及因父母年老而不敢远游外出的真情描述得惟妙惟肖，跃然纸上。最有说服力的，是《阳货》章关于宰我问“三年之丧”的一段记载：弟子宰我认为父母死后守丧三年，时间太长了，从礼乐计，“君子三年不为礼，礼必坏；三年不为乐，乐必崩”，因而服丧一年就可以了。孔子却认为，“君子之居丧，食旨不甘，闻乐不乐，居处不安，故不为也”，“三年之丧”的形式所包含的是子女对父母的深切之爱。他指出：“子生三年，然后免于父母之怀。夫三年之丧，天下之通丧也，予也有三年之爱于其父母乎！”幼子出生三年之后，才能离开父母的怀抱，子女为父母守丧三年所寄托的爱，只是对父母哺育和爱抚的一点回报。由此父慈子孝是父子相互之间天然的义务，也是自然情感的需要。孔子在讲“孝悌”时对于仁爱之情的强调，说明其“孝悌”并不是简单地从现实社会关系出发对“亲亲”观念的改良，而是对远古时期古朴的人际关系的留恋和追忆。孔子主张以“孝悌”为基础推广到“泛爱”，实际上是欲从人类最初的血缘亲情出发，来建立一种理想的社会人际关系，这既是对奴隶社会人际关系异化现象的批判，是对现实社会关系的超越，又是对原始人道主义的提升。

四、儒学的基本人格精神：内圣外王

上文从多个方面展示了儒家文化的伦理特色，由此引出一个话题，即在探讨儒家文化人文传统的价值时，论者往往根据儒家人文思想以伦理问题为核心的特点，更多地看到其强调人的群体性和塑造社会人格的方面，由此与西方传统人文思想注重个体、塑造独立人格的特色做比较；却忽略了这样一个方面，即儒家人文思想，正是因为它以社会伦理及人际关系问题为核心，也就更容易拓开一个视角，而以社会的发展、人类群体的生存和需要为背景来窥视个体的人，维护和发展个体的理性及人格尊严。换言之，儒家人文思想并不是抹杀个体来发展群体，而是在群体中发现和界定个体，将个体人格发展的目标定格在群体生存发展的需要上，主张发展个体的潜能以利于社会；并且，它把群体人际关系的协调建立于个体心理调节与内心道德自觉的基础上，以便保证社会的稳定与人际关系的和谐。

这里想从儒学的基本命题“内圣外王”谈起。其实，“内圣外王”是儒家的政治理想，也是儒学追求的最高人生境界，因此也可以说就是儒家倡导的基本人格精神。

儒家人格精神的基础是“人皆可以为尧舜”的思想。孔子说：

“巍巍乎，舜禹之有天下也而不与焉！”（《论语·泰伯》）又说：“大哉尧之为君也！巍巍呼！唯天为大，唯尧则之。”（同上）他把“仁”当作最高的人格理想，而认为“为仁由已，而由人乎哉”（《论语·颜渊》），“我欲仁，斯仁至矣”（《论语·述而》）。在《孟子·告子下》中记载：曹交问曰：“人皆可以为尧舜，有诸?”曰：“……子服尧之服，诵尧之言，行尧之行，是尧而已矣。”又，孟子说：“尧舜，性之也”（《孟子·尽心上》），“圣人与我同类者”（《孟子·告子上》）。他们都把尧舜看做人人通过个人的努力修养而能达到的理想的人格标准，鼓励人们成圣。儒家提倡圣人人格，其圣人人格的基本精神是入世，因而“内圣外王”可以看做是儒家倡导的人格精神。

儒家内圣外王讲内在修养与外在事功的和谐一致的关系。人君治国必以个人德性修养为基础，要实现理想的社会秩序，就不能不充实与完善个人内在的品德，如此才能由我而化众进入人我交融安平富乐的理想社会。这本来是一种政治伦理思想。例如孔子的“博施于民而能济众”（《论语·雍也》），是用一种推己及人的态度来面对国家和社会。孔子又讲“修己以敬”（《论语·宪问》），“修己以安人”，“修己以安百姓”（同上），更是由我而及人、及百姓，点出了内圣外王之学的真谛。孟子由孔子之仁而发展为“仁政”，主张“亲亲而仁民，仁民而爱物”（《孟子·尽心上》），“老吾老，以及人之老；幼吾幼，以及人之幼。天下可运于掌”（《孟子·梁惠王上》），“行仁政而王，莫之能御也”（《孟子·公孙丑上》）。将己之“仁”而推之天下，这就是仁政的核心内容，适与孔子“修己以安百姓”的思想呈一贯发展之势。当然，就孟子的全部思想看，他在内圣与外王的关系中更偏重于内圣，强调向内的心性修养，将外王之道奠基在内圣之学的基础上。这是与他以“性善”论为核心的思想体系相一致的。与孟子相比，荀子在内圣外王中更偏重于外王，所以在《荀子》一书中曾大量出现“圣王”的词语。但荀子并非不讲修身，在他的著作中有《修身》篇，亦专门讲心性修养的问题。《大学》是论述儒家政治伦理思想的经典著作。《大学》之所谓大学之道，正如后来王夫之对“大人之学”的解释，“大人者，成人也……大学，乃学为内圣外王之学”（《礼记章句》卷四十二）。《大学》所讲的治国之道，也就是“内圣外王之道”。它不仅对先秦内圣外王的思想做了系统的理论化的总结，集中阐发了统治者个人心性修养与治国策略的关系，而且将内圣、外王各加以条理化，分为格、致、诚、正，以及修、齐、治、平的实施层次。

儒家内圣外王思想就其所在的时代意义讲，是立足于封建宗法家族型的社会，要人从事大学之道，以个人的修养为核心，通过修身、齐家、治国、平天下的由内及外的步骤，以把个人的能量逐步释放于社会，来维护安定和谐的社会秩序，实现儒家理想的大同社会。但这一命题就更广泛的意义上讲，也可看做是一种人生态度和人格理想，即它是指人格的发展在向内发掘和向外开拓这两方面的协调和统一。向内发掘是就道德潜能上讲的，向外开拓则是面向社会，把蕴藏于人的心性本质中的潜力发放出来，以利于社会。儒家主张将个人置之于社会，但它其实也并不反对个人能力的开发，这里最典型的证明是它的“三不朽”说。不朽，指长久的价值。儒家以“立德”、“立功”、“立言”为人生有无价值的衡量标准，是因为：“立德”，人具有崇高品德，便能人格不朽；“立功”，有辉煌的业绩，便能事业不朽；“立言”，著书立说，为后世留下永存的文字，便能思想不朽。这“三不朽”都是就人能力的发展在社会中所表现的长远利益和贡献讲的。在人格发展上，儒家反对短期的功利主义追求，反对以个人成就作为追求更大利益的资本，这也是它的义利观所包含的重要内容。提起儒家的义利观，人们常常举汉代董仲舒“正其谊不谋其利，明其道不计其功”的提法来批判其尚义不尚利的思想。但是从个人发展与社会发展的关系上说，以求得个人发展为动力来推动社会的发展固然是应该肯定的，而如果驱动个人发展的完全是短期的功利主义目标，也同样会导致为极端谋利而做出缺德损人的事情，从而危害社会，从长远上也同样危害自己。所以，如果把儒家义利观所包含的上述思想与鼓励每个人“立德、立功、立言”的“三不朽”说结合起来看，我们就会得出这样的体会：儒家内圣外王的思想，作为儒家提倡的一种基本人格精神，表明在个人的发展上，儒家所关心的，是在历史长河中和社会群体中所表现的个人价值；它所培养的，是对社会群体长远利益更为关切的一种责任心。

五、儒家协调社会人际关系的机制：忠恕与中庸

儒家讲群我关系，维护社会的稳定，然而它所崇尚的人际和谐是以个体的心理调节、道德自觉为基础的，它所追求的社会稳定建立于个体心中所具有的理性原则的基础上。

儒家塑造的个体理性原则以孔子的仁学为基础，包含着丰富的内容，并随着时代的变迁、儒学的发展而不断充实。但从最初建构的体系来看，大致包含这样几方面内容：

1. 忠恕之道的群我关系原则。儒家人文思想以孔子的仁学为基础，而忠恕之道是仁学思想的最基本内容。《论语·里仁》曰：“子曰：‘参乎！吾道一以贯之。’曾子曰：‘唯。’子出，门人问曰：‘何谓也？’曾子曰：‘夫子之道，忠恕而已矣。’”“忠恕”是孔子“一以贯之”的原则，是终身行之而不悔的品德。它包括“忠”与“恕”

两个方面。所谓“忠”就是忠信，诚恳以待人。正如孔子所说：“己欲立而立人，己欲达而达人”（《论语·雍也》）。这是从积极的方面讲推己及人。而从消极的方面讲推己及人就是“恕”。孔子说：“己所不欲，勿施于人”（《论语·卫灵公》）。就是说，自己所不喜欢、不愿意的事，也不要强加给别人。我不愿意别人这样待我，我也不要这样去对待别人。这就是宽容待人，与人为善。总之，忠恕之道是一种将心比心、推己及人的原则。用这样的原则去处理群我关系，表明了儒家对群我关系的看法。儒家注重人际关系的和谐，然而这种和谐必以个人的道德人格为保障，必以个人忠信的品质为基础。忠信得人，忠信以追求事业的共同发展。“君使臣以礼”则“臣事君以忠”（《论语·八佾》），上级对下级要尊重，下级则对上级竭尽心力、诚实负责；“人而无信，不知其可也。大车无輗，小车无軏，其何以行之哉?”（《论语·为政》）忠信是做人的根本，只有忠信才可以行遍天下。以这样的忠，加上对人友善的宽容态度，才可以求得社会的和谐与发展。

2. 克己复礼的自我内心约束机制。“克己复礼”是孔子的政治伦理思想。过去由于“文革”的原因，人们往往把它当做政治复辟的口号，而不深究其内容。其实“克己复礼”，若从道德上看，包含着丰富的积极内容。“克己复礼”之“礼”，指一个社会的社会组织、政治体制、社会秩序等上层建筑。而“克己”之“己”，指己私，不符合社会秩序和群体规范的个人的思想行为。“克己复礼”所强调的，是个体以内在的自觉，不用别人强制，而主动进行道德修养，使自己的思想和行为符合社会道德的要求。儒家所谓“礼”是外在的，而“克己”却是要建立起一种内心的机制，来保证“礼”的实行。它要求人人都从自我做起，向内心探求，凭个人的道德自觉来发挥创造性。这是一种反省的态度，“君子求诸己，小人求诸人”（《论语·卫灵公》）。同时它包括以别人的贤德为榜样，以不贤为警戒，不断地修正和完善自己，所谓“见贤思齐焉，见不贤而内自省也”（《论语·里仁》）。如果人人都能以有道德的人为榜样，“过，则勿惮改”（《论语·学而》），那么良好社会秩序的形成则是不难的。

3. 中庸的思想方法和协调原则。“中庸”在孔子儒家虽然主要指思想方法，但是这种方法又与实践道德的内容相联系，成为积淀于内心以调节各种道德价值冲突的方法与准则。

关于中庸，孔子说：“中庸之为德也，其至矣乎！民鲜久矣。”（《论语·雍也》）把中庸看做是一种最高的道德准则。《论语·先进》篇载：“子贡问：‘师与商也孰贤?’子曰：‘师也过，商也不及。’曰：‘然则师愈与?’子曰：‘过犹不及’。”孔子根据自己丰富的学识和实践经验，得出对事物本质以及发展最佳度的认识，因而提出中庸的方法。概括这种方法的最好表述是“执其两端用其中”（《礼记·中庸》），即要面对事物的矛盾以及道德价值的冲突，采取无过无不及的处理方式，以适度的分寸感来处理问题，以引导事物向最好的方向发展。

中庸又是一种道德实践的境界和理性的态度。《论语·学而》讲“礼之用，和为贵”，表明儒家对于人际关系以和谐为最终归宿的态度。但是，孔子认为：“君子和而不同，小人同而不和。”（《论语·子路》）他把“和”与“同”做了严格的区分，主张和谐发展，而反对在对立的两端进行无原则的调和与折中。孔子讲“知和而和，不以礼节之，亦不可行也”（《论语·学而》），强调要用既定的社会规范来约束人们的行为，以达到人际关系中合理的度。事实上，实行中庸也要有一定的原则立场，爱憎分明的感情，“唯仁者能好人，能恶人”（《论语·里仁》）。中庸作为个人的品德，同时也就是处理人际关系的原则。所以《论语》载“子温而厉，威而不猛”（《述而》）。又孔子说：“质胜文则野，文胜质则史。文质彬彬，然后君子。”（《论语·雍也》）这都是要人把个人品质的修养寓于正确处理人际关系中，做到事事既不过分，又无不及，恰如其分地处理好社会需求、社会规范与个人性情的关系，即：质朴而不粗野，文雅而不虚浮，既有欲望、又不贪婪，泰然安适而不骄傲，威严而不凶猛，庄重矜持而不固执，合群而不搞宗派，讲大节而不讲小信……。所有这些，都是中庸所要求的品德，也是在人际关系中自我表现的最佳的度。

综上所述，儒学的价值意义，从其文化原创的渊源上考察，它所具有的是一种以伦理精神和伦理结构体系为特征的人文价值导向。儒家人文思想的这种价值导向，一直影响着中国文化的社会倾向性，已经内化到世世代代中国人的精神活动中，成为相应的价值规定、行为准则，指导人们思想、政治、社会行为的定向机制，成为人们普遍认同和自觉遵循的信念。今天，在东西文化越来越趋向于对话和融合，整个世界更加呼唤多元文化交流、互补、共存的情势下，儒家人文思想的价值观，也将会以其特有的合理性，对于培养今后人类社会发展中所迫切需要的新精神，诸如物质创造与精神生活的协调，敬业与乐群的统一，追求个人发展与美好社会理想的一致；以及在社会调控机制上，法治与德治并重，道德的外在强制与内在制约机制并举等方面都会有积极的作用。

儒学的价值理念，不仅在以往中华民族精神生活中成为主流和重要支柱，而且经过现代性的整合改造，必将对当代中华民族精神的重塑与发展，中华文化的繁荣与兴盛起着不可忽视、不可替代的作用。

《尚書・堯典》禪讓禮制意涵淺釋

臺灣師範大學國文系教授 许锬辉

論文提要:《尚書・堯典》篇首總述帝堯的政績，而明揭“允恭克讓”四字以為說，下文繼以帝堯“朕在位七十載，汝能庸命，巽朕位”之言，以相呼應。〈堯典〉全文記述堯禪于舜之禮制甚詳，由於歷來學者對〈堯典〉中某些文句的解讀有所出入，以致對禪讓禮制內容的說明有所不同，進而對於禪讓禮制的意義與價值，也就有所不同。本文擬就〈堯典〉中有關帝堯禪位之資料，參以其他典籍記載帝堯禪位之文獻，闡述帝堯禪讓帝位之過程，以及〈堯典〉所揭“允恭克讓”之義涵。全文約分六部分，第一節、前言，敘述本文寫作動機與目的。第二節、〈堯典〉有關禪讓禮制之記載。第三節、〈堯典〉禪讓禮制析論，彙整〈堯典〉相關資料，闡釋禪讓禮制的完整內容。第四節、後世史書有關禪讓之記載，從後世文獻引述帝堯禪位之事，闡發禪讓禮制的意涵及其對後世之影響。第五節、地下出土文獻記述有關禪讓之資料。第六節、結語。

關鍵詞: 禪讓　禪讓禮制　堯典　尚書堯典　大學　修齊治平　和平政權轉移

壹、前言

《尚書·堯典》[①] 開宗明義總述帝堯的政績，而明揭“允恭克讓”四字以為說，下文繼以帝堯“朕在位七十載，汝能庸命，巽朕位”之言，以相呼應。歷代對堯舜禪讓之事推崇有加，司馬遷撰寫《史記》，本紀十二篇，而以〈五帝本紀〉居篇首，〈太史公自序〉說：“維昔黃帝，法天則地，四聖遵序，各成法度。唐堯遜位，虞舜不台，厥美帝功，萬世載之，作五帝本紀第一。”所謂“五帝”，是指黃帝、顓頊、帝嚳、堯、舜，而五帝事蹟，序中提到黃帝的是“法天則地”，十分籠統，其餘四帝，則是“四聖遵序，各成法度”，於顓頊、帝嚳二帝所成法度，亦未有一言提及，而於堯、舜二帝，則具體提到“唐堯遜位，虞舜不台”。所謂“唐堯遜位”，指的是堯讓位給舜，即史稱“禪讓”政制。史遷之意，堯舜禪讓，是萬世載之，稱頌不已的，所以把它列於本紀之首，甚至可以說是列於《史記》之首。然而，綜觀世人論及堯舜禪讓之事，多僅以“讓位於賢”、“公天下，

---

① 今傳《尚書》有〈堯典〉、〈舜典〉二篇，而據學者考定，漢人所見《古文尚書》五十八篇，傳自先秦，中有〈堯典〉及〈舜典〉，其〈舜典〉亡於東漢初，今傳《尚書》中之〈舜典〉乃東晉偽作者析原有〈堯典〉為二，自“曰若稽古帝堯曰放勳”至“帝曰欽哉”為〈堯典〉，自“慎徽五典”以下，至“陟方乃死”，充當〈舜典〉。本文所稱〈堯典〉，係指漢人所見，傳自先秦之〈堯典〉。至於舜讓位於禹之事，見於《尚書·大禹謨》：“帝曰：來禹。降水儆予。成允成功。惟汝賢，克勤于邦，克儉于家，不自滿假。惟汝賢，汝惟不矜，天下莫與汝爭能。汝惟不伐，天下莫與汝爭功。予懋乃德，嘉乃丕績。天之歷數在汝躬，汝終陟元后。人心惟危，道心惟微。惟精惟一，允執厥中。…四海困窮，天祿永終。”此東晉偽作者集取《荀子·解蔽篇》引道經語，及《論語·堯曰篇》語而成。參見閻若璩《尚書古文疏證》。

不以帝位視為己有”等語譬之，對於“禪讓”的精神與意義，其實並未瞭然，甚至把後世“和平轉移政權”與“禪讓”等量齊觀，視為一事，可謂對堯舜“厥美帝功”之事，誣蔑至極。本文擬就〈堯典〉中有關帝堯禪位之資料，參以其他典籍記載帝堯禪位之文獻，闡述帝堯禪讓帝位之過程，以及〈堯典〉所揭“允恭克讓”之義涵。

貳、〈堯典〉有關禪讓禮制之記載

〈堯典〉記載堯讓位於舜的事實，有三段文字，條列於下，作為下文第三節討論之基礎：

一、曰若稽古帝堯曰放勳，欽明文思安安，允恭克讓，光被四表，格於上下。

按：本段文字，主要在“允恭克讓”四字，指的是堯讓位於舜之事。

二、帝曰：“疇咨若時登庸?”放齊曰：“胤子朱啓明。”帝曰：“吁！嚚訟，可乎?”帝曰：“疇咨若予采?”驩兜曰：“都！共工方鳩僝功。”帝曰：“吁！靜言庸違，象恭滔天。”帝曰：“咨！四岳，湯湯洪水方割，蕩蕩懷山襄陵，浩浩滔天、下民其咨。有能俾乂?”僉曰：“於！鯀哉。”帝曰：“吁！咈哉，方命圮族。”岳曰：“異哉！試可乃已。”帝曰：“往，欽哉!”九載，績用弗成。帝曰：“咨！四岳。朕在位七十載，汝能庸命，巽朕位。”岳曰：“否德忝帝位。”曰：“明明揚側陋。”師錫帝曰：“有鰥在下，曰虞舜。”帝曰：“俞，予聞，如何?”岳曰：“瞽子，父頑，母嚚，象傲。克諧以孝，烝烝乂不格姦。”帝曰：“我其試哉!”女於時，觀厥刑於二女。釐降二女於嬀汭，嬪於虞。帝曰：“欽哉!”慎徽五典，五典克從。納於百揆，百揆時敘。賓於四門，四門穆穆。納於大麓，烈風雷雨弗迷。帝曰：

“格汝舜。詢事考言，乃言底可績，三載。汝陟帝位。”舜讓於德弗嗣。正月上日，受終於文祖。在璇璣玉衡，以齊七政。肆類於上帝，禋於六宗，望於山川，遍於群神。輯五瑞。既月乃日，覲四岳群牧，班瑞於群后。

按：本段文字，重點有三：

（一）“若時登庸”，謂能順應天時者，提升錄用為羲和之官，並非徵詢四岳天子繼位人選。

（二）“汝能庸命，巽朕位”，謂四岳能順應天命行事，擬以帝位相讓。

（三）“舜讓於德弗嗣。正月上日，受終於文祖”，謂舜以德未備，辭讓不接

帝位而攝政。

三、二十有八載，帝乃殂落。百姓如喪考妣，三載，四海遏密八音。月正元日，舜格於文祖，詢於四岳，辟四門，明四目，達四聰。……舜生三十，徵庸三十，在位五十載，陟方乃死。

按：本段重點在記敘堯崩，舜正式即天子位。

參、〈堯典〉禪讓禮制析論

綜觀〈堯典〉記述堯年老讓位之事，可知所謂堯舜禪讓禮制，應分為六段陳述：

一、讓位前置工作

〈堯典〉首段云：“乃命羲和，欽若昊天，曆象日月星辰，敬授人時。”此記述堯之政績。分命羲仲、羲叔、和仲、和叔四人，分別從嵎夷、南交、西、朔方等四處，觀察記錄日月星辰的運行，製訂農曆，頒給諸侯，依曆行事，農民春耕、夏耘、秋收、冬藏，生活

安定富足。堯年老，所命羲和之官，也已年老，堯在讓位之前，必須安排好接替羲和四人的人選；再者，當時洪水為患，農作物受損，必須安排治水官員，使人民生活無憂。以上二件人事案，顯示出堯關懷民生，對人民負責的做法。

〈堯典〉記述堯讓位的前置工作，有如下二事：

其一、安排接替羲和四官的人選：

帝曰："疇咨若時登庸？"放齊曰："胤子朱啓明。"帝曰："吁！嚚訟，可乎？"

帝曰："疇咨若予采？"驩兜曰："都！共工方鳩僝功。"帝曰："吁！靜言庸違，象恭滔天。"

此二段文字，記敘堯讓位前的準備工作。"若時"是指順應天時，亦即前文所稱"欽若昊天，曆象日月星辰"，可據以製訂農曆，讓人民依曆從事農田工作。"登庸"謂提升錄用為羲和之官。堯徵詢臣下，有無長於天文之人，臣下推薦堯之子丹朱、驩兜，皆被堯所否決。此二段文字，與下文"帝曰：咨！四岳。朕在位七十載，汝能庸命，巽朕位"相啣接，應是讓位之前置工作，並非徵詢四岳天子繼位人選。偽孔傳說："誰能咸熙庶績，順是事者，將登用之。"，孔穎達正義曰："堯任羲和，眾功已廣，及其末年，群官有闕，復求賢人，欲任用之。"說亦空泛，未允。又此段文字，主要在提示禪讓禮制中的前置工作，所以文中對於羲和四官的接替人選並未提出答案。

其二、安排治理洪水的人選

帝曰："咨！四岳，湯湯洪水方割，蕩蕩懷山襄陵，浩浩滔天、下民其咨。有能俾乂？"僉曰："於！鯀哉。"帝曰："吁！咈哉，方命圮族。"岳曰："异哉！試可乃已。"帝曰："往，欽哉！"九載，績用弗成。

此段文字也是記述堯讓位前的準備工作。洪水為患，人民嗟憂，堯詢問臣下誰能治水，臣下推薦鯀。此段文字主要在提示禪讓禮制的內容，所以，鯀治水九年無成，其後由鯀之子禹治平洪水。在〈堯典〉，對於鯀治洪水失敗後之接替人選，也沒有提及。

二、宣告讓位，徵求繼位人選

帝曰："咨！四岳。朕在位七十載，汝能庸命，巽朕位。"岳曰："否德忝帝位。"曰："明明揚側陋。"師錫帝曰："有鰥在下，曰虞舜。"帝曰："俞，予聞，如何？"岳曰："瞽子，父頑，母嚚，象傲。克諧以孝，烝烝乂不格奸。"

此段文字記述堯在安排好羲和之官的接替人選，以及治平洪水，於是向臣下宣告年老禪位，並徵詢繼位人選。"庸命"謂順應天命行事。"巽朕位"，謂帝堯擬以已位相讓。首先屬意四岳，四岳推辭，群臣再推薦舜。

三、試以二女

帝曰："我其試哉！"女於時，觀厥刑於二女。釐降二女於媯汭，嬪於虞。

帝曰："欽哉！"

按：〈堯典〉首段記載史官總述帝堯的政績說："克明俊德，以親九族；九族既睦，平章百姓；百姓昭明，協和萬邦，黎民於變時雍。"，此即《禮記·大學》"大學之道，在明明德，在親民，在止於至善。"以及"修身、齊家、治國、平天下"的政治哲學之所本。"家齊而後國治"，〈堯典〉此段文字主要在記述群臣推薦舜為帝位繼承人選之後，堯欲檢試舜是否適任。堯首先考驗舜的齊家功夫，故以二女下嫁於舜，《孟子·滕文公下》："丈夫之冠也，父命之；女子之嫁也，母命之。往送之門，戒之曰：'往之女家，必敬必戒，無違夫子。'”，本段所云："帝曰欽哉"，即《孟子》所言"必敬必戒，無違夫子"之意。

四、歷試百官

慎徽五典，五典克從。納於百揆，百揆時敘。賓於四門，四門穆穆。納於大麓，烈風雷雨弗迷。

按：前段四岳推薦舜為帝位繼承人選，是因為舜"克諧以孝，烝烝乂不格奸"，而之前舜未任官職，堯於是安排讓舜歷試百官，增長其行政經驗。本段記敘舜歷試百官之事，從教育部門到外交部門，最後擔任"大麓"之職。偽孔傳說："麓、錄也。納舜使大錄萬機之政。陰陽和，風雨時，各以其節，不有迷錯。""大麓"即"大錄"，相當後世"宰相"一職。"烈風雷雨弗迷"，意謂風調雨順，說明舜在其位很稱職。《漢書・丙吉傳》："吉前行，逢人逐牛，牛喘吐舌，吉止駐。……或以譏吉，吉曰：'三公典調和陰陽，職所當憂，是以問之。'"丙吉時任宰相，故以"三公典調和陰陽，職所當憂"相應，正是此意。

五、攝政

帝曰："格汝舜。詢事考言，乃言底可績，三載。汝陟帝位。"舜讓，於德弗嗣。

按：舜歷試百官，經過堯三年的"詢事考言"，甚表滿意，授意舜登上帝位。而舜以德未備，謙讓不敢嗣接帝位①。

① 〈堯典〉"舜讓，於德弗嗣"，此文蓋有二說：其一，今文《尚書》之說，文作"舜讓，于德不台"，謂舜辭讓不即帝位，以自省德薄，于心有所不滿，故曰"于德不台"，此舜辭讓帝位之所由也。其二，偽古文《尚書》之說，文作"舜讓于德，弗嗣"，謂舜辭讓帝位于有德者，弗能嗣成帝位。當以今文《尚書》之說為是。

正月上日，受終於文祖。在璇璣玉衡，以齊七政。肆類於上帝，禋於六宗，望於山川，遍於群神。輯五瑞。既月乃日，覲四岳群牧，班瑞於群后。

按：舜再三辭讓，最後以“攝政”名義代理天子職權。“受終於文祖”，謂於帝堯祖廟，祭告堯的祖先，從堯的手中接過天子職權。

六、正式即位

二十有八載，帝乃殂落。百姓如喪考妣，三載，四海遏密八音。月正元日，舜格於文祖，詢於四岳，辟四門，明四目，達四聰。………舜生三十，徵庸三十，在位五十載，陟方乃死。

按：堯崩，三年喪期屆滿，舜正式即帝位。“舜格於文祖”，謂舜在自己祖廟祭告祖先，正式即位。堯舜禪讓禮制至此方告結束。

肆、後世史書有關禪讓之記載

史書記載歷代帝王的政權轉移，不外三種方式：

其一、經由血緣關係，父死子承、兄終弟及。

其二、經由戰爭過程而取得。

其三、經由政治手段而和平轉移。

前二種，其例多有，與本文主題不相涉，無用贅述。第三種，史書記載多以“禪位”稱之，實皆因循《史記·五帝本紀》所載唐堯、虞舜故事。《史記·五帝本紀》所載堯禪位于舜之事，又皆本諸《尚書·堯典》，而文字略有更易。茲將史書記述“禪位”的史料，條列論述於下：

一、《史記·太史公自序》稱唐堯遜位：

維昔黃帝，法天則地，四聖遵序，各成法度。唐堯遜位，虞舜不台，厥美帝功，萬世載之，作五帝本紀第一。

按：《史記·五帝本紀·堯本紀》說："堯乃知舜之足授天下。堯老，使舜攝行天子政。巡狩，舜得舉，用事二十年而堯使攝政。攝政八年而堯崩。"《史記》又載堯禪位于舜，向舜宣布說："汝陟帝位。"舜卻謙讓說："於德不堪，不能嗣成帝位"《尚書·堯典》云："舜讓于德弗嗣。"偽孔傳曰："辭讓於德不堪，不能嗣成帝位。"孔穎達疏云："舜辭讓於德，言己德不堪嗣成帝位也。"《史記·自敘》云："唐堯遜位，虞舜不台。"此檃栝《尚書·堯典》"舜讓于德弗嗣"之意，而文字有所出入。又《史記．五帝本紀》云："舜讓，於德不懌。"此引《尚書·堯典》"舜讓于德弗嗣"之文，而文字亦有不同。《集解》引徐廣曰："音亦，今文《尚書》作'不怡'，怡、懌也。"《索隱》云："古文作'不嗣'，今文作'不怡'，怡即懌也，謂辭讓於德不堪，所以心意不悅懌也。"又考《後漢書·班固傳》載〈典引篇〉云："正位度宗，有于德不台淵穆之讓。"此亦檃栝《尚書·堯典》"舜讓于德弗嗣"之意。李賢注云："前書曰：'舜讓于德不台'，音義曰：'台讀曰嗣'，言二祖初即位居尊之時，並謙言於德不能嗣成帝功，有此淵深穆敬之讓。"今考《漢書．王莽傳》載陳崇上奏稱莽功德云："然而公惟國家之統，揖大福之恩，事事謙退，動而固辭，書曰：'舜讓于德不嗣'，公之謂矣。"顏師古注曰："書曰，虞書〈舜典〉之辭，言舜自讓德薄，不足以繼帝堯之事也。"王先謙補注引王念孫曰："不嗣本作不台，古文《尚書》'舜讓于德弗嗣'，今文作不怡，《漢書》皆用今文，故作不台。《史記·五帝紀》'舜讓于德不懌'，徐廣曰：'今文《尚書》作不怡，怡、懌也。'又自序曰：'唐堯遜位，虞舜不台'，皆用今文也。《文選·典引》'有于德不台淵穆之讓'，李善曰：'《尚書》曰："舜讓于德不嗣"。《漢書音義》韋昭曰：“古文台為嗣”’，《後漢書·班固傳》注曰：‘前書“舜于德不台”，《音義》“台讀曰嗣”’。據此則二李所見《漢書》，皆作‘不台’，顏依古文改為嗣，而釋以僞孔傳，謬矣。”按李賢注《後漢書·班固傳》，所引“前書”，即《漢書·王莽傳》，所引“舜讓于德不台”，即《尚書·堯典》之文，而字作“不台”，此李賢所見本如此，今《漢書·王莽傳》引作“不嗣”，當是後人據僞孔本《尚書》所改，王念孫謂“二李（李善、李賢）所見《漢書》皆作‘不台’，顏依古文改為嗣，而釋以僞孔傳，謬矣。”，其說至允。然則〈堯典〉此文蓋有二說：其一，今文《尚書》之說，文作“舜讓，于德不台”，謂舜辭讓不即帝位，以自省德薄，于心有所不滿，故曰“于德不台”，此舜辭讓帝位之所由也，司馬貞《史記索隱》云：“謂辭讓於德不堪，所以心意不悅懌也。”其言“所以心意不悅懌也”是矣，而謂“謂辭讓於德不堪”，“於德”之後綴加“不堪”二字，不免增字解經之嫌。顏師古注云：“言舜自讓德薄，不足以繼帝堯之事也。”釋讓為責讓之義，釋不台為不足以繼，謂舜自我責讓德薄，不足以繼承堯之帝位，良以王念孫斥其謬，謂其“釋以僞孔傳”也。其二，僞古文《尚書》之說，文作“舜讓于德，弗嗣”，謂舜辭讓帝位于有德者，弗能嗣成帝位。僞孔傳曰：“辭讓於德不堪，不能嗣成帝位。”“於德”之後綴加“不堪”二字，是亦增字解經。孔穎達疏云：“舜辭讓於德，言己德不堪嗣成帝位也。”其稱“舜辭讓於德”，是矣，而謂“言己德不堪嗣成帝位也”，則又依僞孔傳而云然，未允。至於《漢書音義》曰：“台讀曰嗣”，則以僞古文《尚書》“弗嗣”釋今文《尚書》“不台”，其謬誤不待辨，而李賢云：“言二祖初即位居尊之時，並謙言於德不能嗣成帝功，有此淵深穆敬之讓。”亦就僞古文“弗嗣”之意為說，並非是。

二、《漢書・王莽傳》記王莽居攝踐祚：

於是群臣奏言，書曰：朕復子明辟。周公常稱王命，專行不報，故言我復子明君也。臣請安漢公居攝踐祚，服天子韍冕，背斧依于戶牖之間，南面朝群臣，聽政事，車服出入警蹕，民臣稱臣妾，皆如天子之制。郊祀天地，宗祀明堂，共祀宗廟，享祭群神，贊曰假皇帝。民臣謂之攝皇帝，自稱曰予，平決朝事，常以皇帝之詔稱制，以奉順皇天之心。太后詔曰：可。明年改元曰居攝。

按：王莽以安漢公居攝踐祚，服天子韍冕，聽政事，車服皆如天子之制。而《漢書》記其事未稱"禪位"，而記太師王舜死訊云："自莽篡位病悸，寖劇，死。"《漢書・外戚傳・孝平王皇后》云："平帝崩，莽立孝宣帝孫嬰為孺子，莽攝帝位，尊皇后為皇太后。三年，莽即真，以嬰為定安公。"亦但稱"攝帝位"、"即真"。

三、《三國志・魏書・文帝紀》記漢獻帝遜位：

改建安二十五年為延康元年。冬十一月，漢帝以眾望在魏，乃召群公卿士，告祠高廟，使兼御史大夫張音，持節奉璽綬禪位。

冊曰：咨爾魏王，昔者帝堯禪位于虞舜，舜亦以命禹。天命不于常，惟歸有德。…皇靈降瑞，人神告徵，誕惟亮采，師錫朕命。僉曰：爾度克協于虞舜，用率我唐典，敬遜爾位。於戲，天之厤數在爾躬，允執其中，天祿永終，君其祗順大禮，饗茲萬國，以肅承天命。

按：《三國志》記漢獻帝遜位，稱"禪位"于魏，策書徵引帝堯禪位于虞舜，舜亦以命禹故事。

四、《三國志・魏書・文帝紀》記魏元帝遜位：

咸熙二年五月，詔曰：相國晉王，誕敷神慮，光被四表。又命晉王冕十有二旒，建天子旌旗，出警入蹕，乘金根車六馬，備五時副車樂舞八佾，設鍾虡宮縣。…八月辛卯，相國晉王薨。壬辰，晉太子炎襲位，總攝百揆，備物典冊，一皆如前。十二月壬戌，天祿永終，歷數在晉，詔群公卿士具儀設壇于南郊，使使者奉皇帝璽綬冊，禪位於晉嗣王，如漢魏故事。

按：《三國志》記魏元帝遜位，稱“禪位於晉嗣王，如漢魏故事”。

五、《晉書·武帝紀》記魏元帝禪位于晉：

咸熙二年五月，立為晉王太子。八月辛卯，文帝崩，太子嗣相國晉王位。十一月，是時晉德既洽，四海宅心，於是天子知厤數有，乃使太保鄭沖奉策曰：茲爾晉王，我皇祖有虞氏，誕膺靈運，受終于陶唐，亦以命于有夏，惟三后陟配于天，而咸用光敷聖德，自茲厥後，天又輯大命于漢，火德既衰，乃眷命我高祖。……惟王乃祖乃父，服膺明哲，輔亮我皇家，勳德光于四海，格爾上下神祇，罔不克順，地平天成，萬邦以乂，應受上帝之命，協皇極之中，肆予一人，祇承天序，以敬授爾位，厤數實在爾躬，永執其中，天祿永終。於戲，王其欽順天命，率循訓典，底綏四國，用保天休，無替我二皇之弘烈。…帝初以禮讓，魏朝公卿何曾、王沈等固請，乃從之。

泰始元年，冬十二月景寅，柴燎告類于上帝，曰：皇帝臣炎，敢用玄牡，明告于皇皇后帝，魏帝稽協皇運，紹天明命以命炎，昔者唐堯，熙隆大道，禪位虞舜，舜又以禪禹。邁德垂訓，多歷年載。暨漢德既衰，太祖武皇帝，撥亂濟時，扶翼劉氏，又用受命于漢，粵在魏室，仍世多故，幾於顛墜，實賴有晉，匡拯之德，用獲保厥肆祀，弘濟于艱難，則晉之有大造于魏也。…三后用集大命于茲，炎維德不嗣，辭不獲命。於是群公卿士百辟庶僚…僉曰：皇天鑒下，求人之瘼，既有成命，固非克讓，所得距違。…炎虔奉皇運，寅畏天威，敬簡元辰，升壇受禪。

按：《晉書》記魏元帝禪位于晉，其禪位策書稱“肆予一人，祇承天序，以敬授爾位，厤數實在爾躬”。武帝即位策文亦徵引“唐堯禪位虞舜，舜又以禪禹”故事。

六、《晉書·恭帝紀》記恭帝禪位于宋：

元熙二年夏六月壬戌，劉裕至于京師，傅亮承裕密旨，諷帝禪位，草詔請帝之，帝欣然謂左右曰：晉氏久已失之，今復何恨，乃書赤紙為詔，甲子，遂遜于琅邪第。

七、《宋書·武帝紀》記武帝進爵為王，冕十有二旒，建天子旌旗：

元熙元年正月，詔遣大使徵公入輔，進公爵為王。以徐州之海陵…十郡，增宋國。十二月，天子命王冕十有二旒，建天子旌旗，出警入蹕，乘金根車，駕六馬，備五時副車，置旄頭雲罕。樂舞八佾，設鐘簴宮縣。

八、《宋書·武帝紀》記晉恭帝禪位于宋：

元熙二年四月，徵王入輔。六月，至京師，晉帝禪位于王。詔曰：昔火德既微，魏祖底績，黃運不競，三后肆勤，故天之歷數寔有攸在，朕雖庸闇，昧於大道，永鑒廢興、為日已久，念四代之高義，稽天人之至望，予其遜位別宮，歸禪于宋，一依唐虞漢魏故事。

甲子，策曰：咨爾宋王，…漢既嗣德于放勳，魏亦方軌于重華，…是用仰祇皇靈，俯順群議，敬禪神器，授帝位于爾躬。大祚告窮，天祿永終。

璽書曰：…昔土德告沴，傳胙于我有晉，今歷運改卜，永終于茲，亦以金德而傳于宋。…今遣使持節，…奉皇帝璽綬，受終之禮，一如唐虞漢魏故事。

按：《宋書》記晉恭帝禪位于宋，其禪位策書稱“漢既嗣德于放勳，魏亦方軌于重華，…是用仰祗皇靈，俯順群議，敬禪神器，授帝位于爾躬。…受終之禮，一如唐虞漢魏故事。”

九、《宋書·順帝紀》記順帝禪位于齊：

昇明三年夏四月壬申，進齊公爵為齊王。增封十郡。丙戌，命齊王冕十有二旒，建天子旌旗，出警入蹕，乘金根車，駕六馬，備五時副車，置旄頭雲罕。樂儛八佾，設鐘簴宮縣。辛卯，天祿永終，禪位于齊。

十、《南齊書·高帝紀》記高帝封為齊公、進爵為王，冕十有二旒，建天子旌旗：

昇明三年正月甲午，重申前命，劍履上殿，入朝不趨，贊拜不名。三月甲辰，詔進位相國，總百揆，封十郡，為齊公。備九錫之禮，加璽紱、遠遊冠。加相國綠綟綬。其驃大將軍、揚州牧，徐州刺史如故。太祖三讓，公卿敦勸固請乃受。

甲寅，策相國齊公曰：（歷敘其功）…今進授相國以青州之齊郡，…凡十郡，封公為齊公，錫茲玄土，苴以白茅，定爾邦家。…今命使持節兼太尉、侍中、中書監、司空，衛將軍、雩都縣開國侯淵，授公相國印綬，齊公璽紱，持節兼司空守尚書令僧虔，授齊公茅土，金虎符第一至第五左，竹使符第一至第十左。相國位百辟，秩踰三事，職以禮移，號隨事革。其以相國總百揆。太祖三讓，公卿敦勸固請，乃受之。

四月癸酉，詔進齊公爵為王，丙戌，命齊王冕十有二旒，建天子旌旗，出警入蹕，乘金根車，駕六馬，備五時副車，置旄頭雲罕。

樂儛八佾，設鐘簴宮縣。

十一、《南齊書·高帝紀》記宋順帝禪位于齊

辛卯，宋帝禪位，下詔曰：…相國齊王，天誕叡聖，…固以獄訟去宋、謳歌適齊，昔金政既淪，水德締構，天之歷數，皎焉攸徵，朕雖寡昧，闇于大道，稽覽隆替，為日已久，敢忘列代遺則，人神至願乎。便遜位別宮，敬禪于齊。一依唐虞魏晉故事。

按：《南齊書》記宋順帝禪位于齊，其禪位詔書稱“獄訟去宋、謳歌適齊，昔金政既淪，水德締構，天之歷數，皎焉攸徵，…敢忘列代遺則，人神至願乎。便遜位別宮，敬禪于齊。一依唐虞魏晉故事。”

十二、《南齊書·和帝紀》記和帝禪位于梁：

中興二年二月戊辰，詔進梁公爵為梁王。三月甲午，命梁王冕十有二旒，建天子旌旗，出警入蹕，乘金根，駕六馬，備五時副車，置旄頭雲罕。樂舞八佾，設鐘簴宮懸。丙辰，禪位梁王。

十三、《梁書·武帝紀》記武帝封為梁公、進爵為王，冕十有二旒，建天子旌旗：

中興二年正月戊戌，拜帝大司馬，…詔進高祖都督中外諸軍事，劍履上殿，入朝不趨，贊拜不名。

詔曰：…其進位相國，總百揆，揚州刺史，封十郡為梁公。備九錫之禮，加璽紱遠遊冠，位在諸王上。加相國綠綟綬。其驃騎大將軍如故。

策曰：…（歷敘其功），…今進授相國，改揚州刺史為牧，以豫州之梁郡…十郡，封公為梁公。錫茲白土，苴以白茅，爰定爾邦。…今命使持節兼太尉王亮，授相國揚州牧印綬，梁公璽紱。使持節兼司空王志，授梁公茅土，金虎符第一至第五左，竹使符第一至第

十左。相國位冠群后，任總百司。高祖固辭。府僚重請，始受相國梁公之命。二月丙戌，詔曰：…可進梁公爵為王，其相國、揚州牧，驃騎大將軍如故。公固辭。…丙午，命王冕十有二旒，建天子旌旗，出警入蹕，乘金根車，駕六馬，備五時副車，置旄頭雲罕。樂舞八佾，設鐘虡宮縣。

十四、《梁書・武帝紀》記齊和帝禪位于梁：

丙辰，齊帝禪位于梁王，詔曰：…昔水政既微，木德升緒，天之歷數，寔有所歸，握鏡琁樞，允集明哲。朕雖庸蔽，闇于大道，永鑒崇替，為日已久，敢忘列代之高義，人祇之至願乎。今便敬禪于梁，即安姑孰，依唐虞晉宋故事。

壬戌策曰：咨爾梁王，…今仰祇乾象，俯藉人願，敬禪神器，授帝位于爾躬，大祚告窮，天祿永終。

璽書曰：在昔勛華深達茲義，眷求明哲，授以蒸人，遷虞事夏，本因心於百姓，化殷為周，實受命於蒼昊。爰自漢魏，罔不率由，降及晉宋，亦遵斯典。我高皇所以格文祖而撫歸運，畏上天而恭寶歷者也。…昔水行告厭，我太祖既受命代終，在日天祿云謝，亦以木德而傳於梁，…今遣使持節，兼太保，侍中，中書監，兼尚書令，汝南縣開國侯亮，兼太尉，散騎常侍，中書令，新吳縣開國侯志，奉皇帝璽紱，受終之禮，一依唐虞故事。高祖謙讓不受，群臣重表固請，乃從之。

按：《梁書》記齊和帝禪位于梁，其禪位詔書稱“今便敬禪于梁，即安姑孰，依唐虞晉宋故事。”其璽書亦稱“今遣使持節，兼太保，侍中，中書監，兼尚書令，汝南縣開國侯亮，兼太尉，散騎常侍，中書令，新吳縣開國侯志，奉皇帝璽紱，受終之禮，一依唐虞故事。”

十五、《梁書·敬帝紀》記相國陳霸先封為陳公，進爵為王，冕十有二旒，建天子旌旂：

太平二年秋八月甲午，加丞相陳霸先黃鉞，領太傅，劍履上殿，入朝不趨，贊拜不名。九月辛丑，崇丞相為相國，總百揆，封十郡，為陳公。備九錫之禮，加璽紱遠遊冠，位在王公上。加相國綠綟綬。

冬十月戊辰，進陳公爵為王，命陳王冕十有二旒，建天子旌旂，出警入蹕，乘金根車，駕六馬，備五時副車，置旄頭雲罕。樂儛八佾，設鍾虡宮縣。

十六、《梁書·敬帝紀》記敬帝禪位于陳：

辛未，詔曰：…梁德湮微，禍難荐發。…相國陳王，有縱自天，降神惟嶽，天地合德。…明明上天，光華日月。革故著於玄象，代德彰於讖圖。獄訟有違，謳謌爰適。天之歷數，寔有攸在，朕雖庸藐，闇於古昔，永稽崇替，為日已久。敢忘烈代之至顧乎。今便遜位別宮，敬禪于陳，一依唐虞宋齊故事。

按：《梁書》記敬帝禪位于陳，其禪位詔書稱“天之歷數，寔有攸在，…今便遜位別宮，敬禪于陳，一依唐虞宋齊故事。”

十七、《陳書·高祖紀》記高祖進位太傅、封為陳公、進爵為王，冕十有二旒，建天子旌旗：

太平二年八月甲午，進高祖位太傅。加黃鉞，劍履上殿，入朝不趨，贊拜不名。九月辛丑，詔曰：…其進公位相國，總百揆，封十郡，為陳公。備九之禮，加璽紱，遠遊冠，綠綟綬，位在諸侯王上，其鎮衛大將軍，揚州牧如故。

策曰：(歷敘其功)。…封公為陳公，…今命使持節，兼太尉王通授相國印綬，陳公璽紱，使持節兼司王瑒，授陳公茅土，金虎符第一至第五左，竹使符第一至第十，相國秩踰三鉉，任總百司，位絕朝班，禮由事革，其以相國總百揆。

十月戊辰，進高祖爵為王，…益封陳國，其相國，揚州牧，鎮衛大將軍，並如故。又命陳王冕十有二旒，建天子旌旗，出警入蹕，乘金根車，駕六馬，備五時副車，置旄頭雲罕。樂舞八佾，設鍾簴宮縣。

十八、《陳書·高祖紀》記梁敬帝禪位于陳：

辛未，梁帝禪位于陳。詔曰：…相國陳王，有命自天，降神惟嶽，天地合德。…明明上天，光華日月，革故著於玄象，代德彰於圖讖。獄訟有歸，謳謌爰適。天之歷數，寔有攸在，朕雖庸藐，闇於古昔，永稽崇替，為日已久。敢忘列代之遺典，人祇之至願乎。今便遜位別宮，敬禪于陳，一依唐虞宋齊故事。

策曰：…昔在唐虞，鑒於天道，舉其黎獻，授彼明哲。雖復質文殊軌，沿革不同，歷代因循，斯風靡替。我大梁所以考庸太室，接禮二宮，月正元日，受終文祖。但運不常夷，道無恒泰。…於是祖述堯舜，憲章文武，…昔者木運斯盡，予高祖受焉，今歷去炎精，神歸樞紐，敬以火德傳于爾陳，…今遣使持節兼太保、侍中，尚書、左僕射、平樂亭侯王通，兼太尉，司徒、左長史王瑒，奉皇帝璽綬，受終之禮，一依唐虞故事。高祖謙讓再三，群臣固請，乃許。

按：《陳書》記梁敬帝禪位于陳，其禪位詔書稱“天之歷數，寔有攸在，朕雖庸藐，闇於古昔，永稽崇替，為日已久。敢忘列代之遺典，人祇之至願乎。今便遜位別宮，敬禪于陳，一依唐虞宋齊故事。”其策書亦稱“昔在唐虞，鑒於天道，舉其黎獻，授彼明哲。…昔者木運斯盡，予高祖受焉，今歷去炎精，神歸樞紐，敬以火德傳于爾陳，…受終之禮，一依唐虞故事。”

十九、《陳書・後主紀》記隋晉王楊廣率兵滅陳:

至德三年正月丙戌,晉王廣入據京城,三月己巳,後主與王公百司發自建業,入于長安。

按:《陳書》記隋晉王楊廣率兵入據臺城,送後主于東宮,陳亡,後主與王公百司發自建業,入于長安。

二十、《周書・靜帝紀》記隋王楊堅為相國,加冕十有二旒,建天子旌旗:

大定元年二月庚申,大丞相隋王楊堅為相國,總百揆,更封十郡,通前二十郡。劍履上殿,入朝不趨,贊拜不名。備九錫之禮,加璽、鉞、遠遊冠,相國印綠綟綬,位在諸王上。又加冕十有二旒,建天子旌旗,出警入蹕,乘金根車,駕六馬,備五時副車,置旄頭雲罕。樂舞八佾,設鍾簴宮懸。王后,王子爵命之號,並依魏晉故事。

二十一、《周書・靜帝紀》記靜帝遜位于隋:

甲子,隋王楊堅稱尊號,帝遜于別宮,隋氏奉帝為介國公,邑萬戶。

按:《周書》記靜帝遜位于隋,未載策書,但稱"王后,王子爵命之號,並依魏晉故事。甲子,隋王楊堅稱尊號,帝遜于別宮。"

二十二、《隋書・高祖紀》記高祖進爵為隋王,冕十有二旒,建天子旌旗:

(北周靜帝)大象二年十二月甲子,周帝詔曰:…姬劉以降,代有令謨。宜崇典禮,憲章自昔。可授相國總百揆,去都督內外諸軍事、大冢宰之號,進公爵為王。以隋州之崇業……二十郡為隋國。劍履上殿,入朝不趨,贊拜不名。備九錫之禮,加璽紱、遠遊冠,相國印綠綟綬,位在諸侯王上。

高祖再讓不許，乃受王爵十郡而已。

（北周靜帝）大定元年春二月甲寅，策曰：咨爾假黄鉞、使持節大丞相、都督内外諸軍事、上柱國、大冢宰隋王，（歷敘其功）…，往加大典，憲章在昔，謙以自牧，未應朝禮。日月不居，使已隔歲，時談物議，其謂朕何。今進授相國總百揆，以申州之義陽等二十郡為隋國。今命使持節太傅、上柱國、杞國公椿，大宗伯、大將軍、金城公煚，授相國印綬。

景辰，詔王冕十有二旒，建天子旌旗，出警入蹕，乘金根車，駕六馬，備五時副車，置旄頭雲罕。樂舞八佾，設鐘簴宫懸。前後三讓，乃受。

二十三、《隋書·高祖紀》記周靜帝禪位于隋：

周帝以眾望有歸，乃下詔曰：相國隋王，叡聖自天，英華獨秀。…況木行已謝，火運既興，…朕雖寡昧，未達變通。幽顯之情，皎然易識，今便祗順天命，出遜别宫，禪位於隋，一依唐虞漢魏故事。高祖三讓不許，遣兼太傅、上柱國、杞國公椿奉冊曰：咨爾相國隋王，…斯蓋上則天時，不可不授，祗天命，不可不受。湯代於夏，武革於殷，干戈揖讓，雖復異揆，應天順人，其道靡異。自漢迄晉，有魏至周，天曆逐獄訟之歸，神隨謳謌之去，道高者稱帝，錄盡者不王，與夫文祖神宗無以別也。周德將盡，禍難頻興，…仰祇皇靈，俯順人願，今敬以帝位禪於爾躬，天祚告窮，天祿永終。百官勸進，高祖乃受焉。

按：《隋書》記周靜帝禪位于隋，其禪位詔書稱“木行已謝，火運既興，…今便祗順天命，出遜别宫，禪位於隋，一依唐虞漢魏故事。”冊書稱“湯代於夏，武革於殷，干戈揖讓，雖復異揆，應天順人，其道靡異。自漢迄晉，有魏至周，天曆逐獄訟之歸，神隨謳謌之去，道高者稱帝，錄盡者不王，與夫文祖神宗無以別也。周德將盡，禍難頻興，…今敬以帝位禪於爾躬，天祚告窮，天祿永終。”

伍、地下出土文獻記述有關禪讓之資料

一、《上博簡（二）・容成氏》八至十簡記述堯以天下讓於賢者：

堯是以視賢，履地戴天，篤義與信，會在天地之間，而包在四海之內，畢能其事，而立為天子。堯為之教曰：“自入焉，余穴窺焉。”以求賢者而讓焉。堯以天下讓於賢者，天下之賢者莫之能受也。

二、《上博簡（二）・容成氏》十二至十三簡記述堯見舜之賢，欲讓位於舜：

堯有子九人，不以其子為後，見舜之賢也，而欲以為後。堯為善興賢，而卒立之。

三、《上博簡（二）・容成氏》十三至十四簡記述堯聞舜賢，讓位於舜：

昔者舜耕於鬲丘，陶於河濱，漁於雷澤，孝養父母，以善其親，乃及邦子。堯聞之，而美其行。堯於是乎為車十有五乘，以三從舜於甽畝之中。舜於是乎始免刈𣃔耨鍤，謁而坐之。子堯南面，舜北面。

四、《上博簡（二）・容成氏》十四至十七簡記舜受命即位，政通人和，烈風雷雨弗迷：

舜受命，……當是時也，癘疫不至，妖祥不行，禍災去亡，禽獸肥大，卉木蓁長。”——舜受命即位，政通人和，烈風雷雨弗迷。

五、《上博簡（二）・容成氏》十七至十八簡記舜見禹之賢，欲讓位於禹：

舜乃老，視不明，聽不聰。舜有子七人，不以其子為後，見禹之賢也，而欲以為後。禹乃五讓以天下之賢者，不得已，然後敢受之。

陸、結語

從本文對〈堯典〉所述禪讓禮制的討論，可以得到如下的看法：

一、堯舜禪讓禮制的意義

（一）關懷民生

羲和之官，“歷象日月星辰”，據以訂曆，事關黎民生計。堯已年老，羲和之官也已年老，再者洪水為患，百姓嗟嘆，在遜位讓賢之前，需先安排好羲和之官與治理洪水的接替人選，才能放心離去。堯這種做法，全是為百姓生活著想，在堯讓位的計畫中，有此前置工作的安排，充分顯示堯關懷民生的心意。

（二）盡心負責

1. 讓位之前先處理好羲和之官與治洪水這兩件事情，不要把這些棘手的事為難繼位的新手，堯這種做法，固然是為百姓生活著想，同時也是為繼位人著想，充分表現堯有始有終、勇於負責的態度。

2. 舜以“克諧以孝，烝烝大不格姦”被選為繼位人選，而毫無行政經驗，堯為他安排，他歷試百官，增長行政歷鍊，這也是一種盡心負責的做法。

（三）修齊治平的政治哲學

繼位人選既已推定，堯說：“我其試哉。”把兩個女兒嫁給舜，“觀厥刑于二女”，這是“欲治其國者，先齊其家”的一種考驗，從而展現堯的“修、齊、治、平”之政治哲學理念。

二、和平轉移政權不可與言禪讓

綜觀史書記述“禪位”的史料，自唐虞始，其後《漢書》載王莽以安漢公居攝踐祚，服天子韍冕，聽政事，車服皆如天子之制。世或亦視以為唐虞故事，實則《漢書》記其事未稱“禪位”，而稱“篡位”。自是以降，魏元帝禪位于晉，其詔書、策書稱“禪位於晉嗣王，如漢魏故事”；晉恭帝禪位于宋，稱“受終之禮，一如唐虞漢魏故事”；宋順帝禪位于齊，稱“敬禪于齊，一依唐虞魏晉故事”；齊和帝禪位于梁，稱“受終之禮，一依唐虞故事”；梁敬帝禪位于陳，稱“敬禪于陳，一依唐虞宋齊故事”；周靜帝遜位于隋，稱“禪位於隋，一依唐虞漢魏故事”。考上述諸帝，在禪位之前，其人已身任宰相，封公進爵為王，加冕十有二旒，建天子旌旗，位尊權重，時君逼於形勢，事出無奈，乃下詔退居別宮，敬禪其天子之位。此等王位禪讓，政權轉移，未經暴力流血事件，可稱之為和平轉移政權，後世或據史書所載，並與堯舜禪讓等量齊觀，殊有未宜。

重要參考書目

閻若璩《尚書古文疏證》（上海古籍出版社，1987 年 12 月）
屈萬里《尚書集釋》（台北：聯經出版事業公司，1983 年 2 月）
漢、司馬遷《史記》（台北：藝文印書館，1972 年 2 月）
漢、班固《漢書》（台北：藝文印書館，1972 年 2 月）
南朝宋、范曄《後漢書》（台北：藝文印書館，1972 年 2 月）
晉、陳壽《三國志》（台北：藝文印書館，1972 年 2 月）
唐、房玄齡等《晉書》（台北：藝文印書館，1972 年 2 月）
梁、沈約《宋書》（台北：藝文印書館，1972 年 2 月）
梁、蕭子顯《南齊書》（台北：藝文印書館，1972 年 2 月）

唐、姚思廉《梁書》(台北：藝文印書館，1972 年 2 月)

唐、姚思廉《陳書》(台北：藝文印書館，1972 年 2 月)

唐、令狐德棻《周書》(台北：藝文印書館，1972 年 2 月)

唐、魏徵《隋書》(台北：藝文印書館，1972 年 2 月)

漢、鄭玄，唐、孔穎達等《禮記正義》(台北：藝文印書館)

孔安國傳，唐、孔穎達等《尚書正義》(台北：藝文印書館)

馬承源主編《上海博物館藏戰國楚竹書（二）（上海古籍出版社，2002 年 12 月)

超凡入圣：孟子的自我道德修养及理想人格塑造

中共中央党校哲学部教授 王 杰

内容提要：重视自我道德修养及理想人格是儒家思想的最重要特征之一，孟子也不例外，但有自己的特点。本文从修身、修心与道德修养，节欲寡欲与存心养性，理想人格的培养与塑造三个方面，对孟子的自我道德修养及理想人格塑造做简要的梳理。

关键词：修身修心；节欲寡欲；存心养性；理想人格

孟子的政治理想是实现仁政王道，实现仁政王道的主体是君主，君主德行的好坏有赖于君主的道德修养，道德修养决定了君主之为君主而非为暴君。孟子一直沉溺于自己设定的仁政王道——君主——道德修养的系统中兜圈子，在这一系统中，最终起决定作用的是君主的道德操守、个人品行，于是，孟子把一切构筑在了道德修养及理想人格的塑造上。[①]

① 孟子对理想人格（圣人）的塑造并不排除只要一般人通过修身养性皆可为尧舜，皆可成为理想人格这一事实，因为圣人与人皆具有相同的善性，但孟子的真实意图是，理想人格（圣人）作为道德修养的极致是对现实君主的升华与超越，如果说人人皆可为尧舜是一理想化的途径，那么，君主通过修身、修心等工夫便可成为理想人格（圣人）的表征与化身则是一条现实的途径，孟子试图打通君主与理想人格（圣人）之间的通道。

修身、修心与道德修养

孟子主张性善论，同时又强调四善端根于心，他以先天具有的善念来激发唤起人们潜意识中善的本性，极力促使人们通过主体自身的道德修养来达到改造自我的目的。他说："爱人不亲，反其仁；治人不治，反其智；礼人不答，反其敬。行有不得者皆反求诸己，其身正而天下归之。"[①]"求诸己"、"自反"、"身正"都是对自我道德修养所提出的要求。一个人一方面要身任天下、有所作为，另一方面又要修心养性、自善其身，"得志，泽加于民；不得志，修身见于世。穷则独善其身，达则兼善天下。"[②] 要端正别人的言行和德性，就必须首先端正自己的言行和德性；如果不端正自己，那就无法端正别人，更遑论匡正整个天下，"枉己者，未有能直人者也。"[③]"吾未闻枉己而正人者也，况辱己以正天下者乎？"[④]"有大人者，正己而物正者也。"[⑤] 可见，一切要从自我内部寻找原因。内因乃外因之前提，这与孔子所谓"我欲仁、斯仁至矣"有异曲同工之妙。孟子这种扩大自我主观努力而不过分关注外界事物的行为，实际上是独善其身的开始，也是注重"修心"的表现之一。"孟子曰：人有恒言，皆曰，'天下国家'。天下之本在国，国之本在家，家之本在身"[⑥]；"修其身而天下平"[⑦]。修身为治天下的开始，孟子所谓的修身主要是

---

① 《孟子・离娄上》，见杨伯峻：《孟子译注》第 167 页。
② 《孟子・尽心上》，见杨伯峻：《孟子译注》第 304 页。
③ 《孟子・滕文公下》，见杨伯峻：《孟子译注》第 138 页。
④ 《孟子・万章上》，见杨伯峻：《孟子译注》第 225 页。
⑤ 《孟子・尽心上》，见杨伯峻：《孟子译注》第 308 页。
⑥ 《孟子・离娄上》，见杨伯峻：《孟子译注》第 167 页。
⑦ 《孟子・尽心下》，见杨伯峻：《孟子译注》第 338 页。

指道德主体的修为，是提高和完善自我价值的一种主观能动行为，修身之要重在修心；修身又是齐家、治国的根本，这样一来，修心同时也成了外在事功的基础。这种通过修身、齐家、治国、平天下来达到改造社会的目的，反过来又以平天下、治国、齐家、修身来达到改造人的目的。这两种不同的流程或修心路线实际是一个完整而统一的内在修养循环系统，是“内圣”或“内在超越”的完全体现，由此也可见孟子与曾子、子思思想之间在内在思维理路上的内在继承关系。

为了实现通过自我道德修养达到治天下的理想目标，孟子突出强调了心在这一过程中的绝对重要性。尽心不但可以知性，而且可以知天之本然。故孟子又说：“君子所以异于人者，以其存心也。君子以仁存心，以礼存心。……其自反而仁矣，自反而有礼矣。”① 仁、礼皆存于心，出于心，说明心在理想人格的实现，在具体行为的施行上都具有十分重要的实践意义。孟子还从人与动物的区别上阐释心的重要性，他认为，一个人若没有恻隐、羞恶、辞让、是非之心，就不能算做是人，而是“非人也”。孟子的修心学说成为他改造人、改造社会、治理国家的重要途径和手段，也成为与其性善学说互相发明、互相补充的重要内容。孟子不仅从正面论述了修心的重要性，而且也从反面论证了修心对于一个人的道德修养是极为关键的。孟子举例说：“富岁，子弟多赖；凶岁，子弟多暴，非天之降才尔殊也，其所以陷溺其心者然也。”② 非才资禀赋之不同，主要是“陷溺其心”使然，这就从反面证实了修心的重要性。

---

① 《孟子·离娄下》，见杨伯峻：《孟子译注》第197页。

② 《孟子·告子上》，见杨伯峻：《孟子译注》第260页。

节欲寡欲与存心养性

战国时期诸侯争霸及连年不断的战争，造成了极端险恶的政治环境及人们道德意识的沦丧，孟子试图通过自己认定的方式来解决当时的社会矛盾冲突和人们的道德问题：一是采取间接手段，即通过游说诸侯国君的方式宣扬其“仁政”学说，由于孟子的“仁政”学说与现实之间存在尖锐的矛盾冲突，没有君主敢在弱肉强食的战争年代施行这种温和的治国策略。二是采取直接手段即通过强化自身道德修养的方式来达到这个目的。孟子认为，一个人在道德修养过程中，首先面临的是人的感性欲望与道德理性的关系。人性虽善，但受物欲影响多了，便可以趋于恶。因此，要完善自我的道德修养，很重要的一个方面就是要节欲、寡欲，他告诫梁惠王，如果想实现“辟土地，朝秦楚，莅中国而抚四夷”的“大欲”，就必须节制自己的甘肥轻暖、声色犬马之欲，然后“发政施仁，使天下仕者皆欲立于王之朝，耕者皆欲耕于王之野，商贾皆欲藏于王之市，行旅皆欲出于王之涂”①。只有这样才能实现“王天下”的政治目标。孟子的这一主张有其现实的合理性，他反对人们对物欲的过度索取，而试图使人们对物欲的追求限制在一种适度的道德范围内，“养心莫善于寡欲。其为人也寡欲，虽有不存焉者，寡矣；其为人也多欲，虽有存焉者，寡矣”②。孟子主张“节欲”、“寡欲”，但并不否认人有欲望，相反，在某种程度上，他还认为人的欲望正是人伦道德的基本出发点。当人的欲望与人的道德理性发生矛盾冲突时，应当合理地

① 《孟子·梁惠王上》，见杨伯峻：《孟子译注》第 17 页。

② 《孟子·尽心下》，见杨伯峻：《孟子译注》第 339 页。

以外在的“礼义”和内在的“仁”来限制人的欲望，孟子的这一理论主张与荀子通过以外在之礼仪限制和规范人之欲望有许多相似之处。孟子倡导的节欲、寡欲并不是目的，而是其“存心养性”的一种方法和手段[①]。孟子认为，人的道德修养的好坏及修养境界的高低，都是由自身所决定的，如果只追求生理层面的自我满足，就难以发掘内在之善性，就难以成为道德之君子，他说：“人之于身也，兼所爱。兼所爱，则兼所养也。无尺寸之肤不爱焉，则无尺寸之肤不养焉。所以考其善不善者，岂有他哉？于己取之而已矣。体有贵贱，有大小。无以小害大，无以贱害贵。养其小者为小人，养其大者为大人。”[②]“饮食之人，则人贱之矣，为其养小以失大也。”[③]要成为道德君子，首先要“立乎其大”，培养自己的理想人格，做到“穷不失义，达不离道”、“穷则独善其身，达则兼济天下”、“富贵不能淫，贫贱不能移，威武不能屈”[④]，“志士不忘在沟壑，勇士不忘丧

① 孟子所谓“存心养性”具体表现在两个方面：一是所谓“养心”，二是所谓“养气”。所谓“养心”就是“求其放心”（《孟子·告子上》），“求其放心”就是扩充人固有的道德善端，使受外部环境和物欲影响而几近泯灭的善性得以复归。在孟子看来，“物欲”有害于“养心”，“养心”就要远离“物欲”，做到“寡欲”。在“养心”的同时，还要“养气”。所谓“养气”就是“养吾浩然之气”（《孟子·公孙丑上》），“浩然之气”就是道德主体用“心”去认识自我、提高自我道德价值的一种至大至刚、无所畏惧的道德精神力量和主观精神。通过“心”的向外扩充，使“浩然之气”充塞宇宙天地间；孟子还指出，“养气”要与“义”和“道”相结合，缺乏“义”和“道”的“气”是不完备的，这样他就把“养气”与行仁义的道德践履联系到一起了。

② 《孟子·告子上》，见杨伯峻：《孟子译注》第268—269页。

③ 《孟子·告子上》，见杨伯峻：《孟子译注》第269页。

④ 《孟子·滕文公下》，见杨伯峻：《孟子译注》第141页。

其元"[1]，立志做一个以天下为己任、追求道德完善的人，只有这样，才能真正实现自我道德价值。

孟子在其政治思想体系中对心给予了极大关注，同时特别重视"气"在个体道德修养过程中的重要指导作用，这既是他对孔子思想的发展，又是其政治思想体系的逻辑推展。孟子从人的道德普遍性原则出发，为人的道德修养的可能性提出了一系列内在要求。孟子沿着子思开启的重心的内在思维路径，以心为价值支撑点，提出了尽心、知性、知天的道德修养路径，目的是为了能够充分调动、激发人们的主观能动性，促使人们以积极的心态去提高道德修养的境界。孟子的这一理论特征对后世仁人志士所奉行的积极向上的人生价值目标具有深远的影响，构成了中华民族崇尚民族气节、坚持正义、具有顽强的民族凝聚力和凛然不可侵犯的民族性格。

理想人格的培养与塑造

追求人生价值和人生目标的实现，追求完美崇高的理想人格境界，一直是儒家学者所孜孜以求的重要课题[2]，早在春秋晚期，孔子就已经提出并确立了"如何成为圣人"的理想人格标准，但并没有

---

① 《孟子·滕文公下》，见杨伯峻：《孟子译注》第138页。

② 不惟儒家，先秦诸子皆重圣贤人格的塑造与设计，皆有大量论及圣人的言论，随举数例，如《墨子·兼爱上》："圣人以治天下为事者也。"《管子·正世》："圣人者，明于治乱之道，司于人事之终始者也。"《韩非子·奸劫弑臣》："圣人者，审于是非之实，察于治乱之情也。故其治国也，正明法，陈严刑，将以救群生之乱，去天下之祸。"《荀子·解蔽》："圣也者，尽伦者也；王也者，尽制者也，两者尽，足以为天下极矣。"《荀子·哀公》："大圣者，知通乎大道，应变而不穷，辨乎万物之情性者也。"《荀子·正论》："圣人备道全美者也，是悬天下之权称也"等等。

提出具体可行的路径和方法[①]。孟子则一改孔子的圣人形象，认为圣人并不是高不可攀、遥不可及的，圣人是一个开放的可预知的理想人格，是人人通过修身努力即可达到的理想境界和理想标准。孟子有时也把历史上的“三皇五帝”称作圣人，但他并不认为圣人有什么神秘性可言，而是强调圣人与人属于同一类别，具有相同的生理本能特征，具有其内在的统一性，尧舜之所以伟大，就在于他们是人类本性的最突出的代表。“舜，人也；我，亦人也。”[②] 正因为人性

① 从字源学上看，“圣”字最初并无崇高、神圣之意，只是一种普通称谓，指人的聪明、能干，王引之在《经义述闻》卷二十中指出，“圣为明德之通称，不专指大圣”。“圣人”也是指明德多知的人。社会的发展，需要在道德领域确立一个至高无上的理想人格，这一道德理想人格具有人类所有的优点和能力，是对现实社会的超越，是一种理想“化身”，是理论家们虚构出来的一个理想化的“理念”。这一化身确立以后，又反过来教化天下，成为社会制度和一切规范的制定者和执行者。也就是说，“圣人”首先有具备两个要素：一是要修己安人，具有崇高的德行；二是要博施济众，安邦治国。孔子一方面认为圣在价值层面上高于仁，是最高的理想人格，是道德理想主义的化身；另一方面，他又认为，正因为圣具有十分崇高的理想境界，并非人人都可轻而易举地达到，即使尧舜也是如此。孔子本人就清醒地意识到：“圣人，吾不得而见之矣；得见君子者，斯可矣”（《论语·述而》）。这样一来，在孔子那里，圣人理想便成为一种源于现实又高于现实可望而不可及的理想人格。孟子则以“圣”作为其圣贤人格的核心（据杨伯峻《孟子译注》称，《孟子》一书，“圣”字凡 47 见），认为圣人是“人伦之至也”（《孟子·离娄上》）；“百世之师也”（《孟子·尽心下》）；“大而化之之谓圣，圣而不可知之之谓神”。牟宗三指出：“在现实世界里，是不可能有圣人的，因为某人纵使在现实世界里最受推崇，一旦他自称为圣人，自命到达最高境界，那么他的境界便不是最高的，所以以不可算是圣人了。圣人的产生，必由于后人的推崇，便是这个道理”。见牟宗三：《中国哲学的特质》，上海古籍出版社 1997 年版，第 26—27 页。

② 《孟子·离娄下》，见杨伯峻：《孟子译注》第 198 页。

皆善，圣人之性与常人之性具有内在统一性，一般人如果都能修养自身之善性，按照尧舜的行为做就可以达到圣贤理想的境界，这就构成了普通人走向圣贤人格、达到圣贤境界的桥梁，拉近了圣人与人之间的距离，使普通人也能感受到通向圣人之路的可操作性。在孟子看来，圣人不过是把平常的“仁义礼智”发挥到了极致而已，不过是对“善”的思想扩大发挥到了极至而已。在追求圣贤人格的同时，孟子还强调独立人格的崇高价值，提倡一种以天下兴亡为己任、大义凛然、刚健有力的大丈夫精神，他还说：“生亦我所欲，所欲有甚于生者，故不为苟得也；死亦我所恶，所恶有甚于死者，故患有所不辟也。……非独贤者有是心也，人皆有之，贤者能勿丧耳。”[①] 孟子有时以“天民”或“大人”来指称圣人，“有天民者，达可行于天下而后行之者也；有大人者，正己而物正者也。”[②] 孟子把圣人分为不同的类型，认为伯夷是“圣之清者”，伊尹是“圣之任者”，柳下惠是“圣之和者”，孔子是“圣之时者”[③]。还认为圣人有六种不同的表现形态，“可欲之谓善，有诸己之谓信，充实之谓美，充实而有光辉之谓大，大而化之之谓圣，圣而不可知之之谓神。”[④] “圣”崇高神圣且能感化万众，“神”则是“圣”之理想境界。孟子还把一些成就十分突出的政治家、军事家也视为圣人，这样一来，孟子思想中的圣人形象就显得亲近可感，他的关于圣贤人格的理论也就更具有感染力和说服力，这就给更多的人以积极的推动和价值

① 《孟子·告子上》，见杨伯峻：《孟子译注》第 265 页。
② 《孟子·尽心上》，见杨伯峻：《孟子译注》第 308 页。
③ 《孟子·万章下》，见杨伯峻：《孟子译注》第 233 页。
④ 《孟子·尽心下》，见杨伯峻：《孟子译注》第 234 页。

的引导，使他们在道德追求上有了更为明确具体的奋斗目标。

孟子在其理想人格系统中，还区分了贤者和君子两个层次。一般说来，孟子所认为的贤者多是从政治层面来理解的；而君子则是从社会伦理的角度来阐述的，当然这只是为叙述的方便而做的区分，其实，儒家思想的政治伦理化与伦理政治化特征本身就说明了这种区分是很困难的。如孟子认为“微子、微仲、王子比干、箕子、鬲——皆贤人也”。[①]“贵德而尊士，贤者在位，能者在职”。[②]“国君进贤……左右皆曰贤，未可也。”[③]这里所讲的“贤者”、“能者”是指品德高尚而又有才能的人，这些人是国家的栋梁之才，对社会有很大的感召力和影响力。这是孟子在政治层面上对“贤者”、“能者”的表述。至于君子，孟子则更多是从伦理层面来论述这个问题。孟子首先从君子与小人的对比中来说明君子的个性，如：“君子犯义，小人犯刑”[④]。“君子之德，风也；小人之德，草也”[⑤]。“古之君子，过则改之；今之君子，过则顺之。”[⑥]“君子之泽五世而斩，小人之泽五世而斩”[⑦]。这样就使人们对君子如何进行道德修养、如何在社会生活中采取积极的生活态度产生了明确的概念，在这一点上，孟子和孔子是比较一致的。但在对君子如何进行修为的问题上，孟子改变了孔子思想中的某些结论。他说：“君子所以异于人者，以其存心

---

① 《孟子·公孙丑上》，见杨伯峻：《孟子译注》第 57 页。
② 《孟子·公孙丑上》，见杨伯峻：《孟子译注》第 75 页。
③ 《孟子·梁惠王下》，见杨伯峻：《孟子译注》第 41 页。
④ 《孟子·离娄上》，见杨伯峻：《孟子译注》，第 162 页。
⑤ 《孟子·滕文公上》，见杨伯峻：《孟子译注》第 114 页。
⑥ 《孟子·公孙丑下》，见杨伯峻：《孟子译注》第 101 页。
⑦ 《孟子·离娄下》，见杨伯峻：《孟子译注》第 193 页。

也。君子以仁存心，以礼存心。……则君子必自反也。”[①] 从自我内部来寻找施行“仁义”的原因，而不是向外部去探寻其根由，实际上这正是孔子“君子反求诸己”思想的再体现。如果一个人以“自反”的态度在实际生活中施行“仁义”，“非礼无为也，非礼无行也”[②]，那么这个人也就达到了君子的要求。有时，孟子所说的君子就是指圣人，他说：“君子所过者化，所存者神，上下与天地同流，岂曰小补之哉?”[③] 这是说圣人所过之处，人们都受到他的精神的感化，其精神可天地同辉，与日月同行。中国古代的仁人志士无不以“君子”的标准来要求自己，在实际生活中塑造自己的人格，由孔子所倡导、孟子所发挥的关于理想人格的思想，对中华民族及中国文化都产生了极其深远的影响。儒家所设定的理想人格是历史留给我们的一笔极为宝贵的财富，值得我们在反思和传承中国传统政治文化时认真地加以继承借鉴和发扬光大。

---

① 《孟子·离娄下》，见杨伯峻：《孟子译注》第 197 页。

② 《孟子·离娄下》，见杨伯峻：《孟子译注》第 198 页。

③ 《孟子·尽心上》，见杨伯峻：《孟子译注》第 305—306 页。

孔子的人生“時化”聖教

臺灣孫文學術思想研究交流基金會董事長 趙玲玲

孔子乃至聖先師，千古以來其所教化於天下者，莫過於如何通過學習“人文”之道，以達成人生的“嘉美亨通”。誠如《易經》《序卦傳》上所言：‘物不可以苟合而已，故受之以〈賁〉。賁者，飾也.’。飾乃文飾也。賁卦彖辭曰：“賁亨。柔來而文剛，故亨。分剛上而文柔，故小利有攸往。剛柔交錯，天文也，。文明以止，人文也。觀乎天文，以察時變；觀乎人文，以化成天下”孔子更把文質彬彬視為君子①。是故，稱孔子為“人文之師”當為至切之詞。

一、孔子為天下而教人文

孔子之所以提倡“人文之教以化成天下”為目標，蓋因當孔子之世天下混亂，所以孔子要積極的教化人心，關心天下。孔子自己說：“天下有道，丘不與易也”（微子篇第十八）。而這觀點與當時的社會風氣是背道而馳的。因此在《論語》一書中，記錄下許多當時

① 論語，雍也．[18] 子曰：“質勝文則野，文勝質則史。文質彬彬，然後君子。”

的隱士如：長沮、桀溺、楚狂接輿、荷蓧丈人、微生畝等人，對孔子的熱心救世，所給予不客氣的冷嘲熱諷，石門的司門者更是直截了當地批評孔子為："知其不可而為之"的"不識時務"之人[①]。但正因為如此，他的這份針對時弊之要害，而提出的"治理之道"，才成為普世之要。世人向來循其所教，而身修之、家齊之、國治之。中外古今皆然。宋開國宰相趙普曾說過他自己是半部《論語》治天下。日本的德川家康幕府大將軍在其留給子孫的《神君遺訓》中，更是處處可見《論語》的痕跡；正因為他的念茲在茲，開創了三百年的家業，最終卻因其子孫不行《論語》之道而衰敗。而近代日本的經營之神澀澤榮一更是寫了"論語與算盤"一書，強調孔子之道非但不排斥營商，且為商道成功之本。標榜了《論語》的現代性價值。

孔子畢生大部分時間和主要經歷，都用於聚徒講學與刪詩、書，定禮、樂，作《春秋》，贊周易以"十翼"。《史記·孔子世家》稱："孔子以詩書禮樂教，弟子蓋三千焉，身通六藝者，七十有二人"。是知，孔子是有系統地教導古代典籍的第一人。他對古代文化的整理及傳播有著承先啟後的歷史貢獻。而他的私人講學之舉，更是開風氣之先，為教育奠下了楷模。

其教育對象是"有教無類"，皇侃在《論語義疏》中解釋為：教之則善，本無類也。換言之，無分貴賤皆一視同仁教之。孔子自己曾說："自行束脩以上，吾未嘗無誨也"（述而第七）。而所謂'束脩'二字，歷來解說紛雜，概約之可有下列三種：

---

① 論語，憲問．[38] 子路宿於石門。晨門曰："奚自?"子路曰："自孔氏。"曰："是知其不可而為之者與?"

（一）一束（十脡）乾肉。"自行束脩以上"即意謂是自己送上一束乾肉作為學費或見面禮的人。[①]

（二）束髮修飾。古之人，男孩到十五歲左右即束髮為髻，表示成童。而自行束脩以上，意即謂是凡年滿十五歲自願來求學的人。

（三）南師懷瑾先生說：自行束脩是自行檢點的意思，那些能反省自己，檢束自己而又肯上進向學的人。[②]

綜合以上，可知凡是年滿十五、自願向學、並送上一束乾肉作為見面禮的人；孔子就沒有不教的。據《史記・仲尼弟子列傳》所記載的十三個弟子中，只有孟懿子、南宮敬叔、司馬牛三人是貴族；原憲、顏路、顏淵、曾點、曾參、閔子騫、子張、仲弓等八人皆出身貧賤；子貢為商人；而顏涿聚更曾為梁父大盜。因此，《荀子・法行篇》載曰：南郭惠子問于子貢曰："夫子之門何其雜也?"子貢曰："君子正身以俟，欲來者不距（通拒），欲去者不止。且夫良醫之門多病人，檃栝之側多枉木，是以雜也。"。這種教育之前人人"平等"的風氣，造就了我中華文化中，重視"以人文化成天下"乃人人皆當視為己任的特色。換言之，人可通過"理想的正道"去更易"樸質"生命的侷限及不足。此正是荀子所謂的"性不能自美，性偽合，是為善也[③]"。將人文之禮義加之在質樸的人性上，就可以創造出與天地合其德、與日月合其光的事功來；這也就是說：'人能以依道之

① 參見朱熹《論語集注》："修，脯也。十脡為束。古者相見，必執贄以為禮，束修其至薄者"。

② 參見南懷瑾《論語別裁語・述而第七》：孔子的學費問題

③ 《荀子・禮運篇》"性者、本始材朴也；偽者、文理隆盛也。無性則偽之無所加，無偽則性不能自美。性偽合，然後成聖人之名，一天下之功於是就也。故曰：天地合而萬物生，陰陽接而變化起，性偽合而天下治。"

“行”，去换“得”生命的美好與永恆’；而其中的關鍵就在於“聞道”與“行道”這兩件事上。“聞道”靠【學】，而“行道”則靠【時習】之。《論語》開宗明義第一章就彰顯出這個涵意；子曰：“學而時習之，不亦說乎！”（學而篇）。《學記》曰：雖有嘉肴，弗食不知其旨；雖有至道，弗學不知其善也。是故，學然後知不足，教然後知困。知不足然後能自反，知困然後能自強也。故曰：教學相長也。孔子嘗曰：“學而不厭，誨人不倦”《述而第七》。同篇第34章，子曰：“若聖與仁則吾豈敢？抑為之不厭，誨人不倦，則可謂云爾已矣。公西華曰：正唯弟子不能學也”。原來教與學的目的是一致的，皆為“聞道”與“行道”而做；所不同者僅是在功效上有著知不足與知困的差異，進而促使“自反”與“自強”的不同而已。孔子強調這自反與自強的重要，公西華終於體悟出這正是‘弟子們學不到’的地方。

“自反”是學習的動力來源。希臘哲學起源於好奇心，而所謂好奇心就是對自己的“無知”的自覺，人唯有在自反及自覺到自己“無知”的狀況下，才會想去追求知識。也就是說，只有在知不足的情況下，自反之，才有學習的動力。子曰：“德之不修，學之不講，聞義不能徙，不善不能改，是吾憂也”《論語·述而第七》。至於，學文之後，若不能行，也是枉然。然而人在“時習”（即在適當的時機，實踐或使用）所學之時，常會有困惑；或不會行、或行而不得其法、或行而不得其時，這些都是不足為取的。子曰：“誦詩三百，授之以政，不達；使於四方，不能專對，雖多，亦奚以為?”《子路十三》可見，孔子認為光是只會背誦詩（文章、道理），而不能處理或解決問題；如通達行政、交涉應對與談判酬酢等事的話，是沒有用的，換言之，學與習（時習，實踐）是一貫的，合兩者，二而為一。所以，在孔子的教育原則下，是沒有“知”與“行”分裂的問題的。不行或不能行的學問都不能算是真知。因此，要想做人成功，成為君子，其所學與所習者，必須是與人生各階段所實際面臨的問題與需要相銜接，並能有效地對應之，能通達之，專對之才行。這也就是立身之“本”。認清這個“本”，才能有正道可行。是以孔子曰：“君子務本，本立而道生”（學而第一）。

蓋道也者，辵部，从彳从亍，意為乍行乍止；乃是指“行”也。而首部，从巛从首，則象徵頭髮和眉目，乃指人也。所以道就是指人的行，或稱為人道。人的行應有所由之徑；此所由之徑即是路。熊十力先生嘗謂：道，本意為路，引申為由。

說文云：道，所行道也。一達謂之道。

釋名曰：達曰道路；道，蹈也；路，露也；言人所踐蹈而露見者也。

此外，人之所行必有目的，如果彳亍所由之徑沒有目的，或達不到目的者，便不是道。

爾雅云：達謂之道。

由上可知，人的行必有徑且必有目的，凡是能到達目的的路謂之通達；反之就是困絕。‘道’既包括人之行所經過的通路，也包括人行所欲到達的目的；所以當人要行道之前，必需得先聞道方可。聞道的重要性由此可知。孔子曾說：“朝聞道，夕死可也。”《論語·里仁第四》。但若僅只是聞道而已，在孔門之學中還是不被認可的。孔子認為聞道與達道是不可同日而語的，聞道者是表面上似乎愛好仁德，實際行為卻不如此，而自己卻以仁者自居，並且不加疑惑，這種人不論是做官或居家，都會騙取到名望，成為聞人。但是達人就不一樣了，達人是品質正直，遇事講理，善於分析別人的言語，觀察别人的顏色，從思想上願意對别人退讓，這種人是隨時隨地都行得通的，是為達人也。

子張問：““士何如斯可謂之達矣?”子曰：“何哉，爾所謂達者?”子張對曰：“在邦必聞，在家必聞”。子曰：“是聞也，非達也。夫達也者，質直而好義，察言而觀色，慮以下人，在邦必達，在家必達。夫聞也者，色取仁而行違，居之不疑。在邦必聞，在家必聞。”（顏淵 12.20）

子曰：“己欲立而立人，己欲達而達人”。（雍也 6.30）

因此如何能行？也必須包括在“當學”之內；換言之，在孔子的教育中，要求學生既要聞道又要能行道；而於行道的過程中，能有得于心，這時才叫做“得”；此處所謂的得，正是孔子所稱許的“有德者”所具備的必要條件。是以朱熹曰：“德者，得也，行道有得於心也。”[①] 而所行之道莫不是在日用人倫事物之間；朱子曰：“日用事物之間，莫不各有當行之路，是則所謂道也。”[②] 是知，人若不行道、或行道時不能有得於心、都不能成為有德之人。為此是否能成德，完全在乎自己之知與行；子曰：“由！知德者，鮮矣。”《論語·衛靈公第十五》何以知德如此難呢？孔子在《易經·繫辭下傳》中，以三陳九卦之德來說明其涵括之要。

云：“作易者，其有憂患乎！是故履，德之基也。謙，德之柄

---

① 參見朱熹《論語集注，述而第七》：“德者，得也，得其道？於心而不失之謂也。得之於心而守之不失，則終始惟一，而有日新之功矣。”

② 同上：“禮樂之文，射、御、書、數之法，皆至理所寓，而日用之不可闕者也。朝夕游焉，以博其義理之趣，則應務有餘，而心亦無所放矣。則本末兼該，内外交養，日用之間，無少間隙，而涵泳從容，忽不自知其入於聖賢之域矣。”

也。復，德之本也。恆，德之固也。損，德之修也。益，德之裕也。困，德之辨也。井，德之地也。巽，德之制也。

履，和而至。謙，尊而光。復，小而辨物。恆，雜而不厭。損，先難後易。益，長裕而不設。困，窮而通。井，居其所而遷。巽，稱而隱。

履以和行。謙以制禮。復以自知。恆以一德。損以遠害。益以興利。困以寡怨。井以辨義。巽以行權。”

在此章中，孔子以九卦之連用，來說明要想做到“行道有得”所需具備的條件（德之基、柄、本、固、修、裕、辨、地、制）如此繁複，絕非人能生而知之的，所以作易者有著憂患意識。既憂人之不知其要，又憂人之不知該學，更憂人之學而不知所用。子曰：“知及之，仁不能守之，雖得之，必失之。知及之，仁能守之，不莊以涖之，則民不敬。知及之，仁能守之，莊以涖之，動之不以禮，未善也。”《論語·衛靈公第十五，33》孔子自己甚至強調“我非生而知之者，好古，敏以求之者也。”“《論語·述而第七.20》又曰：“加我數年，五十以學易，可以無大過矣。””《論語·述而第七.17》其所想求者乃“有德”也，所謂無過乃是指“有得於己”後的自我修正，即知過必改也。《易經·繫辭上傳》曰：“吉凶者，言乎其失得也。悔吝者，言乎其小疵也。無咎者，善補過也。是故辨吉凶者存乎辭，憂悔吝者存乎介，震无咎者存乎悔。”由此可知，欲求達到无咎的善境，必須要懂得“善補過”，而要懂得善補過則必須先要能知悔知吝。清，焦循曾謂：悔乃指順境中之危機，而吝則是逆境中之危機。換言之，不論是在順境或逆境，只要有小疵，就要補過，唯有能及時彌補其過錯於幾微之時，方能及時改變危機，轉化為契機。這就是所謂的“人文造化”之力，它能產生出使“死可以生，亂可以治，斷可以續”的改過功效《易通釋》。所以孔子極為重視“改過”。也就是修德。是知，“人文”其實就是通過躬行至善的君子之德，以改過遷善而化成天下的過程。

所謂“改過”，就是改正自己行道時的過失，子曰：“過，則無憚改”《論語・學而第一.8》

至於這九樣條件所能產生的作用：“和、尊、辨、不厭、後易、長裕、通、不動而及物、稱而隱”；以及九德的重點：“履之合諧相處、謙之克制守禮。復之自我反省。恆之道德專一。損之遠離危害。益之產生利益。困之減少怨尤。井之辨明道義。巽之通權達變”；正是孔子所謂的他的一貫之道的核心精神——“行道有得於己”[①]。而“立道行德”，這正是孔子所謂的，他的“一貫之道”的核心精神。故，子曰：“志於道，據於德，依於仁，遊於藝。”（述而7.6）

綜上可知，孔子在日用事務之中，以修己、安人、安百姓為目的，教人各行當行之路；在行事做人的過程中，當以“敬之慎時”，“義之約己”為心上定奪行止的準則，必須不失時，方能“有得於己”[②]。唯有“有得於己”者才是知德者。子曰：“道聽而塗說，德之棄也”《論語・陽貨第十七》故知，孔子教育的一貫目標，其實就是要教導弟子們成為“知德”之人。因為如果不知德，就必將失其道。

---

① “德者得也，得其道”，清仿宋大字本作“德則行道而有得”。吳英以為後者非朱熹定本之文，故不取，惟就其義而言，甚宜也。

② 《陸九淵集卷一，與侄孫浚》：“孔氏之轍環於天下，長沮、桀、溺、楚狂、接輿負蕢植杖之流，刺譏玩慢，見於《論語》者如此耳。如當時之俗，揆之理勢，則其陵藉欺侮，豈遽止是哉？宋、衛、陳、蔡之間，伐木絕糧之事，則又幾危其身，然其行道之心，豈以此等而為之衰止？“文不在茲”、“期月而可”，此夫子之志也。”

而歷來賢者對“所得於己者”，由於各“己”的差異，所以也各有不相同的體認；比如曾子說夫子的一貫之道是“忠與恕”《論語，里仁第四》，孟子認為是“仁與義”《孟子，梁惠王第一》，惠棟則認為是“時與中”。其間解讀雖有不同，但所體會的精神則是一致的。

二、學與習的步驟

孔子認為要達到這種“有得於心”效果的學與習，必須包括四個步驟[①]：

博學、審問、慎思、明辨。[②]

(1)“學”，

至於學些什麼呢？《論語，子罕第九》中記載“達巷黨人曰：“大哉孔子！博學而無所成名。”博學無所成名，蓋美其學之博而惜其不成一藝之名也。子聞之，謂門弟子曰：“吾何執？執御乎？執射乎？吾執御矣。””對一般人而言，乃指“學事”與“學文”兩樣；但是對君子人而言，最重要的則是學道。[③]

子曰：“君子謀道不謀食。耕也，餒在其中矣；學也，祿在其中

① 朱熹《論語集注，為政第二》：程子曰：“博學、審問、慎思、明辨、篤行五者，廢其一，非學也。”

② 《中庸，第二十章》“博學之，審問之，慎思之，明辨之，篤行之。有弗學，學之弗能，弗措也。有弗問，問之弗知，弗措也。有弗思，思之弗得，弗措也。有弗辨，辨之弗明，弗措也。有弗行，行之弗篤，弗措也。人一能之，己百之。人十能之，己千之。果能此道矣，雖愚必明，雖柔必強。”

③ 參見《宋元學案》卷十六：程頤—《顏子所好何學論》：“孔子則生而知也，孟子則學而知也。後人不達，以謂‘聖本生知，非學可至’，而為學之道遂失。不求諸己而求諸外，以博文強記、巧文麗辭為工，榮華其言，鮮有至于道者，則今之學與顏子所好異也。”

矣。君子憂道不憂貧。”（衛靈公第十五）。子曰：“君子食無求飽，居無求安，敏於事而慎於言，就有道而正焉，可謂好學是也已。”（學而第一）而道之學習，則從知文與行禮兩方面入手。

子曰：“君子博學於文，約之以禮，亦可以弗畔矣夫!”《論語，雍也第六》；

子夏曰：“博學而篤志，切問而近思；仁在其中矣。”《論語，子張第十九》

子曰：“生而知之者上也，學而知之者次也，困而學之者又其次，困而不學民斯為下也”《論語，季氏第十六》又曰：“唯上知與下愚不移”《論語，陽貨第十七》而孔子自稱“我非生而知之者，好古，敏以求之者也。”《論語・述而第七》；換言之，雖說可能有生而知之者，但畢竟是少數，孔子說自已從十五歲起就立志學習，並以此為榜樣教導學生，收取學生也是以只要年滿十五歲的青年為對象。

（2）“問”，子入太廟，每事必問。

程子曰：“學者須將論語中諸弟子問處便作自己問，聖人答處便作今日耳聞，自然有得。雖孔孟復生，不過以此教人。若能於語孟中深求玩味，將來涵養成甚生氣質!”①

《論語》中’問’字共120個，除去〈憲問篇〉名119個中，包含了絕大多數學生的提問，以及王公貴族甚至他自己的求問，所問的內容可以說就是孔子的全部思想，而沒有問字的求知對話，更充滿在全書之中，因此“審問”當然也必然是他的重要要求。

“子入太廟，每事問。或曰：“孰謂鄹人之子知禮乎？入太廟，

① 參見朱熹《論語集注，讀論語孟子法》據清仿宋大字本

每事問。”子聞之，曰：“是禮也””《論語・八佾第三.15》

曾子曰：“以能問於不能，以多問於寡，有若無，實若虛，犯而不校；昔者吾友嘗從事於斯矣。”《論語・泰伯第八.5》

(3)“思”

子曰：“學而不思則罔，思而不學則殆。”《論語・為政第二.15》

孔子認為當要將所學用之於當下時，又必須縝密地思考如何能做到“不失時”方可達到目的，換言之，所作之行既要“合時宜”、又要能達目的。故要愼思遠慮。子曰：“人無遠慮，必有近憂”《論語・衛靈公.12》又曰：“不曰如之何，如之何者，吾末如之何也已矣。”《論語・衛靈公.16》而愼思遠慮的基礎在於審度當下的事與人，也就是識“時”也。一切要審時度數，子曰：“謹權量，審法度，修廢官，四方之政行焉”《論語・堯曰.1》又曰：“因民之所利而利之，斯不亦惠而不費乎？擇可勞而勞之，又誰怨？欲仁而得仁，又焉貪？君子無眾寡，無小大，無敢慢，斯不亦泰而不驕乎？君子正其衣冠，遵其膽視，儼然人望而畏之，斯不亦威而不猛乎？”《論語・堯曰.2》。在認清時宜之後，要以合度的方法對應之，這就是“適時”之道，也就是“義”了。陽貨篇上子路曰“君子尚勇乎？子曰：君子義以為上。君子有勇而無義為亂，小人有勇而無義為盜。”《論語・陽貨.23》故此，人們必須在行事之時，重視未發而將發的幾微之處，子曰：“君子敬而無失”《論語・顏淵.5》又曰：“以約失之者鮮矣”《論語・里仁.23》。

是知，孔子教人當要“行”時，必須先思之以敬，後慮之以義，敬與義二者不可偏廢，皆須“依時”而定進退行止，二者與時相合之，就是禮。合禮的方可無失，方可無過。孔子本人正是這樣一位不失時的聖者。子嘗曰：“可與之言而不與之言，失人；不可與之言而與之言，謂之失言。知者不失人，亦不失言。”《論語·衛靈公.8》清，惠棟即曾讚之為‘聖之時者’，誠哉，此言。

(4)“辨”，辨乃是針對自己而發的一種考慮。孔子曰：“君子有九思；視思明、聽思聰、色思溫、貌思恭、言思忠、事思敬、疑思問、忿思難、見得思義。”《論語·季氏.10》故孔子認為凡是其結果會導致“不達”或不能專對的行為都是“過”；一旦發現有過就必須改正，知過必改則無過矣。子曰：“過而不改，是謂過矣。”《論語·衛靈公.30》這也正是易經的核心觀念，易者改變也、更換也；“是故吉凶生而悔吝著也”。《易傳，繫辭下》

三、人生之“時教”為一切學習的根本

道既是通往目的的路，它就有次序性，這就是禮。《大學》首章即指出：“物有本末，事有終始，知所先後，則近道矣!”

換言之，學與習都必須與人生過程中的“時”相應才是根本;，雖然個人的行業、貴賤、順逆各有不同，但在人生的各階段中，所需要學習的關鍵問題卻是相同的。因此孔子以他自己為例，將這關鍵性的竅門教導給世人；目的在提醒眾生，必須時時努力並及時把握住“君子務本，本立而道生”《論語·學而.2》的生存原則及生活重心，方得以成己成人。《論語，陽貨》篇中一段孔子與子路的對話就強調出了這個意思。

“由也！女聞六言六蔽以乎?”對曰：“未也。居！吾語女。好仁而不好學，其蔽也愚；好智而不好學，其蔽也蕩；好信而不好學，其蔽也賊；好直而不好學，其蔽也絞；好勇而不好學，其蔽也亂；好剛而不好學，其蔽也狂。”

這段話裡提到：即便是都以六種美德，即仁、智、信、直、勇、剛為動機去行事；但若不學習“與時相應”的切合之道的話，還是會有蔽障產生的。換言之，仍然會有不良的結果行為產生，那就是愚、蕩、賊、絞、亂、狂。所以孔子說唯有好學之君子，才能“無適也、無莫也、義之與比。”[①]。而在所有的弟子中，孔子只肯定顏回一人是好學者，顏回短命早死之後，就再也沒有了。

哀公問：“弟子孰為好學？孔子對曰：有顏回者好學。不遷怒、不貳過；不幸短命死矣！今也則亡，未聞好學者也。”《論語，雍也》

季康子問：“弟子孰為好學？孔子對曰：有顏回者好學。不幸短命死矣！今也則亡。”《論語，先進》

孔子並以此為標準評價了他的幾位重要的學生，如先進篇第十八章說：“柴也愚（高柴字子羔，愚笨）、參也魯（曾參遲鈍）、師也辟（顓孫師，子張偏激）、由也喭”（仲由，子路鹵莽）。又於第十六章說：“師（子張）也過、商（子夏）也不及”。十五章說：“由（子路）也升堂矣，未入於室也。”

在眾多弟子中為何孔子獨許顏回為好學者？其他統統都不是好學者。顯然此處所謂的“學”字。孔子的教育目的在培養“士”，其標準是君子或君子儒。“子謂子夏曰：“女為君子儒，无為小人儒！””《論語·雍也.13》君子原指有地位之人，孔子將之引申為具有一定道德修養的理想人格，視為精神貴族，作為培養的目標。孔子所要求培養的君子必須能修己，安人，進而能安百姓。

子路問“君子”。子曰：“修己以敬”。曰：“如斯而已乎？”曰：“修己以安人”。曰：“如斯而已乎？”曰：“修己以安百姓。修己以安

① 《論語，里仁》：“君子之於天下也，無適也，無莫也，義之於比。”

百姓，堯舜其猶病諸?”《論語・憲問.42》

是知，孔子要求培養的理想君子，需同時具備“自己有德”、且“使百姓都得到安樂”的人。換言之，孔子所要培育的，是要能為社會國家的安定做事的人。因此必須德與才兼備之，以德為基，以才為用。這與一般獨善其身的自了漢不同，那是具有兼善天下之“志”的君子人。而這樣高遠的教學目標常被一般學生所排拒，甚至因為做不到而退拒之。像冉求就曾說：“非不悅子之道，力不足也。”子曰：“力不足者，中道而廢。今女畫。””《論語・雍也.12》。在此孔子對冉求的還未學就說自己力不足的話，予以開導；鼓勵他別畏難，如果真是力不足，也應該是半途而廢，不能在還沒開始走，就先認為力不足做不到而卻步不前。因此孔子鼓勵冉求，認為作君子人所需具備的德與才，是需要不畏難地立志去學習的，並用以為終生做人的準備。

(1) 人生有生理生命的時教

關於修德方面，孔子多次強調欲學君子之人，必須警戒自己，注意一些來自於人的生理氣血上的障礙，比如；子曰：“君子有三戒：少之時，血氣未定，戒之在色；及其壯也，血氣方剛，戒之在鬥；及其老也，血氣既衰，戒之在得。”《論語・季氏.7》在此孔子說明了君子人在人生不同階段，有來自於生理因素所造成的問題，及心性障礙，因此要特別學習預以戒備與防範。此乃係就“敬以修己”的個人修為問題方面而言的。

(2) 人生有心理生命的“時教”

但是如若要兼及學習“安人”與“安百姓”之修為方面，孔子則提出了他自己的心得與經歷為例，告示弟子們，在人生不同的“時程”中，所應該積極預構，並特別去注意學習有關心理方面的諸多事項。子曰：“吾十有五而志於學，三十而立，四十而不惑，五十而知天命，六十而耳順，七十而從心所欲不逾距。”《論語・為政.4》

對於這段話，歷來的注文及譯文，都只是從字面去簡單的解釋。以致造成後學者對之模糊不解，僅能是在這段孔子的自述中，知道了他在人生各階段中的“成己”之經歷；也就是只看到了孔子在其一生中，各年齡段的所達到的境界，卻因未見說及深意，遂使後學者難以按圖索驥追隨之。這完全不符合於孔子一生做為教育家的風範。孔子豈能只是標榜自己，而“不把金針度與人”呢？為此，試著從論語文本中，尋找可能的相關理據，爬梳出可能的線索，進一層地去解讀，孔子在其人生各時段上，所以能達成這些“有得於己”之德性的所由路徑，也就是試圖還原孔子所行的君子之“道”，以方便後學的我，能從中學而習之，慎而思之，善改過之，進而能遠避禍患，余願足矣！此一心得，乃一曲之見，未必是對。還待來日加深研究之。

這一段重要的啟發，歷來都注釋如下：

朱熹的《論語集注》影響最大：“吾十有五而志於學”，古者十五而入大學。心之所之謂之志。此所謂學，即大學之道也。志乎此，則唸唸在此而為之不厭矣。“三十而立”，有以自立，則守之固而無所事志矣。“四十而不惑”，於事物之所當然，皆無所疑，則知之明而無所事守矣。“五十而知天命”，天命，即天道之流行而賦於物者，乃事物所以當然之故也。知此則知極其精，而不惑又不足言矣。“六十而耳順”，聲入心通，無所違逆，知之之至，不思而得也。“七十而從心所欲，不踰矩。”從，如字。從，隨也。矩，法度之器，所以為方者也。隨其心之所欲，而自不過於法度，安而行之，不勉而中也。

一般的【譯文】為："我十五歲立志於學習；三十歲能夠自立；四十歲能不被外界事物所迷惑；五十歲懂得了天命；六十歲能正確對待各種言論，不覺得不順；七十歲能隨心所欲而不越出規矩。"

李澤厚在其《論語今讀》中的譯文是："我十五歲下決心學習，三十歲建立起自我，不再迷惑，五十歲認同自己的命運，六十歲自然地榮受各種批評，七十歲心想作什麼便作什麼，卻不違反禮制規矩。"

南師懷瑾先生在《論語別裁》裡，譯為："我十五歲開始立志學習，三十歲能自立於世，四十歲遇事就不迷惑，五十歲懂得了什麼是天命，六十歲能聽得進不同的意見，到七十歲才能達到隨心所欲，想怎麼做便怎麼做，也不會超出規矩。"

我個人對之淺悟如下：

(一) 十五而志於學

子夏曰："百工居肆，以成其事；君子學以致其道。"《論語·子張.7》

子夏在此明白的道出了，孔子所以要說"志於學"的精義之所在。"志"乃形聲字，心為形、之為聲；表示去、往與心合起來，為"心意所向"的意思。志又與誌同，有記憶、記住的意義。蓋孔子自謂，他從十五歲開始，就"立志"於學習當君子。因為一般人都以學習技藝，以謀食為上。鮮有捨謀食而去謀道的。現代人也不例外。讀書求學無非是為了長大後能謀個一官半職，或做個工藝百匠以為謀生工具。至於"人道"之事，幾幾乎是乏人問津。自古至今，在這個心態上，似乎沒有什麼不同。所以孔子強調，他在十五歲時就“立志”要學“人道”、當“君子”。這麼與眾不同的目標是需要下定決心，以不悔不厭的精神去實踐方得以行的。

而百工與君子的區別就在於：百工以成事為目的，君子則以致道為根本。致什麼道？致“人之道”。也就是說，孔子以“成己成人”為其學習的目的及方向，終身行之而不悔不厭。因此其所學內容，皆以與達此目的有關的為主。今試探分析之，如下：

A、夫子言“志”於學，顯見其所欲學的，當與其所立的“志向”有關。夫子是個“己欲立而立人，己欲達而達人”的君子人。既然所立之志是學當君子，其所學之內容也就有所不同於百工之人了。①

達巷黨人曰：“大哉孔子！博學而無所成名。”子聞之，謂門弟子曰：“吾何執？執御乎？執射乎？吾執御矣。”《論語·子罕.2》

樊遲請學稼，子曰：“吾不如老農”請學為圃，曰：“吾不如老圃”。樊遲出。

子曰：小人哉，樊須也！上好禮，則民莫敢不敬；上好義，則民莫敢不

服；上好信，則民莫敢不用情。夫如是，則四方之民襁負其子而至矣，

焉用稼？《論語·子路.4》

由上是知，夫子所言其十五歲時所立志要學的，不是射、御、

---

① 參見《張載集，附錄》王夫之張子正蒙注序論：“所志者知命、耳順、不踰之矩也。知其然者，志不及之，則雖聖人未有得之於志外者也。”

農、圃、之類的謀生之技能。而是“人文之道”。

此人文之道，“禮以行之，義以為質”，正是他的一貫之道。孔子即以此作為他的教育內容。而禮與義不是生而之知的事，是人的“文明”之事，必須經過學與習，才能略知一二的。

子曰：“弟子入則孝，出則悌，謹而信，汎愛眾，而親仁，行有餘力，則以學文。”《論語・學而.6》

子曰：“周監於二代，郁郁乎文哉，吾從周。”《論語・八佾.14》

棘子成曰：“君子質而已矣，何以文為?”子貢曰：“惜乎！夫子之說君子也，駟不及舌。文猶質也，質猶文也。虎豹之醇？由犬羊之醇?”《論語・顏淵.8》

B、所學皆為可習者也——即：在適當的時候能實用的學問

子曰：“學而時習之，不亦說乎!”《論語，學而》

周朝時，小孩是八歲入小學，學習基礎文化和武藝等，十五歲入大學，大學也稱太學，學習處事、為人、治國、安邦等；朱子《四書集注》中稱：“大學”者，乃大人之學也。換言之，即是“學做大人也”。

時——“時”字在周秦時若做副詞用，等於《孟子，梁惠王上》：“斧斤以時入山林”的“以時”，“在一定的時候”或“在適當的時候”的意思。王肅的《論語注》是這樣解釋的。朱熹的《論語集注》把它解為“時常”，是用後代的詞意解釋古書。就孔子的教化精神而言，孔子所注重的“時”，基本上是就每個人都相同的普遍性而言的，分指人的少時、壯時、老時等的生命的各階段；以及十五、三十、四十、五十、六十、七十等不同的生活狀態的各時期。

習者：演練，演習也。演練必須行之再三；故曰時習之，即經常演練也。如何經常演練呢？在碰到適當的時候就隨機演練，換言

之，就是要將所學“應時”而演習之。是知，孔子所謂的“學”，並不是記誦或認知而已，必須能做到遇事通達，與人交涉能應對得當，與人酬酢談判能對付得宜，方可算是學矣！

時習之，乃意指隨著不同的年齡，有不同的成長，俗話說：“三歲的兒罵娘，娘好笑；三十歲的兒罵娘，娘上吊。”許多的行為的對與錯，它跟“年事”的高低有關的，有些年輕可做的，年老的未必適宜；有些年老的可做，年輕的也未必適宜。總之，行為的對與錯，係以是否適宜於當時為判準的。

子曰：誦詩三百，授之以政，不達；使於四方，不能專對，雖多，亦奚以為?《論語，子路》

顏淵喟然歎曰：“仰之彌高，鑽之彌堅，瞻之在前，忽焉在後，夫子循循然誘人，博我以文，約我以禮，欲罷不能。既竭吾才，如有所立卓爾。雖欲從之，末由也已。”《論語・子罕.11》

子曰：“博學於文，約之以禮，亦可以弗畔矣夫”《論語・顏淵.15》

此處是說除了人文之道，還要加上在行道之時，“有得於己”的自我約束的品德。即敬與義的實踐。此亦即為禮也。

子曰：“君子義以為質，禮以行之，孫以出之，信以成之。君子哉!”《論語・衛靈公.18》

C、夫子之學，目的不在求位，而是為求知君子之善行也。

子禽問於子貢曰：“夫子至於是邦也，必聞其政，求知與？抑與之與？子

貢曰：夫子溫良恭儉讓以得之，夫子之求之也，其諸異乎人之求

之與?”《論語・學而.10》

或謂孔子曰：“子奚不為政?”子曰：“孝乎惟孝，友于兄弟，施

於有政，是亦為政，奚其為為政?”《論語・為政.21》

子曰：禘自既灌而往者，吾不欲觀之矣。《論語・八佾.10》)

子曰：“三年學，不至於穀，不易得也。”《論語・泰伯.12》

D、此外孔子之學，是為求“知其所不知”也。唯有知道自己有所不知，才有因恐“不足”，而產生的迫切求學的動機。[①] 因此“自知”是謂之明也。顏淵就是視“自知”為知的人，而子路與子貢則不是，他們分別以“知人”及“人知”為知；這就是顏淵之所以會被孔子特別讚賞，稱其為唯一好學者的根本原因。

張載認為：“所謂長而學謂之學者，謂有所立自能知向學，如孔子十五而志於學是學也。如謂有所成立，則十五以前庸有不志於學時。一本云：如孔子（五）十而學是學也，如謂有所成立，則（五）十以前庸有不（至）〔志〕於學。若夫今學者所欲富貴聲譽，博聞繼承，是志也。某只為少小時不學，至今日勉強，有太甚則反有害，欲速不達，亦須待歲月至始得。”[②]

E、學習的主要經典：學詩以知言，學禮以立身。至五十歲時則要學易，以求無過，並求以知命。

陳亢問於伯魚曰：“子亦有異聞乎?”對曰：“未也。”嘗獨立，鯉趨而過庭。曰：“學詩乎?”對曰：“未也。”“不學詩，無以言。”鯉退而學詩。他日，又獨立，鯉趨而過庭。曰：“學禮乎?”對曰：“未也”。“不學禮，無以立”。鯉退而學禮。聞斯二者。陳亢退而喜曰：“問一得三，聞詩、聞禮、又聞君子之遠其子也”。《論語・季氏

---

① 《陸九淵集卷三十五，語錄下，荊州日錄》：“孔子十五而志於學，是已知道時也。雖有知，未多乍出乍入，乍明乍晦，或警或縱，或作或輟。”

② 參見《張載集，張子語錄，語錄下》

.1》

孔子曰：“不知命，無以為君子；不知禮，無以立也；不知言，無以知人也。”《論語・堯曰.3》

子曰：“加我數年，五十以學易，可以無大過焉。”《論語・述而.17》

(二) 三十而立

論語中“立”字出現26次，其意涵有四[①]：

1，站立（11次）：如“立不中門”《論語・鄉黨.4》。

2，樹立（2次）：如“本立而道生”（1.2），如“有所立”《論語・子罕.11》。

3，立足，在社會上做人（12次）：如“三十而立”《論語・為政.4》。

4，古文有時與“位”字通用（2次）：如“患所以立”《論語・里仁.14》。

陸九淵認為：“至三十而立，則無出入、明晦、警縱、作輟之分矣。然於事物之間，未能灼然分明見得。”[②] 說明“立”的重要性

子曰：“己欲立而立人，己欲達而達人。”《論語・雍也.30》

此處之“立”可當“立足於社會”而言。蓋君子人欲兼善天下，就必須先讓自己能立足於天下。才有機會行善並風行善教於天下。至於，能使君子進入社會立足的要件，則是則是在於止於至善。亦即是以“以止於至善為明，去文飾人的本性”為必要要件。因為人的行為是人的形象，也是人性的真實呈現，亦即是文明。以所明者

① 見楊伯峻譯注，中華書局

② 參見《陸九淵集卷三十五，語錄下，荊州日錄》

作為文飾本性的方向。人的文明（文飾的外形）不能沒有目標，沒有規範，所以必須知其所止，也就是必須有一個自覺的終極目標，那就是至善。所謂止於至善就是：人君止於仁、人臣止於敬、人子止於孝、人父止於慈、與國人交而止於信。所以，個人因角色的轉換而需要有仁、敬、孝、慈等不同的善行；但是，所同者卻是"信"。因為人人皆必然要與別人交往。因此說"民無信不立"。此處所謂的信，並非指單純的"講信用"，或"人言為信"的信，而是要讓人家相信你，是個有至善之行的君子。即不在位者應當要做到"取信於人"，而在位者則必須做到"取信於民"的程度，方可以立足於社會。論語文本，將孔子的這段自述，編排在為政篇，表明這是孔子的從政經驗，故此處當視之為以在位者想成為君子人，所需要學習的為準。

子謂伯魚曰："人而不為周南、召南，其由正牆面而立也與。"《論語·陽貨.17》（朱子《論語集注》：正牆面而立，言即其至近之地而一物無所見，一步不可行也，像面正對著牆壁而站著一樣。）

君子要想能取信於人，必須用人文化成的"德習"來結合人群，方為可行之道。也就是說時時依道而行，事事依道而做。自己卻能做到"無適也、無莫也、義之與比"（《里仁 4.10》）而完全以百姓之需為依歸。這種主動積極的內在提升，正是"克己復禮"的至誠表現。以此"光明"的人文來"教化"或"整合"天下，沒有不"和諧有序"的。相較於通過"以明罰敕法"做為憑籍，來整合人群的方法，是完全不可同日而語的。若以嚴明刑罰，肅正法令來明察事理，側重於以刑獄禁暴，只能有勉強外加的強制效用，只能讓百姓苟合於一時，而不可能長久。唯有以光明的人文至善之德，來修明庶政，建設一個文明社會，使政治清明，政策措施公正，則社會和諧有序，刑獄必將因之而減少，甚至到達無訟的境地。因此就“明庶政”及“折獄”相比，前者才是“正本”之事。

《易經，序卦傳》曰：“、、與人同者，物必歸焉，故受之以〈大有〉。有大者不可以盈，故受之以〈謙〉。有大而能謙者必豫，故受之以〈豫〉。豫必有隨，故受之以〈隨〉。以喜隨人者必有事，故受之以〈蠱〉，蠱者事也。有事而後可大，故受之以〈臨〉，臨者大也。物大然後可觀，故受之以〈觀〉。可觀而後有所合，故受之以〈，噬嗑〉，嗑者合也。物不可以苟合而已，故受之以〈賁〉，賁者飾也。致飾然後亨則盡矣，故受之以〈剝〉，剝者剝也。、、”。

《噬嗑卦象辭》曰：雷電，噬嗑。先王以明罰敕法。

《賁卦象辭》曰：山下有火，賁。君子以明庶政，無敢折獄。

《賁卦彖辭》曰：賁，亨。柔來而文剛，故亨。分剛上而文柔，故“小利有攸往”。(剛柔相錯)，天文也；文明以止，人文也。觀乎天文，以察時變。觀乎人文，以化成天下。

是故，君子必須以明修庶政，公正之心，使民安心，然後取信於民。上下之間唯有互信，方能成為君與民的關係。尤其是在上位者，更是必須讓民“信”之，否則將無以“立”。君民之間，有信；則君為君，民為民；若未信，則君不君，民不民矣。轉而成為“人”與“己”的關係。君與民是相入的關係，而人與己則是相外的關係。彼此是“君民”一家，亦或是人已分抗，關鍵再於一個“信”字。

子夏曰：“君子信而後勞其民，未信，則以為厲己也。君子信而後諫，未信，則以為謗己也。”《論語，子張.10》

是故，子曰：“不患無位，患所以立。”《論語・里仁.14》

立和位古通用，這立字便是“不患無位”的“位”字。春秋桓公二年“公即位”，石經作“公即立”可以為証。

孔子認為不必發愁沒有職位，而該發愁沒有任職的德行，不能取信於民。在人民的心中，無法讓他們信任或信仰的人，都無法將之視為自己的君上。如古之商湯伐紂，即是例子。“非弒君也，乃殺一獨夫而已”。

(三) 四十而不惑

朱熹認為：“四十而不惑”，是“於事物之所當然，皆無所疑，則知之明而無所事守矣”①

張載的“不惑”解釋是：“豈惟耳目所聞見，必從一德見其大源，至於盡處，則可以不惑也”②

個人以為，孔子於四十歲時已達到不惑的境界。其所不惑的究竟是什麼？欲能猜測此一問題的答案，當從一般人常會犯的迷惑上去反思之。《論語》陽貨篇 26 章，子曰：“年四十而見惡焉，其終也已。”這意思是說，人到了四十歲時，還被人厭惡，那他這一生也完了。以此可推知，孔子所謂的“不惑”，應該是指四十歲時已懂得如何能不見惡於人了。換言之，他到四十歲時，已經不再被“如何才能做到不被君子人討厭?”這問題所困惑了。謂何要強調不被君子人討厭呢？因為孔子認為一個面面都討好的人，只能是枉顧“是非道義”才有可能，而對這種沒有真正是非的好好先生，孔子評之為是足以敗壞道德的小人。子曰：“鄉愿，德之賊也”《論語・陽貨.13》。孔子是不屑的。

(1) 子貢問曰：“鄉人皆好之，何如?”子曰：“未可也”。“鄉人皆惡之，何如?”子曰：“未可也；不如鄉人之善者好之，其不善者

---

① 參見朱熹《論語集注》

② 參見《張載集，橫渠易說，系辭下》

惡之。”《論語·子路.24》

又曰：“眾惡之，必察焉；眾好之，必察焉。”《論語·衛靈公.28》

可見，孔子所謂的不可以見惡的“人”，絕不是不善之人，而是善人。而對於誰善誰不善，必須要有“所試”才行。

子曰：“吾之於人也，誰毀誰譽？如有所譽，其有所試矣。斯民也，三代之所以直道而行也。”《論語·衛靈公.25》

子曰：“君子不以言舉人，不以人廢言。”《論語·衛靈公.23》

(2) 至於，君子人會厭惡哪種人呢？

子貢曰：“君子亦有惡乎？”。子曰：“有惡。惡稱人之惡，惡居下流而訕上者，惡勇而無禮者，惡果敢而窒者。”曰：“賜也亦有惡乎？”曰：“惡徼以為知者，惡不孫以為勇者，惡訐以為直者。”

《論語·陽貨.24》

可見，徼幸成功的人就自以為是知者，不謙遜的人卻自認為是勇者，把揭發別人的隱私而當成是正直的人，都是令君子人厭惡的。所以不能錯解了知、勇、直、仁、信、剛等德行，那樣的話是會造成嚴重後患的。其次，在行德之時，要特別注意時機及對方的感受。否則的話，也會弄巧成拙。故，呂珅說：路見不平，拔刀相助，雖好也壞。智哉！此言。

(3) 子問公叔文子於公明賈曰：“信乎！夫子不言、不笑、不取乎？”

公明賈對曰：“以告者過也。夫子時然後言，人不厭其言；樂；

然後其笑，人不厭其笑；義然後取，人不厭其取。”《論語·憲問.13》

子曰：“愛之，能勿勞乎？忠焉，能勿誨乎？”《論語·憲問.7》。

《國語魯論下》說："夫民勞則思，思則善心生；逸則淫，淫則忘善，忘善則惡心生"。是以，愛民則勞之以時，。忠於人，能夠不教誨他嗎？忠乃盡己之謂也，為人謀，能不竭盡自己的所能嗎？在旁觀者清的狀況下，如果發現對方所行不合於道時，能不教诲之，勸諫之嗎？但教誨與勸諫仍然要在適當的"時"機上進行方可；正所謂要把持著"成事不說，遂事不諫，既往不咎"《論語・八佾．21》的原則，方不至於使人見惡。總之，不管是勞民或諫君，皆不可以"直"道或"剛"道貿然行之，必須思之再三，謹慎地選擇對方能接受之"時"，才可以進行之。唯有如此才不會取怨於人，弄巧成拙。不但於事無補，還可能讓人因此而心生恨意，種下禍根。

所以歷史上常見許多行"直道"者皆死於"非命"；這些事例，往往給後人以錯覺，認為"直道"不可行；其實非也。歷來行直道者之所以會招禍致死，是因為他們未能體會孔子所說的"四十而不惑"的道理，他們只學會了三十而立的精神，立仁、智、信、直、勇、剛等美德，但卻沒能繼續"好學"四十而不惑的"不見惡於人"的道理。於是犯了"只知有己，未見有人"的錯誤，所造成的後果。所以立足於社會上的君子人，如果沒能重視到別人的"感受"，只是一意孤行地做自以為是的事的話，最後會不但失去"取信於人"的基礎，而且還會遭到別人的"見惡生恨"，給自己種下禍根，帶來殺身之禍。孔子將其中的道理說得十分明白，他說："好直而不好學，其蔽也絞"。即自以為是"好的直言"，但在諫說時，若是沒有顧及時機與聽話者的當時感受的話，那就會讓人認為是尖酸刻薄而有刺；《昔時賢文》中說："利刃傷人痕易合，利口傷人恨難消"。明哉！此言。

行直道時，不可不慎思阿！若未能審"時"機，或未能以"理直而氣和”的有“禮”態度去進行，就必然會招致“見惡於人”的後果。而孔子誡告諸弟子說：“到四十歲還被人討厭，他這一生就完了”，真是用心良苦，這話很明顯的是對有志於“君天下”的人說的。可惜由來讀聖賢書之人，大多只重視如何“立”己的問題，而對如何“不惑”於人的問題則未能多加用心，以至於造成了諸多“行直道者死於路旁”的慘劇；徒留後人以無窮盡的“困惑”。比如：究竟該行直道還是不該行直道呢？學君子之道真的就不能“見容於世”嗎？如果學做君子最後的下場是悲慘的，那我還該選擇“明知山有虎，偏向虎山行”的道路嗎？這些問題不但困惑了古人，也困惑了今人。如今是個經濟掛帥的時代，都說儒家的孔子之道，不合用於爾虞我詐的商場上，而學做君子的下場又總是悲慘的，或只能是貧困、或只能是不見用於世，所以歸根結底而論，只能用於做人但不能用於創業，於是造成了所謂“做人”與“成業”二者，只能擇其一的觀念。“道德”由是成了“選項”；而不義之人輩出矣。如果立德之人，能深悟孔子的“不惑”之教，能事事“審時度情”，行之而不招人厭惡，則必然能使做人與成業合而為一。所以，不是夫子之道不足，而是學子們疏忽了他的“時教”。

(4) 要能遠怨，必須學會薄責於人的德性，才不至於讓人由愛轉恨。如果在是非面前，能多要求自己一點，而少怪罪責備別人一點；那就可以遠離怨恨了。一般人常常是“得理不饒人”，因此對方雖然自知理虧，但還會心生怨恨；如果能以謙道行之，也就是說能在自己“據理”的狀況下，還能寬容別人，這才是真“讓”阿。子曰：“躬自厚而薄責於人，則遠怨矣”《論語·衛靈公.15》

(四) 五十而知天命

由於論語中言及“天命”二字的只有三處，除了此處的“五十而知天命”之外，就是季氏篇的子曰：“君子有三畏，畏天命、畏大人、畏聖人之言；小人不知天命而不畏也，狎大人，侮聖人之言。”《論語·季氏.13》此中所言之“天命”似與人的生命源頭相關，也就是《中庸》所謂的“天命之謂性”，但他又說：性相近也，習相遠也。《論語·陽貨.2》而夫子對於“性與天道”，言之不多，子貢嘗謂：夫子之謂性與天道不可得而聞也。

事實上，我認為夫子是以敬畏之心去面對自己的性與命，所以啟示學子們當終身以“内求諸己”的方式去省察自己，務必在天命與習性中間看到自己的變化，謹慎之，細察之。乾卦彖傳曰：“各正性命，保合太合，乃利貞”。換言之，孔子認為人們在謀道的過程中，從十五歲的學“文”道，到三十歲時的立“行”道，經過了四十歲的融“群”道之後，就該進入自己的“生命”之道了。謀求對内在生命的知悉與掌握，務求勿使有誤，就成了五十歲這階段的人，該重點學習的地方了。孔子也是在五十之時方知天命的。而此一天命的知解，或許跟他在四十多歲時研修易經有關。故孔子說：“加我數年，五十以學易，可以無大過焉。”顯見，學易的目的在於如何通過自我的造化之力，在必變的“自然之道”中，造化出恆定的“人文之道”。易經上說：飄風不終朝，驟雨不終日，物不可中通，物不可終窮；世道總是在“窮則變、變則通、通則久、久又復窮”的變化軌跡下進行，人若能“大明”這其中的“終始之道”，則可以“化凶為吉”，在“變”中造化出“不變”的善道。故孔子說在論語最後一篇中以“不知命，無以為君子”《論語·堯曰.3》之語，作為結語。至於，其所言之“命”與“天命”是何關係？當另外為文討論之。

（五）六十而耳順

夫子曾言，老年，血氣既衰，當戒之在“得”。所以此處所謂的耳“順”，之順字，我以為可當“慎”字解。因為經過了五十多年的人生歷練，總會有些自己的“心得”，對這些“心得”人們總會特別堅持，而難以改正。尤其是當聽到逆耳之言時，會很難接受的。

《坤卦文言》曰：“積善之家必有餘慶，積不善之家必有餘殃，臣弑其君，

子弑其父，非一朝一夕之故，其所由來者漸矣，由辯之不早辯也。

易曰：“履霜堅冰至，蓋言順也”[①]。

古字“順”、“慎”通用，言當辯之於微也。所以不管聽到是順耳或逆耳的話，都要以“慎”心待之。如何慎之呢？《文言》又曰：“直其正也，方其義也，君子敬以直內，義以方外，敬義立而德不孤，直方大，不習無不利，則不疑其所行也。”可知，若能時時以“直內方外”的心態去檢討自己，則不論別人對自己怎麼評價，都可以不必疑慮了。甚至不必去連續占卜尋求釋疑了。“習”字在新出土的楚簡中作“連續占卜”解。“習卜”乃是對同一件事連續占卜，以求能占斷吉凶。而習占往往是同日中作同一事的連續占卜，目的在去疑也。而一般人，在老年時容易患得患失，若此時能敬立而內直，守義以方其外的話，其德盛矣；无所用而不周，无所施而不利。如此一來，還有什麼疑慮呢？不疑，則何必假借“習卜”去占斷吉凶呢？

---

① 《易，坤卦》初六：履霜，堅冰至。象曰：履霜堅冰，陰始凝也。馴致其道，至堅冰也。

（六）七十而從心所欲不逾距

經過了六十歲的“敬立而內直，守義以方外”的煉心過程，其心自然已達清明澄澈的地步，而斷事亦能切中時要，沒有任何疑慮了，連占卜祈問天意都可以免去了。可見，經過十年的磨練，到七十歲時，已經到達了人心與天命合一的境界。故此，順從這樣的“心”之所欲而行，任何事都不會逾越了該有的分寸，那就是所謂的“絜距之道”；也就是真正的“至道”了。

（七）小　結

孔子於七十二歲時過世。可見得這句話，是他晚年最後要告誡學子們的教育內容。他將自己在一生的不同生命時段中，所體會到的修德至要，剴切的告知後人，我們豈能不認真揣摩學習之？而聖人的“人生時教”，正是孔子成為偉大教育家的緣由。唯有學習孔子之“時教”，才能免於“困頓”，也才能真正成為“行道而有所得”的君子儒，也唯其能如此，方不至於半途而廢，“學道不成”。

是故，孔子之所以偉大，不是在於他說出了“理想的人道”，而是在於他指明了通往這人文極至之目的的可行道路，人人都可以平等的學習之，這也意味著，只要人人都真的遵行之，那麼人人就都有機會到達之。

那正是聖人的功業阿！

简论国学的内涵及其学术定位

浙江省社会科学院研究员 吴 光

在中国以迅猛步伐走向现代化、中华民族以和平姿态崛起于世界民族之林的今天，有关“国学”的讨论引起了越来越多有识之士的重视。但关于国学的内涵及其当代定位却存在很大的分歧。因此，正确界定国学的内涵，深入讨论国学的特性与价值，就显得很有必要了。

“国学”概念的多样性

“国学”一词，古今涵义有所不同。其最早缘起，当始于西周初年制礼作乐而定名于汉代经学兴起、太学建立之时。今存汉郑玄《周礼注》就有“乐师掌国学之政，以教国子小舞”① 之说。但古代所谓“国学”，虽有“国之学政”涵义，但主要是指国家最高学府。周称成均、辟雍、庠序，汉称太学，隋以后既有太学也有国子监，

① 见郑玄注、贾公彦疏：《周礼注疏·春官宗伯》，中华书局《十三经注疏》影印本上册第 793 页，又载王安石《周官新义》卷十。

都泛称“国学”，与郡学县学相对而言[①]。至清末以降，所谓“国学”，指的是与“西学”相对应的中国传统学术文化，或曰“中国之学”。据刘梦溪考证，近代“国学”一词之所以流行起来，盖因“晚清以还，欧风美雨狂袭而至，谈论西学、介绍西学成为时尚，相比较之下，才有了国学的说法。因此可以说国学是与‘西学’相对应而产生的一个概念”。而在这个意义上最早使用“国学”一词的人，当推1902年创办《国学报》的梁启超和1904年在《政艺通报》上发表《国学保存论》的邓实[②]。但究竟谁先说的并不重要，重要的是对“国学”内涵的理解与定义。

现在关于国学的定义，虽不像“文化”定义那样有数百种之多，但至少也有10多种。然而归纳起来，则不外乎六种三类：一曰“国故”之学，或指训诂、音韵、考据之类的“小学”，或指传统的“经史之学”；二曰“六艺”之学，而“六艺”指“六经”，则国学就是“六经之学”，“六经”又属儒家经典，则国学便是儒家之学。这两种属于一类，都是狭义的国学观。三指儒、佛、道三家之学，而以儒学为主体；四指经、史、子、集“四部”之学。这两种同属一类，是中义的国学观。五指区别于“西学”或“马（列主义）学”的“中国传统学术文化”；六指统括中、西、马等所有学科的当代学术文化，即所谓“大国学”说。这两种属于广义的国学观。

---

① 清乾隆学者秦蕙田著《五礼通考》卷一百七十一嘉礼四十四“总目·学礼”一条即有“汉国学、后汉国学……元国学、明国学、歷代郡县学”的称谓，可见古代国学是与郡县学相对而言的。

② 刘梦溪：《论“国学”应该缓行》，载《21世纪经济报道》2006年10月23、30、11月6日。

实际上，各家之说都有一定的道理，又都有其片面性。狭义的国学观揭示了中国文化中最古老、最具特色的学问，是其所长。然其弊在于将国学局限于传统的小学、经学、史学或儒学，难道除此之外的辞赋、诗词、传奇、戏曲就不是“国故”吗？难道儒家以外的诸子百家就不是国学吗？中义的国学观按照《四库全书》的四部分类法指称国学，涵盖了中国传统学术中几乎所有的学术门类和思想流派，是其所长。然以“集”为学，则难圆其说。因为四部分类是图书分类，而非严格的学术分类，“集”只是诗文汇集，不能独立成为“集学”。广义的国学观具有广泛的兼容性，但失之于宽泛，难以体现数千年中国学术的特色。况且，如果将西学、马学都统括于“国学”之中，则国学真成了包罗万象的世界学术了，“国学”之名还有存在的必要吗？

我认为，“国学”的概念既是历史的，又是现实的；既是民族的，又是兼容的；既是学术的，又是文化的。总之，我们现在所应提倡的“国学”，应当是一元主导、多元兼容、与时俱进的新国学。在这个概念观照下，我倾向于一种推陈出新的中义国学观。

新“国学”的学术定位

那么，所谓与时俱进、推陈出新的“国学”有些什么特性、应当如何定位呢？

我认为，“国学”最基本的特性是其民族性和时代性。首先在于她的民族性。“国学”最一般的涵义是“代表国家民族精神风貌的学术文化”。每个国家都有自己独具特色的学术文化，所以中国便有中国特色的“国学”。这就决定了国学的民族性格。这种民族性格，是与民族的历史文化传统紧密联系、不可割裂的，是由本民族数千年文明传统积淀起来的精神成果。当然，这种民族文化并非僵化不变的死文化，而是不断吸收各种外来文化精华而形成新主体文化的活文化。由国学的民族性又派生出国学的主体性，即国学是以长期以来形成的民族文化为主体的学术文化。

其次，“国学”具有鲜明的时代性。这一特性表现在国家的学术文化必然在不断与外来异质文化的交流中吸取其思想的营养与精华以丰富本民族的传统文化。所以，每个时代的“国学”较之以往必定具有更丰富、更鲜活的内容。当今的时代是经济全球化、政治多极化、社会法治化、文化多元化、价值观念趋同化的时代，当今的中国是改革开放、建设中国特色社会主义、迈向全面小康社会的时代，所以，新时代的国学在体现民族性、主体性的同时也应反映当代中国与世界的时代精神风貌。而国学的时代性又决定了她的开放性与包容性，即国学是不断吸收、转化各种外来文化优秀成果并尊重他民族文化传统的与时俱进、海纳百川的学术文化，是集民族性、主体性、时代性、包容性、开放性于一体的新国学。

上述国学的基本特性，决定了国学的当代定位。如果我们给当代国学下一个简单定义，则可以说，所谓国学，是以民族传统文化为主体、兼容当代新文化的国家学术文化。就中国而言，所谓“民族传统文化”，主要是指以儒家文化为主导、包括佛老之学和诸子百家之学、涵盖经、史、文、艺各门学术的中华传统文化；所谓“当代新文化”，则主要是指近现代陆续传入中国并正在经历中国化进程的以民主、人权、科学、法治为主体的西方文化和马列主义新文化。这里应当强调的是，“主体”并非全体，“兼容”也非合一。我的国学观，是具有鲜明民族特色的国学观，是与西学、马学交互影响、和谐相处而非合为一体的国学观。

“国学”的学科设置

如果上述关于国学的学术定义可以成立，则国学作为一门学科的定位设置就比较简单。我认为，应当跳出现行教育体制的学科分类去思考国学学科，因为现行学科分类基本是从西方与前苏联搬来的，是排斥中国传统文化的分类。但现行教育体制的学科分类又是在长期教育实践中形成的，有其合理性，我们应当承认并继承其基本的方面。但我们必须纠正现行学科分类之“重知识，轻人文”、“重政治教育，轻道德教育”的偏颇。因此，改革现行教育体制的弊端、给国学以独立学科的地位并列入国民教育体系是非常必要的。

我认为，“国学”作为一门承载中华传统文化的独立学科，是一门综合性、人文性的通识之学，应当拥有国家一级学科的权威地位。在这一级学科之下，可以分设“经学、史学、子学、文学、艺术”等五大门类作为“国学”的二级学科。经学是指六经之学和历代注经之学；史学是指传统中国的史学、史著；子学是指包括儒、佛、道三教的诸子百家之学，与经学虽有某种重迭，但各有内涵，不能互相包摄。艺术一门，既是“学”，又是“术”，但主要是“术”。诸如音乐（国乐）、戏剧（国剧、地方剧）、武术（国术）以及国画、书法、工艺等都有中国传统的特定内容，不能拒之于“国学”殿堂之外。但必须指出的是，鉴于现代学科门类已经非常专业化，国学只能突出其基础性、综合性、通识性的特征，而不能代替各门现代学科的专业知识。因此，国学各门的课程设置，应该是通典、通论、通史、文选之类的基础课程，国学教育的培养目标，应当是博通人才而非高精专才，是学生的道德人文素质而非精深的专业素质。

如何传承、普及和推广“国学”

综上所述，界定国学的涵义、树立与时俱进的国学观对于改进国民教育、提高国民道德人文素质是十分重要的。我们应当重新确立国学的权威性，大力推广国学教育。近年来，有几位知名学者出来批评中国人民大学创建国学院的举措，有人撰文主张“国学”应该缓行。近来，则由于有人出来揭露了一个假名售奸的伪“国学大师”，而使“国学”再度成为人们批评的对象。许多人以怀疑的眼光去审视国学和国学教育工作者，怀疑“国学”概念能否成立，甚至辱骂“国学是伪学”，大有必欲除之而后快的势头。有的媒体往往容易走极端，一会儿“大师”帽子满天飞，一会儿口诛笔伐“伪国学”。这恰恰是“文革”中怀疑一切、全盘反传统的“斗争哲学”流风遗毒的表现。我希望，我们的媒体、讲堂、记者、教师们，不要因噎废食，不要因为无知者或别有用心者错捧了一二个“国学大师”就不敢理直气壮地讲“国学”了。其实，“大师”虽然有伪，“国学”何曾是假！我们应当采取科学的、辩证的态度，坚持不懈地从事传承、普及和推广“国学”的工作。

在当今资讯发达、传播手段多样化的条件下，开展国学教育的形式也是多种多样的。像中央电视台“百家讲坛”以讲故事形式去普及国学知识，是一种很好的国学推广模式，但应注意向受众传授正确的知识、真实的历史，而不要随心所欲或哗众取宠；在国民教育体系中设立国学学科，在大、中、小学课程中设置国学课程系统进行国学教育是“功在千秋”的百年大计；在儿童教育中深入浅出地传授国学经典（如《三字经》）、国学箴言（如名诗、名句）、适度开展“儿童读经”活动则是培根立基的良好举措；此外，在各地设立多种形式的孔子学院、孔子学堂、国学院、国学讲堂、国学讲习会之类的机构、场所，恢复曾经遍布全国的孔庙、书院、寺院、道观，则将为开展群众性的国学教育提供很好的平台，但须注意防止这类场所沦为传播邪教迷信的工具。

凡此种种，如能得到务实地开展、持久地坚持，则不仅是国学的大幸，也将是国民的大幸！

論語中的老年生活哲學

——心理學觀點的闡釋

臺灣孔孟學會副理事長　郭為藩

論文提要：本文試從心理學的角度，就“論語”一書有關生活哲學的智慧言論，引經據典，說明老年期人格適應的課題。強調：(1) 積極而豁達的生活態度；(2) 素樸的生活方式；(3) 不強求功名利祿，凡事反求諸己；(4) 享樂人生，戒之在得；(5) 選擇性的深化社會關係。文中特別闡揚當前正向心理學（Positive psychology）的理念，檢視老年心理學的中心議題，藉以體認孔子自稱“發憤忘食，樂以忘憂，不知老之將至”一語所蘊含的不朽道理。

一、樂以忘憂，不知老之將至

老年人口在整體人口總數比例的逐漸提高已成為經濟發展必然的趨勢，在經濟成長較先進的地區，六十五歲以上人口可能高居全國人口五分之一以上，這類國家（如日本），在二十一世紀將逐漸普遍。隨著老人學（gerontology）的成熟，各國老人政策所關注的焦點，除了高齡人口的社會福利與保健照顧外，也逐漸注意到老年人口的終身學習（設立所謂“第三年齡”（the third age）的長春學苑及開放大學推廣教育），也關注到老年人的生活品質與其主觀滿足度（subjective satisfaction）的關係（Bond & Corner，p. 6），因為很大部分的老年人生活上最大的壓力是孤獨寂寞、無安全感，甚至受到憂鬱症候的困擾；特別是退休後的失落感，無所事事的心理迷惘，非常需要一種健康的生活哲學，使他們重拾生命的熱情，讓人格持續的成熟，直至完成人生的旅程。因此，近二十年來，心理學者對“成功老化”（successful aging）的研究蔚成風氣（例如德國 Baltes 夫婦主持的規模研究計畫）（Baltes，1990），成功老化的研究課題特別重視類似人生觀的心理因素。在學術上，成功老化亦有稱為“活躍老化”（active aging）或“具生產力的老化”（productive aging），其用意在強調老年人如果在身體上相對的健康，行動與日常生活起居能自立自顧，更重要的是有較積極的人生觀與生活態度；不僅能享有較高度的生活滿意度，而且對周遭親友，甚至生活社區有所貢獻。所以生活哲學確是接近退休及老年人終身學習課程的一個重要主題，跟養生保健同等重要。本文的撰述目的在提醒高齡教育的課程設計學者，傳統儒學中有不少很有意義的素材值得去開發，單是論語一書就有許多發人深省的教材，所以拋磚引玉試撰本文，就教於高明。

在心理學領域，有一學門稱為發展心理學（Developmental psychology），過去較偏重兒童心理發展與青少年心理的研究，二十世紀七十年代以後，成人心理學漸趨流行，老年心理學尤為顯學，因為在探討生命全程（life－cycle）的各個人生階段中，老年人的心理適應課題特別複雜。發展心理學者從艾立克森（Erik H. Erikson）開始，一向重視各個發展階段的發展任務，例如艾立克森就強調成人後期（late adulthood）人格圓熟（integrity）的重要性（Erikson 1959），一般討論成功老化的論著，也將自我統整與超越身體憂慮（body transcendence）當作一項心理健康的重要指標。換言之，一個心理健康、生活態度積極開朗的老年人必定是能接納生活情境的現實，看得開、能向前看，不會終日操心自己的身體狀況，怨天尤人。在論語述而篇有一段話：葉公問孔子於子路，子路不對。子曰："汝奚不曰，其為人也，發憤忘食，樂以忘憂，不知老之將至云爾"，這種"發憤忘食，樂以忘憂"正是心理學者所欲表達"自我超越"的寫照。在同樣述而篇上，孔子也曾自謙"若聖與仁，則吾豈敢?抑為之不厭，誨人而倦，則可謂云爾以矣"。學而不厭，誨人不倦的自我期許，也是一種教育家的生活境界，正是孔子超越世俗名利，樂以忘憂，不知老之將至的生活動力。孔子一生的人格成長是研討發展心理學的典範案例，他出身困境（曾自稱"吾少也賤，故多能鄙事"），但志堅向善，從不斷自我超越中成長，終於到達非常完美的道德境界（傅佩榮，2002），曾說："吾十有五而志於學；三十而立；四十而不惑；五十而知天命；六十而耳順；七十而從心所欲，不踰矩"（為政篇）。從心所欲而不踰矩，就是道德修養圓融的境界，讓每一老年人心嚮往之，鼓勵自己向孔子學習，有為者，亦當若是。

二、素樸的生活方式

現代工業社會鼓勵大量消費，以成就大量生產、貨暢其流的資本主義經濟，各種形式的商品廣告，多以刺激購買欲為目的，分期付款與貸款制度亦在助長奢華生活的氣焰。對於中高齡消費者而言，擺開道德觀點不論，在日常生活上的過渡耗損，對健康並不見得有利，尤其在飲食方面為然。近年來因環保觀念流行，生態保育延伸的節能減碳理念使素樸生活哲學重新受到重視。對於重視養生保健的老年人口來說，飲食中如何避免導致“三高”（高膽固醇、高血脂肪、高尿酸），以預防高血壓的症狀，已經成為一種共識。

在論語的字裏行間，不難看出孔子也是一位素樸生活的奉行者。例如孔子自述：“飯疏食，飲水，曲肱而枕之，樂亦在其中矣。不義而富且貴，於我如浮雲。”（述而篇）孔子在很多場合也稱讚弟子淡泊的生活方式，例如稱讚顏回：“賢哉回也！一簞食，一瓢飲，在陋巷，人不堪其憂，回也不改其樂。賢哉回也！”（雍也篇），又談到子路“衣蔽緼袍，與衣狐貉者立，而不恥者，其由也與！不忮不求，何用不臧？”子路終身誦之。子曰：“是道也，何足以臧？”（子罕篇）平常，孔子也告誡弟子：“君子食無求飽，居無求安，敏於事而慎於言，就有道而正焉，可謂好學也已”（子罕篇）；又說“士志於道，而恥惡衣惡食者，未足與議也”（里仁篇）。

孔子之所以安於素樸生活，主要因為在精神生活上的充實與藝術涵意的感動。例如他在齊國學習韶樂，專心致意“游於藝”，所以廢寢忘食，“子在齊聞韶，三月不知肉味。曰：‘不圖為樂之至於斯也！’”（述而篇）。他最不喜歡看到弟子無所事事，只求生活起居的溫飽，所以鼓勵學生下棋之類的游藝活動，“飽食終日，無所用心，難矣哉！不有博奕者乎？為之，猶賢乎已！”（陽貨篇）。

論語中也有一段孔子飲食習慣的記載，“食不厭精、膾不厭細，魚餒而肉敗，不食……為酒無量，不及亂”（鄉黨篇），意思是說，食物不以做得精緻為滿足，肉類也不以切得細巧來要求，但是對於魚肉腐爛或肉類變味，則不加食用。在飲酒方面，雖然沒有定量的規範，但是以不喝醉為原則。（傅佩榮，2002，頁 60—64）可見孔子在日常生活中也是講究衛生與節制。孔子雖然也如當時的士大夫釣魚射獵，但是適可而止，頗具生態保育的觀念，所以不用網繩大量網魚，也不射殺在鳥巢中的鳥類，論語上有“子釣而不綱，弋不射宿”（述而篇）的記載，可以得到印證。

三、不強求功名利祿，凡事反求諸己

孔子周遊列國，以天下興亡為己任，但是在功名利祿方面，卻抱持淡然而處的態度，凡事反求諸己，“不患人之不己知，患其不能也”（憲問篇），這種“不患無位，患所以立；不患莫己知，求為可知也”（里仁篇）的積極處世態度，是孔子從未怨天尤人，不會汲汲功名利祿，而能保持一種淡泊而泰然的態度，“志於道，據於德，依於仁，游於藝”（述而篇），忠於自身的人生信念、安貧樂道的原因。孔子曾說，“苟正其身矣，於從政乎何有？不能正其身，如正人何？”（子路篇）；用白話說，一個人若能端正自己的行為，從政就沒有什麼困難；如果連自身都不能端正，又如何去端正別人呢？孔子又說：“富與貴，世人之所欲也，不以其道得之，不處也；貧與賤，是人之所惡也，不以其道得之，不去也。君子去仁，惡乎成名？君子無終身之間違仁，造次必於是，顛沛必於是”（里仁篇）。因為一個人執著的是理想，對功名利祿，則不強求。所以“君子謀道不謀食。耕也，餒在其中矣；學也，祿在其中矣，君子憂道不憂貧”（衛靈公篇）。孔子在闡述其道德理念時，常以君子小人對比。在求功名利祿方面，孔子指出，“君子求諸己，小人求諸人”（衛靈公篇），所以一個正人君子進德修業，只責求自己有沒有能力，而不是冀望別人賞識提拔，或責怪外在環境不公平，上司無眼光。孔子尤其厭惡結黨營私，爭權奪利，“君子矜而不爭，群而不黨”（衛靈公篇），又說“君子周而不比，小人比而不周”（為政篇），意思是君子對人普遍敦厚而不偏私結黨，小人偏私結黨而非普遍敦厚。孔子也常提醒弟子為政之道在不走捷徑，不貪小利。“子夏為莒父宰，問政。子曰：無欲速；無見小利。欲速則不達；見小利，則大事不成。”（子路篇）

台灣成功大學醫學院林啟禎教授在一篇探討成功老化的關鍵因素文章中指出，成功老化個案的共同特質是“清淡、無欲、無爭、無我、無私、愉快、關心、善心、好動”，從一些高齡人瑞的生活態度與核心價值，不難印證生活哲學與成功老化的關係（林啟禎，2006）。在討論成功老化的歐美心理學理論中，最常被引用的就是淡出論（disengagement theory），意思是當一個人因年邁而退出職場（如屆齡退休）或與功名利祿相關的社會角色（包括職位與職務）時，這種退場與下台的過程對當事人最為淒涼，當然也構成心理壓力與調適的課題。成功老化的理論中，也有兩種觀點受到重視，其一稱為延續論（continuity theory），另一稱為活動論（activity theory）。前者指出老年人在淡出專業職務或其原有生涯時，如能繼續維持一些相關活動，延續其生活方式（例如參加義務志工的活動），繼續關心一些公共事務或另有替代性的興趣（如很多退休老人學繪畫、園藝、修讀藝術史、有系統參觀博物館、美術館），這些人的退休後生活不單是很充實，而且心理上也較能維持平衡。活動論強調成功老化的高齡者通常是心理上與體能上皆很活躍的老人，對公共事務關心，對週遭親人朋友也很關注與體貼，對很多活動皆有興趣，也積極參與，是有使命感、投入生產力活動、有所事事而積極奮發的長者。上述延續論與活動論其實有很多共通之處，殊途同歸。（Moody，2006，p. 8—11）

孔子雖然胸懷大志，努力不懈，希望實踐政治抱負，兼善天下；但是更重要的是他更重視個人道德人格的完美，在教與學兩方面始終擇善固執，正是所謂“君子求諸己”、“君子無終身之間違仁，造次必於是，顛沛必於是”，孟子曾有“人爵”與“天爵”之分（孟子告子篇）。人爵者，公卿大夫之類功名利祿，可遇不可求，孔子有為且有所不為，絕不強求人爵；但相對而言的天爵，“仁、義、禮、智，非由外鑠我也，我固有之也”（孟子告子篇），則是可掌握在自己手裏，“求則得之，舍則失之”，所以成為其生活形式的一部分，擴充天爵遂成為他延續整個晚年的人生目標。

四、戒之在得，才能樂享晚年

孔子指出，“君子有三戒：少之時，血氣未定，戒之在色；及其壯也，血氣方剛，戒之在鬥；及其老也，血氣既衰，戒之在得。”（季氏篇）何以老年時特別貪得財富呢？因為年紀漸邁時，安全感隨著體力衰退越減，更會顧慮到餘年安養的問題。論語公冶長篇記述有一回孔子與顏淵、季路在一起各述其志，孔子最關注的是“老者安之，朋友信之，少者懷之”。他最希望老年人皆能得到奉養；朋友交往，誠信相待；年輕人受到關愛。但是生活上的安養，並不單是生活資源的富足或匱乏的問題，而是由心理上的滿足感來權衡。在當前崇尚消費、“獲取為向的社會”（acquisitive society），不難發現心理學家弗洛姆（Erich Fromm）〈擁有或享有〉（To Have or To Be，1976）這本暢銷書中所討論的兩種生活模式同時存在，多數人持擁有模式（Having mode），對身外之物持著佔有或據有的強烈欲望，貪得無饜，多多益善，擁有的財貨越多，心理上越有安全感；另有一部分人則能秉持“享有模式”（Being mode），以分享、尊重、關懷的豁達心情去面對外物，不很在乎錦衣美食的生活享受，而能超越物質消費的層次，將生活重心放在美與善的鑑賞上。享有模式的人生觀，較傾向老子道德經所提示："生而不有，為而不恃，長而不宰"的生活態度，有較開朗的性靈空間，自得其樂，而這種享有人生的態度實根基於人格修養及較圓融的人生智慧。人文主義心理學家馬斯洛（Abraham H. Maslow）的動機論，將人類的行為動機從性格傾向分為兩種類型：其一稱為"缺陷動機支配者"（deficiency motivated person），其行為動機主要在解除心理上因感到匱乏不足而起的緊張狀態，以獲取生活資源的滿足來求取心理平衡；另一稱為"成長動機支配者"（growth－motivated person），這類型的人在成長過程對生活上的基本需求滿足無慮，所以能以較開闊的心胸去肯定人生的核心價值。可見，馬斯洛所刻劃的成長動機支配者與前述弗洛姆的享有模式，隱然相符，缺陷動機支配者的行為特質則跟弗洛姆的擁有模式不謀而合。

孔子在論語中所表達的生活態度就是弗洛姆所闡揚的"享有模式"及馬斯洛指稱的"成長動機支配者"，因為在論語中，孔子在不同場合用到"樂"字來描繪精神上的愉悅意境，"知者樂水，仁者樂山；知者動，仁者靜；知者樂，仁者壽。"（雍也篇）"子貢曰：貧而無諂，富而無驕，何如？子曰：可也，未若貧而樂，富而好禮者也。"（學而篇）"知之者，不如好之者；好之者，不如樂之者。"（雍也篇）。"飯疏食飲水，曲肱而枕之，樂亦在其中矣"（子罕篇）。孔子提到的樂，都不是從物質享受求得的，而是偏重在性靈的層次，一個人生活悅樂的源泉，不在聚斂財富、不在感官刺激，而在自得與自在的心境。馬斯洛談到自我實現者（Self－actualizing person）在日常生活中有較多高峰經驗（peak experiences），孔子也曾舉例提到這類高峰經驗，例如學習過程中靈犀通達的樂趣，"學而時習之，不亦悅乎！"（學而篇），久別的朋友相逢"有朋自遠方來，不亦樂乎”（學而篇）。孟子更補充“集天下英才而教育之，一樂也”（孟子盡心篇），在教學過程中，不時也能獲得教學相長的樂趣。

五、選擇性的深化社會關係

在老年心理學的各派理論中，巴爾迪（Paul B. Baltes）一派的“選擇、擴大效果以資補償論”（Selective optimization with compensation）最常為相關學者所引述（Baltes & Standinzer，2002)。巴爾迪等人的觀點強調一個人進入老年之後，精力、資源與社會接觸逐漸受到體質老化的限制，必須針對生活目標與人生規劃縮小原有的範圍；但是經過明智選擇過的特定領域，卻是其個人重視且具有補償性的範圍，成功老化的長者自然因志趣所在會進一步深化經營，從中發揮更高的價值，使老年過得很充實、愉悦而有意義，完成這一階段的發展任務。所以老年人的生活智慧也表現於這一系列選擇與深化經營的過程，包括生活興趣（例如過去對各類藝術活動無不涉獵，老年之後，只選擇書法、藝品欣賞），人際關係（過去交遊廣闊，年邁之後，交往範圍縮小到少數老伴舊友，但卻接觸頻繁），社團活動、投資事業、學習領域……皆須經過選擇而由博返約、由廣泛改走深化路線。

在論語一書中，雖然未見有充分論述印證孔子支持這個觀點，但是卻有許多場合孔子闡述適當人際關係的重要性。孔子對交友喜惡分明，不願成為“鄉愿”，“子曰：唯仁者，能好人，能惡人”（里仁篇），又說：“道不同，不相為謀”（衛靈公篇），所以不難推論，孔子對於年歲漸長，必須縮小社會關係的人士，也會建議選擇性的留下較小範圍志同道合的朋友，維持深度的友誼與社交接觸。

孔子一向是重視交友在進德修業方面的價值，曾指出“三人行，必有我師焉。擇其善者而從之，其不善者而改之”（述而篇），又說：“君子以文會友，以友輔仁”（顏淵篇），他也相信只要是道德高尚，總是不會孤單，自然有人來親近他，“德不孤，必有鄰”（里仁篇）。雖然孔子重視友誼的價值，他對朋友卻是有選擇性的。“子曰：可與共學，未可與適道；可與適道，未可與立；可與立，未可與權”（子罕篇），可見交友不是一視同仁的，尤其是一個人退休離職之後，更不必因職務需要維持公務上的社會關係，泛泛之交不需繼續敷衍來往。朋友的選擇與人際交遊的深化，孔子最看重友人的人格操守，曾指出：“益者三友，損者三友。友直、友諒、友多聞，益矣；友便辟、友善柔、友便佞，損矣。”（季氏篇）有益的朋友是那些個性正直、能體諒別人而且見聞廣闊的人；如果結交只重表面工夫，沒有是非觀念，只是柔順地順應別人，以及能言善道卻無實學的朋友，對自己是有損害的。孔子對人性的觀察，確是入木三分。孔子也不喜歡專說好聽話、花言巧語、心底卻不誠懇的友人，他告誡子弟對這種朋友，要特別小心，“子曰：巧言令色，鮮矣仁”（學而篇）。雖然孔子對交友的選擇非常重視，卻不鼓勵結黨伐異，而珍視相互容忍以求社會和諧。“子曰：君子和而不同，小人同而不和”（子路篇），“君子矜而不爭，群而不黨”（衛靈公篇）。孔子對判斷一個朋友，也有他獨到的觀察。先是觀看他過去所做所為，其次是看現在所做的事，最後是瞭解他的志向與抱負。子曰：“視其所以，觀其所由，察其所安。人焉廋哉？人焉廋哉”（為政篇）。（羅宗濤，1991，頁36）

六、結　語

近年來老年心理學的研究頗為熱絡，很多學者的討論焦點皆注意到老年人的心理平衡及處世哲學的課題，因為一個活躍而具有生產力的晚年（an active and productive late adulthood），除了身體健康與社會文化因素外，最需要老年人本身有艾克特（David J. Ekerdt）所稱的“忙碌倫理”（the busy ethic），在退休之後仍然有所事事，維持生活型態的心理延續性與精神振奮力（艾克特稱為 moral continuity）。因為有一種使命感與人生階段任務感，所以才能像孔子一樣，“發憤忘食，樂以忘憂，不知老之將至”（Moody，2006，pp. 253—261）。可是很遺憾的研究老年學的學者很少注意到儒學的永恆價值，特別是孔子本身就富有這種“忙碌倫理”，對老年的生命哲學有非常圓熟的見解，而已譯為多國語文的“論語”一書中，就有不少富有啟迪性的言論，相當符合當前人文心理學（Humanistic psychology）所欲闡揚的核心價值。雖然孔子所生存的時代距今二千餘年，與現代社會情境不可同日而語；但是人生的智慧有時是貫通於不同學科的，哲學家的表達方式與心理學者的語彙用詞或許有其差異，面對生命情境的深刻體認，經常有異曲同工、相互呼應之處。例如現象學與存在主義對當代人文心理學不是有很豐富的影響資產嗎？值此兩岸學人研討傳統儒學之際，本文試從心理學角度詮釋論語中的若干理念，或許有牽強附會之處，尚請方家指正。

參考文獻

中華文化復興運動總會策劃，教育部編（1999），論語生活。台北市：編者印行。

林啟禎（2006），成功老化的關鍵因素。

http：//care. cdnnews. com. tw/20061112/med/yybj

郭為藩（1996），自我心理學。台北市：師大書苑。

郭為藩編著（2003），成人學習一心理學的探討。台北市：心理出版社。

傅佩榮（2002），孔子新說一在考驗中成長。台北市：幼獅出版社。

傅佩榮（2003），孔子新說一肯定群我關係。台北市：幼獅出版社。

羅宗濤編（1991），生活論語。台北市：華視文化。

Baltes, P. B & Baltes, M. M.（Eds）.（1990）Successful aging－Perspectives from the behavioral sciences. Cambridge, U. K.: Cambridge Univ, Press.

Baltes, P. B. & Freund, A. M.（2002）. Human strengths as the orchestration of wisdom and selective optimization with compensation. In L. G. Aspinwall & U.M. Standinger（Eds.）A psychology of human strengths－Fundamental questions and future directions for a positive psychology. Washington, D.C., American Psychological Assn. pp. 23—35.

Bengtson, V. L. & Schail, W.（Eds.）.（1999）Handbook of theories of aging. N. Y.: Springer Publishing.

Erikson, H. E.（1959）Identity and the life cycle, N. Y.: W. W. Norton.

Moody, H. R.（2006）Aging－Concepts and controversies. 5th ed., Thousand Oaks, CA.: Forge Press.

修身为本：《论语》的核心精神

清华大学教授 钱 逊

近年我在许多场合提倡“读《论语》，学做人”，既提倡别人读，自己就更要读。温故而知新，在反复重读中，也有了一些新的体会。现在把它写下来，与大家分享，请大家批评。

《论语》的核心精神是什么？过去我说是讲做人。这没有错，不过现在有进一步的认识。今天想说的就是，对《论语》精神最好的概括，是《大学》所说的

“自天子以至于庶人，一是皆以修身为本。”（《大学》）

政者正也——核心的政治理念

孔子生在春秋末期。他所生活的年代，是一个礼崩乐坏、社会处于动乱变革之中的时代。孔子生处乱世，不满于礼崩乐坏的局面，意欲恢复社会秩序的稳定，变天下无道为天下有道。这是孔子全部思想的出发点。

怎样做到这一点？

子路曰："卫君待子为政，子将奚先？"子曰："必也正名乎！"（《子路》）

齐景公问政于孔子。孔子对曰："君臣、臣臣、父父、子子。"公曰："善哉！信如君不君，臣不臣，父不父，子不子，虽有粟，吾得而食诸？"（《颜渊》）

正名，改变"君不君，臣不臣，父不父，子不子"的不正常状态，恢复"君君、臣臣、父父、子子"的秩序，使社会秩序归于正常。这是针对当时礼崩乐坏的情况提出的，也是孔子的基本目标。

正名，恢复社会秩序正常，关键在正人，使人走上正道。"道之以德，齐之以礼，有耻且格。"（《为政》）人有德而知耻，知耻而有所不为，自觉走上正道。社会秩序自然也就归于正常。

子曰："其身正，不令而行；其身不正，虽令不从。"（《子路》）

子曰："苟正其身矣，于从政乎何有？不能正其身，如正人何？"（《子路》）

季康子患盗，问于孔子。孔子对曰："苟子之不欲，虽赏之不窃。"（《颜渊》）

都是讲正人。正人中又有两方面：正人和正己。"正人先正己"。不只是对百姓进行道德教育，首先是要求在位者自身要正。对百姓的教育是重要的，但身教重于言教；"其身正，不令而行；其身不正，虽令不行"。在位者不能以身作则，对百姓的教育就不会有效。

> 季康子问政于孔子曰："如杀无道以就有道，何如？"孔子对曰："子为政，焉用杀？子欲善而民善矣。君子之德风，小人之德草，草上之风必偃。"（《颜渊》）

民风之正，全在于君子之风。君子之风正，则民风正；君子之风不正，则民风衰。上梁不正下梁歪，在位者自身不正，下面的风气自然就歪。

为政之本在正名，正名之本在正人，正人之本在正己，孔子用一个"正"字概括。

> 季康子问政于孔子。孔子对曰："政者正也。子帅以正，孰敢不正。"（《颜渊》）

为达到"正"的目标，孔子主张为政以德。

一般认为，孔子治国为政之道，核心是"为政以德"；过去本人也持这一观点。去年出版的《论语初级读本》中，仍持此说。近来在这个问题上有新的认识。孔子治国为政，核心思想应该是"政者正也"。

"政者正也"说的是"是什么？"的问题；"为政以德"说的是"怎么做？"的问题，"是什么？"当然比"怎么做？"更根本。治国为政做的是一件怎样的事？用一个字来概括，就是一个"正"字。"为政以德"是为了达到"正"的目标所应采取的方法；"政者正也"的为政理念决定了"为政以德"的治国路线。

> 子曰："道之以政，齐之以刑，民免而无耻；道之以

德，齐之以礼，有耻且格。”（《为政》）

孔子用“免而无耻”与“有耻且格”八个字概括说明法制刑政与道德礼教的不同特点和功能：法制刑政依靠的是强制，它的作用是惩罚犯罪，使人不敢做坏事，却不能使人为善；道德礼教依靠的是教育和自觉，它的作用是使人知耻，不愿做坏事，预防犯罪。孔子这个主张着眼于使百姓自觉走上正道，体现了“政者正也”的理念，基本上是正确的。从这个基本认识出发，他主张“为政以德”，强调以道德教化为治国的基础，把社会秩序的稳定建立在人们道德自觉的基础之上。

“道之以德，齐之以礼”，是孔子“为政以德”思想的概括说明。德和礼是统一不可分的两个方面，二者的结合、统一是孔子思想中的一个重要问题。

孔子还把政权巩固的基础放在百姓的富足和信任上。

子适卫，冉有仆。子曰：“庶矣哉。”冉有曰：“既庶矣，又何加焉？”曰：“富之。”曰：“既富矣，又何加焉？”曰：“教之。”（《子路》）

子贡问政。子曰：“足食，足兵，民信之矣。”子贡曰：“必不得已而去，于斯三者何先？”曰：“去兵。”子贡曰：“必不得已而去，于斯二者何先？”曰：“去食。自古皆有死，民无信不立。”（《颜渊》）

“庶”、“富”、“教”是孔子治国的三项具体目标。在正常情况下，其先后次序是先庶，次之富，然后教化。在特殊情况下，先去兵，次去食，民信为要。即使经济困难，也一定要取信于民。百姓信任政府，就会与当政者共渡难关；失去百姓的信任，尽管还有经济基础，政权也会垮台。

孔子“政者正也”、“为政以德”的思想，反映出一种重要的治国理念：社会的安定、国家的稳固，基础在人，不在物；治国的实质不是管制，更不是镇压，而是“正”；治国的手段主要不是强制，而是教化，恃德不恃力。这是一种以人为主体，立足于人的完善的思想。同时也可以说，这也是整个儒学的核心思想；全部儒学，它的出发点和落脚点都在于提高每一个人的素质。现在看来，孔子的这种主张基本上是正确的，有着非常重要的意义。

有不少问题值得思考：

我们国家稳固的基础在哪里？

执政治国的实质是什么？掌权、执法、管人？为什么有的城管人员会滥用权力，欺凌百姓？

我们怎样从自己做起，正人先正己？

怎样做到道德与法制的协调发展，相辅相成？

是亦为政——教育为治国之基础

孔子一生主要的时间和精力都用在教育上。

> 或谓孔子曰：“子奚不为政？”子曰：“书云：‘孝乎惟孝，友于兄弟。’施于有政，是亦为政，奚其为为政？”（《为政》）

以孝悌教人，施于有政，是亦为政，教育亦即治国。在孔子思想里，为政和教育紧密相连。从政治方面看，他主张为政以德，把道德教化当作治国的手段和国家的重要职能。要求在位的当政者要有德；对百姓则要“道之以德，齐之以礼”，使百姓“有耻且格”，这些都只有通过教育才能做到，所以教育是治国的基础和重要手段。从教育方面讲，他认为教育不是单纯传授知识的文化活动，而是培养治国贤才，教化百姓，关系到社会安定、国家治乱的根本大事，本身就是国家的一个非常重要的职能。

> 樊迟请学稼。子曰：“吾不如老农。”请学为圃。曰：“吾不如老圃。”樊迟出。子曰：“小人哉，樊须也！上好礼，则民莫敢不敬；上好义，则民莫敢不服；上好信，则民莫敢不用情。夫如是，则四方之民襁负其子而至矣，焉用稼？”（《子路》）
>
> 子夏曰：“百工居肆以成其事，君子学以致其道。”（《子张》）

教育以传道为中心，以培育治国贤才为目标。

总之，为政不只是掌权管人管事，教育也不只是传授知识；无论为政还是教育，中心都是“正人”，此乃孔子全部思想的核心。

既然中心是正人，那么，正人的目标是什么？孔子提出

> “女为君子儒，无为小人儒。”（《雍也》）

要做君子，不做小人。

对君子的要求，可以从理想追求和形象要求两个方面说。

修己以安百姓——君子的理想追求

> 子曰："志于道，据于德，依于人，游于艺。"（《述而》）

首要是志于道。"盖学莫先于立志，志道，则心存于正而不他"（朱熹：《论语集注》）

何谓道？

> "士不可以不弘毅，任重而道远。仁以为己任，不亦重乎？死而后已，不亦远乎？"（《泰伯》）

道即指仁道。志于道，即要"仁以为己任"，以弘扬仁道为一生之使命和责任。

> 子路问君子。子曰："修己以敬。"曰："如斯而已乎？"曰："修己以安人。"曰："如斯而已乎？"曰："修己以安百姓。修己以安百姓，尧舜其犹病诸。"（《宪问》）

修己，认真修养，是成己；安人、安百姓，是成人。成己、成人，即为建立理想社会而奋斗；这是孔子对君子提出的要求，也是孔子自己的理想追求；亦即"仁以为己任"的内容。

这里提出和回答了人生的两个基本问题：精神生命和物质生命的关系，群体和个体的关系。

修己，即要求“义以为上”，把精神生命的追求放在第一位。

子曰：“士志于道，而耻恶衣恶食者，未足与议也。”（《论语·里仁》）

子曰：“富与贵是人之所欲也，不以其道得之，不处也；贫与贱是人之所恶也，不以其道得之，不去也。”（《论语·里仁》）

子曰：“君子喻于义，小人喻于利。”（《论语·里仁》）

在处理精神生命与物质生命的关系上，是精神生命第一，还是物质生命第一，是区分君子和小人的重要标准。

子曰：“贤哉回也，一箪食，一瓢饮，在陋巷，人不堪其忧，回也不改其乐，贤哉回也。”（《论语·雍也》）

子曰：“饭疏食饮水，曲肱而枕之，乐亦在其中矣。不义而富且贵，于我如浮云。”（《论语·述而》）

孔颜之乐，正是义以为上的人生境界的体现。

安人、安百姓，是处理群体和个体关系的要求。即不是孤立地讲个人的完善、个人的发展和个人价值的实现，而是把人放在群体中，与他人的关系中来看，强调要把个人的性命融入到群体的、历史的大生命中，在群体的发展中求个人的发展，实现个人的价值。

义以为上，群己统一这两个方面又相联系。追求物质利益，总是为个人；超越个人而为群体，也就超越了物质利益而进入精神生命领域。

当时的一些隐者对孔子曾有讥讽，以为孔子为救世而四处奔走是“知其不可而为之”，孔子的回答是：

鸟兽不可与同群，吾非斯人之徒与而谁与？天下有道，丘不与易也。”（《微子》）

“不仕无义。长幼之节，不可废也；君臣之义，如之何其废之？欲洁其身，而乱大伦。君子之仕也，行其义也。道之不行，已知之矣！”（《微子》）

他以为人不可以脱离人群，也就是对群体负有责任；出仕就是“行其义也”，尽自己人生的责任，正是体现了义以为上，群己统一的联系和统一。

这种价值的最高追求，就是“杀身成仁”。

子曰：“志士仁人，无求生以害人，有杀身以成仁”（《卫灵公》）

“杀身成仁”，常受人质疑、诟病，认为强调“杀身成仁”就是否定个人独立的人格。其实并非如此。孔子说：

“三军可夺帅也，匹夫不可夺志也”。（《子罕》）

任何一支强大的军队，其统帅是可以被剥夺的。但是一个普通人所立下的志向是没有任何力量能够改变的。从个人来讲，一个人立下志向以后，在任何的环境下面都要坚定不动摇。孟子说：

“富贵不能淫，贫贱不能移，威武不能屈，此之谓大丈夫。”（《孟子·滕文公下》）

由此可见，杀身成仁、舍生取义有两个方面：一是为理想信念、群体事业献身；二是个人人格的完成。在古人身上二者是统一的。中国古代的杰出人物和仁人志士，把“杀身成仁，舍生取义”作为毕生追求的最高理想境界。文天祥是一个典型。文天祥抗元失败被俘。元人先是劝降，许以丞相；劝降不成，将他关进土牢；文天祥坚贞不屈，做到了孟子所说“富贵不能淫，贫贱不能移，威武不能屈”，最后从容就义。在他就义之后，人们发现，他在腰带上写了这样一段话：

“孔曰成仁，孟曰取义，唯其义尽，所以仁至。读圣贤书，所学何事？而今而后，庶几无愧。”

孔曰成仁，孟曰取义，概括了儒家学说最核心的要求，是文天祥对他读的儒家学说的一个理解。他明白表示成仁、取义是他毕生追求的目标。而在生命的最后一刻，他以终于达到这个目标而感到无憾和欣慰。为理想信念、群体事业献身和个人人格的完成达到了完美的统一。

文质彬彬——君子的形象

《论语》中多处都以君子和小人对举，全面描述了君子的形象。其中最能概括说明君子形象的是：

子曰："质胜文则野，文胜质则史。文质彬彬，然后君子。"（《雍也》）

文指的是礼，质指的是仁。内外兼修，仁礼统一，内心的道德品质和外表的礼仪，达到很好的统一，才是君子。

下面分述仁和礼。

樊迟问仁。子曰："爱人。"（《颜渊》）

爱人，是仁的根本精神；它通过孝悌、忠恕等道德得到体现。

有子曰："其为人也孝弟，而好犯上者，鲜矣；不好犯上，而好作乱者，未之有也。君子务本，本立而道生。孝弟也者，其为仁之本与！"（《学而》）

把孝悌直接与不犯上作乱相联系，给孝悌赋予了政治意义，认为孝悌的意义和作用是直接为巩固当时的宗法等级制度服务。这是当时宗法等级制度的反映，是孝的特殊性的方面。

然而孝还有更重要的普遍性的意义。从爱人的对象方面讲，爱人首先是从孝悌开始。爱人不是抽象的、普遍的爱。现实中人们的爱总是从最亲近的人开始，由亲及疏。而父母兄弟是一个人最亲近的人。所以孝悌可以说是爱人的起点。如果你连父母都不爱、不孝，怎么可能去爱别人呢？从这个意义上说，孝悌是仁的根本。首先是对亲人孝悌，然后"老吾老以及人之老，幼吾幼以及人之幼"，推广到其他的人；再由人推广到物，以天地万物为友。这就是亲亲、仁民、爱物。

宰我问："三年之丧，期已久矣。君子三年不为礼，礼必坏；三年不为乐，乐必崩。旧谷既没，新谷既升，钻燧改火，期可已矣。"子曰："食夫稻，衣夫锦，于女安乎？"曰："安。""女安则为之。夫君子之居丧，食旨不甘，闻乐不乐，居处不安，故不为也。今女安，则为之！"宰我出，子曰："予之不仁也！子生三年，然后免于父母之怀，夫三年之丧，天下之通丧也。予也有三年之爱于其父母乎？"（《阳货》）

"子生三年，然后免于父母之怀"，由此而有"君子之居丧，食旨不甘，闻乐不乐，居处不安"；父母对子女的抚养之恩，和子女的报恩之情，这种血缘亲情，是丧礼的基础，也是孝的基础。这是普遍的；只要有以血缘关系为基础的家庭，就有孝存在的基础；孝就是人生的常道。所以孔子说三年之丧是"天下之通丧"。

子曰："参乎！吾道一以贯之。"曾子曰："唯。"子出。门人问曰："何谓也？"曾子曰："夫子之道，忠恕而已矣。"（《里仁》）

对于曾子所言，学术界有不同的意见。对此，朱熹《集注》以为，曾子有见于夫子之道难言，"故借学者尽己、推己之目以著明之，欲人之易晓也。"从《论语》看：

子贡问曰："有一言而可以终身行之者乎？"子曰："其恕乎！己所不欲，勿施于人。"（《卫灵公》）

子贡曰："如有博施于民而能济众，何如？可谓仁乎？"子曰："何事于仁！必也圣乎！尧舜其犹病诸！夫仁者，己欲立而立人，己欲达而达人。能近取譬，可谓仁之方也已。"（《雍也》）

"己所不欲，勿施于人"，是恕，孔子说是"可以终身行之者"；"己欲立而立人，己欲达而达人"，是"忠"，孔子说，能近取譬，可谓"仁之方"。孔门之学，重在于行，忠恕易晓易行，可以终身行之，由此可进而达于孔子之大道。所以说是仁之方。亦可说，爱人之行，从忠恕始；忠恕是上达孔子之道的门径。

以上是说仁。以下再说礼。《论语》多处讲

"不学礼，无以立。"

礼与仁密不可分。言为政，"道之以德，齐之以礼"；说君子，"文质彬彬，然后君子"；说为学，"博学于文，约之以礼"，均离不开礼。

颜渊问仁。子曰："克己复礼为仁。一日克己复礼，天下归仁焉。为仁由己，而由仁乎哉？"颜渊曰："请问其目？"子曰："非礼勿视，非礼勿听，非礼勿言，非礼勿动。"颜渊曰："回虽不敏，请事斯语矣。"（《颜渊》）

子曰："生，事之以礼；死，葬之以礼，祭之以礼。"

（《为政》）

仁、孝都落实到礼，依礼而行，即是仁、孝。礼既是仁的落实，也是检验仁的标准。所以仁不能离礼。

礼云礼云，玉帛云乎哉？乐云乐云，钟鼓云乎哉？（《阳货》）

人而不仁，如礼何？人而不仁，如乐何？（《八佾》）

仁是灵魂，礼是形式。礼亦不能离仁。

慎终，追远，民德归厚矣。（《学而》）

礼虽是外在形式，但是如果认真地去做，就可以使民风淳厚。

总之言仁必言礼，言礼必言仁；文质彬彬，然后君子。

目标明确了，下一个问题是如何才能达到目标？孔子说：

性相近也，习相远也。（《阳货》）

先天的性相近，差别不大；人的高下主要取决于后天的学习和修养。

为己、由己、求诸己—修养三原则

修养的基本态度：为己，由己，求诸己。都落实到“己”，可以叫做“三己”原则。

为己

子曰："古之学者为己，今之学者为人。"（《宪问》）

所谓为己，是说学习修养都是为了充实、提高、完善自己；为人，就是做给别人看，沽名钓誉，牟取名利。为己是学习修养的最根本的态度。抛弃"为己"的态度，也就丧失了儒学的根本精神。

由己

颜渊问仁。子曰："克己复礼为仁。一日克己复礼，天下归仁焉。为仁由己，而由人乎哉?"颜渊曰："请问其目。"子曰："非礼勿视，非礼勿听，非礼勿言，非礼勿动。"颜渊曰："回虽不敏，请事斯语矣。"（《颜渊》）

子曰："有能一日用其力于仁矣哉？我未见力不足者。"（《里仁》）

子曰："仁远乎哉？我欲仁，斯仁至矣。"（《述而》）

道德修养全靠自己，做好做坏完全掌握在自己手中；不存在心有余而力不足的问题。所以，"人皆可以为尧舜。"（《孟子·告子下》）有人没有做到，只是他没有努力去做，不是做不到；由己的另一面，是说全靠自觉，不靠灌输，更不能强制。孔子教人，不愤不启，不悱不发，循循善诱，立足于启发学者的自觉，一切由己。

求诸己

子曰："君子求诸己，小人求诸人。"（《卫灵公》）

君子凡事首先从自己方面要求，而不怨天尤人。《论语》中多次用不同的文字说到这一点。

"不患无位，患所以立。不患莫己知，求为可知也。"（《里仁》）

不患人之不己知，患其不能也。（《宪问》）

君子病无能焉，不病人之不己知也。（《卫灵公》）

说的是一个意思，不怕没有职位，不怕人家不了解自己，只怕自己无能，没有能力担当重任。这就是求诸己的精神。

人不知而不愠，不亦君子乎？（《学而》）

求诸己，从自己的方面要求，才可以做到"人不知不愠"。

求诸己，就要从自己做起；不待他人先行，不求条件完备。

遇有矛盾摩擦，首先反躬自省，多做自我批评，也是求诸己的表现。这是化解矛盾，达致和谐的途径。

"三己"原则体现了一个精神：立足于个人的自觉。启发个人的自觉，依靠个人的努力，靠每个人从自己做起，提高全民的素质。

孔子身处乱世，志在救世；而救世之本在正名；正名之本在正人；正人之要在在位君子之正己。由此他提出"政者正也"，"为政以德"的为政理念；为达正人的目标，本教育即为政的思想，致力于教育；他提出以"君子"为理想人格目标，阐述了以"修己以安百姓"的理想追求和"文质彬彬"的形象要求为中心的君子形象；最后落实到"三己"的修身原则；而修身不惟庶民，自天子以至于庶民，皆以修身为本。一句话：

"自天子以至于庶人，一是皆以修身为本。"（《大学》）

这句话最好地概括了《论语》思想的核心；也可以说，这是整个儒学的核心思想；全部儒学，它的出发点和落脚点，都在于提高每一个人的素质；而要做到这一点，靠的也是每一个人的自觉。我们读《论语》，学儒学，首要的一点也在修身为本。离开修身，最后一切都归于无用。

以人为本和以修身为本

或以为孔子、儒家思想核心为以人为本。以人为本确系儒学人文精神重要内涵，但不足以反映儒学核心精神。与修身为本相较，主要差别有二：

其一，以人为本主要是一种治国理念。其内涵主要为：民为邦本、民贵君轻、得民心者得天下、爱民、富民，等等。而修身为本的核心内容则是修身，是人心之正；以人心之正为为政之基础和目标。

其二，以人为本是就在位者而言，要求在位者关怀、爱护百姓，为百姓谋福祉。换言之，以人为本的主体是在位者；对于庶民百姓，无所谓以人为本。修身为本则是对一切人的要求，其主体是自天子以至于庶人，所有的人。

在这两点上，以人为本都未能反映儒学的核心精神。还是《大学》所说"自天子以至于庶人，一是皆以修身为本"，既说明齐家治国平天下皆以修身为本，又指出自天子以至于庶人皆以修身为本，准确地概括了《论语》和儒学的核心思想。

孔子人文教育思想的現代意義

臺灣孔孟學會理事　朱榮智

提要：這一年全球金融風暴對世界各國的嚴重影響，是數十年來少見的。儘管各國政府都很努力提出救濟的方案，但是我認為最重要的還是要靠自己。前者為治標，後者為治本。科技改善生活，人文提升生命。如何借助孔子的人文教育思想來啟發引導現代人民的心理，以便很快能夠脫離生活的困境，享受幸福快樂的日子，是我撰寫本文的動機。

本文分前言、人文教育的意義與內涵、孔子的人格特質、孔子的人生理想、孔子的人文教育思想、孔子人文教育思想的價值及結語等七個單元。主要是從孔子的人格特質、人生理想，闡述孔子的人文教育思想。人是孔子最關心的主題，《論語》一書，旨在告訴我們如何做一個人，不管是複雜的人際關係，或是個人立身處世的修養，孔子的學說，有如日月經天，江河行地，超越時空，永垂不朽，在詭譎多變的今天，具有永恆的價值。

憂患與人俱生，孔子也有很多的不順遂。孔子周遊列國十四年，未能得到國君的重用，晚年才專心於學術的研究和教學的工作。不過，他對淑世的抱負，是令人敬佩的。孔子“畏於匡”、“在陳絕糧”，在宋國差一點被桓魋殺害，但是孔子都抱持樂觀、自信的態度。“天之未喪斯文也，匡人其如予何?”“天生德於予，桓魋其如予何?”今天，大家的生活都很辛苦，只要能夠學習孔子的樂觀與自信，相信否極一定泰來，寒冬將盡，春暖不遠。

關鍵詞：人文教育、人格特質、人生理想、人際關係、生命價值

一、前言

這一年歐美各國所引爆的金融海嘯，襲捲全球各地，到處都是哀鴻遍野。許多大型銀行、企業、公司、工廠，承受不住這一波波的金融風暴的打擊，紛紛倒閉、關廠、裁員、減薪，職場員工如同驚弓之鳥，整個社會人心惶惶，失業人口急遽攀升，生活消費指數持續降低，人民生活非常窮困痛苦。如何因應這個時代的變局，如何給生命的缺口找到出口，是所有政治家、經濟學者、社會學者、教育學者共同關心的課題。

生命是一種態度，我們戴著黑色的眼鏡，所看到的景物，就都是黑的；我們戴著藍色的眼鏡，所看到的景物，就都是藍的。把人生當成苦差事，則無事不苦，無時不苦；把人生當成快樂的享受，則無事不樂，無時不樂。中國人創造了中華文化，中華文化更塑造了中華兒女的民族性格，面對全球性的經濟風暴，我們要如何才能活得有尊嚴、有價值，活得健康、快樂、幸福，如果自已對生命的困惑不能得到圓滿周全的體悟，二千五百多年前的孔子思想，無疑能夠指引迷津，找到安頓身心的生命力量。

孔子是中國歷史上最偉大的政治家、教育家、學者，他的道德修養也達到非常崇高的境界。孔子的學說，如日月經天、如江河行

地，影響極為深遠，不只成為中華文化的主流而且影響全世界。美國當代史學家杜蘭博士著《世界文化史》十巨冊，在第一冊《我們的東方傳統》一書說："中國歷史的形成，是受了孔子學說的影響。孔子著述，歷代相傳，成為學校課本，所有兒童入學之後，即熟讀其書，心領神會。這一古代聖哲所創的光明大道，灌輸到全民族，使中國文化的強固，能歷經外力入侵而巍然不墜，並使入侵者受其影響而作改造。即在今日，猶如往昔，欲醫療任何民族因唯智主義的教育，以致道德墜落，個人及民族衰弱，因而產生混亂者，最有效的補救之方，實無過於使青年朋友們接受孔子學說的熏陶。"① 這一段話是對孔子思想價值的最好詮釋。

本篇論文主要在探討孔子的人文教育思想的現代意義，尤其是全球面臨金融危機之際，人民如何從孔子的思想，學習自處？學習從困境中脫離苦難？進而浴火重生，再創經濟的榮景，大家的生活都能夠安樂富裕。

二、人文教育的意義與內涵

人文相對於科技，所謂的人文教育，是強調以人為本的教育，旨在肯定人性的尊嚴，培養和諧的人生，簡言之，就是要使受教者了解生而為人的意義與價值，不會因為過於重視科技、物理，而湮滅人性，使世變日亟，造成整體人類的危機。

《中庸》："唯天下至誠，為能盡其性，能盡其性，則能盡人之性；能盡人之性，則能盡物之性；能盡物之性，則可以贊天地之化

① 見中國文化大學中山學術研究所出版《三民主義與中國文化》第三頁。

育；可以贊天地之化育，則可以與天地參。”[①] 西方科技的發展，在於強調盡物之性，以孔子學說為基礎的中華文化，長久以來最大的成就，則是在於盡人之性。因為強調以人為本，物為末，所以中華文化能夠培養和諧的人生，推其極致，可以贊天地之化育，而與天地參。而今天的社會，由於過分追求物質的享受，而使道德墜落，精神偏枯，甚至因為過份陷溺於情慾的深淵，以至發生淫蕩暴亂的罪行，嚴重傷害國家的進步、社會的安寧、家庭的溫暖、個人的幸福。正本清源之道，在於加強人文教育、強調以人為本、物為末，人要役物而不役於物，才能昂然闊步於人生大道，而不會迷失於物慾的洪流。

“教育”二字，依據東漢許慎《說文解字》的解釋，“教”是“上所施，下所效也。”“育”是“養子始作善也。”也就是教養子女，使他們表現善良行為的意思。人文教育的內涵，是在揭櫫人生的意義與價值，追求至真、至善、至美的人生境界。人文教育的內涵，主要在培養學生具有以下的人文素養：

（一）敏於觀察，勤於思考。

（二）能流暢而優雅的運用語文。

（三）對精緻文化由衷的喜愛，並懂得鑑賞。

（四）關切當前人類生活的重大問題，並具有共識。

（五）對本國歷史文化有相當的瞭解。

（六）對外國文化價值能適度的尊重。

現代是個全球化的時代，世界村的觀念已漸受重視，城市的概

---

① 見《中庸》第二十二章，學海出版社《四書章句集注》第三十二頁。

念，取代了國家的概念。加上科技的發達，交通便捷，電腦數位化，真是天涯若比鄰。因此，人文教育的內涵，已經擴及對世界各個國家，各個膚色族群文化的互相尊重與理解。

三、孔子的人格特質

孔子的言行舉止，都足為世人的表率，所以在源遠流長的中華文化中，佔有崇高的地位。孔子的生命情調，具有許多特質，《論語・學而》:“子禽問於子貢曰：夫子至於是邦也，必聞其政，求之與？抑與之與？子貢曰：夫子溫、良、恭、儉、讓以得之。夫子之求之也，其諸異乎人之求之與!”除此，筆者把孔子的人格特質，歸納為以下數點：

（一）謙虛

《論語・子罕》:“大宰問於子貢曰：夫子聖者與？何其多能也？子貢曰：固天縱之將聖，又多能也。子聞之曰：大宰知我乎？吾少也賤，故多能鄙事。”又：“子曰：吾有知乎哉？無知也，有鄙夫問於我，空空如也，我叩其兩端而竭焉!”孔子把自己博學多能，自喻為“鄙事”，而所以“多能鄙事”，是因為“少也賤”，這是多麼的謙虛！一般人有了一點學問，便沾沾自喜，驕矜得意，孔子卻把自己的博學，自稱為“無知”，孔子也常告誡弟子說：“如有周公之才之美，使驕且吝，其餘不足觀也已。”[①] 對於子路自謂“千乘之國攝乎大國之間，加之以師旅，因之以饑饉，由也為之，比及三年，可使有勇，且知方也。”孔子只是“哂之”，因為“為國以禮，其言

---

① 見《論語・泰伯》，學海出版社《四書章句集注》第一0五頁。

不讓。”①

（二）勤學

《論語・公冶長》：“子曰：十室之邑，必有忠信如丘者焉，不如丘之好學也。”又〈述而〉：“子曰：默而識之，學而不厭，誨人不倦，何有於我哉？”又：“子曰：德之不脩，學之不講，聞義不能徙，不善不能改，是吾憂也。”又：“子曰：加我數年，五十以學易，可以無大過矣。”又：“子曰：我非生而知之者，好古，敏以求之者也。”由此可見孔子好學的精神。孔子的好學，主張學思並重，多問多學，而且不可以強不知以為知。

《論語・為政》：“子曰：學而不思則罔，思而不學則殆。”又〈八佾〉：“子入大廟，每事問。或曰：孰謂鄹人之子知禮乎？入大廟，每事問。子聞之曰：是禮也。”又〈公冶〉：“子貢問曰：孔文子何謂之文也？子曰：敏而好學，不恥下問，是以謂之文也。”又〈為政〉：“子曰：誨女知之乎？知之為知之，不知為不知，是知也。”因為孔子非常的好學，所以學問精進，即便是唱歌之事，孔子也是虛心學習。〈述而〉：“子與人歌而善，必使反之，而後和之。”而由於對學問的濃烈興趣，孔子是“發憤忘食，樂以忘憂，不知老之將至云爾。”② 一顆學習的心，就是一顆年輕的心；一顆年輕的心，就是一顆快樂的心。這正是孔子的寫照。

（三）樂觀

孔子一生，志在淑世，但是當時各國的諸侯都在追求富國強兵之道，對於孔子深遠的理想，大多無法接納，孔子並不灰心，依然

---

① 見《論語・先進》，學海出版社《四書章句集注》第一三０頁。

② 見《論語・述而》，學海出版社《四書章句集注》第九八頁。

秉持理想，知其不可而為之，而對自己抱持的理想，一直是滿樂觀的態度。《論語・子罕》："子畏於匡，曰：文王既沒，文不在茲乎？天之將喪斯文也，後死者不得與於斯文也，天之未喪斯文也，匡人其如予何？"又〈述而〉："子曰：天生德於予，桓魋其如予何？"又〈衛靈公〉："（孔子）在陳絕糧。…子曰：君子固窮，小人窮斯濫矣。"孔子長相像陽虎，陽虎曾經欺暴匡人，所以孔子經過匡城的時候，被匡人誤以為是陽虎，而拘留了五天；孔子在陳絕糧，生活困頓，弟子都忍不住了；孔子到宋國，差一點被桓魋殺害。面臨各種的危難，孔子永遠充滿自信、樂觀。

〈憲問〉："子路宿於石門，晨門曰：奚自？曰：自孔氏。曰：是知其不可而為之者與？"〈八佾〉："儀封人請見，曰：君子之至於斯也，吾未嘗不得見也。從者見之，出曰：二三子，何患於喪乎？天下之無道也久矣，天將以夫子為木鐸。"木鐸，金口、木舌之鈴，施政時所振，以警民眾。儀封人見了孔子之後，深信孔子的德業，就像警世的木鐸，可以垂教世人，傳名萬世。孔子弟子三千人，願意追隨孔子周遊列國，一定也是對孔子秉持的理想，十分的推崇，具有極大的信心。

（四）仁心

孔子是個極有愛心的人，仁，是孔是的中心思想，《論語・顏淵》："樊遲問仁，子曰：愛人。"樊遲問怎麼樣才能做到仁？孔子回答說：能愛人的人，就已做到仁。孔子不輕以仁許人[①]，孔子自己也說："若聖與仁，則吾豈敢，抑為之不厭，誨人不倦，則可謂云爾已

---

① 見《論語・公冶長》，學海出版社《四書章句集注》第七八頁。

矣。”① 而我們從《論語》一書，便可多方面看到孔子富於仁心、愛心的表現。

〈述而〉：“子食於有喪者之側，未嘗飽也，子於是日哭則不歌。”古代聖賢都有惻隱之心，也就是充滿仁心、愛心，所以“文王視民如傷”②“禹思天下有溺者，由（同猶）己溺之也；稷思天下有飢者，由己飢之也。”③ 孔子在喪家之側，不忍心吃飽，當日參加喪家悲哭，則不忍心歡歌。又〈子罕〉：“子見齊衰者、冕衣裳者與瞽者，見之，雖少必作，過之必趨。”這不只因為孔子知禮、行禮，同時也是同情的愛心。又〈衛靈公〉：“師冕見，及階，子曰：階也。及席，子曰：席也。皆坐，子告之曰：某在斯。師冕出，子張問曰：與師之道與？子曰：然，固相師之道也。”孔子很熱心的幫助瞽者上階、入席，又一一介紹賓客，都是出自內心的至誠。

孔子的愛心，不只及於人民，也及於天地萬物。〈述而〉：“子釣而不綱，弋不射宿。”孔子用釣竿釣魚，不用網子網魚，釣魚只能一次釣一尾魚，網魚則一次網很多魚；孔子射鳥，也不射夜宿沒防備的鳥。由此可見孔子的仁心。待物如此，待人可知。

（五）自得

孔子是個有理想的人，雖然當時的國君不能接受他的抱負，但是孔子頗能怡然自得，並不戚戚於貧賤，也不汲汲於富貴。他曾說：“富而可求也，雖執鞭之士，吾亦為之，如不可求，從吾所好。”④ 又

① 見《論語·述而》，學海出版社《四書章句集注》第一〇一頁。
② 見《孟子·離婁下》，學海出版社《四書章句集注》第二九四頁。
③ 見《孟子·離婁下》，學海出版社《四書章句集注》第二九九頁。
④ 見《論語·述而》，學海出版社《四書章句集注》第九六頁。

說："飯疏食，飲水，曲肱而枕之，樂亦在其中矣，不義而富且貴，於我如浮雲。"①

〈述而〉："子之燕居，申申如也，夭夭如也。"這章記述孔子閒居的時候，容態舒適，神色愉快。孔子是一位謙謙君子，所以子夏形容他"望之儼然，即之也溫。"孔子做事的原則，是執守中道，無過無不及，因此能夠從容不迫，悠遊自得。

四、孔子的人生理想

聖人是孔子心目中最高的人生理想，聖人的標準，是要能做到"博施於民，而能濟眾。"② 孔子與弟子言志，他談到自己的人生理想是："老者安之，朋友信之，少者懷之。"③ 孔子的人生理想，是要使全天下的老年人都能得到安養，朋友之間都能以誠信相待，年少的人都得到關懷照顧，普度眾生，福澤遍及天下蒼生百姓，這是多麼偉大的胸襟和抱負，正是"博施於民，而能濟眾"的聖人寫照。

在孔子的心目中，金錢與地位，並不是人生追求的終極目標，孔子曾說："飯疏食，飲水，曲肱而枕之，樂亦在其中矣，不義而富且貴，於我如浮雲。"④ 可見孔子是淡於名利、安於貧賤的人。有一天，孔子幾個學生在談他們的志向，曾晳（名點，曾參父）說："莫春者，春服既成，冠者五、六人，童子六、七人，浴乎沂，風乎舞雩，詠而歸。"孔子說："吾與點也。"⑤ 與，是稱許的意思，孔子對

---

① 見《論語・述而》，學海出版社《四書章句集注》第九七頁。
② 見《論語・雍也》，學海出版社《四書章句集注》第九一頁。
③ 見《論語・公冶長》，學海出版社《四書章句集注》第八二頁。
④ 見《論語・述而》，學海出版社《四書章句集注》第九七頁。
⑤ 見《論語・先進》，學海出版社《四書章句集注》第一三〇頁。

曾點的恬淡生活態度，表示出相同的感受。

孔子的人生理想，是在追求一個圓滿的人生，做一個智者、仁者、勇者，一方面是自我成長與發展，一方面是成全別人、造就別人，福澤普及眾生、功在國家、社會。《論語·憲問》："子路問君子。子曰：脩己以敬。曰：如斯而已乎？曰：脩己以安人。曰：如斯而已乎？曰：脩己以安百姓。脩己以安百姓，堯舜其猶病諸。"孔子的意思，君子之道，從脩己開始，再談安人，最後要安百姓。《大學》第一章："古之欲明明德於天下者，先治其國；欲治其國者，先齊其家；欲齊其家者，先脩其身；欲脩其身者，先正其心；欲正其心者，先誠其意；欲誠其意者，先致其知；致知在格物。物格而后知至，知至而后意誠，意誠而后心正，心正而后身脩，身脩而后家齊，家齊而后國治，國治而后天下平。"齊家、治國、平天下是脩身的具體表現，格物、致知、誠意、正心，是脩身的準備功夫。

五、孔子的人文教育思想

孔子不語怪、力、亂、神。[①] 孔子一生最關注的是人的問題，對於怪、力、亂、神的事，孔子不予談論。在《論語》一書，孔子很少談到鬼神，孔子弟子季路問事鬼神，孔子回答說："未能事人，焉能事鬼?"季路又問死亡的事，孔子說："未知生，焉知死?"[②] 可見孔子所關心的是一個活生生的人，人要如何生存？如何求生命的意義和價值？以及如何與別人相處，如可貢獻所能，服務人群……等等相關的問題。

---

① 見《論語·述而》，學海出版社《四書章句集注》第九八頁。

② 見《論語·先進》，學海出版社《四書章句集注》第一二五頁。

《論語》一書，論仁的一共五十八章，仁字出現一百零五次，仁是孔子中心思想。何謂仁？《中庸》第二十章："仁者，人也。"簡單的說，仁就是人之所以為人的道理。許慎《說文解字》："仁，親也，人人人二。"親，愛也，人人人二，是指仁的表現，是要有二人，是要在人際關係中才看出來。孔子對仁的解釋很多，其中以《論語·顏淵》："樊遲問仁，子曰：愛人。"最為簡要圓滿。因為仁是一個人圓滿人格的表現，而人格必須在人群中才能表現出來。一個能愛人的人，一定能夠在人群中和別人維持良好的人際關係，一定能夠時時刻刻關心別人、照顧別人、體諒別人、包容別人，也一定會是一個具有良好品德的好人—仁者。人是孔子最關心的問題，談到做人的道理，最重要的就是要做一個仁者，一個關愛別人的人，一個關愛別人的人，才能得到別人的關愛。全世界的人都能互相關愛，就不會有戰爭、衝突，以及各種暴力偏邪的行為，天下就一片祥和太平了。

《孟子·滕文公上》："（舜）使契為司徒，教以人倫。父子有親，君臣有義，夫婦有別，長幼有序，朋友有信。"中國在上古時代便已經知道利用教育的方式，來教導人民做人的道理，使人與人之間，能夠和睦相處，人人能夠享受幸福快樂的生活。

（一）孔子論人際關係

孔子論人際關係，也不外君君、臣臣、父父、子子的道理，以及與朋友相處之道。孔子是個教育家，也是政治家，他論如何維持良好君臣關係，《論語·八佾》說得非常明確："定公問君使臣，臣事君，如之何？孔子對曰：君使臣以禮，臣事君以忠。"禮是人類行為的共同規範，從消極方面來說，可以禁止悖亂的發生；從積極方面來說，可以引導正當的處世態度。孔子處在春秋亂世，世道衰微，綱紀廢弛，"臣弒其君者有之，子弒其父者有之。"⑪所以特別強調禮治。《論語·為政》:“子曰:道之以政,齊之以刑,民免而無恥;道之以德,齊之以禮,有恥且格。”《論語·里仁》:“子曰:能以禮讓為國乎?何有?不能以禮讓為國,如禮何?”《論語·子路》:“上好禮,則民莫敢不敬。”《論語·憲問》:“上好禮,則民易使也。”

為臣之道,孔子提出忠字。忠字的涵義很廣,不只要忠於君,而且要忠於人、忠於事、忠於己。如《論語·泰伯》:“可以託六尺之孤,可以寄百里之命,臨大節而不可奪也。”這是忠於君;《論語·學而》:“曾子曰:吾日三省吾身,為人謀而不忠乎?與朋友交而不信乎?傳不習乎?”“為人謀而不忠乎?”這是忠於人;《論語·公冶長》:“令尹子文三仕為令尹,無喜色;三已之,無慍色。舊令尹之政,必以告新令尹。何如?子曰:忠矣!”這是忠於事。至於忠於己,則如《論語·為政》:“知之為知之,不知為不知,是知也。”不自欺,也是誠的表現。

父母子女之間,擁有血濃於水的親情,父母生育、養育、教育兒女,真是千辛萬苦。《詩經·小雅蓼莪》:“父兮生我,母兮鞠我,拊我,畜我,長我,育我,顧我,復我,出入腹我。欲報之德,昊天罔極。”頗能寫出兒女對父母恩情的感念,所以中國自古以來就非常重視孝道。在家人之間,要彼此親愛、尊重,即所謂“父慈、子孝、兄友、弟恭。”《論語·學而》:“子曰:弟子入則孝,出則弟,謹而信,汎愛眾,而親仁,行有餘力則以學文。”可見行孝是人生的第一要義。

《中庸》第十五章:“君子之道,辟如行遠必自邇,辟如登高必自卑。詩曰:妻子好合,如鼓琴瑟,兄弟既翕,和樂且耽;宜爾室家,樂爾妻孥。”家庭的和睦,是一切事業成功的基礎,《大學》:“家齊而後國治,國治而後天下平。”又:“宜兄宜弟,而后可以教國人。”就是這個道理。

《中庸》第十二章：“君子之道，造端乎夫婦。”夫婦為人倫之始，有夫婦，才有父子、兄弟、朋友、長官、部屬。《論語》一書，孔子直接談論夫婦相處之道的，並不多見，從孔子“已矣乎，吾未見好德如好色者也。”① 的慨嘆，可見孔子認為夫婦的結合，德行比美色重要。女子出嫁曰歸，《大學》第九章：“詩云：桃之夭夭，其葉蓁蓁，之子于歸，宜其家人。”女子出嫁之後，應該努力相夫教子，使家庭美滿。丈夫齊家，則先要能修其身，《詩經・大雅思齊》：“刑于寡妻，至于兄弟，以御於家邦。”為夫為父之人，如果不能說到做到，身體力行，樹立良好典範，又如何能要求於妻女、國人呢？

《論語・子路》子路問孔子如何才能做到“士”？孔子回答說：“切切偲偲，怡怡如也，可謂士矣！朋友切切偲偲，兄弟怡怡。”朋友的交往，有所謂“益者三友”、“損者三友”《論語・季氏》：“子曰：益者三友，損者三友。友直、友諒、友多聞，益矣！友便辟、友善柔、友便佞，損矣！”交朋友的好處，是要能互相切磋、互相鼓勵。所謂“見賢思齊焉，見不賢而內自省也。”② 又：“三人行，必有我師焉！擇其善者而從之，其不善者而改之。”③

當然，朋友的交往，貴以誠信相待。“信”是做人的原則，《論語・為政》孔子說：“人而無信，不知其可也。”《論語・雍也》孔子也說：“人之生也直，罔之生也幸而免。”所以，孔子教導學生，特

① 見《論語・衛靈公》，學海出版社《四書章句集注》第一六四頁。
② 見《論語・里仁》，學海出版社《四書章句集注》第七三頁。
③ 見《論語・述而》，學海出版社《四書章句集注》第九八頁。

別重視“信”。[①]

“君子以文會友，以友輔仁。”[②] 賢友愈多愈好，這是人生的至樂，孔子即以“樂多賢友”，為益者三樂之一[③]，且說：“有朋自遠方來，不亦樂乎?”[④] 不過，要別人成為自己的好朋友，先要使自己成為別人的好朋友，孔子在這方面，也很值得我們敬佩與效法。《論語·鄉黨》：“朋友死，無所歸，曰：於我殯。朋友之饋，雖車馬，非祭肉，不拜。”朋友的交往，絕不只是酒肉逐樂而已，尤貴在患難相濟，疾病相扶，朋友死了，沒有人料理喪事，孔子主動代為殯殮安喪，實在是真情感人。

善事父母為孝，善事兄長為弟（同悌），孝、弟二者，是做人的根本。《論語·學而》有子曰：“君子務本，本立而道生。孝弟也者，其為人之本與!”孔子更是告訴弟子要“入則孝，出則弟。”[⑤] 而他自己也時時都能做到“入則事父兄”[⑥]。古人有所謂求忠臣於孝子之門，一個人能夠做到孝、弟，一定不會犯上、作亂。[⑦]

兄友弟恭，是兄弟相處之道，“君子敬而無失，與人恭而有禮，四海之內皆兄弟也。”[⑧] 待人恭敬有禮，四海之內都可以成為兄弟，何況是有血緣的親兄弟呢？如果是為了一點利害的衝突，而兄弟鬩

---

① 《論語·述而》：“子以四教，文、行、忠、信。”
② 見《論語·顏淵》，學海出版社《四書章句集注》第一四０頁。
③ 見《論語·季氏》，學海出版社《四書章句集注》第一七二頁。
④ 見《論語·學而》，學海出版社《四書章句集注》第四七頁。
⑤ 見《論語·學而》，學海出版社《四書章句集注》第四九頁。
⑥ 見《論語·子罕》，學海出版社《四書章句集注》第一一三頁。
⑦ 見《論語·學而》，學海出版社《四書章句集注》第四七頁。
⑧ 見《論語·顏淵》，學海出版社《四書章句集注》第一三四頁。

牆，互相爭訟，不只傷了彼此的和氣，也將令父母憂心。

（二）孔子論個人修養

孔子談個人的修養，首先要懂得反省，一個能反省的人，才會是一個進步的人。《論語·公冶長》："子曰：已矣乎，吾未見能見其過而內自訟者也。"一般人做錯了事，常不知道自己做錯了事，即使知道自己做錯了事，也要加以辯解、掩飾，而沒有勇氣改過，所以，孔子一再強調"過則勿憚改"①、"過而不改，是謂過矣！"②

其次，要"見賢思齊"③、"就有道而正焉"④。德行的修養，要在人際關係中才能彰顯其意義；德行的增長，是要不斷學習觀摩，相互切磋。孔子自述："十室之邑，必有忠信如丘者焉，不如丘之好學也。"⑤ 孔子非常好學，不只在學問上的追求是如此，在德行的修養上，看見別人有長處，便虛心請教。⑥

再者，在人格的修養方面，必須做到"毋意，毋必，毋固，毋我。"⑦ 就是凡事不要隨意臆測，不要一意孤行，不要頑固執著，不要偏私己心。儒家的特質，講求中庸的思想，所謂"不偏之謂中，不易之謂庸。中者天下之正道，庸者天下之定理。"中，不是一分二為中，中是恰到好處，無過無不及。孟子讚美孔子是"聖之時者

① 見《論語·子罕》，學海出版社《四書章句集注》第一一五頁。
② 見《論語·衛靈公》，學海出版社《四書章句集注》第一六七頁。
③ 見《論語·里仁》，學海出版社《四書章句集注》第七三頁。
④ 見《論語·學而》，學海出版社《四書章句集注》第五二頁。
⑤ 見《論語·公冶長》，學海出版社《四書章句集注》第八三頁。
⑥ 見《論語·述而》，學海出版社《四書章句集注》第一０一頁。
⑦ 見《論語·子罕》，學海出版社《四書章句集注》第一０九頁。

也。"[①] 就是因為孔子"可以速而速，可以久而久，可以處而處，可以仕而仕。"的中道表現。

《論語·衛靈公》："子張問行。子曰：言忠信，行篤敬，雖蠻貊之邦行矣，言不忠信，行不篤敬，雖州里行乎哉!"君子立身處世，就是要能做到"言忠信，行篤敬"，要謹言慎行，所以孔子說："古者言之不出，恥躬之不逮也。"[②] 又說："其言之不怍，則為之也難。"[③] 而在行事上，"邦有道，危言危行；邦無道，危行言孫。"[④] 當然，謙虛的態度，是脩身的必備條件。《論語·泰伯》："子曰：如有周公之才之美，使驕且吝，其餘不足觀也已。"這句話值得我們三思。

六、孔子人文教育思想的價值

根據孔子的自述，他在十五歲時，已經立下努力學習各種知識和本領的志願，到了三十歲，就卓然有成了。[⑤] 孔子在二十六、七歲的時候，擔任過委吏、乘田的小官，委吏是管會計的官，乘田是管牛羊的官，他都很稱職。[⑥]

西元前五一七年，孔子三十五歲，孔子因為魯昭公被逐，避亂到齊國，他本來希望在齊國的政壇有一些作為，很可惜因為齊國的

---

① 見《孟子·萬章下》，學海出版社《四書章句集注》第三一五頁。

② 見《論語·里仁》，學海出版社《四書章句集注》第七四頁。

③ 見《論語·憲問》，學海出版社《四書章句集注》第一五四頁。

④ 見《論語·憲問》，學海出版社《四書章句集注》第一四九頁。

⑤ 《論語·為政》："吾十有五而志於學，三十而立。"

⑥ 《孟子·萬章下》："孔子嘗為委吏矣，曰會計當而已矣。嘗為乘田矣，曰牛羊茁壯長而已矣。"

權貴不歡迎他，齊景公也說："吾老矣，不能用也。"[①] 孔子於是失望的離開齊國，而回到魯國。

《史記·孔子世家》："定公九年，陽虎奔於齊。"其後，定公用孔子為中都宰，一年，由中都宰為司空，由司空為大司寇。定公九年，孔子五十一歲。中都宰，相當於現在首都市長；司空，相當於管理建設的首長；大司寇，相當於主管司法的首長。孔子為魯國司寇三個月，就做到"夜不閉戶，路不拾遺"了，社會安定，政治大有改革，齊國非常不安，饋送女樂給魯君，魯君三日不朝[②]，孔子離開魯國，帶領弟子們周遊列國，到了衛國、宋國、陳國、楚國，經過十四年的奔波，才又回到魯國，這時孔子已經六十八歲。

孔子的晚年，因為年事已高，對政治生活比較平淡，而專心於學術的研究和教學。孔子的弟子，多數是平民，也有貴族子弟，前後達三千多人，身通六藝有七十二人，所以孔子不只是位政治家，也是了不起的教育家。

孔子的偉大，不只是因為他是一位理論家，更是一位實踐家。孔子論施政的方法，首先強調以身作則，為群倫的表率。《論語·顏淵》："季康子問政於孔子。孔子對曰：政者，正也，子帥以正，孰敢不正？"執政的人能夠以道修身，端正行止，流風所及，人民受了感化，自然也會循規蹈矩，依正道而行。季康子是魯國的權臣，"季康子患盜，問於孔子。孔子對曰：苟子之不欲，雖賞之不竊。"[③] 季康子憂患魯國盜賊太多，孔子告訴他治本之道，只要自己能夠清廉

---

① 見《論語·微子》，學海出版社《四書章句集注》第一八三頁。
② 見《論語·微子》，學海出版社《四書章句集注》第一八三頁。
③ 見《論語·顏淵》，學海出版社《四書章句集注》第一三七頁。

而不貪贓，人民自然知道廉恥而不會犯法。又如“苟正其身矣，於從政乎何有？不能正其身，如正人何?”及“其身正，不令而行，其身不正，雖令不從。”[①] 等語，不只是施政者應該如此，在一切的人際關係中，都應該先要求自己，再去要求別人；我們總是寬以待己，嚴以責人，如果人人能夠以要求別人的心來要求自己，以原諒自己的心去原諒別人，這個世界、這個社會，必然減少許多紛爭和兇暴的事。

孔子人文教育思想的價值，最重要的在於提示人生要有理想，人生有目標，行為就不會有偏差。而孔子所倡導的人生理想，不只在於獨善其身，而且要求能兼善天下。利己是生命的基調，利他是生命的價值。孔子自述他的生命理想是“老者安之，朋友信之，少者懷之。”[②] 是以救世為目標。不過，孔子的人生理想，不是高不可攀，是有步驟可以依循，由“修己以敬”，而“修己以安人”，以至於“修己以安百姓。”[③]

其次，孔子主張要堅持理想，不可以半途而廢，也不可以自限。《論語·憲問》：“子路宿於石門。晨門曰：奚自？子路曰：自孔氏。曰：是知其不可而為之者與!”“知其不可而為之”，就是對理想的堅持，孔子一生志在淑世，周遊列國十多年，可惜不能為時君所重用，晚年才退而與弟子講學於洙、泗之間，著書立說，刪詩、書，訂禮、樂，成春秋，他對淑世理想的堅持，是始終如一。

---

① 見《論語·子路》，學海出版社《四書章句集注》第一四三頁。

② 見《論語·公冶長》，學海出版社《四書章句集注》第八二頁。

③ 見《論語·憲問》，學海出版社《四書章句集注》第一五九頁。

孔子說："君子不器。"[①] 君子博學多能，不像器皿只能有一種功用，而是可以多方面的成就與發展。所以，一個人只怕沒能力，不怕沒機會。有多方面能力的人，就會有多方面的表現機會。《論語·雍也》："冉求曰："非不說子之道，力不足也。子曰：力不足者，中道而廢，今女畫。"冉求是孔子弟子，自謂學不到孔子的學問，孔子認為他是畫地自限，中途而廢，十分可惜。宰予晝寢，孔子責備他："朽木不可雕也，糞土之牆不可杇也，於予與何誅？"[②] 孔子的學問、道德，在當時已為人所景仰。孔子弟子子貢曾說："譬之宮牆，賜之牆也及肩，窺見室家之好，夫子之牆數仞，不得其門而入，不見宗廟之美，百官之富。"又說："他人之賢者，丘陵也，猶可踰也，仲尼日月也，無得而踰焉。"[③] 但是孔子一再謙稱他的博學多聞，是因為"吾少也賤，故多能鄙事"，以及他的好學不倦。《論語·公冶長》："子曰：十室之邑，必有忠信如丘者也，不如丘之好學也。"又《述而》："葉公問孔子於子路，子路不對。子曰：女奚不曰，其為人也，發憤忘食，樂以忘憂，不知老之將至云爾。"我們做任何事情，所以未能成功，往往不是運氣不好，而是努力不夠，不是沒有能力，而是沒有盡力。人與人之間交往，不管是對上、對下，或與平輩之間，以及陌不相識的人，最為重要的是一個"恕"字，《論語·衛靈公》子貢問曰："有一言而可以終身行之者乎？"子曰："己所不欲，勿施於人。"恕字，人人如人人心，就是將心比心的意思，也就是現代人所說的同理心，"己所不欲，勿施於人。"這是消極性的，積極

---

① 見《論語·為政》，學海出版社《四書章句集注》第五七頁。
② 見《論語·公冶長》，學海出版社《四書章句集注》第七八頁。
③ 見《論語·子張》，學海出版社《四書章句集注》第一九二頁。

的方面，則是“己立立人，己達達人。”人與人之間，所以會有爭執，主要是因為很多人只站在自己的角度看問題，而每人的角度不同，角度不同，觀點就不同；不同的觀點，如果沒有溝通、協商，必然會產生誤會、衝突。因此，待人之道，就是要能夠設身處地，多為別人著想，不只從自己的角度看問題，也要能從別人的角度看問題。

《大學》第十章：“是以君子有絜矩之道也。所惡於上，毋以使下；所惡於下，毋以事上；所惡於前，毋以先後；所惡於後，毋以從前；所惡於右，毋以交於左；所惡於左，毋以交於右。”如果每個人都能做到推己及人的功夫，不要把自己的痛苦，加給別人，也不要把自己的快樂，建立在別人的痛苦上，社會就不會有紛爭、動亂，人心也才能祥和安定。孔子的人文教育思想，非常重視人際關係的和諧。良好的人際關係，是人生的財富之一，在家庭生活之間，或是工作職場上，與別人維持良好的互動，是非常重要的。人類是個互助的社會，單打獨鬥的時代已經過去，現代人講求的是分工合作的團隊精神，人與人之間，除了互助互愛，而且要能互信互諒。孔子的人文教育思想，對現代人處世做人方面，有很多的啟發和引導。

當然，人生不會是一帆風順，人生如潮汐，有漲潮的時候，也有退潮的時候。孔子在面臨各種的危難的時候，永遠是充滿自信、樂觀的態度。《論語·子罕》：“子畏于匡，曰：文王既沒，文不在兹乎？天之將喪斯文也，後死者不得與于斯文也，天之未喪斯文也，匡人其如予何?”孔子像陽虎，陽虎曾經欺暴匡人，所以孔子經過匡城的時候，被匡人誤以為是陽虎，而拘留了五天；另外，孔子在陳絕糧,[①] 生活困頓，弟子都忍不住了，孔子到宋國，差一點被桓魋殺害。[②] 可見孔子並不是一生順遂，他和我們一般人一樣，也會遇到困頓、橫逆的環境，但是孔子都能堅持信心，永不放棄希望，這也是值得我們借鏡、學習的地方。

總之，孔子人文教育思想的價值，一方面在揭示人生要有理想，而且要堅持理想，不可半途而廢，一方面以他自己的生命歷程，告訴我們一勤天下無難事，要能好學不倦、發憤忘食，就能築夢、圓夢。此外，在面對人生困厄的時候，一定要堅定信心、樂觀進取。狂風暴雨都不會持久，天黑到最黑，就會開始亮，只要心挺得住，災難總會過去。至於人際關係的和諧，以及個人立身處世的修養，也是孔子人文教育思想所能給我們的重要經驗。

七、結　語

每一個時代都是最好的時代，每一個時代也都是最壞的時代。這一年全球金融風暴對世界各國的嚴重影響，雖然說熬過經濟寒冬，春天不遠，但是令人擔心的是恐怕很多人等不到春天的燕子。儘管各國政府都很努力提出各種救濟的方案，但是我認為最重要的還是要靠自己救助自己。

科技改善生活，人文提升生命。我們過去多年的經濟榮景，得力於科技的發展，我們今天的民生困頓，也是由於科技發展，引發人類貪婪、自私、驕縱、放蕩的習性的不良後果。長久以來人類純樸、善良、親切、熱誠的好習慣，已經消逝不見。因此，政府的救

---

① 見《論語·衛靈公》，學海出版社《四書章句集注》第一六一頁。

② 見《論語·述而》，學海出版社《四書章句集注》第九八頁。

濟方案，只是治標，治本之道，是要從人心救起。

隨著科技的發達，引發各種的污染，如水污染、空氣污染、環境污染……等等，而最嚴重的則是人心的污染。一代美學大師朱光潛先生在《談美》一書的前言中，非常感慨地談到中國社會長久以來的衰亂，不完全是制度問題，而是人心太壞。他希望藉著美學的提倡，把陷溺的人心，加以淨化、美化，使國人在飽食食暖衣、高官厚祿之外，追求一些較高尚、較純潔的生活。

美學是哲學的一支。中國古代聖賢留下許多寶貴的智慧結晶，尤其是孔孟老莊的儒道思想，為中華文化的兩大主流，他們的人生智慧所蘊孕出來的生命美學，更為中華文化的瑰寶，其中尤以孔子的人文教育思想最為經典代表。每一個歷久不衰的偉大民族，都有其文化的特色和值得驕傲的民族精神，我們中華民族所賴以生存的精神依據，就是以孔子為代表的儒家思想，孔子的人文教育思想。

孔子的時代雖然距今二千五百五十多年，但是永恆的真理，是超越時空的，孔子的人文教育思想在詭譎多變的今天，仍然有其不可磨滅的時代意義和價值。

書院再興與中華文化復興

北京东方道德研究所名誉所长、教授　王殿卿

回顧中國教育文化發展史，對於書院教育，應有客觀公正的評說。而今，探討書院教育再興，可能有助於高等教育的改革，建設屬於中國的學校教育，從而提升國人的人文素質，推動中華文化的復興。當然，中華文化復興，必有儒學的復興；而儒學的復興，須有書院教育的再興。

中國教育新拐點

唐代張九齡論及書院說，“文王多士，周室以寧；武帝得人，漢家為盛”。然而，書院教育的功能，不僅是造就人才，還在承傳與繁榮民族文化。漢代以下的教育，尤其是自唐至晚清的書院教育，對於傳承與發展以儒學為主體的中華文化，有巨大貢獻。

重視各種專門人才培養，忽略承揚民族文化，是近代以來發生的一種教育誤導或嚴重失誤。在“重器輕道”、“重理輕文”的背後，是教育的中華文化主體性逐漸消失，中國教育如果自覺不自覺地“去中國化”，學校就極易淪為全盤西化的工具。一旦失去自己民族文化主體性的教育，就難免不蛻變為“殖民地”或“後殖民地”的

教育。若造成此種教育現狀，何以培育中華民族“文化認同”、“文化自覺”、“道德情操”、“愛國情感”和“民族精神”，何以實現中華文化乃至中華民族的偉大復興。

近百年來中華文化的歷史命運，與中國的國情及國際地位息息相關，弱國無外交，而弱國的文化，也必然成為弱勢文化。在強勢文化的殘酷衝擊下，教育也難以倖免，直至淪為強勢文化的工具，使得兩三代國人疏離了自己的民族文化，造成當代難以彌合的文化斷裂。

中國書院教育，源于盛唐，毀於晚清，它與中華文明共存榮。秦統一六國，行“書同文、車同軌”，使中國成為統一的國家，而“重武夫，輕士人”，“焚書坑儒”等毀滅文化的歷史過錯，成為後世之師。漢代“罷絀百家，獨尊儒術”，使中國有了統一的思想。唐代盛世，文化繁榮，書院問世，使中國有了統一的教育。宋代“四大書院”，標誌書院教育的新發展。明代，儘管有百年損毀，書院教育仍然達到繁榮與輝煌。清代，書院教育由官辦推向普及，經教會書院的過渡，走到 1901 年，清政府倉促“改制”，中華文明史上延續 1300 餘年的書院，全部改為新式學堂，“兼習中學、西學之學校”。這對延續中華文化命脈，是一種“釜底抽薪”。從此，中國教育進入全盤引進歐美教育的新紀元。

中國書院教育已消失百年，歐美教育在中國也時興了百年；強勢文化對中國已衝擊百年，中華文化亦斷裂百年。進入 21 世紀新的百年，隨著中國人的文化新覺醒，對東西文化觀念的新轉變，以往百年的歷史，可能面臨一個新的拐點。

書院教育的智慧仍可借鑒

1300 餘歲的中國書院教育，凝結著世世代代中國人的教育智慧，其中有跨越時空、超越偏見、用之不竭的教育資源，更有可供今日書院再興的經驗教訓。

第一是背景。

唐代盛世，文化繁榮；各方富戶，重視參與；知識群體，文化自覺，這“天時”、“地利”與“人和”，是書院誕生與發展的前提條件。而今的中國，已經具備了再興書院的條件。

第二是體制。

中國書院教育，雖有民間與官府兩個系統，但是，民間書院為主貫徹始終，這符合國情，更具中國特色。

如此文明大國，興辦教育之主體應在民間。大凡盛世，文化繁榮，多是民間書院教育發達所致。官府辦學“教育一統”，往往束縛興辦教育主體的積極性，制約了教育本性的自由發展。明代，曾有百年用官辦學校取帶民間書院，將學校教育與科舉考試相捆，造成兩者俱敗，導致民怨與不滿。而今，教育管理“衙門化”，“統一型號”、“批量生產”人才，甚至成為“升學、考級”的工具。此種教育體制，已經陷入一種惡性循環。即使有民間辦學，也只是公立學校的“克隆”，甚至淪為盈利賺錢的工具。因此，一種不受官府教育制度約束，不以盈利為宗旨，只重品質、不計學歷，民辦或民辦公助的書院教育，一種與當代公立學校交融、互補和並存的書院教育，似乎是當今教育改革的一種新視野與新需求。

第三是功能。

書院教育，自唐代開創以來，其社會功能，就在自身發展中不斷豐富與完善。

書院，以書為主。藏書、著書、印書、講書、讀書。書的生產與保存，是書院的學術功能，講書、讀書，是書院傳播文化的教育功能。

書院，以大師為中心。大師或創辦書院、或在書院講學，均以書院為學術基地，著書立說，培養弟子，成就人才，形成學派，承揚文化，成為先進文化思想的輻射源。

書院，以當地為根基。借地域文化之資源，普及文化，規範百姓，移風易俗，使子孫後代受益。當年嶽麓書院的發展，使得“湖湘堅持興學、發展文化事業的社會風氣，敢與禮樂之邦的洙泗、鄒魯比高低”。此種社會風氣的形成，正是嶽麓書院在宋代“三興官學”的衝擊下得以保存和延續千年而不衰的重要原因。可見，一所書院對於當地的文化發展，尤其是培育當地人才，落地生根，對於自身的生存與發展之重要。

書院，以滿足社會的人文需求為己任。多數建在風水寶地、形勝之區，以便寄情山水、擇勝而居、聚處士人、游宴會友、吟詩作文、學術交流、相期會講、潛心讀書、修身養性、隱居藏修、天人合一，“以滿足不同地區與不同層次的讀書人，對文化教育的需求”。

總之，中國古代書院教育，在於繼承、發展、豐富和創造中華文化，在培育、修煉、成就人才，以實現文化的再傳與再興，使中華文化良性迴圈，不斷發展與繁榮等方面，充分展現了豐富多彩的文化功能。書院文化功能之長，可能正是當今教育，尤其是高等教育之短。因此，取古之長，補今之短，可能是教育改革的一個重要切入點。

第四是特色。

其一、學者為主，官府支持，富紳贊助，獨立運作，是書院生存與發展的基本模式。皇帝為書院賜匾，地方官員劃撥學田，富紳解囊相助，成為中國書院發展的突出特色，至今仍可參照。

儒家士人，往往是創辦民間書院的主體。他們多是懷著“為天地立心，為生民立命，為往聖繼絕學、為萬世開太平”的心願，以承揚儒學為己任，或棄官從教，或避世就教，或擇勝而居、潛心學術，或寄情山水、天人合一。書院現象，是一批批、一代代崇尚自由的知識精英，發自內心、文化自覺的一種產物。

其二、一家為主，自由講學，百家爭鳴、百花齊放，是書院的學術範式，也是它能夠繁榮學術的基本條件。

唐代書院，產生於儒釋道三者競相發展，相互溝通，彼此影響的時代，也就為宋代取三者之長，整合理學，發展儒學，承傳中華文化奠定了基礎。而今，書院再興，不僅要繼續關注儒釋道三者的新發展、新交融，而且必須直面當代多元文化，尤其是“中”“西”“馬”三者之間的區別與聯繫，以拓展儒學的內涵，並展現其新的歷史價值。當代書院，可以為承揚傳統文化、整合新文化，搭建新平臺。

其三、學規、章程，規範和約束書院運作與師生言行舉止，形成良好教風、學風，是書院管理水準高低的體現。學規、章程，首先確立書院宗旨和方針，為師生立志、求學明確方向；其次規定進德立品、修身養性的程式和方法；再次是讀書、治學的路徑與方法。這些內容，一般是書院主持人多年從教、治學實踐經驗的結晶，一腔心血凝結而成的肺腑之言。《白鹿同書院學規》影響深遠，就是典型例證。

第五是教訓。

民辦，是書院活力的來源。若是官辦，或進入統一的教育體制，它的運作自由、學術活力將受到限制。

書院，永遠是一種學術與教學的組織形式，不應是政治、尤其是政黨政治的工具，更不應當成為赢利賺錢的“學店”。

明代後期，書院講學大盛，諷議朝政，激怒朝廷，招致了嘉靖、萬曆、天啟三朝，連續百餘年，多次禁毁，給書院發展以極大衝擊。“成于講學，毀於講學”，可能是書院發展史上的一個教訓，值得借鑒。

書院再興的歷史參照

千餘年歷史表明，中華文化與中國書院教育，兩者相輔相成，命運相通。中華文化的生命力，決定著書院教育的生命力。只要中華文化存在，就有書院教育存在的價值。在書院發展史上，已經歷了三個百年沉寂與生死存亡。

第一個百年

北宋初期的半個世紀，急需休養生息，尚無力顧及文化教育事業，由此，民間書院繼續發展並扮演著替代官學的角色。隨著北宋社會經濟的發展，呈現新的繁榮之後，就有了發展官學的實力，自慶曆 4 年至宋室南遷（1044—1126 年）這近百年間，連續掀起興辦官學的運動，逐步形成了從中央到地方的完整的學校教育體系，完成了官學替代書院的歷史過程，名列天下的“宋初幾所著名書院，在官學運動中，或被廢棄、停辦、或被改作他用，或被僧道所占，或被改為州府之學，幾乎全部覆滅。……書院在宋初獲得的那種顯赫聲名喪失殆盡”。

北宋後期，書院失去了政府的支持，表面上冷落，實際上在數量與影響上，都獲得了新的發展。在主流學校系統之外，衍生出“墨客遊覽、騷人方格、學者著述、大師傳導等等不同類型、各有特色的書院”，為南宋書院的發展，書院與理學的一體化，奠定了基礎。

古文運動的領袖人物中的歐陽修在1049年，於潁州（今安徽阜陽）知州任上創建西湖書院。范仲淹於1041年以延州（今陝西延安）知州創建嘉嶺書院。理學創始人，也都是通過創建書院，著書立說，講學論道，成就人才。程顥於1075—1080年任扶溝縣知縣期間，建“明道書院”或“大程書院”。程頤則於1082年，在洛陽伊川創建“伊皋書院”。二程弟子楊時，在無錫講學8年（1114—1129）建東林書院，亦稱龜山書院，他的學說，經羅從彥、李侗而，傳至朱熹，開創了理學全盛的新時代。

第二個百年

元末20餘年的殘酷戰爭，毀壞了宋元以來的大多數書院。白麓洞書院在1351年（元至正十一年）毀於戰火，此後87年無人過問，至1467年（明成化三年）名儒胡居仁在此講學，才走上復興之路，從毀到興歷經110餘年。

明初以官學結合科舉制度推行程朱理學，使書院進入了近百年的沉寂。

朱元璋下令“改天下山長為訓導，書院田皆令入官”。這是一種種降級、斷糧“滅絕書院的措施”。

明初奉行“治國以教化為先，教化以學校為本”的思想，大力提倡和發展各級官學教育，也嚴重制約了書院教育的發展。

極力提倡科舉，實行八股取士，又將科舉與學校結合，“科舉必由學校”，學校儲才以應科舉。士人為博取功名則惟有去就學校，書院教育則日漸冷落，官府也就無意再興書院。

儘管經歷種種制約，書院教育在民間一直流傳，地方官紳與士人，仍然用各種辦法恢復和建設書院。到明中葉自1465年（成化元年）至1521年（正德十六年），先後近半個世紀的恢復，書院又有了生機。

其間，王守仁（陽明）、湛若水（甘泉）對書院的發展有突出貢獻。

第三個百年

從清末1901年的教育“改制”，至今又是一百餘年。這一百年，中國文化的歷史命運每況愈下，逐漸成為被否定、被邊緣、被批判、被打倒、被革命、被取代的對象。“五四”運動提倡新文化，反對舊文化，將中華文化籠統地列入了舊文化。為回應這種誤導，在20世紀的20—30年代，曾經有過一段國學復興的新歷程，當時的“國學教材”，相關著述，以及造就的人才，都對40—50年代有著直接影響。然而，隨著日本對中國的8年入侵，以及後來連年內戰，國學復興的新希望徹底破滅。

60年前，錢穆、唐君毅、張丕介等先生，在香港創建新亞書院。張丕介先生，在“新亞書院誕生之前後”一文中指出：“新亞書院之誕生，適逢我國憂患重重的時代。中國大陸經在8年抗戰之後，突然陷入一場空前的浩劫。整個國家民族，以及數千年之傳統文化，面臨著存亡的威脅。舉國上下，悽惶不安。文化教育界所謂知識份子，更為彷徨，雖報國有心，而自保無力，只好四散逃竄，抱著復興傳統文化的種子，尋求可以暫時偷生的地方，以期把這種子播到一片幹淨土上，讓它萌芽茁壯，然後開花結果。由於這種形勢與苦心，於是創造了我們這樣一所小小的新亞書院”。這反映了當時知識精英創辦書院、復興文化的心願。然而，這也只是在有限、特定空間的一種，具有遠見的試驗。

1949年以後，在中國大陸，中華文化被批判和否定的歷史命運並沒有改變，直至“文化大革命”，則成為被掃進歷史垃圾堆的“四舊”，“批林批孔”，“評法批儒”，對中華文化的內在傷害與破壞，“史無前例”。

30年河東，三十年河西。直到1992年鄧小平的南巡講話，選擇了“中國特色”和“走自己的路”之後，國人才從百餘年向西方學習的歷史教訓中開始反省。選擇國家發展道路的背後，是一種文化的選擇。西方社會各種政治制度在中國之所以不能落地生根，主要是西方文化在這塊土地上始終是水土不服。儘管一代代“進口”的價值觀念，不斷改變著國人的文化意識，但是流淌在五千年文明養育的10多億中國人血液中的中華倫理與民族精神，卻難以被置換。

近30年來，國人自上而下，自下而上，在文化反省的基礎上，對自己的中華文化有了新的自覺、自信與自尊。以儒家思想為核心的中華文化，再次成為中華民族凝聚力與創造力的源泉；以兒童誦讀經典為起始的國學熱不斷升溫；弘揚中華文化，建設民族共有精神家園，成為全黨全民共識；隨著中國國力的增長，中華文化開始復興；隨著中國國際地位的提升，中華文化開始走向世界；在中國大陸有3億人學習英語的同時，一個世界性的“漢語熱”正在形成；當年被打倒的“孔家店”，而今搖身一變300餘所“孔子學院”遍佈世界；2008年北京奧運會的開幕式，將孔子及其思想傳遍全球，影響之廣，歷史空前。

中華文化在這百年生死存亡的掙扎之後，又開始了新生。

中國書院，歷經三個百年生死存亡的歷史，表明中華文化強大的生命力，書院與中華文化生死與共。這正是當今書院得以再興的歷史依據。

當代書院何以再興

書院再興，將是一個過程，至少要先有50年的恢復過程。而今，是否可以說，已經開始或已經進入了這一過程。

書院元素在大學裏孕育而生

近30年來，大陸高等學校的教育內容，不斷增加中華文化的元素，從課程設置到相應機構的變革，都為提升大學生文化素質提供條件，也給中國書院元素融入大學教育，開闢了一定的空間。

上個世紀的八十年代，在馬列主義理論課的基礎上，逐步開出了“思想品德課”或“德育課”，其中有，《人生哲理》、《思想修養》、《職業道德》等課程。進入九十年代，不少大學，開出了“國學經典”等人文講座。到本世紀以來，國學講座以及國學社團，逐步成為滿足大學生文化成長需求的一種熱點。

與此同時，大學相關機構也悄悄地進行了變革。馬列主義教學研究室之外，建立起德育教育室，進而將兩者合二而一為社會科學教研部，此後，隨著教育內容的拓展，不少大學又升格為人文學院。應當說，這是一個政治——道德——文化演變的歷程。

為了適應國人文化自覺與中華文化復興的大勢，一些著名大學，開始建立或恢復“孔子研究院”、“國學院”、“儒學院”，“國學研究所”，2006年國際儒學聯合會與中國政法大學，聯合成立了“國際儒學院”。這些新組織，不僅招收相關專業的學生，主辦相關學術講座、學術活動，還向社會開辦了各種名目的國學培訓“大講堂”。如此發展趨勢，使人看到中華文化與書院元素，同時在當今大學教育中得到了新生。

書院元素在當今學術活動中開始復蘇複

近30年來，以部分文科大學或專業為龍頭，國際儒學聯合會、中國孔子基金會、中華孔子學會、炎黃文化研究會等相關學術團體，聯合各界召開了一系列中華文化學術研討會，就其規模與數量遠遠超出歷史上的盛世，對於轉變國人的文化觀念，提升文化自覺，推動中華文化大發展大繁榮，起到了積極作用。然而，這種學術研討會，一旦天長日久，也產生了困惑。一則，只是相同專業、彼此熟悉的學者之間研討，一時難有新的學術火花和學術長進；二則，僅限於少數學者之間的討論與交流，難以將新的學術見解轉化為更多國人的共識；三則，學術活動的時間有限，地點又缺乏相對穩定性，不利積累和增強成果的權威性。有鑒於此，人們開始探索學術研究的新模式。一種“以會帶班”的模式出現了，學術研討會與培訓或講座同步舉行，請出席學術會議的部分學者，給培訓班講課，使學術研究的最新成果就地轉化，得以迅速傳播。這種學術研究與普及教育相結合的模式，正是古代書院優良傳統的現代展現。書院元素，正在當今學術活動中開始復蘇。

從孔孟之鄉開始試點

在現行教育體制之外試辦書院，將是一個艱辛的過程，然而，試點已經開始。

2007 年 6 月，由出席國際儒學聯合會，在北京召開“第一屆儒學普及工作會議”的 20 余位學者發起，在孔子出生地，山東省尼山夫子洞附近，泗水縣的聖水峪鄉，創辦“尼山聖源書院”。

經過一年的籌備，2008 年 10 月 8 日，尼山聖源書院成立了。以杜維明、安樂哲、錢遜、牟鐘鑒、丁冠之、楊祖漢、劉國強等為代表的 60 余位海內外學者，出席了成立慶典，並分別為第一屆學員作了學術講座。

首先，尼山聖源書院是一種“民辦公助、書院所有、獨立運作、世代傳承”的當代書院。

民辦，是一群海內外認同儒家，研究儒學，或關懷儒家傳統，志同道合的學者，自動走到一起，沒有利益的計較，沒有人事的摩擦，堅持以文會友、以友輔仁，用儒家的精神辦儒學的事業，展示儒家仁和的氣象。一支以 55—75 歲為主，近百人的教師隊伍，正在形成。

公助，山東省濟寧市和泗水縣黨政領導高度重視、積極支援書院的建設，把這件事當作建設文化大縣和建設新農村的重要工作予以推動。為書院劃撥 100 畝土地，承擔建築規劃設計與建設，投入啟動與運作資金，提供臨時教學、學術與辦公等活動空間，配備專職工作人員。

書院還得到港、澳、台學者和企業家的多方支持和贊助。香港中文大學新亞書院的校友會，先後來人考察，出席成立慶典的代表當場捐資贊助。臺灣學者也從學術、師資等方面給予多方支持。書院，有可能成為兩岸四地學術交流的一個新平臺。

其次，它是一種“學者論道、教授會講、自由聽課、不計學歷”的當代書院。

今年 6 月，書院將首開名家論道。以美國夏威夷大學安樂哲教授及其弟子為主體，舉辦“東西文化比較的新視野——安樂哲師生論道”，主議題為“金融危機及其文化啟示——東西文化比較看儒家思想意義”。

西方在二十世紀三十年代，崛起一支東西文化比較學派，郝大維、安樂哲是今天的重要代表人物。郝、安的特殊貢獻是東西兩大思想傳統視角，宏觀整體比較的方法論。他們指出二者之間世界觀、方法論、思維方式、價值觀、語言體系的結構性差異。這種方法使得東西方在社會生活、人文行為、文化藝術、科學技術、經濟、政治、軍事、外交等各種領域具有切實可比性。安樂哲先生東西文化比較新視野的儒學和其他中國傳統思想的研究碩果累累。他數十年耕耘，如今桃李滿天下，成為一支國際儒家研究的有生力量。

此次名家論道，也是一次名師會講，已決定將尼山聖源書院，作為研究生培養基地的山東大學、南京大學、中央民族大學、中國政法大學國際儒學院，都將派學生來聽名師會講。

今後，將參照此種標準與模式，連續舉行“尼山聖源書院名家論道”。

再次，它是一種“服務當地、承傳文明、培育人才、造福子孫”的當代書院。

第一屆“國學系列講座”班已經開學，40名學員是來自本縣的幹部和教師，他們將用一年的時間，比較系統地聽取有關專家的輔導和講座。前來出席成立慶典的杜維明等8位專家，分別就中華文化走向世界，儒家思想與和諧世界，儒家經典導讀與應用，儒家思想大眾化，儒家倫理與個人道德修養等專題，先後為學員和全縣500位幹部、教師上了大課。8場報告震動了全縣。這種請名家大師下鄉與基層幹部教師面對面“普及國學”，提升本地人民群眾的國學水準，建設新型和諧的儒學價值示範之鄉，是尼山聖源書院首要辦學宗旨與功能。

此種“國學講座”以及“儒家經典”研修班、師資培訓班，還將長期為濟寧地區的更多幹部、教師、學生服務，幫助孔孟之鄉逐步再現禮儀之邦，成為儒學示範之鄉，並能代代相傳。

當今中國大陸，以及海內外，每年都有不少相關專業的退休教授或官員。從一個人的學術生命看，60歲左右正是“風華正茂”新的學術青春，他們若能投入書院再興，至少可以延長15年左右的學術生命，將在學術成果，培育人才，以及身心愉悅、健康長壽等方面，都會有新起色。建設當代書院，就可以為他們提供和創造這種條件。歡迎有更多的學者，投身中國書院的再興。

出土文獻中之孔門弟子形象瑣記

臺灣東華大學中文系教授 許學仁

孔門弟子中當以《論語·先進》篇所載之“四科十哲”為最著，文曰：“子曰：‘從我於陳、蔡者，皆不及門也。德行：顔淵，閔子騫，冉伯牛，仲弓。言語：宰我，子貢。政事：冉有，季路。文學：子游，子夏。’”孟子弟子公孫丑稱頌孔子“仁且智”，曰：“昔者子貢問於孔子。曰：‘夫子聖矣乎？’孔子曰：‘聖則吾不能，我學不厭而教不倦也。’子貢曰：‘學不厭，智也；教不倦，仁也。仁且智。”並描繪孔門諸賢，曰：“昔者竊聞之：子夏、子游、子張，皆有聖人之一體；冉牛、閔子、顔淵，則具體而微。”比年以來，地不愛寶，簡帛儒家文獻日出，雖斷簡零縑，其中孔子與孔門弟子之蹤影，吉光片羽，時有所見。其中人物之名字，敘事之語境，牽涉記錄、傳鈔與經籍詮釋範式等，而與傳世典籍頗見參差。驗諸郭店楚簡即有子思，上海博物館館藏戰國楚簡亦載之顔淵、仲弓、宰我、子貢、季路、子游、子夏、季康子、季桓子諸賢，《上海博物館館藏戰國楚竹書簡》（五）有《君子為禮》、《弟子問》二篇，所載内容多為孔子與孔門弟子（宰我、顔淵）之言行記錄，及孔門子弟相互問答（顔淵與子游、子羽與子貢等），其中孔子謂“子曰：小子，來，取余言：

‘（登年）[1] 不亙（恆）至，耇老不復壯。’賢者伋【5】[2]”，訓勉弟子逝者如斯，難以卻老復壯[3]，當珍惜寸陰，及時從事，饒具情致。

一、子夏傳《詩》與“愷悌君子”之教

卜商，字子夏。孔門文學一科，與子游並稱，東漢徐防上疏有子夏傳經之論，謂“詩書禮樂，定自孔子；發明章句，始於子夏。[4]”《漢書·藝文志》稱“毛公之學，自謂傳自子夏”。陸璣《爾雅草木鳥獸蟲魚疏》對孔子以降《詩》學之傳承，尤為詳盡。“孔子刪《詩》，授卜商（子夏），商（子夏）為之序，以授魯人曾申，申授魏人李克，克授魯人孟仲子，仲子授根牟子，根牟子授趙人荀卿，荀卿授魯國毛亨，毛亨作《詁訓傳》，以授趙國毛萇。時人謂亨為大毛公，萇為小毛公。”子夏於《詩》尤有獨悟。嘗向孔子請問《詩》“‘巧笑倩兮，美目盼兮’，素以為絢兮”之義旨，子夏以人有此倩盼之美質，而又加以華

---

① 原整理者張光裕釋文作“春秋”，蘇建洲、陳偉、田煒，並有新議。今首字從田煒說釋“登”，第二字從陳煒說釋“年”。田說謂古文字中，“止”旁常常訛變成形近的“屮”旁，舉侯馬盟書人名、，字亦作，為一字異體，其中右部“登”旁的寫法，和完全相同。（說見〈讀上博（五）《弟子問》劄記一則〉，武漢大學簡帛研究中心【簡帛網】2006 年 3 月 3 日，http：//www.bsm.org.cn/show_article.php? id＝259）陳說或將“禾”字下半位移，與《古文四聲韻》卷二所收《滕公墓銘》“年”字類似，可能是“年”之訛體。（說見〈《弟子問》零識〉，武漢大學簡帛研究中心【簡帛網】，2006 年 2 月 2 日，http：//www.bsm.org.cn/show_article.php? id＝），田煒並將“登年”解為“高壽”，與“耇老”對舉。

② 內文引用楚簡文字並用【 】註明簡號，下文同此。

③ 馬王堆漢墓竹簡《十問》有“卻老復壯”語。曰：“君必食陰以為常，助以柏實盛良，飲走獸泉英，可以卻老復壯，曼澤有光。”

④ 見新校本《後漢書·卷四十四·鄧張徐張胡列傳》，頁 1500。

采之飾，如繪事先有素地而後加采色為喻。孔子告以人有美質，然後可加文飾，禮則必以忠信為質，猶繪事必以粉素為先。子夏敏晤，感發志意，因問夫子“禮後乎？”論《詩》而推知及禮，夫子稱許子夏善解《詩》旨，並有隅反，引譬連類，頗見“啟發”，可得相與論《詩》，教學相長，事見於《論語·八佾》篇。[①]

上海博物館博藏戰國楚簡有《民之父母》一篇，載孔子與子夏之答問，簡文謂：“〔子〕夏問於孔子，（《詩》）[②] 曰：‘幾（愷）俤（悌）君子，民之父母。’敢問可（何）如而可胃（謂）‘民之父母’【1】？”一段對話，“愷悌”描述君子“和樂平易”之人格特質，乃有德之表徵。《民之父母》子夏首引《詩·大雅·泂酌》詩句，向孔子請教“君子（當政者）”要如何當好人民的父母官？孔子執要以告，謂君子欲為“民之父母”，必達禮樂之源，禮節民心，樂合民聲。致“五至（志詩、禮、、樂、哀）”，行“三無（無聲之樂、無體之禮、無服之喪）”，“五起”三個層次，印證禮樂文明之根源[③]。簡文內容並見於《禮記·孔子閒居》、王肅《孔子家語·論禮》。《論語

---

① 《論語·八佾》篇：“子夏問曰：“‘巧笑倩兮，美目盼兮，素以為絢兮。’何謂也？”子曰：“繪事後素。”曰：“禮後乎？”子曰：“起予者商也！始可與言詩已矣.”“巧笑倩兮，美目盼兮”二語見《詩·衛風·碩人》，“素以為絢兮”一句，今本《毛詩》無此句，王先謙《三家詩義集疏》以惟《魯詩》有此一句。

② 今本《禮記·孔子閒居》和《孔子家語·論禮》皆作“詩”。整理者認為此字“從言、從、從曰，不見於字書。據今本，此字與‘詩’相對應。疑‘詩’字異體。”。

③ 可參考陳麗桂〈由表述形式與義理結構論《民之父母》與《孔子閑居》及〉《論禮》之優劣〉（《上博館藏戰國楚竹書研究續編》，頁 236—250，上海書店，2004 年）、郭梨華〈從《民之父母》論先秦儒家與《管子》的為政觀〉，《出土文獻與先秦儒道哲學》頁 303—317，萬卷樓圖書公司。

·八佾》論《詩》而推及禮文；《民之父母》則舉詩以論政事[①]。孔子認為人倫之道，《詩》無不備，《論語·陽貨》孔子謂學《詩》"可以興，可以觀，可以群，可以怨。邇之事父，遠之事君，多識於鳥獸草木之名。"因期勉弟子"何莫學夫《詩》?"又《禮記·經解》："孔子曰：'入其國，其教可知也。其為人也，溫柔敦厚，詩教也。……故詩之失愚，……其為人也·溫柔敦厚而不愚，則深於詩者也。'"郭店楚簡《語叢》(一)論六經之教，於詩教則云："《詩》，所以會古今志也"(第 38—39 簡)[②]，與上博簡(五)《季康子問於孔子》6—7 號簡載孔子引孟子餘(趙衰)語："夫箸＝(書者)，箸(書)𡥈＝(君子)之悳(德)也【5】；夫時(詩)也者，吕(以)等(誌)𡥈＝(君子)之志；夫義(儀)者，以斤(謹)𡥈＝(君子)之行也。𡥈＝(君子)涉之，尖＝(小人)雚(觀)之。𡥈＝(君子)敬城(成)其悳(德)，尖＝(小人)毋𥡴(寐)。"相侔，凡此皆由《詩》學而施教之廣用。

先秦典籍文獻中引《詩》、賦《詩》、用《詩》，每以"未見君子"、"淑人君子"、"愷悌君子"、"樂只君子"等語，以傳述君子德

---

① 《禮記·表記》："子言之君子之所謂仁者，其難乎?《詩》云：'凱弟君子，民之父母'。凱以強教之，弟以說安之，樂而毌荒，有禮而親，威莊而安，孝慈而敬，使民有父之尊，有母之親，如此而后可以為民父母矣，非至德，其孰能如此乎!"

② 郭店楚簡《語叢》(一)："《詩》，所以會古含(今)之恃(志)也，者(《書》)，[□□□□]者也。豊(《禮》)，交之行述(序)也。《樂》，或生或教者也。《易》，所以會天(道)人道也。《(春)秋》，所以會古含(今)之【40】事也【41】。"

化之道[①]。與出土文獻頗見相應，如：《左傳》襄公十四年載“（駒支）”賦〈青蠅〉而退，宣子辭焉，使即事於會，成愷悌也。於是子叔齊子為季武子介以會，自是晉人輕魯幣，而益敬其使。”取《詩·小雅·甫田之什·青蠅》“愷悌君子，無信讒言”詩旨，規勸范宣子。上博簡《孔子詩論》第28簡〈青蠅〉：“〈青䗬（蠅）〉，智（知）☐”，論詩評語殘存一字，未能驗證所指（參圖1），河南信陽長臺關楚竹書有“周公與申徒狄問對”一篇，屢見言及“君子”與“君子之道”，其論“君子”曰：“☐□君子，故昔☐”（見【X.1－087】，【1－51】，其論“君子之道”曰：“……君子之道，必若五谷之溥，三〔□之□〕……”。（【X1－005】），簡文並見：“☐不員（云）虖（乎）？‘豈（愷）弟（悌）君子[②]☐’（參圖3）”徵引《詩·大雅·泂酌》引述“愷悌君子”詩句，以言君子之道（【X.1－011；S.10】，參圖4）。張光裕謂春秋《宋君夫人鼎》鼎銘稱“用般壺（禋）祀，其萬（萬）年釁（眉）壽，為民父母”，綰合《孟子》之《梁惠王》、

① 可參俞志慧《君子儒與詩教—先秦儒家文學思想考論》第六章“春秋用詩之學表證”，頁139—178，北京，三聯書店，2005年3月）

② 王先謙《詩三家義集疏》卷二十二：“魯韓‘豈弟’作‘愷悌’，齊或作‘凱弟’。”齊下並疏云：“‘魯韓‘豈弟’作‘愷悌’者，《荀子·禮論》、《賈子·君道篇》、《白虎通義·號篇》、《說苑·政理篇》引‘豈弟君子’二句，並作‘愷悌’。《後漢章帝紀》建初元年詔云：‘愷悌君子，大雅所嘆。’章帝亦學魯詩者。《韓詩外傳》六引‘豈弟’作‘愷悌’。《外傳》八兩引同，皆其證。‘齊豈弟作凱弟’者，《禮·孔子閑居》引‘凱第君子’二句作‘凱弟’，鄭注：‘凱弟，樂易也’，《表記》引《詩》同。《釋文》：‘凱，本又作愷，弟，本又作悌。’《大戴禮記·衛將軍文子篇》引作‘愷悌’，《漢書·刑法志》引作‘愷弟’，皆齊詩‘又作’本。”楚簡引《詩》“愷悌君子”句，上博簡作“幾俤”、信陽簡作“弟”，並與三家詩異文不同。

《滕文公》篇，《荀子·禮論》、《呂氏春秋·審應覽》、《墨子·尚賢》，暨《禮記》之《祭統》、《表記》、《孔子閑居》篇等先秦典籍，推斷“民之父母”，乃先秦敦行仁義之套語。而《詩·大雅·泂酌》：“愷悌君子”並為《禮記·孔子閑居》、《孔子家語·論禮》轉相襲引，論述子夏問於孔子“何如可謂‘民之父母’”、“敢問何如可謂‘民之父母’”、“君子為民父母何如”，與簡文相應。而《韓詩外傳》卷六論申徒狄與崔嘉事，謂“《詩》曰：‘愷悌君子，民之父母’。君子為民父母何如?”以“為民父母”詮釋“民之父母”①，或與信陽簡周公申徒狄問對事可相參驗。

二、子張執中信以行乎蠻貊之邦

潛藏於出土簡帛文獻中的中國經學詮釋系統，郭齊勇評述儒家典籍“經—傳”“經—說”“經—解”等範式。並揭櫫“傳”、“說”、“解”等範式的解讀經籍，主體亦同於經書，通過口耳相傳或記錄者之撰著，除援引經典，以經解經，詮解文義，尤重疏釋名相，點明或改變內在理路，闡發微言大義，經文言簡意賅，“傳”、“說”、“解”則給予其作者開闊多元的詮釋空間。研閱《論語》一書文本，語言敘事簡潔，往往隱去語言情境，詮解多方，經由“傳”、“說”、“解”等詮釋範式的解讀經籍，釐析援引經典，抽繹內在理路，體察微言大義，往往義蘊自現②。

《論語》一書，“忠”“信”為孔門四教（文、行、忠、信）之具

---

① 參張光裕〈新見宋君夫人鼎銘“為民父母”與經典詮釋〉，《雪齋學術論文二集》，頁 269—275，藝文印書館，2004 年 12 月。

② 郭齊勇〈出土簡帛與經學詮釋的範式問題〉，《中國哲學智慧的探索》頁 28—47，中華書局，2008 年 4 月。

體表徵，“信”之與“忠”，邢昺疏謂“中心無隱，謂之忠；人言不欺，謂之信”，劉寶楠《正義》亦謂“中以盡心曰忠，恆有諸己曰信。人必有信，而後可致知、力行”。盡己為忠，盡物為信，一內一外，一體一用，信以驗忠，由成己而成物，由盡人之性而盡物之性[①]。《論語》一書，“忠信”連言並舉者凡五見，徵諸戰國出土文獻，《古璽匯編》著錄戰國“忠信”璽（4502—4505）四方，璽文或作“中信”（4506，4510）[②] 古璽，河北平山縣《中山王方壺》壺銘：“余智（知）其忠䚻（信）旃，而䜌（專）賃（任）之邦，氏（是）吕（以）游夕飲飤（食），㠩（靡）又（有）㥶（遽）炅（惕）。”並見“忠信”二字連言之例。《論語·衛靈公篇》“言忠信”章：“子張問行。子曰：‘言忠信，行篤敬，雖蠻貊之邦，行矣。言不忠信，行不篤敬，雖州里行乎哉？立，則見其參於前也；在輿，則見其倚於衡也。夫然後行。’子張書諸紳。”子張從孔子，困於陳蔡之間，不知究應如何，方可事事近如人意，處處通達無阻，因問於孔子。思子張所問之意在外，而孔子則教之向內反求諸己。子張書於隨身常束之大帶者，期能念念毋忘。

郭店楚簡《忠信之道》第6—9簡：“忠之為【6】衍（道）也，百工不古（楛），而人敍（養）膚（皆）足。訐（信）之為為衍（道）也，群勿（物）膚（皆）成而百善膚（皆）立。君子其它（施）也【7】忠，古（故）䜌（蠻）睪（親）専（傅/附）也。亓

① 參陳滿銘〈談孔子的四教：文、行、忠、信〉梳理之理路，《論孟義理別裁》頁12—21，萬卷樓圖書公司，2003年8月。

② 《古璽匯編》“吉語璽”頁411，中華書局，1981年10月。見於“梁惠王上”、“告子上”、“盡心上”及“盡心下”。

(其)言訐(信),古(故)徂(轉)而可受也。忠,悬(仁)之實也。訐(信),晉(義)之昇(期)也。氏(是)古(故)之所【8】以行虖(乎)閔(蠻)嘍(貊)者,女(如)此也【9】。”學者多主實為《論語·衛靈公篇》“言忠信”章所作之傳。

《論語·衛靈公篇》“在陳絕糧”一章,記載衛靈公意在征伐,向孔子請教軍隊陣列之事,孔子自知不能見用,以“但知俎豆禮樂,不曉軍旅之事”婉覆,即去衛之陳,途中厄於陳蔡,斷炊絕糧,孔門弟子多飢而不能起。子路愠見孔子,提出“君子亦有窮乎”的質疑,孔子則慰解子路:“君子固窮,小人窮斯濫矣。”教以惟君子時窮乃見清操,身處逆境,君子小人立判。郭店楚簡《窮達以時》一篇①,遍舉古代聖賢,如舜、皋陶、呂望、管仲、百里奚、孫叔敖等,均歷經沉滯不遇,憂患困窮之際遇,闡發“天”、“時”、“德”之觀念,簡文第1—2簡天人之分,曰:“又(有)天又(有)人,天人又(有)分。詧(察)天人之分,而智(知)所行矣。又(有)丌(其)【1】人,亡(無)丌(其)殜(世),唯(雖)臤(賢)弗行矣。句(苟)又(有)丌(其)殜(世),可(何)慬(難)之又(有)才(哉)【2】?”簡文第11—15簡中指出:“堣(遇)

① 《窮達以時》之成篇,約在戰國中期篇早或戰國早期,孟子稍後,《荀子·天論》之前。可參張立文〈《窮達以時》的時與命〉(《中國哲學》第廿輯,遼寧教育出版社,1999年)、李學勤〈天人之分〉(《重寫學術史》,河北教育出版社,2002年)、〔日〕前野裕一著·佐藤將之監譯〈《窮達以時》中的“天人之分”〉,《戰國楚簡研究》第二部分第三章,頁35—56,萬卷樓圖書公司,2004年)、〔日〕池田知久著·曹峰譯〈郭電楚簡《窮達以時》研究〉(《池田知久簡帛研究論集》,中華書局,2006年)、張紅《郭店簡〈窮達以時〉集釋》(吉林大學碩士論文,2006年4月)。

不堣（遇），天也。𨗨（動）非為達也，古（故）穷（窮）而不【11】怨，隱非為名也，古（故）莫之智（知）而不（吝），芝蘭生於深林，不【12】為人莫①嗅（嗅）而不芳【13】。”窮達取決於時運，毀譽取決於旁人，雖為聖賢，終陷困窮，聞達實難，不涉德行，無關智慧。《荀子·宥坐》、《韓詩外傳》卷六、《說苑·雜言》、《孔子家語·在厄》諸書載孔子厄陳蔡事，俱見“遇不遇，時也”之語，演繹路數相近。雖然，君子首重其個人之慧術與德養，猶芷蘭之自生於茂林深山，不為人莫見之而不芳。君子不遇於世，尤應修身端行，博學深思，以俟其時，因此《窮達以時》云：“穷（窮）達以旹（時），悳（德）行弌（一）也。𧫮（譽）呈（毀）才（在）仿（旁）。【14】”“穷（窮）達以旹（時），學（幽）明不再。古（故）君子惇於𢘎（反）㠯（己）【15】。”闡明實現抱負，施展才華，“時”為關鍵，窮達有時，遭逢有命，故惟君子得時則兼善用世，不得時則修身積學以俟時遇，故能安時處逆，反求諸己，守道不變。故至《孟子·盡心上》開展為“窮不失義，達不離道”。《窮達以時》一篇，雜揉“人時相分”與“天人相分”，郭齊勇以為《窮達以時》乃孔門弟子為《論語·衛靈公篇》“在陳絕糧”一章所作之“傳”，或是對孔子厄於陳蔡評論的發揮，重在經義的傳播。

---

① 《韓詩外傳》卷七：“夫蘭芷生於茂林之中，深山之間，不為人莫見之而不芳。”釋文參酌劉釗《郭店楚簡校釋》頁 168—176，福建人民出版社，2003 年 12 月。原簡闕文參梁濤〈從竹簡《窮達以時》說到孔子“知天命”〉校補，《中華文化論壇》2003 年第 4 期，頁 63。

三、君子為禮以依於仁之顏淵形象

顏回，字子淵①，孔門十哲，列於德行一科。銳意學習，聞一知十，深得孔子之教，自道："夫子循循然善誘人：博我以文，約我以禮。欲罷不能，既竭吾才，如有所立卓爾；雖欲從之，末由也已！"上博（五）簡本《君子為禮》與《弟子問》二篇記錄顏淵與孔子師生應對之言行。簡文顏淵作"彥囦"，名作"韋（回）"②，《君子為禮》中記載"彥（顏）囦（淵）時（侍）於夫＝（夫子），曰：'韋（回）！君子為豊（禮）㠯（以）依於忎（仁）。（參圖 5）'彥（顏）囦（淵）㑥（作）而倉（答）：'韋（回）也不𢟍（敏），弗能少居也。'夫子曰：'坐（坐），虗（吾）語女（汝）。言之而不義（宜）【1】，口勿言也；視之而不義（宜），目勿[illegible]（視）也；聖（聽）之而不義（宜），而勿聖（聽）也；邍（動）之而不義（宜），身毋邍（動）安（焉）。'彥（顏）囦（淵）退，數日不出，☐【2】。"孔門弟子修學力行，以達於"仁"的境界，原有"志道"、"據德"、"依仁"、"游藝"之門徑與進程，《論語·顏淵》篇："顏淵問仁。子曰：'克己復禮為仁。一日克己復禮，天下歸仁焉。為仁由己，而由人乎哉？'顏淵曰：'請問其目。'子曰：'非禮勿視，非禮勿聽，非禮勿言，非禮勿動.'顏淵曰：'回雖不敏，請事斯語矣。'"朱子《集注》

---

① 《說文》六篇下囗部："回，轉也。從囗，中象回轉之形"段注："淵，回水也。故顏回，字子淵。《毛詩傳》曰：'回，邪也'，言回為衺之假借也。又曰'回，違也'，亦謂假借也。"上博簡簡顏淵名正假韋為回；《說文》十一篇下水部："淵，回水也。從水，象形。""囦，古文从囗、水。"段注："顏回，字子淵。"上博簡顏淵之淵正作古文之。

② 原整理者張光裕讀為"回"，可從。

揭示“學者於此，有以不失其先後之序”之謂。第一簡簡文以“仁”為立論綱領，單獨拈出“依於仁”，而第二簡則開展視、聽、言、動之履踐細目，其簡文與《論語·顏淵》篇與簡文之“勿言”、“勿視”、“勿聽”、“毋動”，簡文體現早期儒學學說之核心，論先後之序即先仁後智之順序，克己復禮，壹依於仁，終能仁智交融[①]，二者思想理路相近，彼此呼應。簡文文末“顏淵退，數日不出”數語，正與《論語·為政》：“子曰：‘吾與回言終日，不違，如愚。退而省其私，亦足以發。回也不愚。’”描述之顏淵形象，相互發明。

《論語·子罕》篇孔子稱頌顏淵“吾見其進也，未見其止也。”《孔子家語·弟子行》及《大戴禮記·衛將軍文子》並載衛文子問於子貢，孔子之施教，登堂入室者七十餘子孰賢？子貢對曰：“夫子之門人，蓋有三千就焉，賜有逮及焉，未逮及焉，”其能“夙興夜寐，諷誦崇禮，行不貳過，稱言不苟，是顏回之行也。”簡本《弟子問》載孔子告子貢之語，曰：“子䎽（聞）之曰：‘賜，不𧇧（吾）智（知）也，□〔夙〕興夜𥘔（寐）’，以求䎽（聞）☑【22】”簡文下段殘泐，文義難解，陳劍已為此簡當編聯在《君子為禮》12簡後[②]，然則二者字體差別較大，參驗《孔子家語》及《大戴禮記》二篇以“夙興夜寐”稱頌子淵修德不倦，然則其稱述之對象，殆亦顏淵之謂歟！

《論語·為政》記載孔子有“多聞”、“多見”之教，曰：“子張

---

① 可參陳滿銘〈孔子的仁智觀〉，《論孟義理別裁》頁25—38，萬卷樓圖書公司，2003年8月。

② 參陳劍〈談談《上博（五）的竹簡分篇、拼合與編聯問題〉，【簡帛網】www.bsm.org.cn，20062/19。

學干祿。孔子告以求祿之道，謹言慎行，曰：‘多聞闕疑，慎言其餘，則寡尤。多見闕殆，慎行其餘，則寡悔。言寡尤，行寡悔，祿在其中矣。’”① 簡本《弟子問》第15—16簡則於“多聞”、“多見”外，對舉“寡聞”、“寡見”立說。並用以教顏淵曰：“‘韋（回）！𨑳（來），亓（其）緄（組）䋲（絕）虖（乎）？隹（雖）多䎽（聞）而不𠭁（友）臤（賢）【15】□安（焉）冬（終）’？子曰：‘𡨦（寡）䎽（聞）則沽（孤），𡨦（寡）見則䌛（肆/遂）②；多䎽（聞）則𥇢（惑），多見則☐【16】’”

同篇記篇載顏淵、子遊與孔子應對，“‘☐□風也，𤔔（亂）節而𢘓（哀）聖（聲）。曹之喪，其必此虖（乎）？韋（回）！’子𢡺（嘆）曰：‘烏（於）！莫我𣉻（知）也夫。’子遊（游/斿）曰：‘又（有）𨸏（施）之謂也虖（乎）？’子曰：‘𢇁（安/偃）③，’……☐【4】”

① 參《上海博物館藏戰國楚竹書》第五冊頁277張光裕釋文及考釋，頁277。及【注12】李學勤〈楚簡《弟子問》與䌛字〉

② 字原作䌛，今從李學勤說隸作䌛，讀為“遂”。見〈楚簡《弟子問》與䌛字〉，載《出土文獻研究》第八輯，頁1—3，上海古籍出版社，2007年11月。又輯入《文物中之古文明》，頁485—488，

③ 原整理者“回”字屬下讀，陳劍以“回子嘆曰”不詞，詞例罕見，改從上讀，惟孔子直稱弟子顏淵之名。𢇁字左從爪（或彳），右從安，原未釋，陳劍釋為“安”，讀為“偃”，並可信，（參陳劍〈《上博（五）》零劄兩則〉，武漢大學簡帛研究中心【簡帛網】2006年2月21日，http：//www. bsm. org. cn/show _ article. php？ id＝216）

四、子羔與孔子答問與堯舜古史傳說系統

高柴[1]，字子羔。《史記・仲尼弟子列傳》："高柴，字子羔。少孔子三十歲。子羔長不盈五尺，授業孔子，孔子以為愚[2]。"《春秋經傳集解・哀公十五年傳》"子羔將出"下杜注："子羔，衛大夫高柴，孔子弟子。"《釋文》作子羔，《家語》作子高，《禮記》作子皋。上海博物館藏戰國楚竹書（二）有簡本《子羔》一篇，共十四枚，第五簡簡背題有"子羔"，當為篇題。記載子羔問於孔子，採一問一答之問對方式書寫，前半講述夏商周三代始祖禹、契、后稷感生之神話[3]，以為下文堯、舜禪讓事蹟之舖墊，說明黎民苟有善德，可得受命為帝，廣行天下。第9簡簡文子羔對流傳在古史傳說中，夏商周的始祖禹、契、后稷三王，為天帝之子的降生神話，首先向孔子提出質疑，"曰：'厽（三）王者之乍（作）也，𣅜（皆）人子也，而丌（其）父𤕦（賤）而不足（偁）與（歟）？殹（抑）亦城（誠）天子也與（歟）？'孔＝（孔子）曰：'善，而（爾）昏（問）之也。舊（久）矣，丌（其）莫得而聞矣。'【9】"子羔而孔子對子羔提問之問題，頗為稱許。《子羔》在文末子羔問曰："'女（如）𡕘（舜）才（在）含（今）之殜（世），則可（何）若？'"知全篇以"舜"為中

① "柴"本當作"䂖"，《說文通訓定聲》履部第十二支韻："䂖，羊名。皮可以割桼。从羊，此聲。孔子弟子衛高柴，字羔，以柴為之。"（頁612，藝文印書館，1974年2月）

② 《論語・先進》："柴也愚"。愚，何晏《集解》、劉寶楠《正義》以為愚直、率直之謂。子路使子羔為費宰。

③ 參廖名春〈《子羔》篇感生簡文考釋〉（文載上海大學古代文明研究中心清華大學思想文化研究所編《上博館藏戰國楚竹書研究續篇》，頁18—33，上海書店，2004年7月），

心，反映古帝王系統在傳說演變中帝王降生神化的面貌[①]。

堯舜為古史傳說中具重要地位之古代帝王，亦也是孔子心目中的賢明君王，更是儒家政治理想的典範。《中庸》："仲尼祖述堯舜，憲章文武；上律天時，下襲水土。"《論語・泰伯》記載孔子稱頌堯之宫德偉大，"大哉！堯之為君也。巍巍乎！惟天為大，惟堯則之。蕩蕩乎！民無能名焉。巍巍乎，其有成功也。煥乎！其有文章。"《衛靈公》孔子言舜恭己而天下治，云："子曰：'無為而治者，其舜也與！夫何為哉？恭己正南面而已矣。'"《論語・憲問》："子路問君子。子曰：'脩己以敬。'曰：'如斯而已乎?'曰：'脩己以安人。'曰：'脩己以安百姓。脩己以安百姓堯舜其猶病諸!'《論語・雍也》："子貢曰：' 如有博施於民而能濟眾，何如？可謂仁乎!'子曰：'何事於仁，必也聖乎！堯舜其猶病諸!'"《孟子・公孫丑上》有一段子貢評價孔子的言論，"(孟子) 曰：'宰我、子貢、有若，智足以知聖人，汙不至於阿其世。宰我曰：'以予觀於夫子，賢於堯舜遠矣!'子貢曰：'見其禮而知其政，聞其樂而知其德，由百世之後，等百世之王，莫之能違也。自有生民以來，未有夫子也'"。裘錫圭以為《子羔》一篇，不像是子羔和孔子問答的實錄，應該是作者借孔子之口，鼓吹尚賢和禪讓的作品，其撰述年代當在戰國早期或中期，當時契、后稷為帝嚳之後、禹為顓頊之孫鯀之子等說法，尚未興起。[②]

① 可參郭永秉《帝系新研—楚地出土戰國文獻中的傳說時代古帝王系統研究》，北京大學出版社，2008 年 9 月。

② 裘錫圭〈新出土先秦文獻與古史傳說〉，《中國出土古文獻十講》頁 28—29，復旦大學出版社，2004 年 12 月。

五、子貢與孔子答問與魯邦大旱之刑德

端木賜，名賜，字子贑（子貢）[①]。見於上博簡（二）《魯邦大旱》、及上博簡（五）《弟子問》、《君子為禮》等篇。上博簡（二）簡本有《魯邦大旱》，約寫成於魯哀公十一年到十六年之間（西元前484—479年）[②]，全篇通過魯國旱甚，哀公問於孔子，孔子以天何與焉，著眼人間政治，倡議積極對待自然災害，而非借助天象以應人世。復以刑德為說，評論魯邦大旱，實乃刑德措置使然。其間孔子與子貢，論證治旱之道，所涉論題，一為不識刑德，惟知祠禱山川之庶民，二為純賴刑德，毋假珪璧幣帛以媚山川之子貢，三為正刑德以事上天，假祠祀以應庶民之孔子。由魯邦禱神祈雨以治旱，而轉為梳理祭祀之理路。孔子“出遇子（贑）曰：‘賜，而（爾）昏（聞）⿴行亞（巷）⿺辶各（路）之言，毋乃胃（謂）丘之⿱合曰（答）非與（歟）!’’‘否，臤（緊）⿸虍壬（吾）子女，⿺辶童（踵）命丌（其）與（歟）?女（如）夫政（正）坓（刑）與惪（德），以事上天，此是才（哉）。

---

① 《說文》六篇下貝部：“貢，獻功也。從貝工聲。”貝部：“贑，賜也。從貝，竷省聲。”段注：“《釋詁》曰：‘贑，賜也。’據《釋文》本作‘贑’，後人改作‘貢’耳。端木賜，字子贑。凡作子貢者，亦皆後人所改。《懷難·道應》、《要略》二訓注皆曰：‘贑，賜也。’”戰國楚簡及漢石經作“贑”，河北定縣八角廊西漢簡本“贑”【217簡】“贛”並見【18/93/216/423簡】，或作貢【77/227簡】，河南信陽長臺關戰國楚竹書X1—010（S. 47）殘簡：“□立日贑賜布也，請□”，辭殘，文義待考

② 自魯哀公即位至哀公十年，孔子居於衛國與陳國。哀公十一年（西元前484年）以幣迎孔子，孔子自衛歸魯，哀公十六年（西元前479年）簡文所述魯邦發生大旱，應在孔子周遊列國歸魯後至去世前數年之間。學者或根據《春秋》經所載哀公十五年秋八月有“大雩”之記錄，將文本描述史實的時間訂在魯哀公十五年（西元前480年）。

女（若）夫毋薆珪璧【3】帯（幣）帛於山川，毋乃不可。【4】'孔子論政主"有恥且格"之德治，於此則論"刑德"①，孔子之論刑德治國，每以駕車設喻，禮猶轡勒而刑猶鞭策②。《孔子家語·卷十·曲禮子貢問》記載孔子在齊，齊遭大旱，齊景公問於孔子，孔子告以："凶年則乘駑馬，力役不興，馳道不修，祈以璧玉，祭祀不懸，祀禮下牲，賢君自貶以救民之禮也。"③ 二篇文獻之語境及舉措施為，頗有相似之跡。第6簡簡文直指"公剴（豈）不飤（飯）枌（粱）食肉才（哉）殹（也），亡（無）女（如）庶民可（何）【6】"點明即使於山川祠以珪璧幣帛，而王公失德近刑，猶然飯粱食肉，庶民又奈其何，此正回應簡首"失諸形德"之謂歟！

---

① "刑德"之說，〔日〕淺野裕一舉馬王堆帛書《十六經·觀》"先德後刑，順於天"，及《國語·越語下》"德虐並用"，說明"刑德互用"、"先德後刑"在齊魯地區之影響，和齊地焚巫暴尪降雨遺俗之關聯，（〈《魯邦大旱》的"刑德"〉，說見《戰國楚簡研究》，頁129—145，萬卷樓圖書公司，2004年12月）。楊朝明參稽《左傳》僖公二十一年載魯旱，僖公欲焚巫尪，臧文仲謂"天欲殺之，則如勿生；若能為旱，焚之滋甚。"重人事而輕天命，說明孔子或受臧文仲思想之影響，〈上海博物館竹書《魯邦大旱》管見〉，說見《儒家文獻與早期儒學研究》，頁245—261，齊魯書社，2002年3月。

② 孔子以駕車喻治國，禮猶轡勒而刑猶鞭策，《孔子家語·卷六·執轡》記載孔子答閔子騫問，"夫德法者，御民之具，猶御馬之有銜勒也。君者，人也；吏者，轡也；刑者，策也。夫人君之政，直其轡策而已。古者天子以內史為左右手，以德法為銜勒，以百官為轡，以刑罰為策，以萬民為馬，故御天下數百年而不失。善御馬，正銜勒，齊轡策，均馬力，和馬心，故口無聲而馬應轡，策不舉而致千里。善御民，壹其德法，正其百官，以均齊民力，和安民心，故令不再而民順從，刑不用而天下治。"

③ 《禮記·曲禮》下云："歲凶，年穀不登，君膳不祭肺，馬，不食穀，馳道不除，祭祀不懸；大夫不食粱，士飲酒不樂。"

《論語·學而》："子貢曰：'貧而無諂，富而無驕，何如?'子曰：'可也。未若貧而樂，富而好禮者也。'子貢曰：'詩云："如切如磋，如琢如磨。"其斯之謂與?'子曰：'賜也，始可與言詩已矣！告諸往而知來者。'"與上博簡（五）《弟子問》對勘，當與"子曰：'貧戔（賤）而不約者，虗（吾）見之壴（矣），貍（富）貴而不喬（驕）'者，虗（吾）䎽（聞）而 未之見也 【6】"簡文上端殘斷，但存一"安（焉）"。無由直接判定對話者，惟《弟子問》多載顏淵、子貢言行，參稽《論語·學而》對話者語氣，聚焦於"富貴不驕"，其人可得而說。又同篇第11—16簡記載孔門子弟澹臺滅明（子羽）和子貢有關孔子與子產、禹、舜四者"孰賢"的論說。簡文曰："子羽䎽（問）於子贛（貢）曰：'仲尼（尼）與虗（吾）子產管（孰）臤（賢）?'子贛（貢）曰：'夫子紿（治）十室之邑亦樂，紿（治）墜（萬）室之邦亦樂，然則〔臤（賢）於【11】〔子產？〕矣！'子贛（貢）曰：'墨（禹）之紂（治）天下之川〼【15】'……㠯（以）為异（己）名。夫【13】子治時（詩）箸（書）【16】……□，非為异（己）名，肰（然）則臤（賢）於墨（禹）也！''契，夋（舜）【14】'夋（舜）孰臤（賢）?'子贛（貢）曰：'舜君天下〼【12】'"子貢引述孔子語，《論語·公冶長》："子曰：'十室之邑，必有忠信如丘者焉，不如丘之好學也。'

六、冉雍、季康子與孔子問答之為政理想藍圖

冉雍，字仲弓，戰國楚簡簡文作"中弓"，自稱為孔門十哲之一，仲弓出身微賤，而以德行著稱，孔子謂其"可使南面"[①]，曾隨孔子周遊列國，歸魯後曾擔任季桓子宰。《上海博物館藏楚竹書》（三）有《仲弓》一篇，凡廿八枚竹簡，整簡三，餘皆為殘簡，另附簡一。第十六簡反面有"中弓"二字，當為篇題。其編聯與簡序，學者各執異辭，頗見爭議[②]。簡文《仲弓》載"'君【15】子所滐（竭）丌（其）青（情），𦘔（盡）丌（其）𣂑（慎）者三，害（蓋）近𢾺（?）矣【20B】。雘（雝/雍），女（汝）智（知）者（諸）?'中（仲）弓倉（答）曰：'雘（雝/雍）也弗昏（聞）也。'孔＝（孔子）曰：'夫祭，至（致）敬之【6】杳（本）也，所以立生也，不可不𣂑（慎）也；夫𠷎（喪）【23B】，至（致）𢜔（愛）之𡚦（卒/卒）也，所以成死也，不可不𣂑（慎）也。夫行，巽（旬）年求孯（學）▨【23A】'之，𣅀＝（一日）以善立，所孯（學）皆終（終）。𣅀＝

① 《論語·雍也》："子曰：'雍也可使南面。'仲弓問子桑伯子，子曰：'可也簡。'仲弓曰：'居敬而行簡，以臨其民，不亦可乎？居簡而行簡，無乃大簡乎？'子曰：'雍之言然'"

② 原竹簡釋文為李朝遠所作，其後陳劍〈上博竹書《仲弓》篇新編釋文（稿）〉（【簡帛研究網站】http：//www.jianbo.org/admin3/list.asp？id＝1141，2004年4月18日），黃人二、林志鵬〈上博藏簡第三冊仲弓試探〉（【簡帛研究網站】http：//www.jianbo.org/ADMIN3/HTML/huangrener01.htm，2004年4月23日），晁福林〈上博三《仲弓》篇簡序调整之一例〉（http：//www.jianbo.org/admin3/list.asp？id＝1211，2004年6月6日），趙炳清〈上博簡三《仲弓》的編聯及講釋〉（【簡帛研究網站】http：//www.jianbo.org/admin3/2005/zhaobinqing002.htm，2005年4月10日），及楊芬《上博簡《彭祖》《亙先》《中弓》集釋》（武漢大學碩士論文，2006年5月），甄真《上海博物館藏戰國楚竹書（三）《中（仲）弓》集釋》（吉林大學碩士論文，2007年4月），並論及簡序之編聯。

(一日）以不善立，所𦥯（學）皆堋（崩），可不訢（慎）虐（乎)?'。"《論語·顏淵》篇載仲弓問仁事。孔子告以：'如見大賓，使民如承大祭。己所不欲，勿施於人。在邦無怨，在家無怨。'"仲弓曰：'雍雖不敏，請事斯語矣。'"朱子《集注》以"敬以持己"解"見賓"、"承祭"二事，先秦文獻亦以二事為"仁之則也"[①]，見於《左傳》僖公三十三年。《論語》以為仁之方，謹慎敬畏，出門如賓，承事如祭。而《仲弓》一篇，君子以"祭""喪""行"三者，為竭情、盡慎之具體表現，允為致敬之本與致愛之卒，一以立生，一以成死，必存"敬慎"。

《論語·子路》謂"仲弓為季氏宰，問政。子曰：'先有司，赦小過，舉賢才。[②]'曰：'焉知賢才而舉之?'曰：'舉爾所知．爾所不知，人其舍諸?'"同篇簡文第9—10簡有云：'(上殘)☐有城（成)，是古（故）又（有）司不可不先也。'中（仲）弓曰：'售（雍）也不憝（敏)，唯（雖）有賢才，弗智（知）舉也。敢昏（問）舉才【9中】女（如）之可（何)?"'中（仲）㞐曰：'夫賢才不可弇（掩）也。舉而（爾）所知。而（爾）所不知，人其豫（舍）之者（諸)?'

---

① 《左傳·僖公·三十三年》載"（晉臼季）言諸文公曰：'敬，德之聚也。能敬必有德，德以治民，君請用之。臣聞之："出門如賓""承事如祭"，仁之則也。'"蓋古語有之。

② 大者於事或有所害，不得不懲；小者赦之，則刑不濫而人心悅矣。賢，有德者，有能者。舉而用之，則有司皆得其人而政益修矣。

中（仲）弓曰：‘惑（宥）過愳（赦）罪[1]，則民可爰（?）【10】’中（仲）弓曰：“若夫老老、慈幼，既昏（聞）命矣夫，先又（有）司，為之女（如）可（何)?”中（仲）尼曰：“夫民安舊而重遷【8】”簡本《仲弓》篇為孔子與仲弓之對話記錄，屬先秦標準之語錄體文獻。簡文細述季桓子使仲弓為宰，仲弓向孔子請教“為政何先”，夫子告以“（上殘）老老，慈幼；先又（有）司，舉賢才，惑（宥）過愳（赦）辠（罪)，【7】正（政）之台（始）也。”簡文“有司不可不先也”，即《論語・子路》“先有司”，簡文與《論語》僅繁簡差異而已，彼此之間，有“經”與“傳”之不同層次，頗類上文郭店竹簡《忠信之道》與《窮達以時》等出土文獻性質，以鋪闡《論語》之某章句，因以說理。“有司為先”之說，亦見於上博（五）《季康子問於孔子》記載季康子與孔子共商國事，“季庚（康）子䎽（問）於孔＝（孔子)，曰：‘肥，從又（有）司之遂（後)，𩑈（抑）不智（知）民𦤎（務）之安（焉）才（在)?’”孔子告仲弓以“先有司”，告季康子以“從有司之後”；告仲弓以“舉賢才”，告季康子以“賢人大於邦”，實無二致，可相參驗。

簡文中季康子請問孔子“𡉚＝（君子）之從事者於民之〔上〕，

---

[1] 原釋為“赦過與罪”，或改釋為“赦過舉罪”，謂赦免無心之過，舉發有心之罪。“舉”釋為“舉發過惡”，見《荀子・不苟》：“正義直指，舉人之過惡，非毀疵也。”本句的“赦過”指“赦免小過”，本篇所赦者應該只有“小過”，不應該包含大罪行。過，應該是指比較小的無心之錯，《左傳・宣公二年》：“人誰無過？過而能改，善莫大焉。”罪，應該應該是指比較大的惡行。本篇所赦者應該只有“小過”，不應該包含大罪行。過，應該是指比較小的無心之錯，《左傳・宣公二年》：“人誰無過？過而能改，善莫大焉。”罪，應該應該是指比較大的惡行。（參季旭昇〈上博三《仲弓》篇零釋三則〉）。

𡥦＝（君子）之大矛（務）可（何）【1—2】?”孔子曰：“𢖶（仁）之㠯（以）悳（德），此𡥦＝（君子）之大矛（務）也。”並進而闡述“仁以為德”的意涵，曰：“𡥦＝（君子）才（在）民【2】之〔上〕，埶（執）民之中，紽（施）于百眚（姓），而民不備（服）安（焉），氏（是）𡥦＝（君子）之恥也。氏（是）古（故）𡥦＝（君子）玉丌（其）言而𥁰（盛/慎）丌（其）行，敬城（誠）【3】丌（其）悳（德）以臨民＝（民，民）朢（望）丌（其）道而備（服）安（焉），此所胃（謂）𢖶（仁）之㠯（以）悳（德）。【4】”語重心長開導季康子（司馬康）必須舉賢、勧心、同仁、無私，惡人勿戕，好人勿貴，救民以親，無信謏憎，刑德並舉，則邦平而民柔。二篇簡文，實為夫子以“仁”為本之治國理想藍圖。

1

2

3

4

5

和谐共处与“优胜劣汰”

北京师范大学教授、国际儒学院常务副院长　周桂钿

中国传统文化是追求和谐共处，人际关系是相安无事，社会长治久安。因此惰性很大，缺乏活力。西方原来比较落后，中国汉朝盛世的时候，还没有英国。唐朝盛世的时候，英国还是非常落后的小城邦。十七世纪开始资产阶级革命，十八、十九世纪资本主义通过掠夺，经济与科技都有了大发展。因此，西方有人说中国不知道掠夺，推动崛起的机会。李约瑟说：十五世纪以前，中国的科技遥遥领先于西方，是同时代的欧洲所望尘莫及的。“优胜劣汰”理论产生于生物界，后被引进社会学，成为西方文化的代表。它在世界上激活社会，推动经济发展，促进科技进步，有功于世界。相形之下，中国近几百年落后了，挨了打。中国引进以后，对中国的发展也起过巨大的作用，使中国各方面得到长足的发展。

过去许多人对“优胜劣汰”都持肯定的意见，评价颇高。最近，我在北京论坛上听到各种议论，触发了我的一些思考，提出不同的看法，就教于行家。

体育比赛，当然是要优胜劣汰的，通过公平竞争，优胜者获得金牌、银牌、铜牌，失败者淘汰出局。现在竞争过头了，不重视群

众性的体育运动，只注意运动员的比赛，挑战极限，结果，群众运动少了，而运动员的身体受到伤害，违背了体育运动增强人们体质的初衷。

凡事不能走极端，走极端，必然走向反面。这叫“物极必反”。各方面都在竞争中，竞争过头了，都会走向反面。经济竞争过头了，贫富两极分化，富者愈富，愈不肯为义，为富不仁，见利忘义，为了发不义之财，不择手段，伪劣商品充斥市场，垄断行业制订霸王条款，使普通民众生活艰难，这很不利于社会的安定。

文化竞争，有的人提出文化全球化，实际上是以一种文化取代其他文化，使文化全球化成了西方化。这种单一的文化主张受到其他文化的强烈抵制，于是有了所谓的文化冲突论。

政治竞争则更为激烈。在国内突出表现在竞选总统上，各派政治势力无所不用其极，花费的人力、物力、财力非常巨大，算不算劳民伤财呢？弄虚作假，造势，贿选，运动群众，也是丑闻不断。选出的总统却未必能替人民办点实在的好事。在国际上，竞争的结果，胜者称霸，败者挨打，产生了殖民主义，殖民者压迫殖民地人民，掠夺殖民地财富。殖民者崛起了，殖民地人民遭殃了。殖民主义受到全世界人民的谴责。当今世界，殖民主义产生了新变化，胜者仍然要称霸，实行霸权主义，弱者要反抗，实力不够，于是就搞起恐怖主义。霸权主义逼出恐怖主义。霸权主义与恐怖主义使世界不得安宁，这是最严重的危机。由于竞争，富者强者，掠夺资源，过度消费，砍伐树林过多，排放废气过量，造成生态危机、气候危机、资源危机，又引发金融危机、信任危机、道德危机。“优胜劣汰”这种文化导致过度竞争，过度竞争产生霸权主义，霸权主义逼出恐怖主义，霸权主义又引发各种社会危机，财富增加了，分配不均，贫富两极分化，幸福感降低了。现在许多社会问题多与西方强势的“优胜劣汰”文化有关。

如何化解危机？东西方有识之士都发现中华民族的传统文化中有化解危机的智慧。儒家讲“和而不同”，提倡尊重别人，与各种人和平共处。世界文化有各种差异，各有特色，没有优劣之分。儒家提倡“己所不欲，勿施于人”，自己可以保持自己特色的文化，不能强迫别人接受自己的文化。这样社会才能和谐，世界才能和平。和，才能使大家都过幸福日子。因此，儒家说“和为贵”。

总之，我们对“优胜劣汰”要两面看，先给予肯定，这种文化导致竞争，竞争促进发展，对人类是有贡献的。而竞争过头，胜者称霸，霸权主义导致各种社会危机。深入探讨危机的深层原因，发现是“优胜劣汰”推到极端，走向反面。这叫“物极必反”。简单地说，社会各种危机是霸权主义造成的，霸权主义是“优胜劣汰”文化危机导致的。而东方的智慧有化解危机的智慧，只要加以弘扬，就能够化解危机。

陶淵明的儒者襟抱與獨立精神

臺灣大學中文系教授、世新大學中文系客座教授 齊益壽

前 言

在歷史上足以“重輝映千春”（李白〈古風〉）的幾位大詩人中，陶淵明也許是最為特殊的一位。特殊之一，是留下的作品數量少：詩僅一百二十幾首，文僅十來篇而已。比起李白、杜甫上千首的詩文，蘇軾數千首的詩文，不可同日而語。陶詩不但數量少，而且篇幅也很短小，五言詩一首多在二十句以下，百字之內；最長的〈桃花源詩〉也不過三十二句，一百六十字。陶集中最長的是四言〈命子詩〉，共八十句，三百二十字。比起屈原的作品雖僅二十五篇，但其中頗多氣勢磅礴的長篇巨製，如〈離騷〉長達三百七十三句，二千四百多字；〈天問〉長達三百五十餘句，一千五百多字[①]，有如小巫之見大巫。特殊之二，是陶淵明生前乃以隱逸著稱，而非以詩文知名。其詩名是死後才逐漸增大的，如鍾嶸《詩品》列於中品；杜

---

① 〈離騷〉及〈天問〉句數、字數的統計，據褚斌杰《楚辭選評》（西安：三秦出版社，2004 年）頁 1、頁 48。

甫以“陶謝”並稱[①]（謝靈運是被《詩品》列於上品的詩人，以“陶謝”並稱，顯然提高了陶詩的地位）；蘇軾則由於“獨好淵明之詩”，更把陶淵明提高到“自曹（植）、劉（楨）、鮑（照）、謝（靈運）、李（白）、杜（甫）諸人，皆莫及也”[②] 的地位，儼然將陶淵明奉為魏晉以後的第一人。明清至今，或是以“陶杜”並稱[③]，或是以陶淵明與屈原、杜甫鼎立[④]，或是把陶淵明與屈原、杜甫、蘇軾等列[⑤]，使陶淵明躍升為詩史上四大或三大詩人地位。比起李白、杜甫、蘇軾諸人，生前便詩譽卓著，聲名遠播，又是不可同日而語。然而何以生前並不以詩知名的陶淵明，宋朝以後千餘年來竟獲得如此崇高的地位且歷久不衰？此一歷史現象的文化意涵應如何理解？能與陶淵明相比擬的屈原、杜甫等大詩人，他們與陶淵明之間又有何共通的質性，其詩歌藝術中發皇了什麼樣的文化理想和精神價值，而深

---

① 見杜甫〈夜聽許十一誦詩〉：“陶謝不枝梧，風騷共推激”及〈江上值水如海勢聊短述〉：“焉得思如陶謝手，令渠述作與同遊。”楊倫《杜詩鏡詮》（台北：新興書局，1964 年），頁 136，頁 304。

② 蘇軾〈與蘇轍書〉，《續集》卷三附蘇轍〈追和陶淵明詩引〉，《蘇東坡全集》（台北：河洛圖書出版社，1975 年），頁 70。

③ 以“陶杜”並稱者，如明王圻《稗史》云：“情之所蓄，無不可吐出；景之所觸，無不可寫入；晉推陶淵明，唐惟少陵。”見《陶淵明研究資料彙編》上冊（北京：中華書局，2004 年 4 次印刷），頁 167。又如清陳祚明云：“千秋之詩，謂惟陶與杜可也。”見《采菽堂古詩選》卷十三，《續修四庫全書》第 1590—1591 冊（上海：上海古籍出版社，2002 年），頁 80。

④ 朱光潛云：“淵明在中國詩人中的地位，是很崇高的。可以和他比擬的，前只有屈原，後只有杜甫。”見朱光潛《詩論》（上海：上海古籍出版社，2001 年），頁 214。

⑤ 王國維〈文學小言〉：“三代以下之詩人，無過於屈子、淵明、子美、子瞻者。”見《王靜庵文集》（台北：僶勉出版社，1977 年），頁 53。

深感動著、教育著一代又一代的讀者？元代吳澄在〈湖口縣靖節先生祠堂記〉中問得好："先生非有名位顯於時，非有功業著於後，而千載之下，使人眷眷不忘，其何以得此於人哉？"① 好一句"使人眷眷不忘"！陶淵明生前確無名位可顯，死後又無勛功可述，但為什麼千年以來，卻能"使人眷眷不忘"呢？陶淵明其人其詩的魅力究竟何在？這當然不容易回答。本文僅就管窺所及，初步提出"儒者襟抱與獨立精神"這樣的思考面向，來就教於高明。以下先就陶淵明的儒者襟懷加以說明，再就其獨立精神加以探析。

一、陶淵明的儒者襟抱

陶淵明生當晉宋之交，是玄學佛學盛行的時代。劉宋時代的永嘉太守檀道鸞，在所著《續晉陽秋》中說道："正始中，王弼、何晏好莊、老玄勝之談，而世遂貴焉。至過江，佛理尤盛。"② 南齊末年，劉勰也在所著《文心雕龍》〈時序〉篇中，說到東晉之後，詩賦深受玄學的影響："自中朝（西晉）貴玄，江左（東晉）稱盛，因談餘氣，流成文體。是以世極迍邅，而辭義夷泰，詩必柱下之旨歸，賦乃漆園之義疏。"③ 在玄學清談及佛教信仰蔚為社會思潮主流的年代，陶淵明在行為上、詩文中是否受到相當的影響呢？在此先簡述陶淵明與玄學及佛教的關係，再論述陶淵明的儒者襟抱。

---

① 見〈誄傳雜識〉，陶澍注，戚煥塤校《靖節先生集》（台北：華正書局，1975 年），頁 23—24。

② 〈文學第四・85 條〉劉孝標注引，余嘉錫《世說新語箋疏》（台北：華正書局，1984 年），頁 262。

③ 范文瀾《文心雕龍注》（台北：明倫出版社，1970 年），頁 675。

(一) 陶淵明與玄學

對於魏晉玄學，陶淵明並不排斥。玄學的核心問題在於如何處理“自然”與“名教”的關係。老莊貴“自然”，聖人重“名教”，這兩種各有所偏重的價值觀，應用在治國方針及政教措施上，應如何斟酌拿捏，如何會通調合，才能政通人和、運行無礙？以王弼、何晏為代表的正始玄學，主張應以“自然”為體、為本，以“名教”為用、為末，以克服東漢末年以來現實生活中“名教”之嚴重異化。陶淵明〈飲酒詩二十首〉之末首云：“羲農去我久，舉世少復真。汲汲魯中叟，彌縫使其淳。”[①] 詩中的羲農時代，正是崇尚自然真樸文化的表徵；而栖栖遑遑、席不暇暖的魯國老人孔子，明知有道之世早已崩解，卻仍然努力去彌之縫之，要把裂縫修補起來，使人與人之間復歸於真淳，因此孔子正是名教倫常的典型。在陶淵明心中，儒家與道家是完全可以會通於“真”、“淳”之境的，此與正始玄學的“自然”為體、“名教”為用，並無衝突。

至於以嵇康、阮籍為首的竹林玄學，雖然抨擊名教禮法甚為激烈，而高喊“越名教而任自然”，然而嵇、阮所反對的其實是虛偽的名教禮法，是嚴重異化到藉操控名教來詆毀中傷那些“非我族類”，甚至藉以誅鋤異己、掠奪政權的假名教之徒，如司馬氏及其鷹爪何曾、鍾會之流。對於嵇、阮所抨擊的虛偽的名教，陶淵明亦深有同感，其〈感士不遇賦〉云：

> 夫履信思順，生人之善行；抱樸守靜，君子之篤素。

---

① 楊勇《陶淵明集校箋》(台北：正文書局，1976年)，頁166。

> 自真風告逝，大僞斯興，閭閻懈廉退之節，市朝驅易進之心。懷正志道之士，或潛玉於當年；潔己清操之人，或沒世以徒勤。故夷、皓有“安歸”之歎，三閭發“已矣”之哀。①

在真淳的文化消退，虛偽的名教猖獗之世，“雷同毀異，物惡其上；妙算者謂迷，直道者云妄；坦至公而無猜，卒蒙恥而受謗。”②這是劣幣逐良幣的世界，種種誣陷、毀謗的技倆推陳出新，結黨營私者沆瀣一氣，把高明妙算者說成頭腦不清；將走大路行正道者說成狂妄自大；甚至對公忠為國無可嫌疑者，都要放暗箭，播謠言，來中傷摧毀其可敬可親的形象。陶淵明描述這些現象，從沉痛的筆調中，讀者不僅可以看到偽名教者之信口雌黃，而且還能感應到陶淵明為他的曾祖父陶侃所蒙受的謠言中傷的悲憤之情。在〈命子〉詩中，陶淵明熱烈讚美這位品德功勛雙全的曾祖父長沙公陶侃說：

> 桓桓長沙，伊勳伊德。天之疇我，專征南國。功遂辭歸，臨寵不忒。孰謂斯心，而近可得！③

陶侃軍功彪炳，每以孤軍偏旅，獨當大寇，逐一擊敗張昌、陳敏、王如、杜弢等叛亂，最後更消滅了實力強大的蘇峻、蘇逸兄弟，光復已淪陷的京師，使朝廷危而復安。陶侃陸續擔任過荊州、

---

① 同註 10，頁 255。
② 同註 10，頁 256。
③ 同註 10，頁 31。

廣州、江州、湘州、交州等州刺史，最後則身兼荊、江二州刺史，征西大將軍，都督荊、江、雍、梁、交、廣、益、寧八州諸軍事，封長沙郡公。詩中“天子疇我，專征南國”是說天子酬謝陶侃的勛勞，而授以先行後奏得以專自征討南方八州的要職重任。“疇”通“酬”[①]。至於“功遂辭歸，臨寵不忒”，《晉書・陶侃傳》可以為證。《傳》云：

> 侃在軍四十一載，雄毅有權，明悟善決斷。自南陵迄于白帝數千里中，路不拾遺。……季年懷止足之分，不與朝權。未亡一年，欲遜位歸國，佐吏等苦留之。及疾篤，將歸長沙，軍資器仗牛馬舟船皆有定簿，封印倉庫，自加管鑰，以付王愆期，然後登舟。朝野以為美談。[②]

陶侃不僅武功彪炳，而且文治斐然，能令江、荊兩州東西數千里地“路不拾遺”，這是高門大族的名流宰輔王導、庾亮等人所不及的。所以當時尚書梅陶在寫給親戚曹識的信上說道：“陶公機神明鑒似魏武，忠順勤勞似孔明，陸抗諸人不能及也。”[③] 陶侃不僅是允文允武的奇才，而且頗知謙抑，身在外藩，不與朝政，深以功高震主自惕，死前一年便要辭職歸國，而為僚佐所苦留。當病情轉篤時，所轄荊、江二州州府及軍府內所有軍需兵器、車船牛馬等財物，全都帳冊分明，把倉庫貼上封條，加上鎖鑰，一一移交給副手王愆期，

---

① 袁行霈《陶淵明集箋注》，頁 48。

② 新校本《晉書》（台北：鼎文書局，1979 年），第 3 冊，頁 1778—1779。

③ 同註 15，頁 1779。

然後才登船離去。如此廉節嚴明，更是其他擔任過方面大員者所望塵莫及的，無怪乎朝野都為之贊歎不已。然而如此功蓋一世胸懷磊落的人，卻不斷被猜疑有窺窬之志，有無上之心，謠言說陶侃家中壁上懸掛的織梭，遇雷雨而化龍飛去；又說陶侃夢生八翼，天門九重已登其八，卻被最後一重的門吏杖擊墜地，而折斷了左翼。這兩則神話，居然被百年後唐修《晉書》轉錄到〈陶侃傳〉中，繼續散播。無怪乎陶淵明會憤憤不平地要製造謠言者，將陶侃與東晉立國以來的野心家如王敦、桓溫、桓玄以及劉裕等比一比。清代陶必銓《萸江詩話》說：

> 桓公（陶侃謚“桓”）力恢晉室，而以功高震主蒙謗。晚年深以盈滿為懼，懇請歸國。東坡言陶公忠義，橫秋霜而貫白日。朱子稱之。其始終一節如此，以視桓溫父子、劉寄奴諸人，真猶麒麟之於破獍也。先生詩以“臨寵不忒”，特表桓公之心，而致慨於近不可得，其旨深哉！[①]

歷史上雖有蘇軾、朱熹等大文豪、大理學家為之辨誣，但不明就裡以訛傳訛者仍不在少數。

對於偽名教假禮法，不但嵇康、阮籍大肆抨擊，也是陶淵明所厭惡的。至於真名教，不但陶淵明不會反對，嵇康、阮籍也是不會反對的。西晉時樂廣有云：“名教內自有樂地。”[②] 這是指真名教而

---

① 《陶淵明資料彙編》下冊（北京：中華書局，2004 年第 4 次印刷），頁 28。

② 新校本《晉書》（台北：鼎文書局，1979 年），第 2 冊，頁 1245。

言。在真名教之中，自有精神的快樂可言，這是阮籍、嵇康以至陶淵明，所共有過的經驗。三人皆幼年喪父，事母至孝。一門中母慈子孝，兄友弟恭，無比溫馨。阮籍〈詠懷〉詩其十五云："昔年十四五，志尚好書詩。被褐懷珠玉，顏閔相與期。"① 可見阮籍在十四五歲成童時，是立志以孔門中賢德孝行著稱的顏淵、閔子騫為學習楷模的。《三國志・王粲傳》注引《魏氏春秋》說："籍曠遠不羈，不拘禮俗。性至孝，居喪雖不率常儉，而毀幾至滅性。"② 秉性至孝的阮籍，母親死的時候，雖不循守喪期間的禮儀軌範，但哀毀骨立，幾至性命不保。嵇康〈幽憤〉詩亦云：

> 嗟余薄祜，少遭不造。哀煢靡識，越在襁褓。母兄鞠育，有慈無威。恃愛肆姐，不訓不師。爰及冠帶，憑寵自放。抗心希古，任其所尚。③

嵇康父親早亡，但备受母親及兄長的呵護寵愛，家中只有慈愛，不見威嚴，因而養成他成年之後愛好自由放任的性格，為追求理想而奮不顧身。當兄長嵇喜被舉為秀才並受徵入軍而離別家鄉，嵇康寫了一系列的贈兄之詩，極為纏綿懇至。如五言一首云："隱姿就長纓，卒為時所羈（此二句寫嵇喜）。單雌翩獨遊（各本作"單雄翻孤遊"，此從《初學記》卷十八引），哀吟傷生離。徘徊戀儔侶，慷慨高山陂（此四句自述）"；又如四言詩云："咬咬黃鳥，顧儔弄昔。感

---

① 陳伯君《阮籍集校注》（北京：中華書局，1987年），頁265—266。

② 新校本《三國志》（台北：鼎文書局，1979年），頁604。

③ 戴明揚《嵇康集校注》（台北：河洛圖書公司，1978年），頁26。

寤馳情，思我所欽。心之憂矣，永嘯長吟。”又云：“旨酒盈尊，誰與交歡？瑟琴在御，誰與鼓彈？仰慕同趣，其馨若蘭。佳人不存，能不永歎？”[1] 陶淵明的生母孟氏，卒於晉安帝隆安五年辛丑歲(401)，即陶淵明三十七歲時。在前一年的庚子歲（400），陶淵明奉桓玄之命遠赴京師建康，事畢返江陵途中經過尋陽，陶淵明急於回家省親，卻為強風所阻，因而寫下歸心似箭、孺慕情深的兩首〈庚子歲從都還阻風於規林〉詩[2]。清吳瞻泰輯《陶詩彙注》評第一首說：“此詩為歸省而作。一片遊子思歸真情，急於到家，偏為風阻，觸目生怨，覺路為之曲，日為之限，夏木為之蔽。使千載而下，猶覺至情流露。”[3] 並於第二首引朱熹的評論說：“朱晦庵嘗書此詩與一士子云：‘但能參得此詩透，則今日所謂舉業，與夫他日所謂功名富貴者，皆不必經心可也。’”[4] 陶淵明在三十六歲的壯年，尚流露如此的孺慕情深。一幅母慈子孝的家庭溫馨畫卷，宛然在目。無怪乎朱夫子感動得寫信告訴後生說，只要真參透讀懂了這首詩，則今日所忙碌的科舉以及他日所忙碌的功名富貴，都顯得不足道矣！陶淵明不僅事母孝，對弟妹也極為友愛，在所作的〈祭程氏妹文〉、〈祭從

---

① 同註 21。頁 5，頁 13，頁 18。

② 茲錄兩首詩於下：

其一：行行循歸路，計日望舊居。一欣侍溫顏，再喜見友于。鼓棹路崎曲，指景限西隅。江山豈不險，歸子念前塗。凱風負我心，戢枻守窮湖。高莽眇無界，夏木獨森疎。誰言客舟遠？近瞻百里餘。延目識南嶺，空歎將焉如！

其二：自古歎行役，我今始知之。山川一何曠，巽坎難與期。崩浪聒天響，長風無息時。久游戀所生，如何淹在茲，靜念園林好，人間良可辭。當年詎有幾？縱心復何疑！

③ 同註 10，頁 113。

④ 同註 10，頁 114。

弟敬遠文〉以及〈悲從弟仲德〉的哀詩中，回憶往日同房共處，衣食雖然並不富足，但那種生活在一起的和樂融融，卻回味無窮！禮不外乎人情；名教須立足於人的真性情之上，方為真名教。需能免於異化的名教，方為真名教。真名教中“自有樂地”，誰說不是呢？

至於郭象獨化論的玄學，其要旨在於“獨化於玄冥之境”。這是整合了王弼、何晏的貴無論，裴頠的崇有論，以及嵇康、阮籍的“越名教而任自然”而得到的結論。余敦康先生對此有精闢的解讀，他說：

> 郭象的“獨化於玄冥之境”的命題概括了多層次的含義，把現象與本體、個體與整體、多元與一元、對立與統一之間的種種複雜的關係圓滑地解決了。玄冥之境不在獨化之外，而就在獨化之中，整體的和諧是以個體的和諧為前提的。如果每個具體事物，“各然其所然，各可其所可”都以自我的性分為軸心而自為，雖然看起來彼此對立而呈現出多元化的傾向，但由於它們之間自為而相因的協同作用，最後終於結成了“道通為一”的整體網絡。這就是原始的和諧。①

對於名教與自然的關係，郭象主張自然即名教，名教即自然。理想的君王是內聖外王：先有內聖的修養，才能有外王的成效。“自然即名教”意謂名教須合乎自然，自我的性分不應被扭曲，個體的

① 余敦康《魏晉玄學史》（北京：北京大學出版社，2004 年），頁 363。

和諧不應被破壞，這一點陶淵明完全同意。在仕途上東西游走多年之後，陶淵明終於不能忍受官場文化異化的嚴重而辭官歸隱，因為他“質性自然，非矯厲可得”（〈歸去來辭序〉）。但“名教即自然”則意謂社會上種種貴賤上下的等級之分是當然之理，不可改變，陶淵明對此似難以苟同。〈感士不遇賦〉說道：

> 咨大塊之受氣，何斯人之獨靈！稟神智以藏照，秉三五而垂名；或擊壤以自歎，或大濟於蒼生：靡潛躍之非分，常傲然以稱情。[①]

陶淵明在〈賦〉中將萬物之靈的人分成兩大類：一類是稟賦高明的智慧卻把光芒藏斂起來，平平淡淡過著日出而作、擊壤自歡的勞力者生活；另一類是掌握五行終始三正建元的機運，改朝換代，除舊佈新，一展其大濟蒼生的偉抱。這兩類人是由於性分不同，而各適其所適，彼此皆是“傲然自足”，其間並無“潛躍”之分，即貴賤高下這些不當的人為等級之區別劃分。可見陶淵明是不贊成貴賤階級之分的。然而陶淵明所描述的“神智藏照”“擊壤自歡”的勞力者，只適用於少數隱者，如許由、段干木等人。在名教中的君臣體制，若無尊卑上下之分，是難以運作的。因此在陶淵明晚年所寄託的理想國——〈桃花源記〉中，五倫中君臣關係這一倫不見了。王安石的〈桃源行〉中早已道出：“避時不獨商山翁，亦有桃園重桃者。此來種桃幾經春？採花食實枝為薪。兒孫生長與世隔，雖有父

① 同註 10，頁 255。

子無君臣。”[1] 桃花源中君臣關係的排除，不啻與阮籍的無君論遙相呼應。

從以上簡述中，可見陶淵明除了不敢苟同郭象的“名教即自然”之說外，對魏晉玄學並不排斥，而多有吸收融化。然而玄學並非陶淵明安身立命的主軸所在。

（二）陶淵明與佛教

陶淵明為尋陽柴桑人，由於北臨長江南傍廬山的地理位置，以及東晉一朝的內鬩不斷，兵禍連連，都使他無法與佛教絕緣。尋陽柴桑是江州州治所在，是上游荊州與下游揚州兩大軍事陣營互相攻伐、較量時的必爭之地。陶詩偶有在興致勃勃中忽然冒出一片廢墟的景象，如〈和劉柴桑〉詩云：

> 良辰入奇懷，挈杖還西廬。荒塗無歸人，時時見廢墟。[2]

又如〈歸園田居〉詩其四云：

> 久去山澤遊，浪莽林野娛。試攜子姪輩，披榛步荒墟。徘徊丘隴間，依依昔人居。井灶有遺處，桑竹殘朽株。借問採薪者，此人皆焉如？薪者向我言：死沒無復餘。一世

① 李壁《箋注王荊文公詩》（台北：廣文書局，1971 年），卷六，頁 269—270。

② 同註 10，頁 88。

異朝市，此語真不虛。人生似幻化，終當歸空無！[①]

前者是說在風和日麗的良辰，忽然興致勃勃地想回到久違的西廬舊居看看，便拄杖前往，所見到的卻是路途荒涼，這裡一撮那裡一撮的廢墟。後者是說興致勃勃地帶著子姪們穿越山丘作一次野遊，因為睽違山澤林野草莽如浪的野趣已經很久了。無意間在丘壠上見到一處廢墟，井灶依舊，桑竹也還殘留著，但是屋裡面的人卻一個不留，採薪者說全死光了。何以如此？陶淵明雖未作交代，但看來不是由於水災或火災，因為井灶桑竹猶在，只有兵災戰禍的可能性最大。[②] 於是來時興沖沖的心情，霎時蒙上無邊無際的愁雲慘霧。想起佛經上說的人生如夢幻泡影的警句，何等真切！生命的意義何在？一切生命最後都只剩下空無。生命來自空無，又歸返空無，什麼也

① 同註 10，頁 61。

② 〈歸園田居〉五首，作於辭彭澤令歸隱之翌年，即義熙二年（406）。尋陽柴桑自安帝隆安二年（398）起便戰亂連連。此年江州刺史桓玄與荊州刺史殷仲堪雙雙引兵東下，與兗州刺史王恭結盟，同赴京師。隆安三年（399），桓、劉內鬨，桓玄自尋陽率軍西上，殺殷仲堪及南蠻校尉楊佺期，自領荊、江二州刺史。元興元年（402）元月，驃騎大將軍司馬元顯自京師率軍西討桓玄，二月桓玄自江陵引兵東下，三月攻入京師，殺司馬元顯及其父司馬道子，總攬朝政。元興二年（403）十二月，桓玄篡位，以安帝為平固王，遷於尋陽。元興三年（404）二月劉裕舉兵討伐桓玄，大破桓玄軍於湓口，進據尋陽。五月，桓玄兵敗被殺。義熙元年（405）三月，安帝返京師，陶淵明為建威將軍劉敬宣的參軍，奉命使都。八月，陶淵明為彭澤令。〈歸去來辭序〉稱"於時風波未靜，心憚遠役。彭澤去家百里……故便求之。"可知直到義熙元年，雖然桓玄已死，但風波尚未平靜，因為桓玄的餘黨尚未完全撲滅，陶淵明只敢在離家百里的近處彭澤任職，不願遠離。可見自隆安二年以來，七八年間尋陽一地甚不平靜。在如此密集的戰亂中受害的無辜百姓，不知凡幾！

把握不住。

尋陽南傍廬山。廬山的東林寺在高僧慧遠主持下，已經成為當時南方的佛教中心，與北方長安鳩摩羅什所主持的龐大譯經弘法大業，既分庭抗禮，又互通聲氣。慧遠與鳩摩羅什之間，時有書疏往來，問難經義；並派遣弟子，游學請益。如主張頓悟說的竺道生，便是先在廬上修行七年，然後與同學慧叡、慧嚴等同游長安，請益於鳩摩羅什的。慧遠與鳩摩羅什之間既有書疏往來，弟子之間有時也互通音訊，如鳩摩羅什的高促僧肇便有〈答劉遺民書〉，收在《廣弘明集》中。劉遺民與周續之二人均為慧遠的高足，是未出家的居士弟子，也是陶淵明的好友。劉遺民原為柴桑令，後入廬山皈依慧遠。慧遠於安帝元興元年（402）七月二十八日，在廬山山北般若雲台精舍阿彌陀佛像前，聚集一百二十三人，舉行一場淨土信仰的宣誓大典，而〈誓文〉便是出於劉遺民之手。周續之在十二歲便受業於豫章太守范寧，數年後通《五經》，名冠同門，號稱“顏子”。范寧於玄風大盛之世，欲力挽狂瀾，乃著〈罪王何論〉，以尊儒的立場抨擊玄學的浮詞華語及所煽起的任誕無檢之風；又著《春秋穀梁集解》十二卷、《尚書注》十卷、《禮雜記》十卷等，皆是心繫名教的儒學專著。然而周續之在受業於范寧之後，《宋書·隱逸·周續之傳》卻說：“既而閑居讀《志》、《易》，入廬山事沙門慧遠。”[1] 像周續之這樣由儒而玄而佛的學養歷程，是晉宋之交的名流求學問道的一個典型。不僅周續之如此，慧遠、宗炳等無不如此。《高僧傳·晉廬山釋慧遠傳》說：

---

① 新校本《宋書》（台北：鼎文書局，1979 年），頁 2280。

弱而好書，珪璋秀發。年十三，隨舅令狐氏游學許洛，故少為諸生，博綜六經。尤善莊老。性度弘偉，風鑒朗拔。雖宿儒英達，莫不服其深致。年二十一，欲渡江就范宣子共契。值石虎已死，中原寇亂，南路阻塞，志不獲從。時沙門釋道安立寺於太行、恆山，弘讚像法，聲甚著聞。遠聞，遂往歸之，一面盡敬，以為真吾師也。後聞安講《般若經》，豁然而悟，乃歎曰："儒道九流，皆糠粃耳。"便與弟慧持投簪落髮，委命受業。①

可見慧遠也由經由"博綜六經"，而"尤善莊老"，最後則歸心於佛門。一旦皈依佛門，便覺儒家道家等九流十家，不過糠粃而已。宗炳為著名山水畫家，留下〈畫山水序〉一文，是一篇影響深遠的山水畫論。他屢辭徵辟，終生未仕，而入廬山為慧遠弟子，曾對沙門慧堅說道："死生之分，未易可達，三復至教，方能遣哀。"② 其所說"至教"便是佛教。宗炳性孝，父母往生時，"居喪過禮，為鄉閭所稱。"③ 當志同道合的妻子羅氏亡故，宗炳又極度哀傷。面對死亡的哀痛，唯有求助於佛教，方能超脫生死，使人遣哀釋痛。

晉宋之世，士大夫由儒而道而佛的學養歷程正方興未艾，與陶淵明合稱"尋陽三隱"的好友劉遺民、周續之，均成為高僧慧遠的高足；陶淵明所處的尋陽之地又是兵禍連年、民不聊生、廢墟時見

---

① 《高僧傳合集·高僧傳卷第六》（上海：上海古籍出版社，1991 年），頁 37。

② 同註 32，頁 2279。

③ 同註 34，頁 2278。

的戰爭場所。這些都令陶淵明不能不深切地領悟到“人生似幻化，終當歸空無”的虛幻，感受到“人生無根蒂，飄如陌上塵，分散逐風轉，此已非常身”（〈雜詩〉其一）的渺小無依，不由自主。雖然“幻化”、“空無”、“冥報”等佛教詞語有時會出現於陶詩，但佛教思想亦非陶淵明安身立命主軸之所在。

(三)、陶淵明的儒者襟抱

陶淵明身逢玄佛盛行之世，地近佛教中心廬山，雖不能自外於玄佛而受到若干影響，對於魏晉玄學，陶淵明多能吸收融化；至於佛教，陶淵明對佛教的教義、教規乃至於處世態度，則多所保留，所以一再婉拒劉遺民上山學佛的邀請，他的〈和劉柴桑〉、〈酬劉柴桑〉詩兩首，均是為此而作。〈和劉柴桑〉詩開門見山便說：“山澤久見招，胡事乃躊躇？直為親舊故，未忍言索居。”[①] 對劉遺民以上山習禪學佛相招，陶淵明始終躊躇不前，因為他不能離開親人故舊，去過離群索居的生活。陶淵明對於家庭極為重視，對於子女是否成器，極為關懷，以至於引起杜甫的調侃。杜甫〈遣興五首〉第三首云：

陶潛避俗翁，未必能達道。觀其著詩集，頗亦恨枯槁。達生豈是足？默識蓋不早。有子賢與愚，何其掛懷抱？[②]

---

① 同註 10，頁 88。有關劉遺民、周續之與陶淵明之間的交誼，可參考拙著〈試論尋陽三隱——陶淵明三首交游詩探析〉，《王叔岷先生學術成就與薪傳研討會論文集》（台北：台灣大學中國文學系編印，2001 年），頁 325—348。

② 楊倫《杜詩鏡詮》（台北：新興書局，1964 年），卷五，頁 231。

詩中杜甫是以莊子的“達生”之道來檢視陶淵明，認為陶淵明雖號稱避世的隱者，卻未必能通曉道家之道，一是由於陶淵明詩集中，頗以生活的貧困為憾；二是因為陶淵明心中太為兒子們的賢愚而操心。“觀其著詩集，頗亦恨枯槁”二句，若解讀成杜甫頗以陶詩的質直無文為憾，恐是誤會。杜甫一再以“陶謝”並稱，既說“陶謝不枝梧，風騷共推激”，又說“焉得思如陶謝手，令渠述作與同遊?”可知杜甫是將陶謝視為大家，許為高手，認為其詩歌藝術達到“不枝梧”的簡練高妙的境界①。何曾以陶詩為鄙質呢?“枯槁”是指生活的貧困，而非詩歌的文字風格。杜甫在〈遣興三首〉第三首中，又用到“枯槁”一詞：“勸汝衡門士，勿悲尚枯槁。時來展才力，先後無醜好。”② 同樣也是指生活的貧困而言。陶淵明〈飲酒詩二十首〉其十一云：“顏生稱為仁，榮公言有道，屢空不獲年，長飢至於老。雖留身後名，一生亦枯槁。”③ 這裡的“枯槁”，仍然說的是生活的貧困。因此，杜甫這兩句詩是說觀覽陶淵明詩集中，寫到以生活貧困為憾的，還頗不少呢！事實上確是如此，如〈怨詩楚調示龐主簿鄧治中〉詩說：“夏日長抱飢，寒夜無被眠。造夕思雞鳴，及晨願烏遷。”④〈有會而作〉詩說：“弱年逢家乏，老至更長飢。菽麥實所羨，孰敢慕甘肥?”⑤〈雜詩十二首〉其八說：“代耕非本望，所業在田桑。躬親未曾替，寒餒常糟糠。豈期過滿腹?但願能粳糧；御冬足大布，

---

① “簡練高妙”四字是朱光潛對“不枝梧”的解讀，出處同註 5。

② 同註 37，頁 228。

③ 同註 10，頁 154。

④ 同註 10，頁 74。

⑤ 同註 10，頁 180。

粗絺以應陽。正爾不能得，哀哉亦可傷!”[1] 由此可見陶詩中言及生活貧困者並不少見。至於為兒子們的賢愚而操心掛懷者，則〈命子〉詩、〈責子〉詩以及〈與子儼等疏〉都是顯而易見的例子。因此杜甫認為陶淵明未必能達莊子之道，是有根據的。然而陶淵明未必能達莊子之道，正好說明陶淵明的安身立命之道主要是儒家之道，而非道家之道。

儒家對中國文化的重要貢獻在於重視人與人之間的關係，並為之建構出五種倫常，使人有所依循。孟子說：

> 飽食、煖衣、逸居而無教，則近於禽獸。聖人有憂之，使契為司徒，教以人倫：父子有親；君臣有義；夫婦有別；長幼有序；朋友有信。[2]

人原為動物之一，其所以與禽獸漸行漸遠，當歸功於倫常教化。儒家是這一方面的集大成者。在五倫之中，父子、夫婦、長幼這三倫均在家庭的範圍之內。朋友屬於社會的層面。君臣則屬政治的層面。家庭在五倫中竟佔了三倫，可見儒家對家庭重視的程度。儒家的終極目標在於治國、平天下，但治國、平天下須以齊家為前提，也就是要做到“父子有親”、“夫婦有別”、“長幼有序”；或是合乎《尚書·堯典》所說的“五教”：父義、母慈、兄友、弟恭、子孝。而齊家的前提則在於脩身。脩身之於儒家，可謂茲事體大：它既須以“格物”、“致知”的知識為基礎，又須以“誠意”、“正心”的內

① 同註 10，頁 209。
② 朱熹《四書章句集注》(台北：大安出版社，2008 年)，頁 360。

省為工夫，還須以“事親”、“知人”、“知天”為歷鍊。〈大學〉篇說：

> 欲齊其家者，先脩其身。欲脩其身者，先正其心。欲正其心者，先誠其意。欲誠其意者，先致其知。致知在格物。物格而後知至，知至而後意誠，意誠而後心正，心正而後身脩，身脩而後家齊，家齊而後國治，國治而後天下平。自天子以至於庶人，壹是皆以脩身為本。[①]

〈中庸〉篇也說：

> 故為政在人，取人以身，脩身以道，脩道以仁。仁者人也，親親為大；義者宜也，尊賢為大；親親之殺（音曬，等差也），尊賢之等，禮所生也。……故君子不可以不脩身；思脩身，不可以不事親；思事親，不可以不知人；思知人，不可以不知天。[②]

對於脩身須以“事親”、“知人”、“知天”為歷鍊，朱熹注云：“脩身以道，脩道以仁，故思脩身不可以不事親。欲盡親親之仁，必由尊賢之義，故又當知人。親親之殺，尊賢之等，皆天理也，故又當知天。”[③] 舉凡仁、義、禮、智，無一不在脩身的範圍。儒家賦予

---

① 同註 44，頁 4。
② 同註 44，頁 37。
③ 同註 44，頁 39。

脩身如此博大深厚的內涵，因為它不僅是齊家的前提，而且還是治國、平天下的關鍵。然而如此博大深厚的內涵，其實不外乎兩大要項：一為“進德”；二為“脩業”。兩者既互相依存，又相互提攜。“仁”、“義”、“禮”屬進德之事，但須藉讀書脩業，時與歷史對話，深會古人之意，並在生活中加以實踐，方能不斷提昇。“智”屬讀書脩業之事，但致知是誠意、正心等“進德”的基礎，所致之知若偏淺而不深厚，則對仁、義、禮諸德的體察，亦不免流於淺薄偏頗。《周易・乾卦・文言》有云：“君子進德脩業，欲及時也。”[①] 這句話本是解釋乾卦九四爻的，卻無意中勾勒出身為儒者的襟懷抱負：在不斷努力進德脩業之中，期待及時為人所識，為世所用，為治國、平天下作出貢獻。這也正是陶淵明從少年到不惑之年大半生中安身立命之道之所寄。

在〈讀史述九章・屈賈〉中，陶淵明透過對屈原、賈誼的評述，折射出自己的懷抱：“進德修業，將以及時。如彼稷契，孰不願之？”[②] 可見陶淵明是以舜帝的賢臣后稷棄及司徒契自期的。無獨有偶，杜甫也是以棄與契自許的，其〈自京赴奉先縣詠懷五百字〉詩有云：“杜陵有布衣，老大意轉拙：許身一何愚，竊比稷與契！”[③] 以進德修業為前提，不斷自我充實，希望能像稷契那樣，被聖君明主所賞識所重用，為治國、平天下的大業作出貢獻，這正是典型的儒者襟抱。此外，陶淵明還在〈飲酒詩二十首・其十七〉中借幽蘭為喻，期待被人賞識。〈詩〉云：“幽蘭生前庭，含薰待清風。清風脫

---

① 《十三經注疏》第一冊（台北：藝文印書館，1979 年），頁 14。

② 同註 10，頁 293。

③ 同註 37，頁 150。

然至，見別蕭艾中。”[①] 幽蘭本具芬芳之質，且已結蕊含薰待放，但必須等待清風吹來，把花香吹送到人的鼻子，才能被識別出它與周遭的蕭艾的不同。這是進德脩業有成，終於為人賞識的象喻。陶淵明還以〈詠三良〉這首詠史詩，想像三良對秦穆公言聽計從的感恩之情，曲折隱約地表達自己願為恩主赴湯蹈火、死而不悔的心。詩中陶淵明發揮想像力所創造的三良形象，不啻是陶淵明自己的象徵化。[②] 因此無論從對屈原、賈誼的評述，對三良形象的創造，還是對幽蘭的詠贊，都可以解讀出陶淵明對於君臣遇合期待之殷切，因為陶淵明本有大志，希望能如稷契之遇虞舜，一展“大濟蒼生”的宏願偉抱。〈雜詩十二首·其五〉說：“憶我少壯時，無樂自欣豫，猛志逸四海，騫翮思遠翥。”[③] 少壯時代的陶淵明，活力充沛，豪氣干雲，有超逸四海的猛志，有高飛遠翥的健翮。不辭奔波之苦，萬里尋覓，一心要找到賢主明君，共同為“大濟蒼生”而努力，若為此而不免於伯夷之餓死首陽，荊軻之血濺秦庭、肝腦塗地，皆在所不辭。〈擬古九首·其八〉詩云：

少時壯且厲，撫劍獨行游。誰言行游近？張掖至幽州！飢食首陽薇，渴飲易水流。不見相知人。惟見古時丘。路邊兩高墳，伯牙與莊周。此士難再得，吾行欲何求！[④]

---

① 同註 10，頁 162。

② 請參考拙作〈多重“對話”與“讀者”反應——陶淵明三首“以史為體”的詠史詩探微〉，《中國詮釋學·第五輯》（濟南：山東人民出版社，2008 年），頁 186—191。

③ 同註 10，頁 205。

④ 同註 10，頁 196。

陶淵明有一死的決心，願為明主賢臣的遇合而赴湯蹈火，自向立之年出任江州祭酒開始，以後斷斷續續做過荊、江二州刺史桓玄的幕僚，徐州刺史、鎮軍將軍劉裕的參軍，江州刺史、建威將軍劉敬宣的參軍，以及彭澤令等，前後凡五仕，但均未能一遇明主，故有“不見相知人”的浩歎。對此詩的後半，宋湯漢注云：“伯牙之琴，莊子之言，惟鍾、惠能聽。今有能聽之人而無可聽之言，此淵明所以罷遠游也。”[①] “今有能聽之人而無可聽之言”，其實就是“不見相知人”的另一種表述。清吳瞻泰輯《陶詩彙注》則評整首詩說：

> 此篇無倫無次，章法奇奥。始而張掖、幽州，悲壯游也；忽而首陽、易水，傷志士之無人；忽而伯牙、莊周，歎知音之不再而避世之難得也。公平生志節，亦盡流露矣！[②]

此詩若從敘事詩的前後因果邏輯來看，固然會覺得無倫無次，忽東忽西，跳來跳去。但此詩乃詠懷詩，而非敘事詩，使用象徵性的筆法，而非邏輯式的結構。詩中的“悲壯游”，其實就是“傷志士之無人”；“傷志士之無人”也就是“歎知音之不再”。三者似分而實合，似斷而實連，迴旋往復，彌歎彌哀，以收言有盡而歎無窮之效。既然志士已無人，知音已不再，陶淵明淑世的儒者襟抱已不可能實現，則唯有辭官避世而已。避世而無同心之人偕隱，亦唯有獨隱躬

① 引自《陶淵明資料彙編》下册（北京：中華書局，2004年），頁241。
② 同註55，頁242—243。

耕而已。

朱熹評陶淵明〈詠荊軻〉詩云：“淵明詩，人皆說平淡，余看他自豪放，但豪放得來不覺耳。其露出本相者，是〈詠荊軻〉一篇。平淡底人如何說得這樣言語出來![①]”朱子能看出陶詩在一般人所熟知的平淡風格之外，更具豪放的本相，眼光獨到。但以為其豪放不易察覺，只有〈詠荊軻〉一首是露出本相之作，殆恐不然。魯迅在〈題未定草〉（六）中說道：

> 除論客所佩服的“悠然見南山”之外，也還有“精衛銜微木，將以填滄海。刑天舞干戚，猛志固常在”之類的金剛怒目式。在證明著他並非整天整夜的飄飄然。這“猛志固常在”和“悠然見南山”的是一個人，倘有取舍，即非全人。再加抑揚，更離真實。[②]

魯迅所謂的“金剛怒目”式相當於朱子所說的“豪放”這類風格，他所的舉的“猛志固常在”之例是〈讀山海經十三首〉中的第十首。其實第九首“夸父誕宏志，乃與日競走”亦屬“豪放”之作。此外，如〈飲酒二十首〉、〈擬古九首〉、〈雜詩十二首〉中，也都間有激情豪放之作，蕩漾著世衰道喪、襟抱難展的慷慨悲涼之音。

二、陶淵明的獨立精神

陶淵明的〈五柳先生傳〉云：

---

① 同註 55，頁 283。

② 《魯迅全集》第六卷（北京：人民文學出版社，1981 年），頁 422。

> 先生不知何許人也，亦不詳其姓字，宅邊有五柳樹，因以為號焉。閒靜少言，不慕榮利。好讀書，不求甚解；每有會意，便欣然忘食。①

在這一幅自畫像中，“好讀書”的陶淵明都讀過那些書呢？其“不求甚解”而重“會意”的讀書態度，除了有“欣然忘食”的喜悅之外，是否還有其他收穫？答案雖未出現於這篇小傳，但從其他篇詩文中，則可以發現更大的收穫是獨立精神的建立，而成為其人格最重要的基礎。

在陶淵明讀過的書中，最為重要影響他最深的是六經。陶詩中一再提到《詩》、《書》，或“六經”、“六籍”，如〈飲酒詩二十首〉其十六云：“少年罕人事，遊好在六經。”②〈辛丑歲七月赴假還江陵夜行塗口〉詩云：“閒居三十載，遂與塵事冥。《詩》《書》敦宿好，園林無世情。”③ 對於兩漢以後但知競逐名利，不肯親近六經的知識界，則加以譴責，〈飲酒詩二十首〉末首：“如何絕世下，六籍無一親？終日馳車走，不見所問津！”④ 從少年到而立之年，陶淵明閒居在家，悠游林園，所喜所好，端在六經，不斷自我敦勉，溫故知新，故對孔子最為景仰，時以先師遺訓自勉自惕，如〈榮木〉詩云：“先師遺訓，余豈云墜？四十無聞，斯不足畏。脂我名車，策我名驥，

---

① 同註 10，頁 287。

② 同註 10，頁 161。

③ 同註 10，頁 117。

④ 同註 10，頁 166。

千里雖遙，孰敢不至?”[①] 若是為時所不許，為力所不及，而未能謹遵師訓，則心生愧疚躊躇，如〈癸卯歲始春懷古田舍詩二首〉其二云：“先師有遺訓：憂道不憂貧。瞻望邈難逮，轉欲志長勤。”[②] 六經之外，使陶淵明得力受用的，當為史書。陶淵明最善於神交先賢，上友古人，陶集中既有三首詠史詩（詠三良、荊軻、二疏），七首〈詠貧士詩〉（詠榮啟期、原憲、黔婁、袁安、張仲蔚、黃子廉等六人），又有〈讀史述九章〉（評述《史記》中伯夷、叔齊、箕子、管仲、鮑叔牙、程嬰、公孫杵臼、孔門七十二弟子、屈原、賈誼、韓非、魯二儒、張長公等人的事跡），以及〈扇上畫贊〉（詠贊荷篠丈人、長沮、桀溺、於陵仲子、張長公、邴曼容、鄭次都、薛孟嘗、周陽珪等九位隱者）。此外，又從古代天子、諸侯、卿大夫、士、庶人五等人中，慎選孝行的典範，而為之作傳贊。選入〈天子孝傳贊〉的有虞舜、夏禹、殷高宗、周文王四人。選入〈諸侯孝傳贊〉的有周公旦、魯孝公、河間惠王三人。選入〈士孝傳贊〉的有高柴、樂正子春、孔奮、黃香四人。選入〈庶人孝傳贊〉的有江革、廉範、汝郁、殷陶四人。這五等人的傳贊，通稱〈五孝傳〉。除了〈五孝傳〉，又有條列歷史人物品目、品狀的一篇撰述，稱〈四八目〉，分上下篇。上篇起於燧人四佐、伏羲六佐、黃帝七輔；終於東漢末年的三君、八俊、八顧、八及、八廚等黨錮人物。下篇起於曹丕初為丞相魏王時所旌表的二十四賢，終於兩晉之世的河東八裴、琅邪八王，以及各有五世盛德之稱的太原王與京兆杜。上下篇合計約四百人。陶淵明於篇末云：

---

① 同註 10，頁 10。

② 同註 10，頁 122。

凡書籍所載及故老所傳，善惡聞於世者，蓋盡於此矣。漢稱田叔、孟舒等十人，及田橫兩客、魯二儒，史並失其名。夫操行之難，而姓名翳然，所以撫卷長歎，不能已已者也！①

這四百人中，只有晉中朝八達、河東八裴、琅邪八王以及各有五世盛德的太原王、京兆杜，共三十四位近世之人，是得自“故老所傳”；其餘約三百七十人均得自“書籍所載”。各項品目、品狀皆注明出處。雖然四百人中善惡皆有，但善遠多於惡。於是宋以後陶集遂有〈四八目〉改題為《聖賢群輔錄》者，清乾隆皇帝見其中列有魯三桓、晉六卿、魏文帝四友（中有司馬懿），以及仕於王莽的唐林、唐遵，叛晉之王敦等人，認為名實相違，有乖風教。《四庫提要》仰承帝旨，謂〈五孝傳〉及〈四八目〉皆北齊陽休之所增，非蕭統本之舊，遂斷為偽託。潘重規先生有〈聖賢群輔錄真偽辨〉一文，可謂石破天驚，平反了兩百年來幾成定讞的偽作之說，認為“四八目是陶公所作甚明。這是後人既不必偽作，也是後人所不能偽作的。”文中潘氏檢查〈四八目〉所引用的書籍，全是晉以前人的著作，並為陶淵明何以要作〈四八目〉，提出精闢的見解。潘文說：

或者有人還要懷疑陶公是隱逸絕俗的人，豈肯作摭拾故事的飣餖工作。這是不明白陶公為人為學為文的錯覺。

---

① 同註 10，頁 372。

陶公自為傳云："好讀書，不求甚解。酣飲賦詩，以樂其志。"詩云："詩書敦宿好，園林無俗情"，"既耕且以種，時還讀我書"，"歷覽千載書，時時見遺烈。"顏延年的誄文也說他"心好異書，性樂酒德。"足見他平日讀書治學之勤。得〈四八目〉一篇，更可見他治學的精神。陶公隱居求志，尚友古人，讀書博覽，一切為了濬發他的心靈，振作他的志氣，而自然流注於文章。與東晉"為學勤於柱下，博物止乎七篇"的學風，大不相同。他集中〈感士不遇賦〉、〈讀史述〉諸篇，都是由讀書尚友的精神孕育而成。至於〈四八目〉，正是他尚友古人，讀書札錄的成績。從這裡知道"下筆如有神"，正是由於"讀書破萬卷"而來。大抵讀書不多，則見理不透，氣度不廣，感情也不能深厚篤至。故真正的文學家，決不是空腹高心之輩所能望其項背。不明白這層道理，就不能了解淵明的真面目，自然免不了要懷疑〈四八目〉是兔園冊子之流，似乎決不會出於淵明的手筆了。①

從陶淵明詩文中，已足以見其"平日讀書治學之勤"。至於〈四八目〉這篇撰述，其性質如何？潘文既排除其為"摭拾故事的餖飣工作"亦否定其為"兔園冊子之流"的啟蒙讀物，而認為乃是"尚友古人，讀書札錄的成績"。由此而知陶詩之所以"下筆如有神"，正有賴於"讀破萬卷書"，因而見理深透，氣度弘廣，感情深厚篤

① 《大陸雜誌》第十九卷，第十、十一期合刊（台北：大陸雜誌社出版，1964 年），頁 104。

至，故能濬發心靈，振作志氣，而自然流注於詩文之中。〈四八目〉中所引書目，是以經書、《史記》、《漢書》、《續漢書》為常見，其次則有子書如《尸子》、《孔叢子》，緯書如《論語摘輔象》，地方志如《三輔決錄》、《三輔舊事》、《吳錄》，別傳如《汝南先賢傳》、《濟北英賢傳》、嵇康《高士傳》、《竹林七賢傳》（袁宏、戴逵為傳，孫統作讚），譜諜如《周氏譜》、《荀氏譜》，碑狀如邯鄲淳〈陳紀碑〉、魏明帝〈二十四賢甄表狀〉，類書如杜預《善文》，詩賦如張載〈登成都白菟樓〉詩、張衡〈東京賦〉，書箋如吳質之〈答東阿王書〉，銘戒如杜預〈女戒〉等等，可見陶淵明涉獵甚為廣博，其所以從眾多圖書及故老相傳中摘錄這些資料，當非散漫的隨手札記，而是出於精心的安排，否則不會系統如此嚴整。〈四八目〉的性質，應該是一部以人物品目、品狀為綱，以時代先後為緯的一部通史綱要，上起三皇時代燧人氏四佐、伏羲氏六佐，下至東晉的王導、王敦（琅邪八王），王承、王述、王坦之（太原王），杜乂（京兆杜）等人。這一部通史綱要，不以皇帝諸侯為核心，而是以其輔佐大臣為主脈，並突顯有操行可稱頌的特立獨行之士。陶淵明網羅古今，汰選出四百位具代表性的人物，以為“善惡聞於世者，蓋盡於此矣”，這若非是為撰寫一部通史而草擬的計畫綱要，則可能是為編一部通史教材而草擬的講授綱領。

陶淵明史學素養之深厚，在生前似已為人所知，否則義熙末年朝廷為何要徵召他為著作佐郎呢？因為著作佐郎掌撰述國史之任。《宋書・百官志下》云：“晉制，著作佐郎始到職，必撰名臣傳一人。"[①] 陶淵明並未接受著作佐郎的徵召，但所撰〈晉故征西大將軍長史孟城府君傳〉中所述外祖父孟嘉的言行風度，卻被《晉書》移入〈桓溫傳〉後所附的〈孟嘉傳〉中，雖然內容有所刪節，但文句仍多保留〈孟府君傳〉的原貌。這或許是由於陶淵明所撰的〈孟府君傳〉先已傳聞於朝中，所以朝廷才以著作佐郎相徵吧？事實真相雖然難明，但從〈孟府君傳〉中，已可見出陶淵明史才之不凡。

陶淵明既深好六經，又博覽史籍，這是他"好讀書"的主要內容。經、史之外，對於子、集兩部，自然也多有涉獵，但對他而言，最得力受用處，還是在於經、史。陶淵明從經書中奠定了世界觀及人生觀。他從人倫的視角，把個人與世界的關係看成環環相扣，從脩身而齊家，而治國，而平天下，串成一鏈，缺一不可。而作為關鍵的脩身，既須以格物致知及廣博閱讀得來的知識為基礎，又須以仁、義、禮等品德修養來扶持。身脩而後家齊，使一家人相親相愛，和樂融融。如此在進德脩業皆有所立之後，便希望能及時為世所用，為"大濟蒼生"而努力，對治國、平天下有所貢獻。這既與道家切斷個人與世界之間的連繫，主張以人合天，從種種棄知去欲的修養工夫，使個體融入道體，而達到與萬物為一的境界，大不相同；更與佛家將個人與世界皆看成空幻，一切存有皆為因緣的暫時湊合之說，大異其趣。當因戰爭、饑饉以至民不聊生，時見廢墟，陶淵明固不免有幻化、空無之歎，但陶淵明所領略的人生樂趣何其多！對慈母的孺慕，對弟妹的友愛，讀書時的欣然忘食，飲酒時的渾然忘我，無一非人生之樂。此外，見南山之悠然，眾鳥之有託，良苗之

① 同註 32，頁 1246。

懷新，青松之獨立，文鯉縱馳於弱湍，鳴鷗矯翼於閒谷，乃至微雨好風，榮榮窗蘭，密密堂柳，傲霜的秋菊，皓潔的冬雪，在在皆令人心曠神怡。當春秋佳日，鄰里相伴，或共遊勝景，或登高賦詩；當冬夏之夜，過門相呼，或飲酒談諧，或賞文析疑；更是其樂難忘。當陶淵明陶醉於人生的種種喜悅之中，生命既不幻化，也不虛無，而是無比的具體真實。對於人生，陶淵明基本上是肯定的，積極的。

史書的主要功能，誠如蕭統〈文選序〉所言："至於記事之史，繫年之書，所以褒貶是非，紀別異同。"[①] 無論是記事體或編年體的史書，除了記載不同人物的言行之外，還具有辨別是非、褒貶善惡的意涵。陶淵明博覽史籍，上友古人，不但詩文中常用古人題材典故，而且還有〈五孝傳〉及〈四八目〉兩篇史書性質的撰述，同樣亦內具是非褒貶的意涵。其是非褒貶主要是以操行作為準則，與經書中脩身須重德的主張是一致的。陶淵明深知有操行可稱者之不易得，所以遇到史書中操行卓著而竟然姓名不傳的人，每為之長歎不已。如〈四八目〉中提到漢高祖時趙王敖的郎中田叔、孟舒等十人，於相國貫高謀反事發，趙王被捕下獄時，自加髡鉗，充當趙王家奴，而隨王入獄。十人中只有田叔、孟舒兩人留下姓名，其餘八人則不可考。還有田横兩客，奉田横之命，於田横自剄後，持其頭以見漢高祖，高祖為之流涕，拜二客為都尉，以王者之禮葬田横。既葬，兩客亦皆自剄，下從田横。魯二儒則是指魯國的兩位儒生，當秦朝博士叔孫通於秦亡後，善察時變，欲為漢高祖起朝儀，以輸誠效勞，乃往魯國召集一批儒生共襄盛舉，其中有兩人不肯阿諛媚世而拒絕

① 六臣注《文選》(杭州：浙江古籍出版社，1999 年)，頁 4。

了叔孫通。二儒、兩客及八名隨趙王敖入獄者，史書皆失其姓名，使陶淵明大發感慨地說“夫立行之難，而姓名翳然，所以撫卷長歎，不能已已者也!”同樣的感慨，也出現於〈感士不遇賦序〉中：“悲夫！寓形百年，而瞬息已盡！立行之難，而一城莫賞！此古人所以染翰慷慨，屢伸而不能已者也。”[①] 以固窮養真、以躬耕守拙的陶淵明，是真正能體會“立行之難”者。但自古以來，未聞有以一城之封，賞給“立行”者。凡所封賞，盡是有功於帝王家，而不必是有益於天下蒼生的人。僅以帝王家的利害作為賞罰的標準，是非褒貶如何能不錯亂？因此“好讀書”而博涉經史的陶淵明，其“不求甚解”而重“會意”的讀書方法，除了常常給他“欣然忘食”的喜悅之外，更難能可貴的收穫，當為獨立精神的建立：敢於獨立思考判斷，而不盲從附和。其是非褒貶，既要以操行為考量，更要放眼於天下蒼生或歷史文化的大格局，而非僅僅著眼於帝王眼中的事功，或盲從媚世者的好惡。

沈德潛《說詩晬語》說：“陶詩胸次浩然，其中有一段淵深樸茂不可到處。”[②] 這浩然胸次中的一段淵深樸茂處究為何物？何以是他人所不可到者？答案必然見仁見智。如果認為此物當是從陶淵明“好讀書，不求甚解”的讀書態度中，經由博覽經史所提鍊出的儒者襟抱與獨立精神，經由孝親愛子兄友弟恭的溫馨家庭中所養成的真誠的人格，也許“雖不中，不遠矣”吧？陶淵明的儒者襟抱與真誠獨立的人格精神，常使其人其詩其文煥發出奇妙的光輝，獨到的意境，而為他人所難以攀援。

---

① 同註 10，頁 255。

② 丁福保編《清詩話》(台北：明倫出版社，1931 年)，頁 535。

元李公煥《箋注陶淵明集》卷五引歐陽修曰：“晉無文章，惟陶淵明〈歸去來兮辭〉一篇而已。”[①] 歐陽修所以推崇〈歸去來辭〉為兩晉第一，殆不僅僅是傾倒於這篇名文本身，對陶公能在仕途中急流勇退的膽識，展現其獨立的人格精神，以及得免於被小人羞辱困折的智慧，或許這些才更是令歐陽修佩服不已的原因。歐陽修一生幾經貶謫，屢動歸耕之願，如〈偶書〉詩云：

> 吾見陶靖節，愛酒又愛閑。兩者人所欲，不問愚與賢。奈何古今人，遂此樂尤難！飲酒或時有，得閒何鮮焉！浮屠老子流，營營盈市廛。二物尚如此，仕宦不待言。官高責愈重，祿厚足憂患。暫息不可得，況欲閒長年！少壯務貪得，銳意力爭先。老來難勉強，思此但長歎。決計不宜晚，歸耕潁尾田。[②]

又如〈秋懷〉詩云：

> 節物豈不好？秋懷何黯然！西風酒旗市，細雨菊花天。感事悲雙鬢，包羞（一作貪榮）食萬錢。鹿車何日駕？歸去穎東田。[③]

---

① 同註 55，頁 327。

② 〈居士外集一〉，《歐陽修全集》上冊（台北：華正書局，1975 年），頁 379。同註 55，頁 327。

③ 同註 72，頁 103。

雖然歐陽修在仕途中時有忍辱包羞之苦，動起息影歸耕之念，但終其一生，並未能付之行動。蘇東坡將陶詩許為魏晉以後第一人，除了酷愛陶詩之外，應當也有與歐陽修同樣的心理因素，其〈與蘇轍書〉云：

> 吾前後和其詩凡一百有九篇，至其得意，自謂不甚愧淵明。今將集而併錄之，以遺後之君子，其為我志之。然吾於淵明，豈獨好其詩也哉？如其為人，實有感焉。淵明臨終，疏告儼等："吾少而窮苦，每以家弊，東西游走。性剛才拙，與物多忤。自量為己，必貽俗患。黽勉辭世，使汝等幼而飢寒。"吾真有此病，而不早自知。半生出仕，以犯世患。此所以深愧淵明，欲以晚節師範其萬一也。[1]

蘇東坡一生被小人陷害羞辱的情況，遠比歐陽修來得嚴重，從黃州惠州一直貶到瓊州（今海南島）。當他讀到陶淵明因生一場大病，自以為性命不保，因而寫下形同遺囑的一封〈與子儼等疏〉中"性剛才拙，與物多忤。自量為己，必貽俗患"這幾句話時，直如醍醐灌頂，頓時大悟，才發現自己有同樣的毛病卻不早自知，因此對陶淵明的先見之明佩服得五體投地。陶淵明的文章每每因其人格精神而煥發出奇妙的光芒，使有唐宋八大家盛譽的歐陽修、蘇軾等皆為之傾慕不已。

〈五柳先生傳〉這篇小傳是陶淵明的自畫像。其中最為膾炙人口

① 同註 3。

的地方，一般人會毫無疑問地舉出其寫讀書與飲酒的兩段話："好讀書，不求甚解；每有會意，便欣然忘食"；"性嗜酒，家貧不能常得；親舊知其如此，或置酒而招之。造飲輒盡，期在必醉。既醉而退，曾不吝情去留。"① 或者再加上〈贊〉詞末尾"無懷氏之民歟？葛天氏之民歟？"這兩句瀟灑出塵、神遊八表的自贊。這些話史家都說"時人以為實錄"。殊不知這篇小傳也有並非實錄的遁辭，而且具有晴天霹靂的驚人力量，那便是〈傳〉首"先生不知何許人也，亦不詳其姓字，宅邊有五柳樹，因以為號焉"這幾句話。語調是如此的舒徐不迫，語氣是如此的輕鬆風趣，令人為之莞爾。然而既作自傳，哪有不稱名道姓，卻以宅邊的五株柳樹為號的？這明知姓名卻說不知的遁辭，一旦破解其意涵，令人為之驚訝不已。在門閥世族憑藉九品中正制度，造成"上品無寒門，下品無勢族"的時代，世族子弟弱冠而仕，便平流進取，輕而易舉地做到公卿之位。因此高門大族無不以門第為榮，以郡望相高，如琅邪王氏、陳郡謝氏、太原王氏、潁川庾氏等等都是一等一的高門望族，既享政治經濟的特權，又擁有文化的絕對優勢，清談玄佛，暢游山水，能琴能畫，善書善詩，所謂江左風流，盡在於斯矣！因此高門子弟，無不傲慢自大，目中無人。然淵明卻敢於冷眼以對，對他們享受特權，傲慢自大，報以"先生不知何許人也"、"亦不詳其姓字"兩個否定句，對門第郡望加以揶揄嘲弄，輕鬆中有冷峻，自在中有詼諧，其語言藝術之高妙，令人讚歎不已。比起左思用八首〈詠史詩〉，以疾言厲色來控訴高門大族把持祿位的不平，自是省力太多了。

---

① 同註 10，頁 287。

當阮籍洋洋灑灑寫下長篇巨製的〈大人先生傳〉，筆酣墨飽，對禮法之士的虛偽、自利而且無能，極盡挖苦攻擊之能事，以推出其“蓋無君而庶物定，無臣而萬事理”[①] 的無君論，以為如此方是長治久安之道。陶淵明則在〈桃花源記〉自問自答：“問今是何世？乃不知有漢，無論魏晉。”同樣以兩個否定句（不知漢，不知魏晉），卻能與阮籍的無君論，有異曲同工之妙。這兩個否定句表面上是說住在桃花源裡的人，不知道外面的世界已由秦朝換了漢朝，又由漢朝換了魏朝和晉朝，然而其絃外之音，卻由〈記〉後的兩句詩“春蠶收長絲，秋熟靡王稅”緩緩點出。前引王安石〈桃源行〉云：“兒孫生長與世隔，雖有父子無君臣。”[②] 桃花源的社會結構中，既無君臣這一倫，不正是無君論嗎？然而阮籍的〈大人先生傳〉是以百門重砲，火光四射，猛然攻擊名教禮法的種種虛偽與自私，而主張將萬惡之源的君權廢除。陶淵明的〈桃花源記〉則如蜻蜓點水，以優雅之姿，款款然在平靜的湖面泛起漣漪；雖然水面下的波濤洶湧，隱約可聞。往年曾撰〈桃花源記并詩管窺〉一文，以為〈桃花源記〉“是藏現實的血淚於尋異的結構，寄悲憫的深情於虛擬的情境。其構思嚴密，剪裁精當，語言自然而洗練，象徵手法或顯而不露，或隱而不晦，故辭簡而意深，文短而情長，誠不愧為垂輝千春的不朽名篇。”[③] 對儒家所建構的五倫深信不疑的陶淵明，也曾為尋覓君臣遇合的機緣而在仕途中奔走掙扎了十餘年之久，終因無法再忍受官場文化的嚴重異化而辭官歸耕。歸耕之後，

---

① 陳伯君《阮籍集校注》（北京：中華書局，1987 年），頁 170。

② 同註 28。

③ 《台大中文學報》創刊號（台北：國立台灣大學中國文學系印行，1985 年），頁 316。

生活既日趨貧困，有時連起碼的溫飽亦不可得；又遇到晉宋易代的滄桑巨變，欺騙與殺戮，所在多有；矜威與逞暴，觸目可見。魏晉之際的阮籍、嵇康既為此而無比憤慨，故有無君論的發洩；晉宋之際的陶淵明也有同樣的憤慨，卻化憤慨為悲憫，悲憫桃花源之不可復尋。陶淵明從“君臣有義”的信念，到“秋熟靡王稅”的想像，兩者之間誠有巨大的落差，卻同是發自他真誠獨立的人格精神。沒有真誠獨立的人格精神，如何敢將“秋熟靡王稅”的拒絕君權的大膽想像，融入這一篇偉大的寓言中呢？

至於陶詩中因其真誠獨立的人格精神，而煥發出奇妙光彩的，更是俯拾皆是。前面所舉陶淵明所領略的人生種種樂趣，都是明顯的例子，在此就不去一一細表了。

三、結語

〈飲酒詩二十首〉末首有云：

> 羲農去我久，舉世少復真。汲汲魯中叟，彌縫使其淳。鳳鳥雖不至，禮樂暫得新。……①

讀這首詩如果心中有先入為主之見，認為孔孟只稱堯舜，而不道伏羲神農；儒家尚仁崇禮，而不說“真”道“淳”，因為“真”與“淳”乃道家價值觀的術語，與儒家的“禮”是對立的。《莊子・漁父》云：“禮者，世俗之所為也。真者，所以受於天也，自然不可易也。故聖人法天貴真，不拘於俗。愚者反此，不能法天而恤於人，

① 同註10。

不知貴真，祿祿而受變於俗，故不足。”[①] 可見儒家重“禮”與道家尚“真”，是兩種對立的價值觀，道家的“真”是從法天，即法自然而來；儒家的“禮”，則是被世俗所束縛的人為規範，二者不可同日而語。然而陶淵明竟將孔子一生的辛勤努力，說成是在“彌縫使其淳”，豈不是把孔子給道家化了嗎？若將上述詩句作此解讀，固然是持之有故，言之成理，但可能正落入陶淵明所說的“求甚解”的一種讀書法。道家把“禮”視為非自然的人為操作，儒家不以為然。《禮記·禮運》引孔子曰：

> 夫禮，先王以承天之道，以治人之情。故失之者死，得之者生。《詩》云：“相鼠有體，人而無禮。人而無禮，胡不遄死！”是故禮必本於天，殽於地，列於鬼神，達於喪祭射御冠昏朝聘。[②]

“禮”雖是為“治人之情”而設，但也是“承天之道”而立。射、御、冠、婚、朝聘、喪葬諸禮固然是在人事的範圍，但郊祀天地、祭奠山川神靈之禮已非人事可限。莊子將天人二分，令荀子有“蔽於天而不知人”之憾。儒家則不將天人作清楚切割，故《中庸》有云：“思知人，不可以不知天。”朱熹注云：“親親之殺，尊賢之等，皆天理也，故又當知天。”（已見前）便是認為天理與人事之間並非全然對立，劃然分明的。正始玄學以自然為體，以名教為用，

---

① 郭慶藩《莊子集釋》（台北：華正書局，1979 年），頁 1032。

② 《十三經注疏》第五冊《禮記》（台北：藝文印書館，1979 年），頁 414。

正是天人之際難以截然割裂此種思維的發展。陶淵明“不求甚解”的讀書法，是要穿越“真”、“淳”、禮”等言詞符號之表象，不為種種框框所蔽，而深入其意境，以觀其會通。這就是重“會意”的讀書法。孔子能將異化於玉帛鐘鼓的禮樂，重新移根於仁愛的土壤之中，說道：“人而不仁，如禮何？人而不仁，如樂何？”（《論語・八佾》）又說：“禮云禮云，玉帛云乎哉？樂云樂云，鐘鼓云乎哉？”（《論語・陽貨》）使禮樂由僵化而恢復了生機，使人心由虛偽而注入了真淳，陶淵明因此而予先師孔子以“彌縫使其淳”、“禮樂暫得新”的崇高評價，又有何不可呢？何必自陷於所謂“道家化”的框框中呢？

陶淵明重“會意”而“不求甚解”的讀書法，使他深好六經，喜讀眾史。從經書中他認同了儒者的世界觀，把個人與世界，從脩身、齊家、治國、平天下而貫串成一條環環相扣的長鏈，而形塑出任重道遠的人生之路。經由“進德”、“脩業”不斷地努力充實，期待及時為人所知，為世所用，以便在“大濟蒼生”上有所表現，就像稷契一樣。然而稷契有幸逢遇帝舜，故能功成業就，垂名千秋。陶淵明卻五仕而未一遇；且五倫中“君臣有義”、“朋友有信”此二倫皆已嚴重異化，遂急流勇退，辭官歸隱，並拒絕徵召，以躬耕守拙終其一生。當晉宋易代之際，往昔嵇康、阮籍所憤慨的歷史現象又復重演：“刑本懲暴，今以脅賢；昔為天下，今為一身；下疾其上，君猜其臣。”① 陶淵明也在同樣的憤慨中，將現實的血淚隱藏在虛擬的尋異故事之中，完成〈桃花源記并詩〉這篇不朽的寓言之作。雖然其中對君主制度有所批判，但從宏觀的角度，從陶淵明一生的

① 嵇康〈太師箴〉，戴明揚《嵇康集校注》（台北：河洛圖書出版社，1978年），頁312。

胸襟懷抱來觀察，陶淵明終究是個具有儒者襟抱的詩人。陶淵明從博覽史書中，繼承了史家辨別是非褒貶善惡的傳統，並對操行之士，特立獨行之人，大加頌揚，這在他所撰述的兩篇具有史書性質的〈五孝傳〉及〈四八目〉中，尤為明顯。由此可見他又是個敢於獨立思考判斷，具有獨立精神人格的詩人。

王國維在〈文學小言〉中說道：

> 三代以下之詩人，無過於屈子、淵明、子美、子瞻者。此四子者，苟無文學之天才，其人格亦自足千古。故無高尚偉大的人格，而有高尚偉大之文學者，殆未之有也。[①]

的確，能成為“垂輝千春”的大詩人，除了要有文學的天才，尚須具備高尚偉大的人格。李白的天才，連杜甫都驚歎佩服不已，他的〈春日懷李白〉詩稱讚李白詩曰：“白也詩無敵，飄然思不群。”[②] 然而李白之所以未蒙王靜安先生許為古今四大詩人之一，當然非關文學的天才，而是由於高尚偉大的人格尚有不足之處。至於高尚偉大的人格的養成，固然一言難盡，然而儒者之襟抱與獨立之精神，當為其不可或缺之要素。陶淵明如此，屈原、杜甫、蘇軾無不如此。雖然四大詩人的儒者襟抱與獨立精神的具體內容，以及二者在人格中所佔的比重，會因人因時因地而有所輕重，呈現出不同的詩歌藝術風格，但皆具有高尚偉大的人格則一。從古今四大詩人的人格特質中，我中華民族一代復一代所追求的文化理想和精神價值，亦可以思過半矣！

---

① 同註 6。

② 同註 37，卷一，頁 99。

从《易传》、《礼记》看儒家的人文精神

中国人民大学教授 张 践

中国夏商周三代与世界上大多数国家一样，实行政教合一的体制，存在着国家宗教。但是随着春秋战国的社会转型，古代宗教也随之解体，中国社会经历了一场从“神治”到“人治”的根本转变。儒家“人文”精神的本意，就是相对于古代宗教的“神道”而言。《贲卦·彖传》说：“阴阳交错，天文也；文明以止，人文也。观乎天文，以察时变；观乎人文，以化成天下。”这是中文中“人文”一词的出处，“人文”是相对于“天文”而言，这里所说的天文不是今天自然科学的天文学，而是中国古代语境中的“天道”。所以儒家的人文精神不同于欧洲近代启蒙运动中反对基督教神学的人文主义，而是具有中国特质的，理性解释宗教的人文主义。正是由于儒家用人文精神重塑了中国的古代宗教，所以形成了既是伦理、又是哲学，还具有宗教功能的儒教，使得中国文化显现出此岸与彼岸不分，神圣与世俗不分，圣贤与神仙不分的特质。

孔子、孟子、荀子是春秋战国时代的儒家大师，他们的思想是儒家人文思想发展的基点。但是这一时期的儒家学者却不仅只要他们三人，如韩非子所说，战国时“儒分为八”，有诸多的儒家派别。

战国时期儒家学者研究并系统改造古代宗教的成果，主要集中在《易传》和《礼记》中。由于儒家学者多是用孔子的口吻阐述自己的文化观念，故汉代“独尊儒术”以后，历代政府也就是按照这些思想来重建、整饬、修定礼典，确立官制的，从而也就决定了中国古代文化的走势。

一、对古代宗教的理性化解释

儒家的开创者孔子以古代文化的集大成者自居，号称“祖述尧舜，宪章文武”，特别重视对周礼的继承。但是孔子又对古代宗教中的鬼神观念持一种存疑的态度，“子不语怪力乱神”，“未知生，焉知死”，所以也招致其他学派对儒学“执无鬼而学祭礼”的批评。如何化解这个矛盾呢？孔子以后的儒家学者们，沿着孔子对古代宗教理解性继承的立场，完全从理性主义、人文主义的角度，解释古代宗教遗留的所有观念、仪式和活动，使之向“人文的宗教”、“伦理的宗教”发展。

按照中国当代宗教学家吕大吉先生的见解：“宗教是关于超人间、超自然力量的一种社会意识，以及因此而对之表示信仰和崇拜的行为，是综合这种意识和行为并使之规范化、体制化的社会文化体系。”① 宗教的基本要素包括内在要素和外在要素两个方面。其中，内在要素又可分为1、宗教的观念和思想，2、宗教的情感和体验。宗教的外在要素可以分为1、宗教的行为或活动，2、宗教的组织和制度。本文就是按照宗教的内外要素的关系，分析战国时期的儒家

---

① 吕大吉：《宗教学通论新编》，中国社会科学出版社，1998年版，第79页

学者是如何将古代宗教人文化的。

首先是对宗教观念的人文化解释，当时最主要的宗教观念包括两个方面，一是天神，二是鬼神。就第一个方面而言，儒家学者对天神的进行了自然主义解释。自殷周以来，天神或曰上帝就是君临天下的最高神灵，但是天神毕竟是从自然之天发展来的，保持着某些自然属性。战国时期的儒家学者，努力张扬天的自然性，尽量减少其人格化的色彩。《周易·序卦》说："有天地，然后万物生焉。盈天地之间者唯万物。"《礼记·哀公问》说："孔子曰：天地不合，万物不生。"天地并不神秘，就是我们日常生活中所见到的自然界。天地相交而万物生，这是一个自然的过程，《周易·序卦》又说："有天地，然后有万物。有万物，然后有男女。有男女，然后有夫妇。有夫妇，然后有父子。有父子，然后有君臣。有君臣，然后有上下。有上下，然后礼义有所错。"儒家之所以把天地作为礼乐之本，并非由于天地是什么神秘的主宰，而仅仅因为天地是万物的起源，蕴涵着社会运行的规则。《礼记·哀公问》又载："公曰：'敢问君子何贵乎天道也?'孔子对曰：'贵其不已。如日月东西相从而不已也，是天道也；不闭其久，是天道也；无为而物成，是天道也；已成而明，是天道也。'"儒家继承古代宗教，把天作为最高的范畴，就因为天代表着一种万物及人类不得"不已"的规则，这就是天道，如日月自东向西不停地旋转，如无为而万物自成。《礼记·郊特牲》说："天垂象，圣人则之。郊所以明天道也。……万物本乎天，人本乎祖，此所以配上帝也。郊之祭也，大报本反始也。"儒家所以崇尚天，主张君主必须祭祀天，也是在表示人类应当遵从天道，按照自然及人类社会的规则执政。这就像在家庭内部要尊重父亲，按照父亲的旨意办事一样。我们知道，天神是中国古代宗教中的主神，战国时期的儒者上述的解释，可以说已经在不否定西周礼乐仪式的前提下，最大限度地将天神“解咒”、“祛魅”了，为古代宗教的人文化、理性化创造了条件。

就第二个方面而言，儒家学者对鬼神观念的也进行了人文化理解。西方宗教学家泰勒认为：灵魂观念的出现是宗教的真正起源。[①]故对于一种宗教来说，神灵观念是其超验成分的核心部分，失去了鬼神观念，宗教也就失去了存在的基础。儒家从其创始人孔子开始，就对鬼神观念持一种存疑的态度，但是又主张严格按照周礼的规范举办各种祭祀活动难免使人怀疑其学说的诚实性。孔子时代学说初创，可以只对少数学生语焉不详，但是日后社会影响逐渐扩大，为了使执政者采纳其学说，儒家的后学必须对鬼神的存在与否及其性质给予明确的回答。《易传·系辞上》说：“精气为物，游魂为变，是故知鬼神之情状。”对此高亨先生解释说：“精气犹灵气也。灵气不附于实物，而自成为灵物，是为神。游魂离去人身，而成为人之变化，是为鬼。‘圣人’明乎此，故知鬼神之情状。”[②] 在这里，《易传》的作者虽然还把灵魂看成人的身体以外的独立存在，承认灵魂可以脱离身体而存在，但是他们强调游魂也是一种物质性的气体，只不过比其他气体更为精细而已。这样的思想，在当时的社会文化环境中，已经是把人的理性能力发挥到了极高的程度，尽力用现实世界的存在去解释超验的神秘世界，在相当程度上除去了鬼神神秘的外衣。《礼记》的作者，不仅坚持鬼神是气之变化，而且对宗教祭

① 【英】爱德华·泰勒著，连树声译：《原始文化》上海译文出版社 1992 年版，第 416 页

② 高亨：《周易大传今注》齐鲁书社，1979 年版，第 512 页

祀的社会政治意义也做了尽可能的理性化解释。《礼记·祭义》载："宰我曰：'吾闻鬼神之名，而不知其所谓。'子曰：'气也者，神之盛也；魄也者，鬼之盛也；合鬼与神，教之至也。众生必死，死必归土：此之谓鬼。骨肉毙于下，阴为野土；其气发扬于上，为昭明，焄蒿，凄怆，此百物之精也，神之着也。因物之精，制为之极，明命鬼神，以为黔首则。百众以畏，万民以服。'"在《论语》中是子路问鬼神之事，这里换成了宰我。在《论语》中孔子仅仅使用"未知"、"焉知"的反问句回避了正面的回答，而在《礼记》中，作者利用当时的社会文化知识，进行了完全理性化的说明，由此也可以看到儒家思想的进化。当时的中医学已经有了一定程度的发展，根据医生对人的生命现象的观察，生命的存在是与呼吸的存在相联系的，所以口中的"气"也就是人的"神"。中医还将人的视听思虑能力称为"魄"。故陈澔注《礼记·祭义》说："如口鼻呼吸是气，那灵处便是魂；视听是体，那聪明处便是魄。"众生皆有死，人死后灵魂随气升上天空，而胆魄则随肉体回归地下。鬼的称谓即是说其归也。圣人将鬼神的观念相结合，成为教化的根本。"焄蒿、凄怆"是人死后精气与万物相感的形状，也就被人视为神秘。圣人根据这些神秘的现象制定教义，成为百姓的规则。百姓畏惧鬼神，故服从教化。可以说《礼记》作者的思想是对荀子"君子以为文，百姓以为神"的继承和发挥。不过荀子的思想基础是无神论，故其所主张的礼乐总是让人感到不真实。而在《礼记》的体系中，则在不违反儒家理性主义原则下，肯定了鬼神的存在，但又把鬼神视为一种物质性的"气"。这样，既破除了传统宗教中鬼神观念的神秘性、超验性，又保留了传统宗教仪式的神圣性、庄严性。儒家这种建立在理性主义基础上的鬼神观念，也就是中国所特有的"人文宗教"、"道德宗教”的秘密所在。秦汉以后中国历代的国家宗教，其祭祀仪式具有十足的宗教特色，其政治作用与基督教、伊斯兰教无异，但是其所造成的宗教体验却与世界上其它民族迥异其趣。由这种非人格性的气化鬼神观，人们得以超越生死的畏惧，建立精神的寄托，并由此形成整个文化体系的终极依据。这也是近代以来大多数知识分子承认儒家发挥了宗教作用，但是难以接受儒家是一种宗教的原因所在。

其次是对宗教情感的人文化解释。中国古代宗教，最主要的仪式就是祭祀，故必须对祭祀的性质进行合理的说明。春秋以上，祭祀的性质非常明确，就是为祖先的神灵奉献食物、衣服及其各种日常用品，以便换得祖先神灵的保佑。但是在春秋战国时期高度发达的人文主义思潮中，儒家学者已经把鬼神解释成了精气，那么奉献各种祭品的意义何在呢？《礼记》的作者完全从祭祀者主观心理方面，解释了祭祀礼仪的性质。《礼记·祭统》说：“凡治人之道，莫急于礼。礼有五经，莫重于祭。夫祭者，非物自外至者也，自中出生于心也；心怵而奉之以礼。是故，唯贤者能尽祭之义。”治理国家根本的政治措施在于复礼，而礼的根本又在于宗教性的祭礼。但是祭礼并非祭祀外在的神灵，而是出于祭祀者本人的心理需要。“心怵”指祭祀者对于祖先怀念思虑之情，这种情怀只有在祭祀仪式上才能得到释放和满足，故曰唯有贤者才能完全把握祭祀的意义。在这种主观心理性质的祭祀仪式上，祭品是否丰盛，鬼神是否来享是次要的，祭祀参加者的心情和态度则变成了主要的。《祭统》又说：“身致其诚信，诚信之谓尽，尽之谓敬，敬尽然后可以事神明，此祭之道也。”通过祭祀活动，主要是为了培养人们的诚信、恭敬的品质，有了对神的敬意才能够侍奉神明，这是祭祀之道的实质。除了祭祀自己直接的祖先，本宗族的英雄也是祭祀的重要对象，《礼记·祭法》："夫圣王之制祭祀也：法施于民则祀之，以死勤事则祀之，以劳定国则祀之，能御大菑则祀之，能捍大患则祀之……非此族也，不在祀典。"这实际上是对古代宗教中圣贤崇拜的理性化解释，那些被世代祭祀的圣贤，如神农、燧人、有巢、社稷、烈山、尧、舜、禹、汤、文、武、周公等等，都是因为他们有功于族人，所以世代香火不绝。后代祭祀他们，并非因为他们是何方的神圣，而由于他们是本民族的英雄。

再次是对宗教活动的人文化解释。中国古代宗教的主要活动形式，一为祭祀，二为占卜，是中国人通神的主要方式。对于龟卜和筮占，古代统治者信之极虔，殷墟出土的大量甲骨卜辞就是明证。但是随着春秋时期古代宗教的瓦解和王权的下移，人们对占卜的性质也进行了理性的思考。《礼记·曲礼上》："龟为卜，策为筮，卜筮者，先圣王之所以使民信时日、敬鬼神、畏法令也；所以使民决嫌疑、定犹与也。故曰：'疑而筮之，则弗非也；日而行事，则必践之。'"以烧龟甲的方式贞问上帝曰"卜"，以筮草占卜吉凶谓"筮"。占卜仪式未必真有神灵在其背后指点迷津，圣人不过是为了使民众相信统治者确定的正朔，敬畏鬼神，服从法令。陈澔注释这段话时说："敬鬼神者，人谋不足，而犹求于鬼神，知有所尊，而不敢必也。"当人们所掌握的信息不足以判断行动的方向时，求助于鬼神可以消除心中的疑虑，不敢肆意妄为。所以说在有犹豫时进行占卜，可以使行动无非。对于占卜的结果，必须坚定地付诸实践。《礼记》的作者能从人们的心理需求解释占卜活动的必要性，可以说是春秋以来理性精神的成果。《易传》的作者更进了一步，把《易经》的形成看成是圣人观察天地间客观事物的结果。《周易·系辞下》："古者包牺氏之王天下也。仰则观象于天，俯则观法于地，观鸟兽之文，与地之宜。近取诸身，远取诸物。于是始作八卦。以通神明之德，以类万物之情。”八卦从何而来？是圣人观察天地自然万物及其自身，发现了其中的规律。这里所说的“神明之德”，可以说就是“万物之情”，并无神秘之处。《易传》的作者又说：“易与天地准，故能弥纶天地之道。仰以观于天文，俯以察于地理，是故知幽明之故。原始反终，故知死生之说。”（《周易·系辞上》）正是由于《易经》是圣人观察天地万物变化的结果，所以能够“弥纶天地之道”，“知幽明之故”，“知死生之说”。那么《易经》能够占卜吉凶，预决生死也就不神秘了，不过是圣人观察、思考的结果。进而，《易传》的作者将“神”的概念也进行了理性化的解释，“极数知来之谓占，通变之谓事，阴阳不测之谓神。夫易广矣大矣。”（同上）筮占之所以能够根据象、数的变化预决吉凶，就因为其把握了阴阳不测的规律。所谓的“神”，其实也就是万物阴阳变化背后的、不可见的、人们不能掌握的规则。故“子曰：知变化之道者，其知神之所为乎。”（同上）掌握了变化之道，也就是“知神”了。如此解释，一切神秘的东西都将不再神秘，变成了人类理性可以掌控的事物。

最后是对宗教组织的人文化解释。夏商周三代盛行的古代宗教，不仅有复杂的宗教观念和仪式，而且还有庞大的宗教职业队伍，即古代典籍中记载的卜、祝、宗、史。《礼记》作者说：“故政者君之所以藏身也。是故夫政必本于天，殽以降命。命降于社之谓殽地，降于祖庙之谓仁义，降于山川之谓兴作，降于五祀之谓制度。此圣人所以藏身之固也。故圣人参于天地，并于鬼神，以治政也。”（《礼记·礼运》）政治是国君的藏身之本，而政治必须依赖于天神的授命。君主是否得到了天命，又具体表现在是否可以祭祀社稷、祖庙、山川、五祀等等宗教活动中。所以说“参于天地，并于鬼神”就是圣人的政治。这里，《礼记》非常明确地说明了宗教祭祀仪式对于政治权力合理性的论证作用。不过，由于上面论述已经说明，在《礼记》的语境中，天地、鬼神都是经过了人文思潮的洗礼，所以“政必本于天”并非对于宗教组织、人员的依赖，而是帝王对宗教观念、活动的利用。《礼记·郊特牲》说：“礼之所尊，尊其义也。失其义，陈其数，祝史之事也。故其数可陈也，其义难知也。知其义而敬守之，天子之所以治天下也。”帝王尊重礼仪，是重视礼仪所反映的“义”，而非礼仪之“数”。那些仪式性的内容，是由“祝”、“史”们去操作的，不过是政治的文饰而已。这些礼仪之“数”是很难搞清楚的，也没有必要搞清楚。君主们只要谨守礼义即可，这才是治国的根本。余英时先生指出：“中国人对此超越源头只做肯定而不去穷究到底，这便是庄子所谓‘六合之外，圣人存而不论’的态度。”[①]正因为中国儒家对天命神权只肯定不深究的态度，使得儒教的宗教性没有进一步深化发展的余地，

可以说通过《礼记》《易传》作者的充分解构，中国古代宗教被世俗化了，已经变成了高度理性化的“道德宗教”。其神灵体系淡化而且模糊，其礼仪活动完备而且神圣，不过其中已经缺少神学内涵，逐渐变成了君主政治的象征的符号。其占卜活动照常进行，但已经变成了政治决策时的心理安慰。有这样一套神学体系作为政治权利的合法性依据，中国帝制时代的君主们既可以获得充分的神圣性，又不必对宗教组织或职业宗教人员有所依赖，使政权高高地凌驾于

① 余英时：《从价值系统看中国文化的现代意义》《内在超越之路》中国广播电视出版社 1992 年版，第 10 页

教权之上。

二、对“礼教”政治作用的人文化阐述

经过春秋战国时代的思想启蒙，儒家已经对古代宗教进行了充分的理性主义的解构，建构了适应中国宗法血缘社会的“德治主义”的政治意识形态。但是，儒家对于古代宗教的遗产——“礼”依然高度重视，强调发挥经过理性主义改造的“礼”的政治作用。故秦汉以后，时人也经常将“儒教”称为“礼教”、“德教”。[①] 从《易传》、《礼记》作者对礼教政治功能的论述中，我们可以更加深入地理解儒家文化的人文性。

第一，明确身份，巩固政治权力。《礼记》之所以要把各种祭祀礼仪规定得繁琐、复杂无比，就是要通过这样精致的礼仪来明确参加者的复杂身份。《礼记·曲礼上》：“夫礼者所以定亲疏，决嫌疑，别同异，明是非也。……道德仁义，非礼不成，教训正俗，非礼不备。分争辨讼，非礼不决。君臣上下父子兄弟，非礼不定。宦学事师，非礼不亲。班朝治军，莅官行法，非礼威严不行。祷祠祭祀，供给鬼神，非礼不诚不庄。”《礼记》作者明确指出：礼的本质就在于区分人们的身份等级，亲疏关系。道德伦理没有礼的规范就无法推行，教化百姓，纠正风俗没有礼就不完备，法庭上分辨是非，没有礼就无法裁决，君臣、父子、兄弟，没有礼就无法确定其身份……就连祭祀鬼神，没有礼就显得不诚敬庄重。总之一句话，社会离开礼就会失去行为的准则，必将陷于混乱之中。所以周礼设计

① 参见拙作：《儒学·儒教·宗教》《国际儒学研究》第145页，九州出版社，2007年版

了天子、诸侯、大夫、士人各自的祭祀对象和范围，宗庙的大小与数量，葬礼的时间与陪葬品的多寡……，最终要达到一个目的，就是要使社会上尊卑等级鲜明。《周易·系辞上》说："天尊地卑，乾坤定矣。卑高以陈，贵贱位矣。"有了这样明确的等级，君主才能使臣下自觉的服从。《大戴礼记·礼三本》说："王者天太祖，诸侯不敢怀。"周礼如此复杂的等级礼仪系统，就是为了使诸侯不敢觊觎天子的权位。

第二，团结宗族，促进社会和谐。在儒家学者的心目中，"礼"不仅有区分等级的一面，更重要的还是凝聚宗族的一面。区分等级身份只是为了明确统属关系，保证政治制度的顺利运行，但绝不是为了制造宗族内部的矛盾，致使人与人之间相互仇恨，彼此冲突，否则将会导致社会政治制度的瓦解。所以保持"尊尊"与"亲亲"之间的适度张力，是"礼"的根本原则。《礼记·大传》说："上治祖祢，尊尊也；下治子孙，亲亲也；旁治昆弟，合族以食，序以昭缪，别之以礼义，人道竭矣。"在祭祀共同祖先的仪式上，尊祖是为了后代子孙的团结。宗族内部尊尊、亲亲，既有上下之别，又有手足亲情，就是最高的人道。以天子与诸侯之间的关系看，"君之于世子也，亲则父也，尊则君也。有父之亲，有君之尊，然后兼天下而有之。"（《礼记·文王世子》）天子与诸侯之间既有君臣之尊，又有父子之亲，把握好这层关系，就可以治理天下。《礼记·大传》又说："是故，人道亲亲也。亲亲故尊祖，尊祖故敬宗，敬宗故收族，收族故宗庙严，宗庙严故重社稷，重社稷故爱百姓，爱百姓故刑罚中，刑罚中故庶民安，庶民安故财用足，财用足故百志成，百志成故礼俗刑，礼俗刑然后乐。"儒家学者的理想，就是这样一种宗族有亲，但是上下有别，亲疏有等，秩序井然的社会。而礼在其中是必不可少的。

第三，神道设教，培养敬畏之情。战国时期的儒家学者，对于彼岸世界并没有太大的兴趣，他们极力宣扬各种祭祀礼仪，主要是以“神道”培养民众对统治者的敬畏之情。“神道设教”的思想是“观卦”的《彖词》提出来的，《易经》观卦的原文是：“盥而不荐，有孚颙若。”大意是说国君在祭祀神灵时，只灌酒于地而不奉献牺牲，因为旁边有一高大的俘虏可以作为牺牲。《彖词》解释说：“观盥而不荐，有孚颙若，下观而化也。观天之神道，而四时不忒。圣人以神道设教，而天下服矣。”高亨先生注释说：“谓国君祭神，灌酒而不献牺牲，但有忠信之心而又肃敬，则臣民观而化之。”[①] 观卦所以称为“观”，就是说祭祀仪式给民众看，这样血淋淋的仪式，自然对百姓有震慑作用，故曰“观而化之”。圣人通过观察四时规则地运行变化而了解神道，再以神道设教，天下无不服从。显然，神道设教是与举行各种庄严、隆重的祭祀仪式分不开的，光有神学理论达不到教化的结果。《礼记·檀弓下》说：“墟墓之间，未施哀于民而民哀；社稷宗庙之中，未施敬于民而民敬。”墟墓、宗庙、社稷这些庄严肃穆的场所，民众进入其间，自然就会产生悲哀、恭敬之情，使之怀念祖先，敬畏鬼神。《祭统》说：“身致其诚信，诚信之谓尽，尽之谓敬，敬尽然后可以事神明，此祭之道也。”祭祀之道的根本用意，就是培养民众的敬畏之心。敬畏鬼神是表象，敬畏君王才是实质。《表记》一语道破其玄机：“斋戒以事鬼神，择日月以见君，恐民不敬也。”国君要在斋戒以后肃穆的举行祭祀，臣下必须事先进行

---

① 高亨：《周易大传今注》齐鲁书社，1979年版，第214页

占卜才能朝觐国君，这些礼仪所以特别复杂，就是怕民众不敬畏君主。君主是人可以不畏，但是君主背后的鬼神难道不可怕吗？可见“神道”是手段，“设教”才是目的，故对于中国的士人君子来说，“神道”本身的真假并不重要。

第四，教化民众，弘扬忠孝之道。儒家宗法伦理的核心思想是忠孝之道，孔、孟、荀等儒家大师都非常重视对民众的思想教化。教化一方面通过学校进行，如孟子所言，“设为庠序学校以教之。”（《孟子·滕文公上》）另一方面则是通过古代宗教遗留下来的各种祭祀仪式，如《祭统》所言：“祭者，教之本也已。”这也正是“神道设教”思想的具体应用，充分利用祭祀活动中民众对鬼神的敬畏之情。民众能够参加的祭祀活动主要是“祭祖”，子曰：“……修宗庙，敬祀事，教民追孝也。”（《礼记·坊记》）面对祖先的灵位，恭敬地奠酒于地，献上牺牲，行叩拜大礼，怀念祖先对宗族事业的开拓之功，就是对子孙进行的最好的孝道教育，使他们因敬畏逝去的先祖亡灵而孝敬还活着的长辈。《大戴礼记·盛德》说：“凡不孝生于不仁爱也，不仁爱生于丧祭之礼不明，丧祭之礼所以教仁爱也。致爱故能致丧祭，春秋祭祀之不绝，致思慕之心也。夫祭祀致馈养之道也，死且思慕馈养，况于生而存乎？故曰丧祭之礼明，则民孝矣。故有不孝之狱，则饰丧祭之礼。”社会上之所以存在不孝子孙，就是因为祭祖的礼仪不明。恢复先王提倡的孝道，最好的办法“则饰丧祭之礼”。儒家一向提倡“移孝作忠”，在家是孝子，出门是忠臣，所以祭祀之礼也可以培养忠君之情。《礼记·祭统》：“夫祭之为物大矣，其兴物备矣。顺以备者也，其教之本与？是故，君子之教也，外则教之以尊其君长，内则教之以孝于其亲。是故，明君在上，则诸臣服从；崇事宗庙社稷，则子孙顺孝。”这段话极为清晰地说明了儒家重视各种祭祀礼仪的原因，就在与“顺以备者也”，所以称之为“教之本”。何谓“顺以备”？就是祭祀在家族内部培养的孝亲之心，到了朝廷就是尊君之情。忠孝之道在中国古代漫长的宗法家族社会里，不仅是一个伦理问题，更是一个重大的政治问题，故儒家学者不论对死后的世界如何认识，但没有一人轻视对祖先的祭祀之礼，恐生不孝之狱而动摇国本。

第五，节制王权，保证以德配天。在孔孟等儒家大师的著作中，君臣、父子、夫妇之间的关系都是相对的，“君使臣以礼，臣事君以忠”（《论语·八佾》），相反，“君之视臣如土芥，则臣视君如寇雠。”（《孟子·离娄下》）相应地，战国时期的儒家学者在整理、改造古代宗教礼仪时，也把古代宗教变成了一种既能保佑王权，又能限制王权的政治文化系统。《礼记·经解》载：“天子者，与天地参。故德配天地，兼利万物，与日月并明，明照四海而不遗微小。其在朝廷，则道仁圣礼义之序；燕处，则听雅、颂之音；行步，则有环佩之声；升车，则有鸾和之音。居处有礼，进退有度，百官得其宜，万事得其序。”居天子之位，就必须使自己的德性与天地相配，所以无论在朝廷之上，还是在燕居之时，不管是走路还是坐车，都必须严格地遵守周礼的相关规定，不得肆意妄为。如果天子在朝廷行政遵守“仁圣礼义之序”，退朝之后听“雅颂之音”，“居处有礼，进退有度”，就不会成为桀纣那样的荒淫暴君。在中国这样的君主专制社会里，臣民是无法对君主进行有效监督的，但是君主不怕天下之人，但是他不能不敬畏授予他至高无上地位的天神。有了与天命神权相联系的礼乐制度，臣下也就获得了一种劝谏、节制王权的手段。《礼记·表记》：“子曰：‘唯天子受命于天，士受命于君。故君命顺则臣有顺命；君命逆则臣有逆命。’”天子受命于天，士大夫受命与天子。

如果天子遵从天命行德政，臣下自然也就会遵从。但是如果相反，君主发出违逆天命的错误指示，臣下也有权利“逆命”。如果君主悖天逆德到了极端，臣下就有权力进行革命。自周公“天命转移”，“以德配天”的宗教伦理提出以后，“革命”在中国政治文化的语境中就具有了天然的合理性。《易传》解释“革卦”的《彖词》说：“天地革，而四时成。汤武革命，顺乎天而应乎人。革之时大矣哉。”在《易传》的作者看来，天地本身就是不断变易、革命的，所以商汤、周武的革命，是既顺乎天意，又合乎人心。从警告君主的角度看，“革卦”的意义是非常重大的。

总之，经过战国时期儒家学者继承、改造、发挥，古代宗教变成了礼乐文化体系，其中既有保护君主，论证政治权力合法性的一面，也有制约王权，维持社会上下层不同利益集团关系平衡的一面，成为保障中国古代政治和谐发展的精神指南。不过儒家的人文精神不是以反对传统宗教的形式出现的，而是以重新解释传统宗教的形式出现的，故中国“轴心时代”的文明与欧洲“轴心时代”的文明相比，就明显地表现出连续性强于断裂性。

儒家古典詩學的新思維

臺灣師範大學國文系資深教授 邱燮友

關鍵字：溫柔敦厚、黃金比例、情節的安排三 S、蒙太奇、淡入淡出、辭情聲情

一、緒論

一切好的文學來自民間，久而久之，歷代繼承，永續發展，便成傳統文學。就以詩歌而言，每個時代都有屬於時代背景的詩歌，這些詩歌延續傳統文學的路線，而反映當時的社會背景，多元化的曲風，產生新的詩歌產物；另一方面，走傳統古典路線的詩歌，一樣會消失在市場上，因此新古典詩歌，帶上現代風，也迎合時代的需要，轉變成與時俱進的詩歌。例如周代（1066～246BC）的《詩經》，代表四言詩的傳統詩歌，到了漢代（206BC～220AD），則成五言詩的時代，其後由五言而七言，由唐詩、宋詞、元曲到明清的時調曲。當代古典詩則用時代新詞彙寫眼前的事物入篇，成為新古典詩篇。

儘管詩歌的內容依時代人們生活的轉變而有所開拓，在形式上也由四言、五言、七言而到長短句。但中華詩學的傳統精神，依然

以儒家所建立的詩學，代代承續，精神不變。孔子（551～479BC）利用周代的民歌，建立了儒家的傳統詩教，也是中華詩學的本質，至今依然流傳不衰。例如孔子論詩，保存在《論語》、《禮記・經解》篇中，建立了孔門詩學："詩三百，一言以蔽之，曰：'思無邪。'"，"思無邪"，便是真情的流露。其次子夏〈詩大序〉："詩者志之所之也。"立下"言志"文學的原則，繼而論語中的四可：興、觀、群、怨，加上《禮記・經解》篇："溫柔敦厚，詩教也。"因此詩教是真情的流露，而"言志"文學，在於具有寫實諷諭的作用，於是"興、觀、群、怨"，"溫柔敦厚"，便成儒家傳統詩教所遵循的原則。

二、現代古典詩學的新思維

傳統詩學，因時代的俱進，他在詩歌的內涵和形式上，也會因時代的不同，有所轉變。今列舉數端在古典詩學上的新思維，闡述如下：

（一）孔子有詩，詩題為〈四不一沒有〉

自古以來，從未有傳誦孔子的詩篇，因此一般人都遺憾沒有讀到孔子的詩歌創作。其實孔子的時代，是流行像《詩經》類的四言詩。如果我們細讀《論語》，很容易發現，孔子寫了一首〈四不一沒有〉的好詩：

非禮勿視，
非禮勿聽，
非禮勿言，
非禮勿動。　　《顏淵篇》

子在川上，
逝者如斯夫，
不捨晝夜。　　　　《子罕篇》

禮是天理的節文，也是人類規規矩矩的行為。所謂“四不”，是指無論視聽言行，都要依禮行事；而“一沒有”是指人生如逝水，短暫而容易消失。儘管人生短暫，唯有克己復禮，珍惜生命，才能發揮生命的意義和價值。

（二）詩歌題材的黃金比例

去年（2008）七月，台北國立歷史博物館，展覽法國米勒（Millet）等人的畫展，主要代表作為：〈拾穗〉、〈晚禱〉、〈牧羊女〉等。我們發現這些畫作，有所謂繪畫主題黃金比例（Golden ration）或黃金切割（Golden section），也就是畫面的三分之二，為題材主題的所在，包括繪畫實質的所在，無論記事或抒情的畫面；另三分之一，為烘托主題的景物或天空，類似中國繪畫留白的部分。這種畫面的比例最美，稱之為繪畫主題的黃金比例。其實攝影畫面的處理，跟繪畫一樣。就以米勒的〈拾穗〉和〈晚禱〉為例：〈拾穗〉中的三位拾穗的婦女，在大地麥田中所佔的畫面，為畫面的三分之二，也是該畫主題之所在；另三分之一的畫面，是麥田的天空和麥桿堆或農家，用這些畫面烘托拾穗的主題，意指麥田的主人，除了收穫麥田的麥穗，也會留下殘餘的麥穗，讓貧苦的婦女撿拾，含有關懷民間疾苦，具有悲天憫人懷抱的主題。其次〈晚禱〉的畫面，主題落在對農婦和農夫，在麥田中禱告，畫面佔了三分之二，其他三分之一的天空，是夕暉照射，構成人物與地面成十字架的畫面，感謝上蒼賜給人們糧食，還有謝天的禱祝。因此這兩幅畫，在畫面上主題的安排佔三分之二，襯托主題的天空畫面佔三分之一，這種構圖，合乎繪畫的黃金比例，是最美的主題畫面的安排。

如今，我們在詩歌的創作上，也可轉移到詩歌主題的黃金比例，說明詩歌的創作，可以跟繪畫、攝影的黃金比例相仿照，成為詩歌創作、題材主題的安排，詩歌內容的篇幅與主題題材的部分佔三分之二，烘托主題的寫景或紀事只佔三分之一。這種題材的處理方式，也可稱為詩歌題材的黃金比例。

例如漢樂府的〈江南〉：

江南可採蓮，
蓮葉何田田。
魚戲蓮葉間，
魚戲蓮葉東，
魚戲蓮葉西，
魚戲蓮葉南，
魚戲蓮葉北。

全詩共七句，把"魚戲蓮葉間"一句，視為前兩句和後四句的媒介轉接句，前兩句"江南可採蓮，蓮葉何田田。"是寫景，烘托後面四句"魚戲蓮葉東，魚戲蓮葉西，魚戲蓮葉南，魚戲蓮葉北。"是主題的所在，教兒童辨別方位的兒歌。因此前兩句佔三分之一，後四句佔三分之二，是詩歌題材的黃金比例。

又如唐代孟郊的〈遊子吟〉：

慈母手中線，遊子身上衣。

臨行密密縫，意恐遲遲歸。

誰言寸草心，報得三春暉。

全詩共六句，前四句寫遊子思念慈母，是詩歌主題的所在，後兩句盛讚慈母的偉大，襯托全詩的主題。因此前四句佔主題的三分之二，後兩句烘托主題，佔全詩的三分之一，也是詩歌題材黃金比例的典型例子。

又如東晉陶淵明的〈飲酒詩・其五〉，這是陶詩的代表作：

結廬在人境，而無車馬喧。問君何能爾，心遠地自偏。

採菊東籬下，悠然見南山。山氣日夕佳，飛鳥相與還。

此中有真意，欲辯已忘言。

全詩共十句，前四句和最後兩句是詩歌主題的所在；其中，“採菊東籬下”四句，是寫景，是烘托詩歌的主題。詩歌的主題詩句佔六句，這也接近詩歌題材的黃金比例。因此詩歌的創作可比照繪畫、攝影的黃金比例來寫詩，是最美最動人心弦的詩篇。

（三）詩歌情節的新安排

在西方短篇小說中，對情節的安排有三 S 的論點，所謂三 S 是指，一、驚奇（Surprise），二、懸疑（Suspension），三、滿意（Satisfaction）。如法國短篇小說家莫泊桑的〈項鍊〉，或美國短篇小說家 O・亨利的《錦繡人生》，他們研究短篇小說，在情節上的安排，具有三 S 的方法。例如美國 O・亨利的〈最後一葉〉，描寫老畫家到歐洲去度假的故事，他最後的一幅畫，〈最後一葉〉卻拯救了一位來度假婦人的生命。這篇短篇小說情節的安排，合乎驚奇、懸疑、滿意的要件，是一篇驚心動魄的小說。

同理，我們也可以將三 S 的條件，用在詩歌情節的鋪述上。

例如，漢樂府的〈出東門〉：

出東門，不顧歸；來入門，悵欲悲。盎中無斗儲，還視桁上無懸衣。

拔劍出門去，兒女牽衣啼："他家但願富貴，賤妻妾與君共餔糜。共餔糜，

上用倉浪天故，下為黄口小兒。"

今時清廉，難患教言。君復自愛莫為非。

今時清廉，難患教言。君復自愛莫為非。

"行！吾去為遲！""平慎行，望君歸！"

這是漢樂府中，"感於哀樂，緣事而發"的一首動人詩歌。全詩寫一對年輕夫婦，丈夫因失業，使家中無衣無食，拔劍出門去，想幹它一票，鋌而走險，他的妻子卻很賢慧，勸她的丈夫不要為非作歹，爲天理和子女，甘心喝稀飯的過貧賤生活，最後丈夫還是拔劍出門，鋌而走險。詩中情節的安排，真是令人驚奇。最後結束，到底丈夫有沒有去搶劫，讓讀者懸想，合乎懸疑手法。讀完整篇，對作者全詩情節的安排，令人滿意。像這樣的一首詩歌，在情節的處理上，如同短篇小說情節的三 S 的處理，完全吻合。其他如唐人杜甫的〈三吏〉中的〈石壕吏〉，在情節上的安排，也合乎三 S 的條件。

(四) 詩歌創作的新技巧

我國古典詩的創作，其中有些創作技巧可與拍電影的手法相配合。在電影的手法中，有淡入（Zoom in）、淡出（Zoom out）以及

蒙太奇（Montage）。

所謂淡入、淡出的手法，是電影的鏡頭由近而遠，然後來個特寫，顯現主體的畫面，這手法是淡入；相反地，鏡頭的拍攝由遠而近，然後將畫面模糊是為淡出。

在我國古典詩歌中，不乏淡入、淡出的寫作技巧。例如〈古詩十九首〉中的〈青青河畔草〉：

青青河畔草，鬱鬱園中柳。盈盈樓上女，皎皎當窗牖。
娥娥紅粉粧，纖纖出素手。昔為倡家女，今為蕩子婦。
蕩子行不歸，空牀難獨守。

詩中由河畔草寫起，進而寫園中柳、樓上女，窗牖中的女子，紅粉妝到女子的手。是推近鏡頭，是淡入的手法。

又如唐杜甫〈絕句四首〉其中一首，是：

兩個黃鸝鳴翠柳，一行白鷺上青天。
窗含西嶺千秋雪。門泊東吳萬里船。

這首詩，前兩句由近而遠，是淡入；後兩句，由遠而近，是淡出的寫法。一句一景，構成了一幅意境優美開闊的圖畫，表現了詩人悠然自適的情懷。也合乎電影手法中的淡入、淡出的技巧。

其次蒙太奇手法，本源自於法國，是建築的用語，後來也用於電影。廣義的蒙太奇，則指畫面由編輯、剪接，進而使它更具深沉的涵義。是將沒有連貫、不連貫的片段，加以組合，這些組合在作者心中組成一個有意涵的事物。所以蒙太奇手法，在電影中透過編輯或跳躍式的鏡頭，組合成新的感觀。

在詩歌中，也有用蒙太奇手法寫成的詩篇，例如元代馬致遠的〈天淨沙〉，便是最好的例子：

枯籐、老樹、昏鴉，
小橋、流水、人家，
古道、西風、瘦馬。
夕陽、西下、斷腸，
人在、天涯。

由許多單一的景象，組合成一幅浪子的心境和畫面，用跳躍式的鏡頭，組合成一幅新的內涵。便是用蒙太奇手法寫成一首散曲。

(五) 詩歌情節的鋪敘法

在小說情節的鋪敘法有四種：(1) 直敘法，(2) 倒敘法，(3) 插敘法，(4) 合攏法。情節的發展，按時間的順序進行報導，便是直敘法，如歌德的《少年維特的煩惱》，是日記體裁，依時間順序寫情節的發展。其次倒敘法，是眼前的情節，追述過去的種種情節，這種寫法如德國施篤姆的《茵湖夢》，由老人寫起，道出少年時的一則初戀的故事，最後又回到老人而結束，至於插敘法，是直敘法和倒敘法混合使用，從情節的中段寫起，時而直敘，時而倒敘，如法國小仲馬的《茶花女》便是。至於合攏法，是小說中的人物，各敘述其情節的遭遇和發展，但讀者可從各人物的說法，組合出該情節的真相，是為合攏法。如日本芥川龍之介的《羅生門》。

在我國古典詩歌中，直敘法如漢樂府的〈上山採蘼蕪〉、〈孔雀東南飛〉便是，倒敘法和插敘法，如漢樂府的〈白頭吟〉開端用插敘法，其後回憶出嫁時及男子追求她時的情景，便是用倒敘法。至於合攏法，則用男女贈答的寫法，完成一首完整的詩篇。如漢樂府的〈飲馬長城窟行〉，前段寫丈夫在外思念家人的情景，後段寫妻子接到丈夫的來函，讓兒子讀丈夫的來信，最後以信中的話，“上言加餐食，下言長相憶”作結，是合攏法的寫法。其他如民歌中男女對唱的詩歌，也是合攏法的手法。

(六) 詩歌的聲情：美讀與朗讀

中國古典詩歌包括兩大部分：即詩歌的辭情和聲情。詩歌的辭情是詩歌的意義性，它用精美的語言、彎曲的比興語言，完成詩歌情意部分；其次是詩歌的聲情，是詩歌的音樂性，由於詩歌的原始型態，是合樂可唱的詩，故稱為詩歌，漢人樂府稱為“歌詩”，即合樂的詩。如今詩歌的情聲部分，因早期用工尺來記詩樂的旋律，用板眼來記樂譜的節奏和旋律，不像西方用五線譜或簡譜來記樂譜。因此中國早年的詩譜已不易讀懂或吟唱，對古典詩如何吟唱已成廣陵絕響。今就民間詩社的吟誦詩詞，或從古譜譯成今譜來吟唱詩歌，另有一番韻律與風情。今舉台灣南部的〈下港調〉，來吟唐人賀知章的〈回鄉偶書〉：

少小離家老大回，鄉音無改鬢毛衰。
兒童相見不相識，笑問客從何處來。

又如曹操的〈短歌行〉，我改平劇的腔調，來吟唱此詩，又有另一番聲律：

對酒當歌，人生幾何？譬如朝露，去日苦多。
慨當以慷，憂思難忘。何以解憂？唯有杜康。

青青子衿，悠悠我心。但為君故，沈吟至今。
呦呦鹿鳴，食野之苹。我有嘉賓，鼓瑟吹笙。
明明如月，何時可掇？憂從中來，不可斷絕。
越陌度阡，枉用相存。契闊談讌，心念舊恩。
月明星稀，烏鵲南飛，繞樹三匝，何枝可依？
山不厭高，海不厭深。周公吐哺，天下歸心。

用詩歌的美讀與朗誦，可探測詩歌的音樂性，以及聲情之美。

三、結論

詩是人類心靈深處奧秘的紀錄，詩人便是心靈工程師。在兩千五百多年前，孔子提倡詩、書、禮、樂教化弟子，在詩教上，建立了溫柔敦厚，興觀群怨的寫實、諷諭的精神，各代詩人，將人生百態和遭遇，寫下無數的詩篇，隨時代的文藝思潮演進，創造不少新思維的詩篇。其主要精神，便是發揮人性的本色，發揚仁愛的美德，以及關懷民間疾苦的懷抱，以達天人合一的崇高理想。

主要參考書

一、《四書集注》宋・朱熹集注。台北・世界書局，1969 年。
二、十三經注疏本《禮記・經解篇》，台北・藝文印書館。
三、《樂府詩集》南宋・郭茂倩輯，台北・里仁出版社。
四、《全唐詩》清・曹寅等編，北京・中華書局。
五、《先秦漢晉南北朝詩》今人逯欽立輯，台北・學海出版社。
六、《杜詩詳註》唐・杜甫著，清・仇兆鰲，台北・里仁出版社。
七、《我怎樣寫作》今人・謝冰瑩著，自印本，1951 年。

王夫之对明代严刑峻法的批判

——以《尚书引义·舜典》为中心

北京大学教授 张学智

《尚书引义》是王夫之借《尚书》发挥自己思想的重要著作，所涉方面甚广，观点深刻犀利，文字沉雄恣肆，全面反映了王夫之在反思明亡教训中对中国文化一些关键问题的看法。其中对明代的严刑峻法，特别是洪武、永乐朝及明末的暴戾刚猛，残杀过度所引起的不良结果，以及刑罚与教化的关系，对肉刑的看法等，所论尤为明切。这对后世理解中国文化的特质，反省传统文化中的负面因素，建设健全合理的民族新文化，有很强的借鉴意义。

一、刑德相辅，敷教在宽

王夫之针对明代严刑峻法，提出他的改革主张，这就是内以严己，外以恕物，明允执法，宽舒教民。王夫之这一主张，是在对《尚书·舜典》篇的阐发中提出的。《舜典》篇在记述舜的德政时有舜任命契和皋陶的勉励和警戒语："契，百姓不亲，五品不逊，汝作司徒，敬敷五教，在宽。""皋陶，蛮夷猾夏，寇贼奸宄。汝作士，五刑有服，五服三就，五流有宅，五宅三居，唯明克允。"舜任命契做司徒之官，以父义、母慈、兄友、弟恭、子孝五伦教化百姓，改变百姓之间不亲和，五伦关系毁败的现状。而其中的关键在宽。宽才能使百姓养成平恕之风。任命皋陶做刑狱之官，务必平正公允，不有偏误。王夫之着重就“五教在宽”、“唯明克允”八字进行发挥。他认为，此八字代表教化与刑罚两个方面，教与刑各有其道，但又互相配合。他说：“士师之职，‘唯明克允’，司徒之命，‘敷教在宽’。刑礼异施，张弛顺道，百王不易之则，以扶进人心，昭明天彝者，此也。子曰：‘欲速则不达，见小利则大事不成。’小快其疾恶之心，速效于一切之法，作之君，作之师，以绥四方，讵胜其任欤！”[①] 王夫之认为，刑教相辅，这是古今治国的不二法门，因为它既是天道的体现，又是人心的要求。天道阴阳平衡，张弛互用。人心情理洽协，刚柔共济。违反刑教相辅的原则，一任于法，表面上看，亦可快疾恶之初心，收速效之结果，但从长远看，则破坏了张弛之道，必招致大祸患，徒法不能担承治国的重任。王夫之非常强调法与教、刑与德各自的作用，因为这是治理国家不可或缺的两个方面，但不能畸重于法，一切以严为准则。尤其可怕的是，以申韩之法缘饰儒术，阳儒阴法。他说“法立于画一，以别嫌而明微；教养以从容，或包荒而养正。君子所甚惧者，以申、韩之酷政，文饰儒术，而重毒天下也。……矫之以严，欲辞申、韩之过而不得矣。”[②] 法必须整齐划一，以免有力者枉法、逃法，无力者疑法、咒法。教养必须宽平包容，以利于养成正大平恕之气。而以申韩文饰儒术者，易博得刚直之名，易收显见之功效，但暗中已损蚀了儒家教养所着

---

① 《船山全书》第二册，长沙：岳麓书社 1996 年，第 250 页。

② 《船山全书》第二册，第 250 页。

力培植的含容宽平之气。

王夫之针对明代各朝在刑罚与教养、严苛与宽平的选择上的不同措施及其效果，着力反对严刑峻法和阳儒阴法。他欲着力矫治的，是严刑峻法所带来的肃杀、暴戾、忮刻之气。这一点，可以从王夫之反对朱熹先返之于严，后矫此严渐使宽平之说上反映出来。[①] 他说："是则严以教君子而阻其自然之爱敬，严以教小人而激其滔天之巨恶。通于古今，达于四海，咸以宽而成其涵泳熏陶之化。奈之何其欲'矫之以严'邪?"[②] 这是说，人本有爱亲敬长之心，此心之长养，全在宽平气氛下之优游涵养。如果气氛过于严苛，则此心渐渐戕害澌灭。而小人本有之恶心，在宽平之气氛下会渐渐消沮，而在严苛的气氛下则挑激而起，渐成难遏之势。对此王夫之论证说："若夫中人以上，所遇不幸，用意未至，迷瞀以乖于亲逊者，无以利导而予之安，则亦周章墨棘，以自困于名教之地，救过不遑，而忠孝之心，抑不足油然以生。""且夫人之敢于无礼于君亲者，非尽不畏清议而肆为之也。其始也，荏苒于货财，以生嫌隙；其既也，睽孤有鬼豕之疑，而不蒙遇雨之释。操之以蹙，势重难反，则处无将之地，而见绝于贤人君子者，已无可湔洗之一日，于是以成不忠不孝之巨慝。"[③] 这是说，作恶之人，非一蹴而就，亦由于偶一失足，遇不恕之势，渐逼而成。王夫之甚至认为，以朱子之贤，由于在劾唐仲友之事上持"返之于严"的态度，反使自己负锻炼冤狱之名，玷污一生清望："朱子于此，有遗议矣。唐仲友之不肖，夫人而知之

① 见《船山全书》第二册，第256页。

② 《船山全书》第二册，第249页。

③ 《船山全书》第二册，第249页。

也。王淮之党奸，亦夫人而知之也。蠹国殃民，党邪丑正，暴之市朝，彼何所辞？而以醉饱房帷之事，假严蕊以致之罪，则仲友之罚，可矜疑于风波，而锻炼钳网之名，反归之君子。矫之以严，欲辞申、韩之过而不得也。”[①] 此中所说朱熹假严蕊劾唐仲友连及王淮事，见多种史传，[②] 此处不详辨。所可注意者，在王夫之因此事所发的议论：小人行事本就琐鄙，君子如果严苛，导致小人无藏奸之所，必猛烈反扑，伺查君子之短置之死地以纾己难。这样招致的结果往往是对君子的极大伤害。

王夫之还认为，整个政治气氛的严苛必导致人心忮刻，风气嫉娼，告讦诬陷之风盛行，在此风气下，最大的受害者是君子，他说："君子所甚严者法，故能养之孝，而下斥之犬马；所必宽者情，故闺门秽乱，而仅曰帷薄不修。唯其敬也，则亦重爱其名，而不忍以不亲不逊之大憝，加诸与同覆载之人群。藉其不然，闺庭小有不谨，忮娼者翘之以相告讦，刑迹可摘，证佐罔征，蒋之奇以陷欧阳修，温体仁以杀郑鄤，毒流于缙绅，害倾夫人国。自非汉高之明，景帝之察，陈平伏死于欧刀，直不疑赭衣于司寇，天锡烝民之五品，为酷吏奸臣之罗织经而有余矣。”[③] 此中"甚严者法"之"法"，指法度、标准言，非指法制、刑律。这是说，君子所严奉者，是自己为善的标准。故孔子视能养仅等于犬马，而以敬归之人类。君子所宽宥者，是别人的过错。故对人闺门秽乱之事，则称"帷薄不修"，对

① 《船山全书》第二册，第 250 页。

② 详参束景南：《朱熹年谱长编》，上海：华东师范大学出版社 2001 年，第 734—742 页。

③ 《船山全书》第二册，第 250 页。

不廉洁有贪污行为的，则称“簠簋不饰”。[①] 这都是曲为掩饰、轻描淡写，示宽厚不刻薄之意。而以有否“敬”区别人禽，正寓爱重“人”之名，不忍以仅能养之类不亲不敬之事加诸“人”类。而闺门之不谨，多为捕风捉影，难于取证之事，如不宽囿，易为告讦者利用，诬陷君子。王夫之所举蒋之奇陷欧阳修，[②] 温体仁杀郑鄤，[③] 陈平、直不疑被谮几乎罹于法。[④] 此四事皆假闺门之事，而欧阳修因之引去，郑鄤卒被磔死。陈平、直不疑卒封侯，端赖汉高、景帝用人之明，否则皆不免于刑罚。王夫之于此是要说明，宽平是免祸之良法，苛刻适足以陷人以死。

王夫之又认为，宋代道学之兴，实赖宋宽平之治，并力辨宋以宽柔而亡之论。他说：“宋之立国，宽柔已过，驯至不竞，君子之所伤也。然其所为弊者政也，非教也。教虽未纯乎先之之道法，而不以束湿待学校，俾得以宽衍之岁月，缉先王之坠绪，胡安定、孙明复倡之，寖昌寖明，底于濂、洛、关、闽之盛。‘在宽’之效，亦可睹矣。”[⑤] 宋代文化氛围之宽平，肇基于宋太祖之重文轻武。宋太祖起自行伍，无赫奕之武功，无累世之仁德。一旦黄袍加身而为帝，

---

① 如贾谊：《新书·阶级》：“古者大臣，有坐不廉而废者，不谓曰不廉，曰‘簠簋不饰’。坐秽污姑妇姊姨母，男女无别者，不谓污秽，曰‘帷薄不修’。”见《新书校注》，北京：中华书局2000年，第81页。

② 《宋史》本传，见《欧阳修全集》，北京：中华书局2001年，第2654页附录。

③ 见《明史》，北京：中华书局1974年，第7935页。

④ 见《汉书》，北京：中华书局2005年，第1579页、1693页。

⑤ 《船山全书》第二册，第249页。

必自兢业慎惧始。故王夫之以为“太祖以惧一天下”。[①] 王夫之并且分析太祖当时之形势：“权不重，故不敢以兵威劫远人；望不隆，故不敢以诛夷待勋旧；学不夙，故不敢以智慧轻儒素；恩不洽，故不敢以苛法督吏民。惧以生慎，慎以生俭，俭以生慈，慈以生和，和以生文。”[②] 太祖勒石三戒，以告嗣君，[③] 以为有宋一代之大法，即以上“以惧一天下”的具体体现。但论者多以宋重文轻武，导致军力削弱，卒招国亡君辱之惨祸。故多以汉唐之强盛相标榜，斥重文之过。王夫之则认为，宋之宽柔，失在于政，不在教：“宋以藩臣，暴兴鼎祚，意表所授，不寐而惊。赵普斗筲非资，负乘铉器，贡谋苟且，肘枕生猜。于是假杯酒以固欢，托孔云（按指婚姻）而媚下。削节镇、领宿卫、改易藩武，建置文弱，收总禁军，衰老填藉，孤立于强虏之侧，亭亭然无十世之谋。纵佚文吏，拘法牵綮，一传而弱，再传而靡。…卒使中区趋靡，形势解散，一折而入于女直，再折而入于鞑靼。以三、五、汉、唐之区宇，尽辮发负笠，澌丧残剐，以溃无穷之防，生民以来未有之祸，秦开之而宋成之也。”[④] 这是说，政治措施失于宽柔，而礼乐教化，本应该宽柔。王夫之并认为，宋之教化，从内容上说，未纯乎儒家传统之道之法。从王夫之的一贯论说考量，他所谓未纯者，大概在两个方面，一是宋对周边的少数民族，未能有严密之关注，致使其坐大；在其羽翼未丰满之际，未

① 见《宋论》，《船山全书》第十一册，第19页。

② 《宋论》，《船山全书》第十一册，第21页。

③ “太祖勒石，锁置殿中，使嗣君即位，入而跪读，其戒有三：一，保全柴氏子孙；二，不杀士大夫；三，不加农田之赋。”见《船山全书》第十一册，第23页。

④ 《黄书》，《船山全书》第十二册，第506页。

能实行严厉的打击政策，卒使宋屡困于辽与西夏，最后亡于金。在理论上，就是未能严于夷夏之大防，预先削弱、打击之，使之不具备与中夏抗衡的力量。王夫之出于亡国之痛，持极端的民族主义立场，对于中国历史上各朝代的夷狄，皆极痛斥、鄙夷之能事，常有极端之论，如他在《春秋家说》中说：“狄之于我非类也，而又被其毒以几亡，若此者而弗谖之，是宋襄公之于楚也。故中国之于夷狄，胁之不为不忠，乘之不为不义，迫以凌之不为不仁。狄之于禽无几也，明于其义，是故可掩可杀，可诱可乘，以致养于人而远人害。岂与夫释氏之冥行，有所忍辱，无辱不忍；有所护生，无生不护者哉！”[1] 这是以禽兽视夷狄，以为人类之道德，不适用于夷狄，故无论采取何种手段对待之，皆无过错可言。王夫之在《尚书引义》中，犹然持此论，认为舜“敬敷五教，在宽”，“敬”者严于己，“宽”者恕于物，但或严或宽，皆对中夏而言，对夷狄，只有严厉一法。他说：“夫司徒之教，五品而已。人之异于禽，夏之异于夷，此也。禽偏而不全，夷略而不详，然则以五教求异于彼，覈其大全而致其精详，固不容于宽矣。易知简能而持以宽，无异几微不审，名异禽狄，而实有同焉者乎？”[2] 这是说人有五伦，此人与禽兽、中夏之与夷狄区别之表准。禽兽、夷狄虽亦禀气而生，但其气或偏而不全，或简略而不完备。虽理论上亦有成就为人之一日，但以五伦教化之，使其偏者全、略者备，须持极严厉之态度与教法。若对夷狄讲宽，则是昧于人禽之辨。此种看法，诚极端之论。中国历史上倡夷夏之防的学者，其严酷无出船山之右者。

---

① 《船山全书》第五册，第 190 页。

② 《船山全书》第二册，第 248 页。

王夫之出于此夷夏之论，故对宋之软弱、萎靡极其不满，对宋国亡君辱之奇祸，极其痛心，故对明初诸臣褒崇元朝皇帝、勋贵和仕元华官的做法甚为不满："鄙哉！青田、金华之为臣乎！始昧卷怀之义，后矜姑息之仁，徇流俗之浮言，悖光、昭之大志。乃锡妥懽以美谥，奖余阙之怙终，列薛禅于祀典，假买的以封侯。犬豕厕于羲、农，匹鶵混于三恪。褒飞廉之就戮，等张、许之孤忠。奖狐鼠之昼奔，为纪侯之大去。其尤悖者，修元史以继唐、宋之书，存辽金以仍脱脱之僭，使获麟之后，步后尘者为蜗涎之篆。顾区区以馘友谅、存士诚，侈荡定之勋，而掩其补天浴日之显功，不亦陋欤！弗望其为仲虺、周公也，使得如陆贾、班彪之知逆顺，扬涤除之鸿猷，斥犬羊之腥闻，庶几哉！"[①] 这是说，刘基、宋濂等明初开国文臣，不应仕元，而应隐居。如能有推翻元朝，光复华夏之大志最好。即使无此大志，不能隐居，也不应褒崇元代皇帝、勋贵及仕元之华官，如加妥懽"顺帝"谥号，褒奖为元朝尽忠至死的余阙等。如此则华夷不分，忠奸不辨。比如，若果将余阙为元朝死守安庆、城破身亡之举，与张巡、许远守睢阳拒安禄山、城陷被俘不屈而死等量齐观，则昧于华夷之辨，使烈士蒙羞。特别不能容忍的是，竟然为修元史，将夷狄入主中原之元朝作为唐宋等华人朝代之继续，对《辽史》、《金史》等为夷狄立传之书，仍存脱脱之旧观。对夷夏之大防轻忽若是，而侈谈华人自相残杀之事以为荡寇定国之勋绩，如杀陈友谅、俘张士诚等。周公之兼夷狄且不论，即古之严于夷严之辨之良史，明初之臣也不能望其项背。此处，王夫之是以能否斥夷狄、

① 《船山全书》第二册，第 334 页。

捍卫华夏之纯洁与尊严为人才贤否之最高标准，其严斥满清的用心不可谓不痛彻。

王夫之虽然对夷夏之防持之甚严，但他对宋代文化学术的宽松环境却是赞扬有加的。他认为，正是这种宽松环境，导致了理学的产生。这里虽然只提到对学校的宽松，但学校实代表整个思想学术界。其代表人物，虽然也只提到胡瑗、孙复，但从他们的身上，仍可索解王夫之所认为的理学产生的思想条件。

宋学的开创者之以宽开创理学，最重要的表现是，屏弃汉代以来的经学注疏方式，不重家法，不尚训诂，主要发挥经中的义理；容纳自由讲学的风气，开启多种诠释角度，允许抒发自己的见解；同时崇尚实行，以现实需要与经中义理相结合，灵活地解释经中事数，摆脱以古律今的经学传统。如胡瑗教于苏、湖间，弟子众多，当时多重诗赋，胡瑗则教以经义及时务，学中立经义、治事两斋，“经义则选择其心性疏通、有器局可任大事者，使之讲明六经。治事则一人各治一事，又兼摄一事。如治民以安其生，讲武以御其寇，堰水以利田，算历以明数是也。凡教授二十余年。庆历中，天子诏下苏、湖，取其法著为令于太学。”① 而胡瑗自己的著作，现传世之《周易口义》，以义理解经，不重象数，对后来程颐之《程氏易传》影响很大。《洪范口义》，不取河洛神龟等浮说，唯以真确平实为归，故《四库提要》谓：“瑗生于北宋盛时，学问最为笃实，故其说唯发明天人合一之旨，不务新奇。……俱驳正注疏，自抒心得。又详引《周官》，推演八政，以经注经，特为精确。辞虽平近，而深得圣人

① 见《宋元学案》第24页。

立训之要，非谶纬术数者流所可同日语也”[①] 而胡瑗对食货的解释，则吸收《管子》的思想。可见不主一家，择善而从。另胡瑗敢于突破当时成法，所教内容广泛，形式生动活泼，反映其思想不囿于成说。史传记：“先生初为直讲，有旨专掌一学之政，遂推诚教育多士。亦甄别人物，故好谈兵战者，好文艺者，好尚节义者，使之以类群居讲习。先生亦时时召之，使论其所学，为定其理。或自出一义，使人人以对，为可否之。或即当时政事，俾之折衷。故人人皆乐从而有成效。”[②] 从中不仅可见胡瑗之善教，亦可见当时教学环境之宽松，即使是有严格条规之太学。

孙复著《春秋尊王发微》，治经不取传注，喜就经中事数发挥自己的见解，故有人认为他治《春秋》“阴主《公》、《谷》”。而他的思想核心，在尊周室，不满当时“礼乐征伐自诸侯出”，甚至“陪臣执国命”的状况，对王室衰微，诸侯专擅，强国欺凌弱国的局面痛心疾首，以为治春秋乱世，首在“尊王”，即树立周天子的权威。他尝说：“欲治其末者必端其本，严其终者必正其始。元年书‘王’，所以端本也；‘正月’，所以正始也。其本既端，其始既正，然后以大中之法从而诛赏之。”[③] 而现实的意义是，宋朝结束了五代以来割据、动荡、乱离的局面，建立了一个安定的、统一的国家。巩固、延续、长久保有这个局面，必须树立皇帝的绝对威权，杜绝臣下尾大不掉的可能性，保证对这个政权的向心力，避免唐藩镇割据，延至五代分崩离析的局面。这是孙复提倡“尊王”的用意所在。

---

① 《钦定四库全书总目》，北京：中华书局 1997 年，第 140 页。

② 见《宋元学案》第 28 页。

③ 《春秋尊王发微》“隐元年，春王正月”条，见《宋元学案》第 73 页。

在经学上，孙复反对汉儒之家法，反对专主一家，认为专主一家是经学式微的直接原因，主张综合各家之长而自成一派。他尝说："专守王弼、韩康伯之说而求于大《易》，吾未见其能尽于大《易》也。专守《左氏》、《公羊》、《谷粱》杜、何、范氏之说而求于《春秋》，吾未见其能尽于《春秋》也。专守毛苌、郑康成之说而求于《诗》，吾未见其能尽于《诗》也。专求孔氏之说而求于《书》，吾未见其能尽于《书》也。"① 这种博求多家，不专主一经的思想，反映了当时的学术要求。也是对历代经学权威的反抗，对汉儒治经方法的全面扬弃。孙复的思想对其后儒学发展影响很大。

孙复对宋初继唐、五代而有的形式主义文风，及隋唐以来佛老盛行的局面，也有批评，他说："国家踵隋唐之制，专以辞赋取人，故天下之士皆致力于声病对偶之间，探索圣贤之奥阃者百无一二。而非挺然特出，不徇世俗之士，孰可舍彼而取此。"② 他继承了韩愈文以载道的思想，倡"道体教用"、"教体文用"之说，强调体儒家之道于心，将道化为具体之教，然后发于言，方为有本有末，体用兼赅之学。他说："文者，道之用也。道者，教之本也。故必得之于心，然后成之于言。自汉至唐，以文垂世者众矣。然多杨墨、佛老虚无报应之事，沈、谢、徐、庾妖艳邪侈之辞。始终仁义，不叛不离者，唯董仲舒、扬雄、王通、韩愈。"③ 孙复将当时儒学不振，二氏勃兴，天下争趋生死祸福之说，屏弃仁义礼乐之局面，斥为可怪之事，认为不能改变这种现象，乃儒者之耻辱，他说："仁义不兴，

① 《与范天章书》，载《睢阳子集》，见《宋元学案》第 99 页。

② 《与范天章书》，《宋元学案》第 99 页。

③ 《与范天章书》，《宋元学案》第 99 页。

礼乐不作，儒者之辱欤！夫仁义礼乐，治世之本也，王道所由兴，人伦所由正。舍其本，则何所为哉？噫！儒者之辱，始于战国，杨墨乱之于前，申韩杂之于后，汉魏而下，则文甚焉。佛老之徒横于中国，彼以死生祸福、虚无报应为事，千万其端，给我生民，绝灭仁义，屏弃礼乐，以涂塞天下之耳目。天下之人，愚众贤寡，惧其生死祸福报应人之若彼也，莫不争奉而竞趋之。观其相与为群，纷纷扰扰，周乎天下，于是其教与儒齐驱并驾，峙而为三。吁，可怪也！"[①] 孙复这些论说，为其弟子石介所继承，石介作《怪说》三篇，斥释老蠹坏中国，斥杨億之西崑体淫巧侈丽，坏圣人之文。又作《原乱》，斥诸侯专恣，变乱尊卑；宦官窃柄，佞幸用事，认为皆致乱之由。

孙复、石介是为理学兴起扫清障碍，树立理论导向之前驱。而其能横生议论，直言无忌，亦其心宽广平恕，胸襟宏阔之反映。而当时学术氛围之宽平亦恰与此时代强音相协和。故王夫之认为，宋代儒学重兴，最后结出理学果实，是宽平的学术氛围最可观的效果。他最向往的是，个人人格上严于律己，宽以待人，政治法律制度礼刑调和适中这样的局面，认为这是儒家核心价值观念，是儒家经书的一贯标榜，即使是《春秋》这样"严于斧钺"，特别注目于行为之善恶的经书，其主旨亦不外此："'敬'以严乎己也，'宽'以恕乎物也。严乎己以立法，恕乎物以达情。《春秋》立法谨严而宅心忠恕，'敬敷五教在宽'之见诸行事者也。"[②] 无此严以持己，宽以待人，而唯恃严苛，则其结果不但能引出申韩之苛政，而且使人心虚伪，丧

① 《儒辱》，《睢阳子集》，《宋元学案》第 100 页。

② 《船山全书》第二册，第 248 页。

失天真，最终导致人心离散，严重的可使国家亡失。如："萧梁之世，戚近之臣，除丧初见而无毁容者，皆切责而废弃之。于是有含辛以为泪，及禫而节食者。罔上欺天，以避诽谪，而天真泯绝。驯至其极，侯景一叛，父子兄弟相戕相灭，彝伦折而国亦随亡。"[①] 此无他，皆于己无严敬之心，而待物过严，于物无宽平之气而纵已之欲带来的恶果。

二、对肉刑的反对

王夫之对明代严刑峻法的批判，一个重要方面就是对肉刑的反对，由此及于对明代宦官之祸的深刻反省。朱元璋虽用刚猛治国，但明确反对肉刑，洪武二十八年下诏曰："朕起兵惩创奸顽，或法外用刑，本非常典。嗣后止循律典，不许用黥、刺、剕、:劓、阉割之刑。臣下敢以请者，寘重典。"[②] 明宣宗亦尝与群臣论古代肉刑之制，侍臣以为汉代废除肉刑，故人轻于犯法。宣宗曰："此自由教化，岂关肉刑之有无。舜法有流宥金赎，而四凶之罪止于窜殛。可见当时被肉刑者，必皆重罪，不滥及也。况汉承秦敝，挟书有律，若概用肉刑，受伤者必多矣。"[③] 英宗之后，仁、宣之惠政渐衰。正统间，王振用事，刑章大乱，酷虐之事多有。天顺之后，愈益昏乱，诏狱繁兴。武宗荒于嬉游，刘瑾乱政，囹圄人满为患，《明史》载："正德五年会审重囚，减死者二人。时冤滥满狱，李东阳等因风霾以为言，特许宽恤。而刑官惧触刘瑾怒，所上止此。后磔流贼赵鐩等于

---

① 《船山全书》第二册，第 249 页。

② 见赵翼著，王树民校证：《廿二史札记校证》，北京：中华书局 1984 年，第 745 页。

③ 《明史》第 2321 页。

市，剝为魁者六人皮，法司奉视训有禁，不听。寻以皮制鞍镫，帝每骑乘之。而廷杖直言之臣，亦武宗为甚。”[①] 以帝王之重之尊，竟乘用人皮鞍镫，实所罕见。至天启朝，魏忠贤用田尔耕、许显纯等酷吏为义子，拷略东林党人，刑罚之惨，令人发指。“益为大枷，又设断脊、堕指、刺心之刑。”[②] 国家刑法严禁的肉刑，厂卫之狱，镇抚司狱之刑大过之。由此刑罚酷烈，肃杀之气特重。此为王夫之反对肉刑的现实着眼点。

王夫之对明代宦官当权，律从口出，法制紊乱，冤狱丛生的现象提出控诉，认为在这种情形下可以说人人皆“游于羿之彀中”，终不免于中法而死，他说：“语曰：‘有治人，无治法。’笞、杖、徒、流以为法而无其人，则今日之天下是已。肉刑以为法，而无其人，昔为‘羿之彀中’，今其渔之竭泽乎！故曰择祸莫如轻。贤者创，而不肖足以守，乃可垂之百世而祸不延。以舜为君，皋陶为士，执笞、杖、徒、流之法，刺天下之奸而有余。……何事箝缇萦之口，傅曹操之翼，溅血市廷而后允哉？”[③] 此中缇萦事，指罪人之女缇萦上书汉文帝而使文帝废除肉刑。[④] 曹操事，《三国志》载：“初，太祖下令，使平议死刑可宫割者。（钟）繇以为‘古之肉刑，更历圣人，宜复施行，以代死刑。’议者以为非悦民之道，遂寝。”[⑤] 上引这段话是说，无论多么好的法律都要靠人来施行。明代法制紊乱是因为无有

---

① 《明史》第 2324 页。

② 《明史》第 2338 页。

③ 《船山全书》第二册，第 258 页。

④ 见《史记·孝文本纪第十》，中华书局 1959 年，第 427 页。

⑤ 《钟繇华歆王朗传第十三》，《三国志》，2005 年，第 299 页。

善于施行法律的人。滥用肉刑，人人皆在被伤害之列。这样的社会，是人人皆为鱼肉的社会。如果有好的立法者、执法者，仅有笞、杖、徒、流等不甚严厉的刑罚就足以惩罚犯罪而天下大治。无须使汉文帝已废除、曹操已寝而不议的肉刑再恢复。王夫之向往古者不用肉刑，而用使犯罪者区别于常人使其受辱，以此为刑罚这样的惩治方法。《尚书》中有“象以典刑，流宥五刑，眚灾肆赦，怙终则刑”一句，意思是，将墨、劓、剕、宫、大辟五种常用的肉刑刻画出来，使人见图而知惧，用流放的办法宽宥当受五刑的犯人，因小过失而犯法就赦免，怙恶不悛再施加刑罚。王夫之就此发挥说：“五刑之用，性命以残，支体以折，痛楚以剧，而仅为之名曰‘象’，岂圣人之忍于戕人而徒丑其象哉？夫死之非患，痛之弗恤，重矜其象，以目治警来者，是圣人以君子之道待天下也。恶死而恤病者，人之所共，亦鸟兽之所共也。象者，人之所耻，非鸟兽之能耻也。创剧痛深，而唯死之不令，形之不全，则恶而畏之，斯君子之以别于鸟兽。乃圣人以此待放辟邪侈之疲民，则甚矣其不忍以鸟兽之畏恶为生人之畏恶，而必欲致之于君子也。”[①] 这是说，性命伤残，肢体毁折所造成的痛苦，这是人与鸟兽共同的。而因受刑造成的精神上的痛苦，是人类独有的。圣人刻画五刑以警惧人，就是重视人所异于鸟兽的独特性，就是以君子之道待天下。这里，王夫之是从人之异于鸟兽之处着眼，提倡以精神上的惩罚与肉体上的惩罚结合，从而达到减轻伤残肢体所造成的不良后果的目的，这比单纯处以肉刑，以待鸟兽者待人要人道、文明得多。王夫之还认为，即使肉体上的刑罚，

① 《船山全书》第二册，第255页。

也是在平时教养的基础上，对怙恶不悛者所施，故可以说是先教后诛，一出于仁心之诚之哀悯，故犯罪者口服心服。王夫之说："帝王之民，虽荼毒而不怨，教之有素，而矜之以诚，然后使即刑焉。岂仅曰奖之以君子之道，而可死之、伤之无不可忍哉！程子曰：'有《关雎》、《麟趾》之精意，而后《周官》之法度可行。'"① 如果没有哀矜犯人之心，不教而诛，以待鸟兽之道待之，就会扰乱法制，扰乱社会秩序，破坏人类业已建立的人道与文明。其在治世已不可，其在乱世，若肉刑太酷，必激起大变，如秦之末造那样。王夫之批评这种状况说："文具而无实，则政教且以滋扰，况无昭明平章之至化，而遽复象刑之辟，其教也不素，其矜也不诚，徒托以名以戕其实，不仁哉！钟繇、陈群之欲以行于曹魏也！"② 钟繇提倡肉刑，认为曹魏应当效法尧舜之世以肉刑代死刑，不应当效法汉文帝废除肉刑。他的理由是，曹魏时因连年兵乱，人口大减，以肉刑代死刑，一年可活约三千人。此人道之法。钟繇此论遭到王朗的反对，认为减免死罪尚有他法，如增加徒刑之年数等。前世仁者，不忍肉刑之惨酷，已废弃不用多年。今恢复肉刑，将造成朝廷酷法之名，不利于招徕四方之人。朝臣多赞成王朗之说，恢复肉刑之说遂搁置不行。③ 陈群之说，大略同于钟繇。而王夫之则从两个方面反对肉刑，一是从人道方面，一是从刑余之人之心理方面。于前者，王夫之说："今夫殄人之宗而绝其世，在国曰灭，在家曰毁。罪不逮此，而绝其生理，老无与养，死无与殡；无罪之鬼，无与除墓草而奠杯浆。伤

① 《船山全书》第二册，第256页。

② 《船山全书》第二册，第256页。

③ 见《三国志》卷十三，中华书局2005年，第300页。

哉，宫乎！均于大辟矣。是故汉文之仁，万世之仁也。藉其不然，高洋、刘子业、武曌、朱温以为之君，义纵、宁成、周兴、来俊臣以为之吏，包拯、海瑞褎然而称君子，天下生民得全其支体者，百不得一矣。”① 王夫之以上所举之人，除武则天、包拯、海瑞有争议外，余皆历史上著名的暴君酷吏。此处所哀悯者虽只宫刑，但其实哀悯一切被肉刑之人，皆从肉刑之违反人道而言。在后来的《读通鉴论》中，王夫之也说：“肉刑之不可复，易知也。如必曰古先圣王之大法，以止天下之恶，未可泯也，则亦君果至仁，吏果至恕，井田复，封建定，学校兴，礼三王而乐六代，然后复肉刑之辟未晏也。不然，徒取愚贱之小民，折割残毁，以唯吾制是行，而曰古先圣王之大法也。则自欺以诬天下，憯孰甚焉。”② 是皆从人道方面着眼，哀怜小民在乱世酷刑下之残毒。

王夫之说得更多的，则是从刑余之人之暴戾、之残刻论肉刑之必不可复。王夫之说：“天之生人，道以成形；而人之有生，形以藏性。二气内乖，则支体外萎；支体外断，则性情内椓。故奄腐之子，豺声阴鸷；浮屠髡发，安忍无亲；逋奴黥面，窃盗益剧，挺之矐目，顽谗无惮。形蚀气亏，符朕必合。则是以止恶之法增其恶也。名示天下以君子，而实成天下之奸回。悲夫！为复肉刑之议者，其无后乎！”③ 王夫之这里虽指一般情况，但他实有所指，他所指者，尤在宦官。明代宦官之祸，与汉、唐并而为三，为害大而久。其最著者，英宗时之王振，武宗时之刘瑾，熹宗时之魏忠贤，后先为祸，遗秽

① 《船山全书》第二册，第257页。
② 《船山全书》第十册，第112页。
③ 《船山全书》第二册，第256页。

万年。王夫之对明代宦官误国多有斥论，此处不详引。在《尚书引义》中，王夫之从刑余之人之阴残、暴戾说宦官之心理，指斥甚为激烈，他说："与人并齿于天地之间，面已黥也，趾已兀矣，鼻已毁矣，人道绝而髭已凋、音已雌矣，何恤乎其不冒死以求逞于一朝？又姑息怜其无用，引而置之宫府之间，余祭之祸发而不知其凡几矣！宦寺之恶，稔于士人，唯其无廉隅之惜、子孙之虑耳。故灭汉亡唐，而愍不畏死。原其始，犹夫人之子，而非奸宄之徒也。然且以不恤倾人之国，又况其以窃以淫而在旁在侧也乎？"这是说，宦官自以为刑余之人，尊严已失，性命已贱，不顾惜人之毁誉，又无子孙后世之虑，故不惜任何决绝之手段以求偿己之大欲。宦官又在帝之左右，熟知政权运作之机窍，故其为祸之烈又超出常情。于此，黄宗羲关于明代宦官之祸的论述甚为沉痛："奄宦之祸，历汉、唐、宋而相寻无已，然未有若有明之为烈也。汉、唐、宋有干预朝政之奄宦，无奉行奄宦之朝政。今夫宰相六部，朝政所自出也。而本章之批答，先有口传，后有票拟。天下之财赋，先内库而后太仓。天下之刑狱，先东厂而后法司。其他无不皆然。则是宰相六部，为奄宦奉行之员而已。……汉、唐、宋之奄宦，乘人主之昏而后可以得志。有明则格局已定，牵挽相维。以毅宗之哲王，始而疑之，终不能舍之，卒之临死而不能与廷臣一见，其祸未有若是之烈也！"[①] 此处所说，与王夫之所指斥者相为表里，皆出于对明代亡国之由的深切反思，皆深中明代宦官之祸之病因。但王夫之同时也指出，宦官之致祸，明代士大夫有不可推卸的责任。正是由于官吏出于争权夺利的需要，

① 黄宗羲：《明夷待访录·奄宦上》，《黄宗羲全集》第一册，杭州：浙江古籍出版社 1985 年，第 44 页。

交结宦官，才使其逐渐坐大。宦官交结外官以结外援，外官交结宦官以结内援，两者相勾结而渔利，国政于是蠹坏。士大夫对此应当深刻反省。

此外王夫之虽反对肉刑，对当肉刑者改以笞杖等表示赞同，但对笞、杖等刑可用金以赎，则明确表示反对，认为将导致法制之坏乱与官吏之贪污。他说："若夫笞、杖、徒、流之用赎也，则苟且之弊也，墨吏之缘以济贪，不可不分别禁之也。"[①] 但他更为反对的，在滥用笞、杖。此中所反映的，实际是王夫之对明代廷杖之法的激烈反对。前已述，明代自创，不遵古制，杀人至残而不丽于法者，廷杖、东西厂、锦衣卫、镇抚司狱。廷杖其首也。廷杖始自朱元璋，但偶一用之。至英宗正统间，殿陛行杖习为故事。武宗正德以后，廷杖不仅常有，且有杖死者。《明史·刑法志》载，正德十四年，以谏止南巡，廷杖舒芬、黄巩等百四十六人，死者十一人。嘉靖三年，群臣争大礼，廷杖丰熙等百三十四人，死者十六人。其后刑法益峻，虽重臣不能免。所举受廷杖者有总督、巡抚、待郎、都御史、大理寺卿、通政司通政等，有的当廷毙于杖下，有时受杖者着朝服，闻者莫不骇然。"四十余年间，杖杀朝士，倍蓰前代。"[②] 对廷杖，王夫之认为辱士大夫之甚，而朝服受杖，不独辱士夫，亦兼辱朝廷也。王夫之在《读通鉴论》中，即有《辱大臣为辱国》一节，专斥辱士大夫之事，其中于廷杖，疾莫甚焉。他说："贾生之言以动文帝，而当时之大臣，抑有闻而愧焉者乎？微直当时，后世之诏狱、廷杖而尚被章服以立人之朝者，抑有愧焉者乎？使诏狱、廷杖而有能自裁

① 《船山全书》第二册，第258页。
② 见《明史》第2330页。

旨，人君之辱士大夫，尚可惩也。”[①] 这段话本是因高攀龙自沉而死以免辱于魏忠贤之酷刑而发，但对诏狱、廷杖之厌恶，认为是辱大臣之尤者，则是十分明显的。王夫之反对滥用杖刑，实际上折射的是对廷杖的厌恶。他说：“讯杖者，始以讯也。淫刑者，非讯而用之以挞，刀锯之外有杀人之具焉。令甲不载，而恣有司之暴怒，以虐辟道失避、输将不敏、祗候失当之疲民，血肉狼藉于杖下而靡所控，既已惨矣。且益之以夹拶箠楔之毒刈，刑具日繁，而民死益众。有不忍人之心者，损之不及，而复欲益以刀锯乎？”[②] 讯杖者，本是常用刑具，但滥用讯杖，却适成杀人之具。杖之多少，法令无有严格规定，这适成刑官发泄其暴怒的工具。而所杖者亦非重犯，不过迴避不及、运送失期、对上失敬之小民。杖刑之外，又有各种残酷刑具。有仁德之心的人，杖刑过滥尚且不忍，何况伤毁肢体、残害性命之肉刑。这是王夫之对一般滥用刑罚状况的控诉，但字里行间透露的，却主要是对廷杖的反对。

综上所述，可以看出，王夫之对明代严刑峻法的反对，出于其反省明亡教训，重建中国文化的需要。在刑德关系上，他主张礼与刑相辅而行，礼为主，刑为辅；刑只是对逾礼者的惩戒，而且只惩罚怙恶不悛者。这种惩戒以教之于先为基础，不教而诛非儒者之道。而所谓惩戒，亦以笞、杖、徒、流为主，反对肉刑。王夫之的以上思想，折射出他对明代政治、司法方面最黑暗的宦官当国、诏狱、廷杖等现象的极端痛恨，而他所希望的刑德关系，法律秩序，于中亦可见出矣。

---

① 《船山全书》第十册，第 107 页。

② 《船山全书》第二册，第 258 页。

论“新理学”体系中的法哲学思想

中国政法大学教授 单 纯

内容提要：“新理学”是儒学思想在20世纪形成的新思想体系，它的“入世”传统和时代特征反映在其对儒法核心观念进行的比较和解释之中，其“微言大义”的儒家情怀和“借题发挥”的中国史官方法，赋予了中国哲学史中儒法争论的“德礼”和“政刑”问题新的逻辑视野和思想内涵。它的“理势”平衡观点不仅有助于澄清传统儒家“人治”思想的真实内涵，而且揭示出了中华法系语境中“人治”与“法治”的互补性质，有利于辨明中国传统的“人治”思想与近代西方的“法治”思想是否在法理上处于同一逻辑序位等问题。

主题词：公道，理势，人治，法治

在20世纪中国思想体系里，除了代表“政统”的“三民主义”和“马列主义”意识形态之外，代表“学统”或“道统”而又最具民族特色且影响深远的哲学体系当推冯友兰所创立的“新理学”了。“新理学”，顾名思义，是“接着”宋明儒家的“理学”讲的，而不是“照着”讲的，因之名曰“新”；而宋明“理学”又被国际学术界统称为“新儒学”，言其为先秦儒家“仁学”在宋明时代的创新，故“新理学”理所当然地属于儒家正宗主脉的“新统”。

无论是先秦的“仁学”，宋明的“理学”或是当代的“新理学”，儒学思想都保留了其独特的“入世”传统，即在“治国平天下”的层面与立“天下之程式”的法家形成一种相互抵牾和补充的关系，阐发了儒家的“治道”或法哲学思想。由于“新理学”贯穿于冯友兰所著的“三史”和“六书”①，所以其法哲学思想也表达于这些著作的相关部分。

一、法律性质的儒学诠释

按照哲学的观点看，任何法律体系—无论是西方基督教罗马系统，还是伊斯兰教法系统，或是印度教法律，或是中华法律系统，都会涉及三个最恒定的“要素”（commonplaces）：即社会事实、权威强制性和公道（social phenomenon，authoritative and common good)。这三个要素可以演绎出法律的本质规定性：社会事实是指指导人们社会行为的共同规范；权威强制性是指由权威机构或人士颁布并监督执行的功效约束；公道是作为社会规范的价值取向。这三者之间的辩证关联性即法律的本性。但是，由于各民族的历史环境和思想风格的差异性，在表达法律本性的时候自然也会各显特色，如西方传统有自然法学派和法律实证主义对于法律的差异性解释，伊斯兰民族则有教法合一的解释，中华法系则有儒家、道家和法家三者交互损益的解释。具体到冯友兰的“新理学”体系，对于法律

① “三史”是指《中国哲学史》、《中国哲学简史》及《中国哲学史新编》；“六书”是指《新理学》、《新事论》、《新世训》、《新原人》、《新原道》及《新知言》。

的诠释则既借鉴了中国传统中儒道法三家的思想，也照应了当代西方社会的具体情势。

作为社会事实的法律，“新理学”首先将其放在儒道法三家得以孕育的春秋战国环境中加以考察，其中以法家的思考为问题的核心，而儒家则从自己的思想立场进行辩驳和修正。冯友兰在其《中国哲学史》中指出，春秋战国值中国社会的大动荡时期，“法”的迫切性实属空前，故其作为一种强制性社会规范在法家思想中被标而出之：

“明主者，一度量，立表仪，而坚守之，故令下而民从。法者，天下之程式也，万事之仪表也。吏者，民之所悬命也。故明主之治也，当于法者诛之。故以法诛罪，则民就死而不怨；以法量功，则民受赏而无德也。此以法举错之功也。故《明法》曰：‘以法治国，则举错而已。’明主者，有法度之制；故群臣皆出于方正之治，而不敢为奸。百姓知主之从事于法也，故吏之所使者有法，则民从之；无法则止。民以法与吏相距，下以法与上从事。故诈伪之人不得欺其主；嫉妒之人不得用其贼心；谗谀之人不得施其巧；千里之外，不敢擅为非。故《明法》曰：‘有法度之制者，不可巧以诈伪。’”（《管子》卷二十一，页十）①

在这段法家的论述中，我们可以看出，社会事实不同于自然事实，它是具有社会属性的人类为规范自己的行为而确定的标准，遵循此规范则受赏，违反此规范则受罚。与人类社会行为无关的自然事实和纯属个体的心理情绪皆不具备规范性的赏罚功效。仅仅从社会规范的约束力或法律的功效来看，法律在本质上自然具备了权威

① “中国哲学史”（上），冯友兰：《三松堂全集》第二版，河南人民出版社，2000年，第二卷，第536页。

强制性，否则其不复为一种社会事实。欲成为社会各阶层的行为规范，法律必须具备强制性，这样社会才能稳定，官吏和百姓才能恰当地履行社会职责。

关于法律的权威强制性，西方的法律实证主义者，如奥斯丁，特别强调法律的管理功效，即其权威的强制性。他们虽然不得不区分出法律的“应然”（what law ought to be）和“实然”（what law is）性质，但其重心只在“实际的法律”方面，故而突出法律的权威强制性（commanding and obeying）。这一特点也显见于春秋战国时的法家思想。“新理学”对此有更多同情的理解，这一点与传统的儒家因强调道德目的而忽视法律的功效不大一样。借用中国历史自身的经验，冯友兰认为，中国在抗战这样特殊的社会时期，是应该如法家那样强调法律的权威强制性，以见其政治和社会功效：

“凡是关系多数人底事都需一种强制底政治力量，才能推行。例如政府办的征兵征粮，都是用强制底政治力量推行底。如果政府只需要少数底兵，可以用志愿投效的方法招募，如果政治只需要少数底粮，可以靠有些人的‘乐输’。但如果需要兵和粮不是少数，就非用强制的方法不可了。这不止在中国是如此，在任何国家都是如此。……”

“韩非子说：‘圣人之治，不恃人之为吾善也，而用其不得为非也。恃人之善也，境内不什数。用人不得为非，一国可使齐。’能征兵则可以不靠志愿兵，能征粮则可以不靠‘乐输’。志愿从军，乐输底人，一定也有。但专靠志愿兵专靠乐输均不能‘一国可使齐’。”

“恃人之为善，是就人的应该是什么着想，这是教育的希望。用人之不得为非，是就人的是什么着想，这是政治的实际。用教育的希望，去对付政治的实际，是一定不能成功底。”

并且这样的道理也并不违反儒家的人伦理想：

“如此一类底措施，都是着眼在人的是什么。如此着眼，并无损于人类的尊严。因为承认大多数人不是圣贤，并无损于人类的尊严。”①

法律作为政治的一种有效手段和工具，应该具备强制性功效，否则就不成其为社会性质的事实。在这方面冯友兰着意区分出法律的社会规范功效与宗教的个体性伦理道德意识。这种区分自然肯定了法家关于法律的社会规范功能，没有沿用孔夫子的“齐之以礼”而摒弃韩非的“一国可使齐”，流露出“新理学”较传统儒学的“新”信息。

强调法律的权威强制性功效，多半成为传统儒家批评法家的对象。“新理学”在这方面提供了一个新的视角，当然思想资源不是在正统的先秦儒学或宋明理学中去找，而是从先秦法家两个主要人物—李斯和韩非的老师—荀子那里寻找。为此，冯友兰重点围绕荀子的《议兵篇》写了《儒家论兵》一文。在他看来，儒家的荀子对于法律的权威强制性就有一种积极的评价，故特别引证荀子“君贤者其国治，君不能者其国乱。隆礼贵义者其国治。简礼贱义者其国乱，治者强，乱者弱。上足仰则下可用也。上不足仰则下不可用也。下可用则强，下不可用则弱。好士者强，不好士者弱。爱民者强，不爱民者弱。政令信者强，政令不信者弱。民齐者强，民不齐者弱。刑威者强，刑侮者弱。械用兵革攻完便利者强，械用兵革窳楛不便利者弱”的观点，并进一步地发挥说：“以组织完密，团结坚固底民众，兵器精良训练纯熟底军队，加上深明六术五权三至底将帅，这

---

① 冯友兰：《三松堂全集》第二版，河南人民出版社，2000 年，第五卷，第 423－424 页。

然后，才可为仁者之兵，王者之师。其攻无不胜战无不克，是不成问题底。”[①]“新理学”在这里就儒家兵论所作的阐述，完全是为了适应当时抗战的需要，通过儒家“仁义之兵”较之于“虎狼之秦”的优势，以说明当时德日法西斯与同盟国之比缺乏国际法上的合法性，因而必然被击败。这亦是其儒家思想与时俱进的“新意”之所在。

再就法律的目的说，儒家自周秦已降就保持了明确的“德治”传统，其意蕴丰富深刻决不在西方“自然法学派”（natural law theory）之下。不过，在冯友兰著书的时代，他又刻意表明儒家的“德治”仍然可以作为政治法律的目的并将之与人的自然理性联系起来：

“我们说，在政治社会方面，不容易完全避免，并不是说完全不能避免。有人说，民主政治的根本精神，就是把人当成人，不把人当成工具。在行民主政治底国家里，我们不能说，没有人专靠刺激人的感情，以求政治上底成功。但与纳粹法西斯国家比较起来，情形是有不同。我们只需把罗斯福，丘吉尔的演说词，与希特勒的演说词比较观之，便可见其不同。希特勒的演说词，大概含有刺激性底话最多。据说，他演说的时候，也是乱走乱跳，大叫大哭。罗斯福丘吉尔的讲演，大部分是报告事实，固然也不能说完全没有刺激性底话，但与希特勒的演说，是有性质上底不同。这也可以说是小节，但于这小节上，反映出民主政治与纳粹法西斯政治的一个根本底差异。

民主底教育，是要教育出来独立自主底人。每一个人遇事都有他自己的判断。他不为别人的工具，也不以别人为工具。他遇事只

---

① 冯友兰：《三松堂全集》第二版，河南人民出版社，2000 年，第五卷，第 444 页。

管对不对，不管刺激不刺激。这是教育的理想，也是所谓学力功夫的功用。”①

在西方的自然法学派和法律实证主义的争论中，公道或者“公善”往往成为它们相互区分的焦点：以其有无轻重论证社会规范之功效。而在儒学传统中，公道是任何理想的政治和法律中的题中之义，只不过儒家是用“仁义”标出罢了。汉儒贾谊在《过秦论》中总结秦的过失是“仁义不施，而攻守之势异也”。有了“仁义”作为政治法律的目的，法律的社会规范形式和权威强制功效即可表现为治国之礼，即“所以固国家，定社稷、使君无失其民者也。”②“新理学”在此基础上有更进步的发挥，强调民主政治以“教育出来独立自主底人”为其目的，而不把人视为实现某种政治的工具。其“新意”较之西方自然法学派在于突出人的“自己的判断”的理性，而非普遍的神意理性在人身上被动的反映；较之传统儒学则在于标举了“仁义”的社会公共性，为“内圣外王”之学下了民主政治的现代转语。

而在立法方面，“新理学”则提出了以文化先进性取代地域优劣性和机构权威性的新思想。古今中外的立法解释，大体上分为两类，一类是宗教启示性信仰，一类是法律人类学性的理解。前者有“君权神授”或“天降下民，有物有则”之类的思想，如太阳神授权汉谟拉比立法，罗马人眼中的日耳曼“蛮族法”，“代天立言”的中国圣王以及古代中国人眼中的“无法无天”的“夷狄”；后者如中国法

---

① “南渡集‘论天真活泼’”，冯友兰：《三松堂全集》第二版，河南人民出版社，2000年，第五卷，第439－440页。

② 贾谊：《新书·礼》。

家韩非和西哲卢梭对法律起源所做的人类学解释。在冯友兰看来，东方西方之分，君主专制或民主代议之别，这些都不是问题的关键。关键的问题在于文化上的先进与落后，只有在文化层次上的区分才能最终说明宗教、社会、政治、法律等方面的差异性和优劣性。正是这种文化本位的思想，使他看出了英国在君主专制的情况下是国王怎么说，内阁就怎样办，而在君主立宪的情况下，内阁怎样做，国王就怎样说，这是近代民主政治和中世纪君主制在文化上的差异。而联系到中国的抗战，更可以看出立法传统的文化优劣性：

“本来，无论世界哪一处，在旧制度里，城里人都是乡下人的主宰。一切法律，都是城里人定底，当然都为城里人方便。犹之乎笑话中说，周公制礼，不是周婆制礼，当然都是为男人方便。本来都是如此。不过在战争中这些情形，更为清楚。战争真也有他的好处。他能显出了人的新面目，他能显出了社会的本质。”①

当然，冯友兰在这里的用意并不是纯粹讨论立法的文化问题，而是说文化类型是解释人类社会的关键。中国自鸦片战争到抗日战争所遭遇到的困境不仅仅是形式上的西洋人东洋人欺辱我们，而是城里人打乡下人，近代欺负中世纪，解决中国近代的问题不是让城里人退化为乡下人，近代退回到中世纪，而是使乡下人也变成城里人，中世纪进步到近代。西方通过近代立法而产生的社会进步给中国社会的启示应该是自己赶快近代化，而不是像明末清初的儒家王夫之那样排斥“夷狄”，也不能遵循清末民初儒者康有为那样的“托古改制”，该走的路是近代社会的主流：民主立宪。

---

① “南渡集：‘从房捐说到土地政策’”，冯友兰：《三松堂全集》第二版，河南人民出版社，2000 年，第五卷，第 454 页。

二、中华法系的社会与思想背景

正如西方法系的形成和发展具有希腊哲学、基督教和罗马法的思想基础一样，中华法系的形成和发展也具有儒道法三家的思想基础，其历史传统、思想特色和社会功效在“百家争鸣”的春秋时代就成为社会热点，以至于之后的政治家、历史学者和一般的思想家都将这一时期作为中国政治、社会和精神生活的主要背景加以考察。但是，既然是“百家争鸣”，每家考察和阐述这个时期社会和思想背景的方式和结论就会被打上自己的印记，因此，“新理学”对中华法系所产生和形成的背景，自然也会有自己的分析和论述。

根据冯友兰在中国哲学史中的分析，春秋时代的中国社会是一个三元层级结构，即由管理“百姓”的大夫之“家”、管理众大夫之“家”的诸侯“国”和管理众诸侯“国”的周天子的“天下”所构成的“家国天下”世界。中国人习惯将近代民族国家形成之后的世界视为各“国家”的集合，而不是众“民族”（the united nations）的集合，正是沿用了这种传统的思维定式。在这样的“家国天下”的世界里，维系人民的社会规范就是“礼”，即具有习惯法性质的“君子协定”。后来道家的人在“礼”的基础上发展了“无为而治”的自然理性—“道”，儒家的人发展了其中的道德理想—“德”，法家的人则发展了其中的制裁功能—“刑”。正是在这种相互比较发明之中，“新理学”对儒道法三家进行了评述，对于法律思想史或历史学来说，这种评述自然会表现出“当代新儒家”的学术思想偏好。

道家的思想认为，宇宙万物包括人类社会的规范都遵从于道，所以从形而上学的观点看，“道”是“无为”的，而形而下的宇宙万物因此而获得了自身的自由—“无所不为”，即自然。法家的人受到道家这种思想的影响，也相信“无为而无所不为”的统一性，只不过是将其约束到“国君”对“百姓”的治理方面；对于自己治理的对象，“国君”的“无为”应体现在其顺应“法术”的自然工具功效上，无需考虑这种自然工具功效的伦理性或目的性，类似于西方近代“严格的法律实证主义”(strict legal positivism)，只承认法律的自然属性是权威强制性，不承认法律的伦理价值。冯友兰因此而评论说：

“无为是道家的观念，也是法家的观念。韩非和法家认为，君主必须具备一种大德，就是顺随无为的过程。他自己应当无为，让别人替他无不为。韩非说：君主应如‘日月所照，四时所行，云布风动；不以智累心，不以私累己；寄治乱于法术，托是非于赏罚，属轻重于权衡’(《韩非子·大体》)。换言之，君主具有种种工具和机器，用来进行统治，有了这些，就无为而无不为了。

道家与法家代表中国思想的两个极端。道家认为，人本来完全是天真的；法家认为，人本来完全是邪恶的。道家主张绝对的个人自由；法家主张绝对的社会控制。可是在无为的观念上，两个极端却遇合了。这就是说，它们在这里有某些共同之处。”①

道家和法家虽然在思想方式上都运用了“无为”的本体论概念，但是由于它们所适用的范围不同，其“本体”的意义在内涵上实际上存在很大差异：道家的“无为”之道是解释宇宙发生和演变的普遍法则；法家的“无为”之道是一种解释社会治理的比较效益原则。道家认为“道”的“无为”体现着宇宙普遍的伦理价值，而法家则

---

① “中国哲学简史”，冯友兰：《三松堂全集》，河南人民出版社，2000年版，第六卷，第142页。

认为国君的治理之道不应当受到任何伦理价值的干扰，这样他们治理之“道”的工具才能发挥最大的功效。

在天下大乱的春秋战国时代，法家的人往往因为鼓吹社会治理的各种技巧而受聘成为各诸侯国中的顾问或者实际的管理官员，他们只关心治理的技术而不问治理所要达到的目的，即只重治理工具的效率而不问治理的价值取向，所以被视为“法术之士”。他们所鼓吹的“这些法术把权力高度集中于国君一人之手。他们鼓吹的这些法术就是愚人也能懂会用。照他们所说，国君根本不需要是圣人或超人。只要忠实地执行他们的法术，哪怕是仅有中人之资也能治国，并且治得很好。还有些‘法术之士’更进了一步，将他们的法术理论化，做出理论的表述，于是构成了法家的思想。”① 照法家的思想逻辑，只要能够最大限度地发挥法律的工具效用，国君在政治上必然是“无为”的，即不能设置任何价值前提以限制法律工具效益的极限发挥，其结果必然导致政治上的极权主义。“变法”最充分的秦国，也正好演绎了法家偏于工具主义的思想逻辑，最终成为“暴秦”。

代表法家工具主义的几个基本概念，如“势”、“法”、“术”等，强调的是政治手腕和治理的技巧方法。如果仅仅就其社会治理的工具效能来看，这些概念都是精当的，而且准确地反映出了法律的某些重要内涵，当然不是全部内涵，故此，其与近代西方兴起的“法治”（the rule of law）不是完全等同的概念，充其量只能与“法律”中的“权威强制性”相类比。而法家的人正是在这些概念的基础之

① “中国哲学简史”，冯友兰：《三松堂全集》，河南人民出版社，2000 年版，第六卷，第 137 页。

上提出“以法治国”的原则，因此，对法家思想提出尖锐批评的儒家思想，就不能简单地被划入“人治”（the rule of men）的范畴。这一点对于现代人理解先秦与法家争鸣的儒家思想特别重要。

儒家的人关于社会治理的思想主要见于对法家思想的批评比较之中。他们认为，法家的人对于社会治理的思想偏于“刑”，但这种刑罚虽然能够在某些情况下威慑人，但不能稳定地规范人们的行为，终而不能收到社会“长治久安”的功效。社会真正有效而持久的治理应该建立在社会成员自身的觉悟之上，即法律必须具备普遍的道德价值才能成为社会规范。春秋战国之后，秦始皇短暂的成功和秦二世迅速的崩溃，以及汉之后晋律的“礼法合一”和唐律中的“德本刑用”，这些情况无不反映出儒家关于社会治理思想的合理性逐渐被吸收进中华法系之中，成为其重要的价值基础。

三、理势平衡：社会变革的依据

传统儒家的人认为，社会治理必然以“仁德”为体，以“法术”为用，其涵蕴的意义是法家的人“蔽于法而不知贤”。贤是儒家所谓的“圣贤”，即一种人格形式所表达的价值取向；“法”则只是社会治理中一种效能工具。两相比较，“法术”自然是“蔽于一曲而闇于大理”（《荀子·解蔽》）。冯友兰认为，从先秦孔子确立儒家思想体系之后，孟子发展了其理想主义，荀子则发挥了其实用主义。理想主义虽然标举“大丈夫”人格，但毕竟“迂远而阔于事情”；现实主义则“隆礼重法”，这对法家和汉晋之后的中华法系都产生了重要的影响。至20世纪，冯友兰创立“新理学”体系，其对儒家孟荀两个传统都有所继承和创新，不过其重点仍然在于理想主义的“安身立命”方面，而对于现实主义的“经世致用”方面，其讨论更多的只是延续儒学传统的问题：社会变法和治理的道德依据。

在“新理学”的逻辑构造中，属于形而上学的“理”是形而下的事物的“所以然之故及其当然之则”，这虽然只是对《诗经》中“天生蒸民，有物有则”的借题发挥，但是，冯友兰在解释其本体的“理”时却赋予了它现实的关联性，以便为儒家哲学的“入世”特点提供合理性与合法性，这又反映出儒学“微言大义”的政治情怀。所谓“合理性”是指历史发展的必然趋势，所谓“合法性”则是指儒家关于社会革命的道德基础。这种哲学思想所揭示的“合理性”与“合法性”，有些类似于西方自然法学中的社会“理性”和“公道”，不过在“新理学”中冯友兰是用“理”“势”之间的平衡关系来论证的。他说：

“每种社会皆有其理。理是本然底，但专就理说，有此理亦不过有此理而已。至于实际上有无此种社会之存在，换言之，实际底社会有无依照此理以成立者，则与理无关，而与势有关。例如中国现所将变成之新社会，其理是本然底，且事实上已有许多社会依照之而成立。但中国以前未成为此种社会，其所以未成为此种社会，即因其未有如现实所有之一种势。”①

由此可以看出，“理”与“势”的关系既是人类社会中的伦理价值，也是一种政治哲学：

“在一社会内，其分子必遵守其社会所依照之理所规定之基本规律，其行为合乎此者是道德底，反乎此者是不道德底。但各种社会之理所规定之基本规律不同，所以在某一种社会之内是不道德底行

① “新理学”，冯友兰：《三松堂全集》，河南人民出版社，2000年版，第四卷，第126页。

为者，在另一种社会之内可以不是不道德底。……

某国家或某民族于一时所行之某种社会制度，本亦是因一种势而有；若其势既变，则此国家或民族所行之社会制度即不能有。此国家或民族，即到我们于上文所说穷则变之阶段。此国家或民族即应因此种新势而变为另一种之社会。”①

在他看来，社会的规范包括政治和法律首先必须正确地反映出历史的必然性，这就是政治和法律的伦理价值；如同自然界必然遵循客观的自然规律一样，社会中的人必然遵循社会规律，但这种规律与自然规律也有相异的地方，即人对于其置身的社会关系的理解和认同，因而具有伦理性质。于是，承认现行的政治制度、遵纪守法就不再成为一个单向度地判断公民道德的标准，而是将公民的道德与社会的政治和法律的合理性联系起来，先为社会的政治和法律提出“因势顺变”的要求，进而伸张了公民的道德权利和社会权利，即社会的政治和法律如果没有顺应历史变化的趋势，公民有权不服从，有权进行革命，而且这样做才是道德的。

将“理”、“势”和“道德”联系在一起，以说明社会变革的合理性和必然性，是“新理学”体系对传统儒家的“革命”和法家的“变法”思想在新的历史环境下的综合创新，就儒家的传统说是：

“于如此之时，主张革新者，对于势说，是顺；主张保守者，对于势说，是逆。顺势者我们谓之为顺自然。我们于上文说，一理之有实际底例需要一种势，一种势之实际底有需要一种大势。一种大势即对于一理之有实际底例之一时之整个底实际。实际一称自然，

① “新理学”，冯友兰：《三松堂全集》，河南人民出版社，2000年版，第四卷，第129页。

所以说是顺自然。”①

就法家传统看，就如“《商君书》说：‘当时而立法，因事而制礼，礼法因时而定，制令各顺其宜。’（《更法》）《韩非子》说：‘圣人不期修古，不法常可，论世之事，因为之备。’（《五蠹》）此皆说：一种社会制度，合时则是好底；不合时即是坏底。合时即是合势。”②

在“新理学”体系里，儒家的“理势”平衡与法家的“变法”思想应该是统一的，其统一的标准不是传统法家所注重的“法术”权威和强制性，而是代表社会发展趋势的“道理”，并且这种“道理”还表达了“革命”的道德性，这也是自然理性在社会治理中的表现。

与传统法家提倡社会“变法”一样，传统儒家也提倡社会“革命”，不过二者的立场和动机是不同的。法家的人是站在统治者的立场上，以社会有效控制和确立对权威的恐惧为目的；儒家的人是站在形而上学的道德本体的立场上，以个人道德觉悟和道德的社会化为目的，即实现“圣贤人格”和“天下大同”的道德理想。这种不同，按照“新理学”的逻辑，就表现为历史上法家的主张多数演变成为暴君专制的思想工具，而儒家的主张却可以论证“汤武革命”的合道德性，即中国式的政治合法性。法家的人以君主为最终的立法者和司法者，其上无形而上学的渊源和道德约束，以法术变通为君主长治久安的工具，绝不可能对君主专制进行社会革命。相反，

① “新理学”，冯友兰：《三松堂全集》，河南人民出版社，2000年版，第四卷，第130页。

② “新理学”，冯友兰：《三松堂全集》，河南人民出版社，2000年版，第四卷，第129—130页。

儒家在传统上有一种形而上学的道德理想，它既超越于专制君主也超越于其代表的社会制度，所以其道德理想的合法性可以表达为对专制君主的“革命”和社会的“改朝换代”，所谓“汤武革命”和“小康大同”是也。

为了说明“新理学”理势平衡的社会变革思想，冯友兰刻意就儒家传统的“革命”思想进行了辩证的分析：

“所谓革命大概有两种，一种是对于人者，一种是对于制度者。我们先说对于人之革命。这种革命在中国历史中，是常见底。在旧日人之心目中，此种革命之代表，即所谓汤武征诛。汤武征诛，与尧舜揖让，成为两种‘改朝换代’之方法之典型。《易传》说：‘汤武革命，顺乎天而应乎人。’这种革命之理论底根据，是孟子所说者。孟子说：‘贼仁者谓之贼，贼义者谓之残；残贼之人谓之一夫。闻诛一夫纣矣，未闻弑君也。’（《孟子·梁惠王下》）纣不能依照君之理以尽为君之道；是即所谓‘君不君’。所谓君不君者，他虽事实上居于君位，但在理论上他已不是君。”①

既然在伦理道德标准上看，暴君都失去了“君”的资格，所以根据理势平衡的原则，对他进行“征诛”就是合理合法的事了。而对于社会制度上的革命：

“与上所述对于人之革命，完全不同。……今只说：如一国家或民族之社会组织，穷而须变，须自一种社会转入另一种社会，此国家或民族之社会组织，本依照一种社会之理以组织者，即须依照另一种社会之理以组织之。如此则此国家或民族原有之制度中之特为

---

① “新理学”，冯友兰：《三松堂全集》，河南人民出版社，2000 年版，第四卷，第 111 页。

一种社会所有者，即须废弃，而代以另一种社会制度之特为其种社会所有者。此国家或民族中最先感觉此种改革之必要之人，先着手为此种改革，即成所谓对于制度之革命。因此国家或民族原行之社会制度既穷而必须变，若不变则此国家或民族即与之俱穷。……所以，若非为一国家或民族之存在所必需，一国家或民族不能有对于制度之革命。"[①] 照"新理学"的逻辑看，儒家形而上学的道德本体—理，是超越形而下的现实世界中君主和社会制度的最高原则，因而也是其实现革命的根据。所以，无论是孔子提倡的"仁"还是朱熹提倡的"理"都蕴含有对君主和现存的社会制度进行"征诛"的革命因素；过去人们讨论儒家的传统，多注重其对于"乱臣贼子"的"口诛笔伐"，批评其对于专制君主和旧的社会制度而具有的保守性质。殊不知"理"既然为形而上学的本体，自然有转向现实社会的"势"的合法性和必然性，这就明确了"汤武革命"既可以推翻暴君又可以"改朝换代"，以揭示出儒家思想的革命性质。"新理学"在"理势"平衡的前提下所作的政治发挥，说明儒家的社会治理思想不是君主本位的"人治"，而是社会伦理本位的"德治"，是社会伦理通过"圣贤人格"向社会现实的转化，在这个转化过程中，通常被误以为是"人治"的化身的最高立法和司法者—专制君主在"德治"的伦理标准下自然被降低为"独夫民贼"，成为"人人得而诛之"的对象。这两个方面的结合，既反映出儒家"德治"思想对于"君权"的限制，也折射出儒家的政治民权思想。孔子自信"天生德于予"，孟子向往"天爵"，百姓以"替天行道"为口号造皇帝

---

① "新理学"，冯友兰：《三松堂全集》，河南人民出版社，2000年版，第四卷，第112－113页。

的反，在这些语境里面，体现为儒家所谓“人治”的伦理内涵都具有“天理”的性质，它对于任何世俗权威的超越，就是一种“势”，而且是“势不可挡”的。因此，在政治上限制君权和伸张民权就成了儒家“人治”或“德治”思想的题中之义。这本来是先秦儒家思想在政治和社会治理方面的革命性因素，但是在后来西汉董仲舒“天人感应”中被表达成了“屈民而伸君，屈君而伸天”。“屈君而伸天”是儒家“人治”的传统，而“屈民而伸君”显然是儒家“人治”的倒退。不过，到了宋儒提倡“存天理，灭人欲”和新理学的“理势”平衡的学理中，“天理”中的“圣贤人格”价值又得到了重申，儒家以伦理标准限制君权，伸张民权，促进社会革命的思想又得到了新的诠释。

四、德治：限君论与伸民权

将“德治”等同于“人治”，进而将其与西方的“法治”进行比较，以说明儒家德治思想或者中华法系的落后性，这既是近现代学者中常见的一种误解，也反映出某些中国学者自身学识的局限。对东西方法律进行比较研究的西方学者认为，《‘西方’法律的概念》(On the Concept of “Western” Law，1983）和《专制史：中国危机的根源》（The Tyranny of History：The Roots of China's Crisis，1992）是这种误解的典型之作，但这些误解自身也为西方学术界出现的问题所困扰，《法律东方学》长文的作者正是在这样的背景下提醒他的西方同行：

“我不想实质性地来争论中国是否存在法律。这样做并不是因为这样的争论没有意义，而是因为我当前的主要兴趣是分析西方在法律观念上是怎样给中国进行文化定位的。尽管有些不懈的论证在揭示西方对中国的文化偏见，但是当前‘中国无法律’的观念仍然很流行—不仅西方流行的观点和政策制定者是这样，而且那些没有研究过中国问题的西方法学家以及非法学专业的中国学者自己也这样想。可是，中国民法的存在在西方却成了可以被周期性发现和再发现的样本。这个现实的观念前提是什么？为什么中国民法在西方的语境中一径被发现然后很快又会被忘却，结果又会等到下一轮的‘发现’？”①

他的问题同样给了我们一个提示，儒家的人提出的“人治”和法家的人提出的“以法治国”与西方学术背景下的“人治”（rule of men）和“法治”（rule of law）是否为同一概念？如果不是同一概念，那么在两者之间进行优劣比较，岂不莫名其妙？冯友兰具有充分的学科上的自知之明，所以在其“新理学”体系里完全没有陷入这种时髦的“法治”与“人治”的比较，而是从中国哲学史的背景中来阐述中国哲学家对中国传统问题的独到见解。

他认为，在儒家和法家的争论中，儒家的“人治”是从伦理价值取向看待“理势”问题，而法家的人则是从“势”的工具取向看待“法治”问题的。照儒家的逻辑看，没有价值取向，法律从立法到司法只有工具效用，没有人的地位和人的理想目标—人的权利和地位是西方民法的精髓，在中国语境中其表现形式正是儒家“德治”思想中的“圣贤人格”；照儒家的判断，如果法律不分伦理上的“君子”“小人”，只着眼其工具意义上的权威性和强制性，这怎么能够成为社会规范呢？这就是“理势”不统一，执行起来难免有持久的

① “Legal Orientalism”（《法律东方学》），by Teemu Ruskola，Michigan Law Review，Vol. 101，No. 1（Oct.，2002）p. 184。

社会效果：

“儒家的人批评说：‘不可以释贤而专任势。’乘云游雾也只是龙蛇才可以。若是蚯蚓蚂蚁，虽然有云雾它们也是不能乘的。古来的暴君像桀纣那样的，都用天子之威以为他们云雾，然而天下大乱。有势的人不一定都是好的，好人用它，天下就治，坏人用它，天下就乱。天下的人总是好的少坏的多，用势以乱天下的人多，用势以治天下的人少。所以释贤而专任势，那是与坏人有利的。慎到一派的人回答说：我们所说的重势是对于中人说的。中人上不及尧、舜，而下亦不为桀、纣。这样的人能够‘抱法处势’天下就治；背法去势，天下就乱。这种中人最多，所以如果不讲法不讲势而专等着尧、舜这种圣人来治天下，这就是乱世多，而治世少。”①

“新理学”在这里区别了中国儒法思想传统的两个主要方面，儒家强调法律体系中立法的目的，因而以“圣贤人格”为立法的价值取向，形式上表达为儒学语境中的“人治”，这一点法家的人误将其等同于司法过程中的“尧舜”圣人，殊不知儒家讲的“尧舜”都只是一种“人格理念”，其理念可与西方柏拉图所谓的“哲学家—王”（philosopher－king）相互发明，所启发和要表明的是以代表理世界的“哲学家”作为经验世界中的“王”的价值取向。立法如果没有价值取向，则司法中的法条完全可能蜕化成“助纣为虐”的工具，如中国的“仁义不施”的“暴秦”，美国奴役黑人的“抓捕逃亡奴隶法令”（The Fugitive Slave Act，1850），德国法西斯的消灭犹太人的“纽伦堡法”（Nürnberger Gesetze，1935）此类的“恶法”。所

① “中国哲学史新编”（第二册），冯友兰：《三松堂全集》，河南人民出版社，2000年版，第八卷，第635页。

以，照儒家的逻辑讲，“释贤而专任势”则必然导致“恶法亦法”。

在历史上的儒法争论中，关于“人治”和“法治”，两家自然多是“己是而人非”，所以在形式上看，一直没有分出胜负。但是，实际上在汉律、晋律和唐律的理论中，儒法互补的成分已经相当浓厚了。因此，作为融通哲学史和哲学体系的“新理学”对此进行了独具特色的分析和总括：

“儒家主张，治理百姓应当以礼以德，不应当以法以刑。他们坚持传统的治道，却不认识当初实行此道的环境已经变了。在这个方面，儒家是保守的。在另一方面，儒家同时又是革命的，在他们的观念里反映了时代的变化。传统上只按出身、财产划分的阶级区别，儒家不再坚持了。当然，孔子、孟子还继续讲君子与小人的区别。但是在他们看来，这种区别在于个人的道德水平，没有必要根据原来的阶级差别了。

……在早期的中国封建社会中，以礼治贵族，以刑治平民。所以，儒家要求不仅治贵族以礼，而且治平民也应当以礼而不以刑，这实际上是要求以更高的行为标准用之于平民。在这个意义上，儒家是革命的。

在法家的思想里，也没有阶级的区别。在法律和君主面前人人平等。可是，法家不是把平民的行为标准提高到用礼的水平，而是把贵族的行为标准降低到用刑的水平，以至于将礼抛弃，只靠赏罚，一视同仁。”①

这样的总结，自然是从立法的价值层面突出了儒家道德理想的

① “中国哲学简史”，冯友兰：《三松堂全集》，河南人民出版社，2000年版，第六卷，第144页。

革命性，而在司法的工具层面批评了法家的实用主义，暗示其将人视为法律适用的被动对象，实际是将人与法律同时工具化了，法律缺乏人文价值关怀，最终将有损于社会的治理。近代西方法律实证主义的理论演变也证明了这一点：在奥斯丁的“主权者—国民”（sovereign—subject model）法律模型中，国民成了集立法司法于一身的“主权者”的“听命”工具，而使用工具的“主权者”自然超越于法律之上，这样就不可能实现社会公平的治理，所以哈特认为必须用“社会治理”（social rule）这个概念取代奥斯丁的“模型”才能恢复“主权者”与“国民”的平等地位，以社会治理的目的消解“主权者”的“发号施令”（commands），实现正义的社会价值。反观中国语境中的“人治”“法治”问题，通过冯友兰在其“新理学”体系中所做的解释，我们可以得出这样的结论：“法律面前人人平等”必须以法律的社会正义目的为前提，不能单向度地局限在司法过程中，而是贯穿于立法和司法的统一过程。同样，法律的正义目的也不能只局限在立法层面，还应落实到司法过程中，只有这样，儒家“人治”理想中的“圣贤人格”才能转化成为法治社会中的公民权利和义务。所以，儒家“人治”中的“圣贤人格”实际是从超越的价值取向方面对当权者提出了道德要求，这也是一种伦理限制；同时，由于伦理限制具有普遍的社会规范性，它又间接地张扬了百姓的社会权利，即具有儒家伦理色彩的“民权”，儒家的人说“涂之人可以为禹”、“满街都是圣人”，但却很少用这样的全称命题去描述实际的当权者，其法理奥秘正在于此。中国秦汉之后的社会体制能够相对稳定地维系两千多年，正是这种儒法互补思想在社会治理方面的历史表现，法律专业的研究者才能有所谓“德礼为本，刑罚为用”之学理判断；否则只将中华法系解释为与西方“法治”相对立的“人治”，就很难说明其与中华两千多年的超稳定延续政体之间的关系了。

“新理学”作为一种通释今古、融会中西的新哲学体系，在以“入世”的儒学立场解释儒法关系时做了一些独具特色的“借题发挥”。这一点与当今学术界对于中华法系的全面客观的研究以及西方自然法学和法律实证主义之间的辩证关系联系起来，更容易看得清楚些。其重要的学术思想价值大体可以归结为三点：第一，“新理学”赋予了传统儒家的“道之以德，齐之以礼”更高的政治价值，启示我们认识儒家传统有自己独特的立法伦理目的，这也是秦汉后中华法系援礼入法的思想前提。第二，通过儒道法三家核心概念在哲学史中的比较发明，“新理学”澄清了传统儒家的“人治”概念是一种“理势”平衡的伦理权利观，它不仅在实质上限制了君主的权力，而且在人格意识上伸张了百姓的权利，形成了一种与西方的“上帝面前人人平等”相对应的“圣贤人格面前君民平等”的儒家伦理取向的“民权”观。第三，“新理学”将传统法儒思想中“政刑”与“德礼”核心观念进行比较并以之解释儒家“有耻且格”的“人治”思想，这恰好可以警示我们从“互补”的角度而不是从“对立”的角度去理解中华法系和西方法系的精髓。“人治”在“政刑”与“德礼”组成的中华法系里标明的是一种“耻格”的公民价值取向，其对应的是西方法系“三要素”中的“公道”。所以，儒家的“人治”与西方的“法治”不在一个同序的逻辑层面，真正可以与儒家的“人治”做逻辑比较的是西方“法治”中的“公道”，而这两者在性质上恰好是互补的。西方的实体法在其解释和适用的过程中具有明显的“事后而保障民权”的特征，是司马迁所谓“法施已然之后”者，而儒家“人治”的价值取向则为立法和司法确立了“礼禁未然之前”[1] 的伦理方向，因此，儒法互补而形成的中华法系与西方法系相比则具有明显的“防患于未然”的特征。在东西方法系的这两种特征之下，逻辑上还蕴涵了各自需要补充的因素：在西方法系特别是实体法中需要补充的因素是自然法学一贯坚持的“正义”价值观；在中华法系特别是“德礼之治”（rule of moral law）中则有必要补充行之有效的刑罚工具，是孟子所意识到的“徒善不足以为政”者。基于这样的认识，我们可以说儒家“人治”理想既可以与西方自然法学的“正义”观相互发明，又可以补充其法律实证主义的偏失。而在中华法系当代的继承和创新使命中，儒家法律思想中那些具有持久生命力及其由百家思想洗礼而成的理性精神也自然能够在新的时代得到发扬光大。

---

① 《史记·太史公自序》。